东城法院文丛 | 总主编 王波

商事裁判思维及方法精要

主编 刘行

法律出版社
LAW PRESS·CHINA
北京

图书在版编目(CIP)数据

商事裁判思维及方法精要 / 刘行主编. -- 北京 : 法律出版社, 2023

(东城法院文丛 / 王波总主编)

ISBN 978-7-5197-5969-8

Ⅰ. ①商… Ⅱ. ①刘… Ⅲ. ①商法-审判-研究-中国 Ⅳ. ①D923.994

中国版本图书馆 CIP 数据核字(2021)第 197749 号

商事裁判思维及方法精要

SHANGSHI CAIPAN SIWEI JI FANGFA JINGYAO

刘 行 主 编

策划编辑 蒋 橙

责任编辑 蒋 橙

装帧设计 李 瞻

出版发行 法律出版社

编辑统筹 法律应用出版分社

责任校对 朱海波

责任印制 刘晓伟

经 销 新华书店

开本 710 毫米×1000 毫米 1/16

印张 28.5 **字数** 468 千

版本 2023 年 7 月第 1 版

印次 2023 年 7 月第 1 次印刷

印刷 三河市兴达印务有限公司

地址:北京市丰台区莲花池西里 7 号(100073)

网址:www.lawpress.com.cn

投稿邮箱:info@lawpress.com.cn

举报盗版邮箱:jbwq@lawpress.com.cn

销售电话:010-83938349

客服电话:010-83938350

咨询电话:010-63939796

书号:ISBN 978-7-5197-5969-8

定价:106.00 元

凡购买本社图书,如有印装错误,我社负责退换。电话:010-83938349

寄　语

2021年,是我到东城法院任职的第八个年头。八年之中,我带领的院领导班子一直在思考,如何更好地汇聚和总结基层审判经验,展现和分享基层法官的司法智慧。

东城法院地处首都核心区,既有新兴业态的繁茂,又有传统文化的复兴;既激荡城市中心的活力,又保有老城风俗的厚重。在这片土地上,我们作为行使司法权力的裁判者,需要思考得更多,行动得更稳。同时,我们也需要一个与社会和外界分享所思所想的渠道和平台。将基层法官们的思考和声音传递出去,法官们可以借助鲜活而真实的案例,讲好东城法治故事,更好地释法、明理、弘德。除了提供一个个案件裁判的"司法产品",法官们还应该提供更多有价值、有智慧的"衍生产品",让更多人受益,也让更多人受教,还将为推进法治中国的进程贡献一份力量。

东法文丛是我们东城法院法官和干警审判经验和司法智慧的结晶,对外展现了我院法官精于审判业务、参与社会治理的能力和格局,对内搭建了干警综合素质提升的阶梯和平台。我自担任院长以来,一直在考虑如何更好地发挥青年法官和干警的研究能力优势,一方面希望他们结合办案总结提炼审判经验,尽快成长为专家型法官;另一方面希望通过他们带动全院形成崇尚调查研究的良好氛围,通过研究把案件办得更好、更精,使审判经验和智慧得以共享和传承。

我们东城法院的法官们、作者们很了不起,他们不但承担着繁重的审判任务,还利用业余时间,记录和分享审判思路和方法,能结集成书并获得出版社和市场的认可,着实不易,我为他们感到骄傲和自豪!我欣喜地看到,我院拥有一支既善于案结事了,又勤于笔下耕耘,更善于传播法治理念的队伍。可谓上得了法台,入得了文坛,也进得了讲堂。正因如此,我们东法集体才能这般生机勃勃、闪闪发光！

记得2015年，北京市第二中级人民法院肖荣远同志到我院任院长助理，进行挂职交流。我委托他与法律出版社协商确定了东法文丛系列书籍的编纂和出版事宜。肖荣远同志作为东法文丛第一卷《民事案件审判思路集成》的主编，是这套文丛的开篇者。他非常用心和负责，利用业余时间组织大家反复斟酌和修改，下了不少功夫。通过文丛第一卷的编纂，作者们锻炼了才干、增强了能力，我院也因此收获了好评，提升了美誉。

2017年，我又委托全国审判业务专家、时任我院副院长薛峰同志，主持文丛第二卷《人民法院司法改革热点问题研究》的编纂工作。薛峰同志同样不付重托，虽然书籍组稿期间出现了岗位变动，但他仍然坚持将编纂工作保质保量完成。我本想当面表示感谢，可惜由于新冠肺炎疫情的原因未能实现，因此也借这个机会向薛峰同志表示由衷的感谢！

2020年，刘行同志到我院任职副院长，他是北京法院审判业务专家，在学术研究方面有兴趣，也有建树，因此我嘱咐他主持文丛第三卷，也就是本书《商事裁判思维及方法精要》的编纂工作。本书在他的用心指导和有序组织下，顺利完成了组稿，组织者和作者们都很敬业和辛苦，我很欣赏、欣喜和感谢。

在东城法院任职的八年，东法文丛以三位专家型法官领衔，出版了三本书，完成了三部曲，祝贺大家通过不懈努力获得丰硕成果，感谢大家为东法集体赢得了美誉！希望将东法文丛的编纂坚持下去，也祝愿大家在职业生涯上和人生道路上能不断成长、不断收获！

感谢法律出版社对我院一直以来的信任和认可，我们作为基层法院，能与法律出版社保持良好的长期合作关系，连续出版系列书籍，在全国基层法院里可能并不多见。我想，这正是我院作为首都核心区法院，体现首善意识和担当作为的一个缩影，也是我们应该承担的一份责任。

身处美好的时代，肩负光荣的使命，我们有信心，也有能力，不辱使命、不负韶华。

赵　军

2021年9月

导　言

在经济高质量发展和市场主体持续创新的背景下,商事审判领域中的新情况和新问题不断出现。商事裁判理念和方法呈现出与传统民事审判不尽相同的特征和价值取向,彰显鲜明品格。为了帮助读者更清晰、深入地理解本书内容,下面从法官之维、行为之维、市场之维、政策之维和目的之维五个方面,对本书蕴含的核心要义进行阐释。

法官之维:匠心与格局

商事裁判的事实查明对象是商事行为,其具有交易目的的营利性、交易主体的职业化以及交易方式和规则的定型化等特点。商事裁判必须结合以上特性,在对商事行为的查明中,尽可能还原商事交易过程的内部面貌,以缜密匠心考证商事案件的来龙和去脉,一方面需要给商事自治行为充分地尊重和维护,以更好地促进和活跃市场交易;另一方面需要对商事行为依法依规予以审查和规制。

然而,我们无法期待仅凭司法三段论即可解决所有问题。在经济环境的不断变化和商事主体的动态创新中,商事裁判总会与实质判断和价值衡量不期而遇。尤其在较为疑难的商事案件中,法官常常需要综合案件情况,结合社会主流价值观念、经济发展状况,对哪一方利益应该得到优先保护的实质判断。而法官据以进行价值判断的标准,首先是凝聚在法律规范中的社会价值共识,还应进一步向外诉诸国家经济发展趋势和脉息,再融贯于社会主义核心价值观如何在商事裁判中得以体现。

行为之维:外观与穿透

交易安全和交易效率,是商事主体和商事规则所追求的核心价值。为此,外观主义法理贯穿商事裁判思维的始终,着重于维护安全与效率并重的市场交易环境,助力消除交易过程的高昂交易成本和不确定风险。外观主义裁判思维,以交易当事人行为外观为标准,确定其行为所生效果,遵循着注重外观事实要件的商事法律规范逻辑,也顺应了注重效率和便捷的商事交易行为逻辑。

穿透式审判思维,无疑是外观主义的例外。在不损害第三方主体的信赖利益,不扰乱市场稳定预期的前提下,对于交易主体的内部关系,宜在准确揭示交易模式的基础上,结合缔约过程、各方权利义务安排、协议外观以及实际履行情况,综合判断真实意思表示,努力探求真实交易指向,据此认定交易性质、确定审查标准,进而统一裁判尺度,树立行为指引。

市场之维:自治与规制

意思自治是商法的核心与精髓。该理念根植于经济人假设,认为每个理性的经济人都会根据自身利益最大化的需要,合理配置资源,通过自由交易,作出理性的判断和决定。因此,商事裁判应该坚持的出发点,是充分尊重市场主体的意思自治,维护其基于自我决策和自主协商的预期效果,谦抑而慎重地划定自治与规制的场域和界限。

然而,在以逐利为主要目标的商事活动中,人们往往受制于有限理性,有时甚至沉溺于非理性,由此引发市场失灵或失控。正如罗尔斯所言,"限制自由的理由,来自自由原则本身"。在必要的时候,需要对意思自治予以适当规制,纠偏自治机制的失控,并以供给稳定的秩序来保障意思自治机制更好地运作。秩序价值的实现,涵养着健康有序的市场土壤,营造着公平竞争的阳光、空气,如以价值位阶考量,秩序价值的维护和追求,司法应以优位判断。

政策之维:守正与发展

与经济环境和商事行为的发展和律动同步,商事法律体系始终处于动态调整变化之中,市场调控和金融监管的侧重,都无疑需要商事裁判的积极回应和充分保障。这其中首先需要秉承的,是如何以历史思维和目的思维准确把握和理解商事法律、商事政策以及商事裁判和变迁脉络,寻找国家治理理念在商事领域的内在逻辑和底层理性,从而准确把握动态中平衡,变化中的守正。

另一层面,面对市场中活跃的自我革新和迭代发展,如何以发展思维和系统思维，通过新型疑难案件的审理，适时补充法律未能周延之地、未及完备之处，及时引导和调整产业、行业的正确发展轨道和方向，牵引营造良好的法治营商生态。通过典型示范性案件的审理，以个案纠偏引领群体规制，与行政监管、行业自律、公司自治进行规则互动与效果互补。积极寻找商事领域的社会治理症结，补齐治理短板，以司法杠杆撬动商事治理体系完善与治理能力提升。

目的之维：除弊与兴利

逐利和创新，市场每天都在上演。与之相伴相生的，是层出不穷的边缘创新，对既定规则的挑战和突破。以合同嵌套避开利率红线，以明暗合同遮蔽真实目的，以复杂交易纷扰监管视野，以钻营漏洞掩盖道德风险……这些与市场相伴相生，必须纳入商事裁判予以矫正和否定的负面清单。

司法产品及其衍生产品，看似各异的微观个案纠纷，却蕴含着林林总总的市场机理和规律，个案结果汇聚、叠加，影响市场主体博弈，加速旧的调整，建立新的预期，形成新的均衡。预期和均衡释放着这样的信号：唯有恪守诚信、回归理性和谋求共赢，才能在市场中得以生存、发展和兴盛。预期本身，促成了被预期事件，使市场理性和市场法治，成为可以自我实现的预言。习近平总书记说，法治是最好的营商环境。营造稳定、公平、透明、可预期的良好环境，始终是商事裁判的一贯追求和职责使命。

本书将上述五方面理念统领全书、融贯全书。以北京市东城区人民法院近年来审理的38件民商事新型典型案例为讨论起点，划定为金融合同、保险合同、担保合同、公司及公司劳动争议、涉商事主体知识产权争议、建筑工程、商业用房租赁、其他商事纠纷、商事诉讼等类型；以案例摘要、裁判观点、类案综述、实务典型案例、裁判思路与方法为分析框架。努力为读者呈现既基于实务案例，又高于案例本身的观察视野，提供既源于法官个案审判，又广于个案本身的讨论格局。

本书作者均为民商事审判一线的法官和审判团队成员，拥有丰富的经验和前沿的视野。期待我们能为更好法治营商环境的营造，为经济、社会的发展进程，触发有益思考，提供更优方案。

本书编委会

2023年6月

目录

金融合同类

保险合同类

担保类

公司及公司劳动争议类

涉商事主体知识产权争议类

建筑工程、商业用房租赁类

其他商事纠纷类

商事诉讼类

金融合同类

冒名网贷缔约性质及盗刷责任认定

冯晓光[*]　吴董超[**]

案例摘要

当前，关于银行信用卡或借记卡产生网络盗刷交易后引发的商事案件，在审理时仍存在刑民边界模糊、电子合同效力难以确定及对金融机构责任认定标准不统一等问题。笔者认为，第一，关于"刑民先后"问题不得一概而论，应首先明确犯罪事实对民事案件的实质影响，在现有证据能查明事实并判定各方责任时应当作出判决。第二，关于网络签订的电子合同的效力认定，要以双方意思表示作为判断标准。电子合同中关于电子校验方式的条款属流程化规则设定，不应认定为格式条款，当程序流程符合规程时，通过电子校验码等完成的校验行为视为有效，若持卡人未能妥善保管相关信息，应自行承担相应后果损失。第三，对银行等金融机构注意义务的认定应采取更高标准，机构应做到在缔约时充分提示、履行时保障安全、接到报案后迅速反应等，否则应承担相应的过错责任。

【裁判观点】

信用卡或借记卡产生伪卡盗刷交易或者网络盗刷交易，持卡人起诉发卡银行要求其承担民事责任时，人民法院不宜简单以涉及经济犯罪为由裁定驳回起诉，而应当全面审查证据，对是否存在盗刷交易作出综合判断。如发卡银行对发生盗刷交易存在过错，应当承担民事责任。持卡人对网上银行预留手机号码未

---

* 冯晓光，北京市东城区人民法院员额法官。

** 吴董超，北京市东城区人民法院法官助理。

尽妥善保管义务,导致校验码等身份识别信息泄露,被他人利用完成校验的,该交易行为有效,合同效力不因非本人操作而受到影响。

【关键词】

网络盗刷　经济犯罪　格式条款　意思表示

【类案综述】

近十年来,因银行卡被盗刷提起的诉讼数量呈逐步增长趋势。笔者以"盗刷"和"经济犯罪"为检索条件,对中国裁判文书网截至2021年6月25日的所有民商事裁判文书进行了统计梳理,共找到裁判文书326篇。从裁判结果来看,驳回起诉的案件数占比为55.45%。从审级来看,共有二审裁判文书120篇。其中,维持原判的案件数占比为65.00%;改判的案件数占比为13.33%。从案件标的额来看,标的额为50万元以下的案件数量最多,有185件。综上所述,涉及盗刷的信用卡纠纷呈现出标的额不高但上诉率高、裁定驳回起诉率高、改判率相对较高等特点。

实践中,银行信用卡或借记卡产生盗刷交易的情形主要分为两种:伪卡盗刷交易和网络盗刷交易。网络盗刷交易与伪卡盗刷交易最显著的区别就是犯罪嫌疑人并未伪造银行卡,其盗刷行为系通过非刷卡交易的方式完成。对银行负有保障账户安全性的义务,实务界虽有共识,但仍然存在部分分歧。具体而言,存在以下观点:

第一种观点认为,盗刷类案件因涉及经济犯罪,在公安机关侦破案件前,人民法院不宜对民事争议先行作出处理。如确属刑事案件,应由最终查明的犯罪嫌疑人负责赔偿持卡人损失;如排除刑事案件,则应根据公安机关实际查明的事实,来重新确认相应民事法律关系。因此,相应案件应当遵循"先刑后民"的原则,做裁定驳回起诉处理[1]。从笔者检索到的统计结果来看,这种观点得到了较为普遍的认同,五成以上信用卡盗刷案件以裁定驳回起诉的方式结案。

第二种观点认为,在银行卡类纠纷中,银行责任的判定应采取无过错责任原

〔1〕 广东省肇庆市中级人民法院民事判决书,(2017)粤12民终1034号。

则，又称严格责任原则。根据我国原《合同法》[1]中关于无过错责任原则的相关规定，不论违约的发卡行主观上有无过错，只要未出现依照合同约定或者法律规定可以免责的事由，就必须承担责任。即没有法定免责事由时，银行应当就持卡人存在过错，导致银行卡被盗刷的事实承担举证责任，只要没有充分证据证明用户有明显保管不善、使用不当之行为，则均应侧面证明银行卡不具有唯一的可识别性，存在一定的安全隐患，银行应当承担相应的违约责任，之后可另就该损失向盗刷的犯罪嫌疑人主张侵权责任[2]。

第三种观点认为，持卡人作为银行卡唯一持有人和知晓银行卡密码的人，对自己的银行卡、密码或手机校验码均应负有高于普通财产的注意义务。持卡人应当知晓相关信息泄露后的风险。发生网络盗刷或伪卡盗刷交易，往往是由于持卡人并未妥善保管自己的银行卡、密码或者手机校验码所导致的。这时认为持卡人存在一定程度的过错，而银行对使用了仿真伪卡、正确密码或手机校验码完成的真实交易，缺乏甄别判断是否系本人完成的能力，因此，持卡人的经济损失不应当由银行承担[3]。

以上三种观点均有一定合理性，也都曾在生效裁判中被采纳。但实践中案件类型纷繁复杂，应当注意区分案件中的不同情形，综合考虑各方的责任和过错因素，得出公平公正的裁判。

实务典型案例

基本案情

甲于2007年10月在被告乙银行股份有限公司北京分行（以下简称乙）开办乙银行信用卡，并签署领卡确认函、预留手机号。2012年11月20日，甲涉案信用卡曾经通过手机银行办理过财智金六期分期业务。2016年3月30日，甲该信用卡再次通过手机银行办理财智金业务。当日，乙向甲预留手机号发送短信

---

〔1〕《合同法》在《民法典》颁布实施后已废止，相关规定于2021年起已纳入《民法典》合同编，为表述方便，本文称之为原《合同法》，下同。

〔2〕北京市第二中级人民法院民事判决书，（2021）京02民终1634号。

〔3〕北京市第二中级人民法院民事判决书，（2017）京02民终2827号。

“尊敬的客户：您申请的 RMB72 000.00，分 12 期财智金已获批，其中 44 795.72 元占用您的信用卡片额度……”和“您尾号 0277 的信用卡本次财智金申请交易的金额为 72 000 元，验证码为 147224（谨防诈骗，切勿转发或告知他人）”。经校验通过后，乙将 72 000 元款项下发至甲名下丙银行借记卡。该款项进入甲在丙银行账户后，即刻被划走（甲手机 App 进行操作的流水清单显示 IP 地址的归属地是海南省海口市）。

甲称，上述财智金业务非本人办理，验证码校验过程亦非其本人所操作。2016 年 3 月 30 日上午，他正在外地出差，其手机卡突然没有信号，无法使用。因人在外地（提供出差车票证明）无法在当地中国移动营业厅补办手机卡。甲及时将上述情况通知了乙，并在 4 月 1 日返回北京后第一时间到中国移动营业厅办理了补卡手续。2016 年 4 月 1 日 17:46:53，甲上述银行预留手机号的补卡业务办理成功。

3 月 30 日，甲上述信用卡通过手机银行申请办理财智金业务，且通过手机验证码方式一次性校验通过办理成功。该申请款项获批后，乙按照手机银行申请办理该业务时预留的借记卡信息，将 72 000 元发至甲在丙银行的账户内。此后，甲该账户遂发生多笔转出记录，其中向案外人丁汇款 4 笔，支付移动电话费 10 笔，另向案外人丁、戊的支付宝账户、百付宝账户转出多笔资金。甲否认上述资金转账系本人操作，并向北京市公安局某分局以“被信用卡诈骗”为由报案。2016 年 4 月 8 日，公安局向甲出具受案回执。截至二审法庭辩论终结前，该案件尚未侦破，仍在侦查中。

甲提出乙在没有向其本人核实是否是真实意愿的情况下办理该笔贷款，该贷款合同不成立；银行的监管失察、审查不利对其造成巨大经济损失和精神压力，应当予以赔偿。故诉至法院，要求判令：1. 确认双方之间形成的财智金贷款合同不成立；2. 要求判令乙赔礼道歉并消除甲与该贷款行为相关的个人征信不良记录；3. 判令乙支付因侵犯甲名誉权所产生的精神损害抚慰金 5 万元；4. 判令乙赔偿甲在丙银行储蓄卡内原有资金 3600 元的损失。

乙认为贷款合同成立并生效，甲应当按照协议约定履行义务。甲有义务妥善保管交易密码、手机验证码，双方领用合约中明确约定，任何通过密码发生的交易或者指令，均视为持卡人本人操作，应当由本人承担相应的后果损失。目前，在公安机关尚未侦破前，尚无法确定甲信用卡所办理的财智金业务是否系犯罪嫌疑人所为；即便甲收到的财智金款项被盗，且涉嫌刑事犯罪，也属于甲与中国移动运营商、其所被盗的丙银行以及盗窃人之间的纠纷，不影响乙与甲之间财智金贷款行为所产生的债权债务关系认定。

法院观点

一审法院认为，乙向甲预留手机号发送了审核成功短信及短信验证码，该笔交易通过短信验证码验证通过，该业务通过验证码验证的行为应视为甲本人对缔约作出的意思表示，乙将该笔款项成功发放至甲本人的丙银行借记卡中，案件中交易过程完整，无明显瑕疵，贷款合同成立并生效。犯罪嫌疑人是从甲名下丙银行借记卡中盗取财产，故相应责任不应由乙承担。二审法院亦认定甲、乙之间建立了贷款合同关系，甲收到了乙发放的贷款，就应当依约履行偿还义务。

裁判结果

一审法院判决驳回甲的全部诉讼请求。甲对判决不服提出上诉，二审法院判决驳回上诉，维持原判。

【裁判思路与方法】

本案属于典型的银行卡网络盗刷交易的情形。所谓网络盗刷交易，是指他人盗取并使用持卡人银行卡网络交易身份识别信息、交易验证信息进行网络交易，导致持卡人账户发生非因本人意思的资金减少或者透支数额增加的行为。[1]

本案争议焦点主要集中于以下问题：其一，盗刷行为涉嫌经济犯罪，法院是否应适用“先刑后民”的原则，暂不予处理；其二，欠缺真实意思表示的电子合同是否成立，从而对持卡人具有拘束力；其三，在盗刷类案件中银行的责任边界何在？

一、盗刷行为对民商事案件的审理的影响

此类案件中，银行方通常提出，消费者主张的诉争交易系盗刷，并且已经由公安机关介入侦查，依据“先刑后民”原则，法院在公安机关作出侦查结论前不

---

〔1〕《最高人民法院关于审理银行卡民事纠纷案件若干问题的规定》第15条第2款。

宜对民商事纠纷进行审理。刑民交叉指的是行为人的同一行为同时符合刑事犯罪的构成要件和民事行为的构成要件,或者不同行为同时或分别符合刑事犯罪的构成要件和民事行为的构成要件,且这些行为的主体或行为对象相同或者部分相同的客观现象。

(一)犯罪事实对民事案件事实查明的影响

案件中首先需要明确,刑事案件的侦查与审理,对原、被告之间的民商事争议审理,会产生怎样的影响。如果原告的诉讼请求以必须查清犯罪事实为先决条件,那么,应当遵循“先刑后民”的原则,反之,法院则应当对民事案件进行审理。

1. 犯罪行为侵犯的法益不影响民事法律关系的认定

行为人冒名在乙处办理贷款时,虽然使用了被害人(持卡人,下同)的手机验证码,但这时只是相当于把被害人左口袋的钱转入被害人的右口袋,被害人对财产并未丧失控制权,犯罪嫌疑人也没有将被害人的钱转移为自己或者第三人占有,此时被害人的财产处分权受到侵害,犯罪嫌疑人入侵甲在丙银行的电子系统,从丙银行借记卡中将钱款支付或转移的行为则属于盗取他人财产的犯罪行为,不仅侵犯了受害人的财产所有权,也侵害了国家对公民私有财产的保护权益。无论哪种情形,对于甲依据合同法律关系,向银行主张违约责任而言,均不构成实质性影响。因此,银行的相关抗辩意见不应得到采信。

2. 现有证据可以准确判断各方责任

银行的放款审核系统是否存在纰漏,是双方交锋的重点问题之一。甲认为,乙并未向其本人核实交易是否其本人所为,是导致贷款办理并产生后续损失的原因。犯罪嫌疑人是如何入侵系统或者如何获取甲的电子验证码,需要通过刑事案件进行查明,但该事实的查明,对于法院审理甲的诉讼请求而言,并非必须查明的先决条件。本案的犯罪嫌疑人使用技术手段获取验证码后,通过正确的手机验证码向银行申领贷款,这一过程,通过存储于银行系统后台的电子数据记录,可以清楚地得到反映。法院指令银行提交证据,即可查明该案件事实。

因此,犯罪事实是否查清,对甲与乙之间的民事法律关系的审理,并不产生实质性影响。

(二)犯罪事实对民事合同效力认定的影响

1. 犯罪行为是否改变民事法律行为性质

本案中,无论最终犯罪事实查明结果为何,都不影响甲申请办理财智金贷款的整个流程的完整性。现有证据显示,网络办理的财智金贷款系按照合同约定的常规流程操作完成,交易过程完整,验证码提交及时,校验一次性通过,形式上并无瑕疵。即使该流程非本人操作,也足以让银行从表面上、客观上相信,该操作系某本人或其授权的代理人完成,符合表见代理的行为要件。

此外,甲以前曾经办理过财智金业务。对该业务的办理流程应知晓。因此,该民事法律行为的性质并未因犯罪行为而发生改变。

2. 犯罪行为侵害财产的权利归属

财智金贷款业务办理后,钱款并未直接汇入甲在乙开立的账户内,而是汇入了其持有的在丙银行的借记卡中。此时,相应贷款资金已经完全属于甲,且脱离了乙的控制。犯罪分子盗取甲在丙银行借记卡中钱款的行为,侵犯的是甲个人的其他财产,甲应为刑事案件的受害人,乙则不属于该案的受害人。

对犯罪行为的认定,取决于该行为符合哪种犯罪构成要件,而非取决于财产来源。行为人在实施盗窃时,前一个贷款行为已经结束,作为放款人的乙的审核及放款义务已经完成,本案所认定的贷款合同已经成立,故后续犯罪行为不再对先前已经成立的合同性质产生影响。

3. 犯罪行为是否破解银行安全防御系统

甲报案所称的财产损失,既包括甲在乙处通过信用卡办理财智金业务所收到的 72 000 元,也包括其丙银行借记卡内原有资金 3600 元。甲报案所称被盗取财产的行为,发生在其所持有的丙银行借记卡内,并未出现犯罪嫌疑人使用乙信用卡伪卡交易、从甲信用卡中盗刷资金等情况。

具体到本案,甲主张乙的监管失察、审查不利,但相应证据显示,犯罪嫌疑人是通过使用甲的正确“钥匙”一次性校验通过,从而进入银行系统办理贷款业务,银行构筑的安全防御系统并未被采取“非常规”方式攻破。因此,本案审理的信用卡纠纷范围内,未见犯罪行为入侵乙的网络系统,以致出现金融合同内容遭到篡改等情况,故难以认定刑事案件改变了民事法律关系性质,影响民事案件正常审理的介入因素。

(三)小结

裁定驳回起诉,是指人民法院依据程序法的规定,对已经立案受理的案件,在审理过程中,发现原告的起诉不符合我国《民事诉讼法》规定的起诉条件和法院的立案条件而以作出民事裁定的方式予以驳回的行为。驳回起诉要解决的是立案受理后具有程序意义上的诉权问题，它针对的是不符合法律规定的起诉条件的起诉。而驳回诉讼请求是指人民法院对已经立案受理的案件经审理后，发现原告请求法院保护的实体权利不符合法律规定的条件，因而对原告的请求不予保护的司法行为。

具体到被盗刷的信用卡纠纷类案件，超过半数的案件均被裁定驳回起诉，移送公安机关处理。而本案涉及的犯罪事实查明并不会对民事案件的审理产生实质性影响，故未裁定驳回起诉，而是经过审理后判决原告败诉，驳回其诉讼请求。这是因为本案中，除办理业务的行为外，并未出现盗刷交易等导致甲在乙的卡内资金无故减少或透支数额增加等违法情形。法院依据依法查明的相关案件事实，从而进行实体审理。该案根据原《合同法》关于民事合同订立的相应法律规则，结合双方合同订立过程、合同义务、违约情况，过错情形等，依法作出了裁判。二审法院在依法审理后，也作出了同意一审法院的处理意见的判决。

二、冒名签署的电子合同对持卡人的拘束力

《民法典》第465条规定，依法成立的合同，受法律保护，对双方当事人均具有法律约束力。传统合同的成立要件，主要考虑主体具有资格能力，意思表示真实，不违反法律和社会公共利益三个方面。但当合同系通过网络签订时，意思表示是否真实的问题变得越发突出。

（一）电子合同成立的认定规则

随着信息技术的快速发展，互联网在日常生活中占据的地位日渐重要，借助互联网等信息缔约磋商和订立电子合同日益频繁。《民法典》第491条第2款对“电子合同”的成立有了基础性规定：“当事人一方通过互联网等信息网络发布的商品或者服务信息符合邀约条件的，对方选择该商品或者服务并提交订单成功时合同成立，但是当事人另有约定的除外。”这一条款在认可其可能构成要约的同时，也赋予了当事人通过自主约定来明确其法律属性的空间。本案审理时《民法典》虽未施行，但《电子商务法》中亦有相关规定，电子商务经营者发布的商品或者服务信息符合要约条件的，用户选择该商品或者服务并提交订单成功，合同成立。

1. 要约与承诺的认定标准

尽管网络交易具有特殊性，但在区分要约邀请时，仍应以双方意思表示作为判断标准。通过网络进行交易时，发出定约意愿的一方，只要其表示符合邀约要件的，该意思表示就是邀约。依据《民法典》第 472 条的规定，要约的定义即希望与他人订立合同的意思表示，该意思表示需符合两个条件：(1) 内容具体确定；(2) 要约人有受该意思表示约束的意思。“内容具体确定”是合同成立的基础要素，《民法典》第 470 条规定了合同成立一般应包括的条款，但无法直接作为判断标准，因此，需要注意的是，此处的“确定”应理解为“可以确定”。要约构成的另一个条件是“要约人有受该意思表示约束的意思”，即要约人对自己的行为属于法律意义上的要约有明确的认知，一旦对方作出承诺，合同即成立，自己将受法律约束。

所谓承诺，即受邀人同意邀约的全部条件从而订立合同的意思表示。电子邮件、聊天工具（微信、QQ）或特定系统回复均是电子承诺的方式。但需要注意，实践中若收件人使用专属系统接收邮件等信息并回复“已收到”等回执并不能作为受要约人的承诺，因为此时信息内容是否得到收件人的确认及确认后收件人做何选择仍是未知数。

2. 通过电子验证码校验行为的性质

《电子签名法》规定，“可靠的电子签名与手写签名或者盖章具有同等的法律效力”。电子签名的本质是数据。实践中，诸如电子印章等只是电子签名的一种结构化表现形式，其代表的数据内容才是电子签名。可靠的电子签名需要满足电子签名数据为签名人专有、为签名人控制且自生成起未被篡改等条件。

随着手机 App 功能的不断丰富，短信验证码、人脸识别技术的应用领域不断扩大，电子验证码的常见工作过程即用户向服务端发送请求，服务端通过短信平台向用户发送一串系统生成的数字（验证码），用户在提交数据的时候填写该验证码，服务端验证客户填写的数字是否与发送给发出请求的客户数字一致[1]。在移动电子商务时代，由于用户通常使用的是手机或者平板电脑之类的个人专属性极强的终端，因此短信验证码、人脸识别等技术主要用于验证操作者是否为用户本人。

---

〔1〕 范敏、陈磊：《移动电子商务中的短信验证码安全威胁问题研究》，载《合肥工业大学学报》2008 年第 5 期。

本案中,在程序流程符合规程的前提下,乙向甲在银行预留的手机号发送了审批短信及验证码,此时已默认手机使用者即甲本人,当系统收到输入正确的回复电子验证码,即可以视为贷款行为符合甲的真实意愿。甲本人应当按照协议约定履行义务,妥善保管交易密码、验证码,任何通过密码发生的交易或者指令,均视为持卡人本人操作,应当由本人承担相应的后果损失。因此,这个案例也提示我们,如手机丢失应当及时挂失,避免被犯罪分子利用而产生不必要的损失。

(二)格式条款的认定规则

本案中甲提出,合同中约定使用短信校验码方式完成校验,并未经过消费者同意,相应条款应属于格式条款而应当排除使用。

信用卡合同文本是发卡银行与金融消费者之间信息披露的主桥梁,从交易效率角度考虑,该类电子合同条款均为银行拟定。但其作为中文法律文本的一类,法律术语的频繁使用降低了可读性,增加了阅读难度。消费者在签订该电子合同时,亦没有修改合同文本的权利,因此,在发生争议时,消费者往往会对其中于己不利的条款申请认定为格式条款。由于该类电子合同的使用非常广泛,认定格式条款影响范围较大,因此在审理时对其效力的认定应格外谨慎。

《民法典》第496条规定,格式条款是当事人为了重复使用而预先拟定,并在订立合同时未与对方协商的条款。从涉案合同文本形式来看,虽然内容系银行预先拟定,但关于校验方式的条款仅是一种流程化的规则设定,无关合同双方的权利义务。一般而言,只有相应条款违背了公平原则,条款提供方并未采取合理的方式提示对方注意免除或者减轻其责任等条款,不合理地免除或者减轻其责任、加重对方责任、限制对方主要权利等时,才可能会被认定为无效的格式条款。

本案中,电子合同关于校验方式的相应约定,并不属于以上情形,未加重持卡人责任或不合理免除减轻银行责任,未明显违背公平原则,可以视为一种网络签约的行业惯例,故不适用格式条款相关规定。综上,以网络系统内提交电子验证码作为同意签约的承诺之约定,不影响合同的公平性,不能作为格式条款而被排除。消费者交易密码或验证码泄露而被他人冒名使用,应视为表见代理,签署的电子合同效力并不存在瑕疵。甲关于格式条款的相关主张不应得到支持。

三、银行的注意义务和责任边界

作为金融产品和金融服务的提供者，商业银行在与消费者之间缔结民商事合同时确实处于优势地位：产品类型由其决定、合同内容由其起草、金融服务规则由其制定，消费者虽然有对各家银行提供金融服务的选择权，但在协商议价方面权利相对受限。因此，相对于普通金融服务的消费者而言，银行需要尽到较高的注意义务和举证责任，其责任边界相对也更宽。

（一）缔约时的充分提示

随着数字通信技术的迅猛发展，消费者越来越习惯于选择通过网络来办理金融业务。网络银行、手机银行已逐渐替代线下实体银行，成为现阶段消费者办理业务的首选。这时，安全性问题就成为商业银行提供网络金融服务时首先需要解决的问题。

对于用户而言，目前智能手机系统面临的安全问题主要是"手机木马"和恶意软件。一个不需要太高编程水平的人即可编写出拦截并转发短信的程序，用户很难察觉。因此银行在设计网络验证规则时应当注意防范，采取妥善措施加强对数据安全的保护。对于验证码，应当限定较短的有效时间，超时失效，进一步降低被盗取的风险；另通过增加智能码等验证方式，不断完善安全技术。总之，银行应通过更多方面来校验核实行为人是否为客户本人，尽量避免"冒名顶替"的行为。

在签订电子合同时，银行有义务明确征得用户同意，方可开启电子验证功能，如果消费者担心电子验证存在较大风险，仍然可以选择拒绝接受电子验证，转而采用线下常规的方式。对于可能会影响消费者重要权利或者重要事件节点的关键条款，如收取利息、违约金、复利以及各项金融服务费用的条款，银行尤其应当尽到充分的提示或者说明义务，采用显著文字提示、留足阅读时间方可点击下一步等方式，确保消费者知情理解并同意；对手机验证码、校验规则等关键环节的重要性和应用范围，以及泄露可能产生的后果，应当给予充分的提示。违反上述提示义务，相应的条款有可能被认定为格式条款，判令该条款不成为合同的内容。

（二）履行中的安全保障

如果把消费者掌握的密码、验证码等电子信息比作打开银行系统的"合法钥匙”，那么银行日常的系统安全防护就应视为“防盗门”。银行应当保证“防盗门”的绝对安全，其金融服务和业务办理校验系统仅有唯一的通过方式——使用“合法钥匙”进入，使用假钥匙或者其他任何方式都无法通过“防盗门”。

通过这个例子，我们可以更好地理解银行和消费者之间的权利义务边界。如果由于消费者自己对钥匙保管不善，丢失了真实的钥匙，或者把钥匙转借他人，导致账户被窃，在这种情况下，银行的防盗系统并未出现纰漏，难以把被盗的责任归责于“防盗门厂家”，相应责任应由消费者承担。但如果消费者对钥匙并未有明显保管不善，犯罪分子隔着衣服或钱包就能够轻松复制卡内信息并复制出“假钥匙”，即作出伪卡盗刷，这时，作为专业防盗机构的银行难言没有责任。倘若银行的安全防御系统被“高明”的犯罪分子破解进入，这时，应当认定银行未尽到安全保障义务，应当对损失承担责任。

随着近两年人脸识别等校验技术的发展，相应的验证流程更加完善，电子签约程序在维持既有高效便捷性的同时，也更为安全可靠。但这并不意味着银行卡盗刷问题将会绝迹。问题一旦出现，消费者应当就非本人交易、报警记录、挂失记录等情形进行举证。而认定责任则应当结合履行过程中的身份识别信息、交易单据、交易录像、交易验证信息等相关证据作出综合考量，只要消费者尽到了一般意义上的合理注意义务，对失窃行为并无明显过错，相应责任就不应当由消费者承担。银行对上述交易验证相关证据负有举证责任。

（三）接到报案后的迅速反映

消费者一旦发现银行卡出现非本人交易的情况时，应当迅速采取措施，第一时间通知银行进行报案。银行接到报案后，应当迅速采取有效措施进行处理。对于该账户此后再进行的交易，就具有相较之前更高的审核义务和证据保存义务，如果银行并未尽到相应审核义务，或者无法就此后交易合理性进行举证，就应当承担举证不能的法律后果。反言之，如果消费者在得知银行卡出现被盗刷情形时，并未及时通知银行，导致该账户损失扩大，应当认定消费者对此后所扩大的损失部分存在过错，应当承担过错责任。

为正确审理涉及银行卡的民事纠纷，保护当事人的合法权益，2021 年 5 月 25 日，最高人民法院发布了《最高人民法院关于审理银行卡民事纠纷案件若干问题的规定》（以下简称《银行卡规定》），该规定于发布之日起实施。

在《银行卡规定》中，对持卡人和发卡行、非银行支付机构、收单行、特约商户等当事人之间因订立银行卡合同、使用银行卡等产生的相应民事纠纷进行了细致规范,进一步明确了发卡行、持卡人、收单行、特约商户等各方主体的法律责任和义务。[1] 该规定的出台,有助于审判实践中弥合观点分歧,对此类案件形成统一的裁判尺度。

---

〔1〕《银行卡规定》第7条明确规定:"发生伪卡盗刷交易或者网络盗刷交易,借记卡持卡人基于借记卡合同法律关系请求发卡行支付被盗刷存款本息并赔偿损失的,人民法院依法予以支持。发生伪卡盗刷交易或者网络盗刷交易,信用卡持卡人基于信用卡合同法律关系请求发卡行返还扣划的透支款本息、违约金并赔偿损失的,人民法院依法予以支持;发卡行请求信用卡持卡人偿还透支款本息、违约金等的,人民法院不予支持。前两款情形,持卡人对银行卡、密码、验证码等身份识别信息、交易验证信息未尽妥善保管义务具有过错,发卡行主张持卡人承担相应责任的,人民法院应予支持。持卡人未及时采取挂失等措施防止损失扩大,发卡行主张持卡人自行承担扩大损失责任的,人民法院应予支持。"

委托理财合同风险责任条款的效力认定

景　琪*　游煜聪**

案例摘要

保底条款最初多见于联营、投资类合同中,近年来理财合同中的保底条款也开始逐渐增多。目前,委托理财类案件困扰审判实务的问题主要是关于合同保底条款效力问题,特别是合同主体不同对效力判断有何影响。我国目前现有的法律规范对保底条款效力的认定尚缺乏完善的具体规定。笔者通过结合金融、证券市场的监管考量与司法立场中对不同主体的权利义务平衡,分析不同合同主体对保底条款效力的影响,从维护市场公平与金融监管秩序角度出发,同时兼顾意思自治与公序良俗不同的利益需求得出结论,为审判实践提供参考。

【裁判观点】

保底条款免除委托人的投资风险,违背法律原则及市场交易规则,应认定无效。保底条款系委托理财合同的核心条款,进而导致委托理财合同整体无效。当事人将根据各自的过错承担相应的责任。

【关键词】

委托理财　保底条款　风险责任　非金融机构　合同效力

* 景琪,北京市东城区人民法院员额法官。

** 游煜聪,北京市东城区人民法院员额法官。

【类案综述】

最高人民法院自2001年起就开始着手调研起草有关委托理财的司法解释，但由于对许多问题争议较大，至今未出台正式的司法解释。其中，保底条款的效力问题成为目前学界和司法实践中争议的焦点问题之一。针对委托理财合同中约定的保底条款的效力认定，司法实践中目前存在以下观点即裁判思路。

第一种实务观点认为保底条款无效。上海市法院对委托理财合同中约定"受托方保证委托方交付的资金或资产本金不受损失并按期向委托方支付保底收益"之类的条款，在审判实践中按照"风险与利益一致"原则，一般认定保底条款无效。[1]

但是司法实践中，对于保底条款无效是否影响委托理财合同效力存在不同意见。

一种意见认为，因保底条款属于委托理财合同之目的条款或核心条款，故保底条款无效，委托理财合同亦无效。典型案例为收录于《中国审判案例要览》2014年商事审判卷中的朱某等人诉刘某等人民间委托理财合同纠纷。[2] 该案中的理财本金确认书约定受托人刘某在实际操作中未能及时控制风险，导致本金出现亏损，由刘某自愿偿还委托人朱某等人理财的全部亏损并归还本金。生效判决认定合同保底条款因规避和转嫁了理财风险，违背了基本经济规律和公平原则，又扰乱了国家金融、经济秩序，损害了社会公共利益，不利于维护证券市场的稳定及促进证券市场健康发展，其效力违反了权利与义务对等原则，属显失公平的无效约定。又因保底条款属于委托理财合同之目的条款或核心条款，故保底条款无效，该理财本金确认书也无效。

另一种意见认为，在委托理财合同中，当事人双方约定的保底条款无效，但委托理财合同不因保底条款的无效而随之全部无效。[3] 该案认为，当事人双方约定的保底条款虽然是以意思自治的合法形式对受托行为所设定的一种激励和制约机制，但因其有悖民法之公平原则、违反法律禁止性规定和市场基本规律，应认定无效。但是，合同部分无效，不影响其他部分效力的，其他部分仍然有效，

---

〔1〕 参见《上海高院分析近六年证券案，指出证券市场八风险》，载中财网2007年6月20日。

〔2〕 参见上海市虹口区人民法院民事判决书，(2012)虹民五(商)初字第220号。

〔3〕 参见天津市第一中级人民法院民事判决书，(2006)一中民二初字第165号；天津市高级人民法院民事判决书，(2007)津高民二终字第14号。

故委托理财合同仍可履行,不过是收益不确定而已。另外,确认合同无效应严格遵照法定情形。因此,本案中保底条款无效属于合同部分无效,不能导致委托理财合同无效。

第二种实务观点认为,出于尊重当事人意思自治原则,除受托方为证券公司等特定金融机构外,应认定保底条款有效。典型案例为《人民法院案例选》总第78辑中的方某诉陈某委托理财合同纠纷案。[1] 该案中的委托理财合同约定"受托方保证委托方年终有20%的保底盈利",生效判决认为,我国现行的法律法规尚没有对受托人为特定金融机构以外的委托理财合同的保底条款作否定性规定。从私法领域的意思自治原则出发,保底条款系双方真实意思表示,除违反法律和行政法规的相关规定的情形以外,应认定其有效。金融性委托理财可以分为以金融机构作为受托人的委托理财和以非金融机构作为受托人的委托理财。基于对金融机构经营风险监管的需要,我国有关法律和法规对特定的金融机构受托人承诺保底收益加以禁止。除此之外的委托理财保底条款与现行法律或行政法规的强制规定并不抵触,因此不应认定为无效。

2004年7月29日发布的《江苏省高级人民法院关于审理委托理财合同纠纷案件若干问题的通知》中规定:"……对于被认定为保底条款的委托合同的效力,除受托方为证券公司外,一般应认定为有效,委托人请求受托人按照约定返还本金及约定回报的,人民法院应予以支持。"

实务典型案例

基本案情

甲在第一创业证券股份有限公司开设有证券资金账户。2017年5月17日,甲与乙签订《承诺函》,其中载明:乙方于2016年11月18日、2016年12月1日分两次收到甲方152075990证券账户本金共600 048.53元,同时承诺按年利率5%支付利息,为30 002.43元。乙方承诺至2017年12月1日止,若甲方账户总资产低于630 050.96元,乙方需以现金形式补足差额部分。差额计算方法:

〔1〕 参见湖南省永州市道县人民法院民事判决书,(2009)道民二初字第20号;湖南省永州市中级人民法院民事判决书,(2009)永中法民二终字第99号。

630 050.96－到期日指定账户总资产。甲方承诺至2017年12月1日止，若甲方账户总资产高于630 050.96元，甲方需将差额部分的50%以现金形式作为账户管理费用打入乙方指定账户。差额计算方法：到期日指定账户总资产－630 050.96。

2017年11月22日，乙、丙作为管理人与委托人甲签订《账户管理承诺函》，其中载明：甲于2016年11月18日起将本人股票账户委托给管理人乙、丙进行交易管理。现约定自2016年11月18日起至2018年3月30日止的结算方式如下：1. 自2016年11月18日至2017年11月24日，账户资产总额450 000元（不足金额由管理人补足）；自2017年11月24日至2017年12月15日，账户资产总额500 000元（不足金额由管理人补足）；自2017年12月15日至2017年12月29日，账户资产总额500 000元（不足金额由管理人补足，甲于2017年12月29日提走2017年度利息50 000元，最后账户资产总值为500 000元）；自2017年12月29日至2018年1月31日，账户资产总额550 000元（不足金额由管理人补足，甲于2018年1月31日提走2018年1月利息5000元，最后账户资产总值为550 000元）；自2018年1月31日至2018年2月28日，账户资产总额600 000元（不足金额由管理人补足，甲于2018年2月28日提走2018年2月利息5000元，最后账户资产总值为600 000元）；自2018年2月28日至2018年3月30日，账户资产总额605 000元（不足金额由管理人补足）。2. 自2017年11月22日起至2018年3月30日止，其间账户总资产回到615 000元以上，甲优先返还管理人补金部分。补金返还完成后，账户净值超过615 000元的部分与管理人按比例七三分成，其中甲占七成，管理人占三成。3. 甲须将管理人补金于一个工作日内转到其股票账户内。4. 其间管理人补金、利润分配以及返还管理人补金产生的资金划转均在到期日后两日内划转到指定账户。

截至2018年3月30日，涉案股票账户证券市值253 280元，资金余额79.47元，资产总额253 359.47元。故甲根据协议约定向法院提出诉讼请求：1. 要求乙、丙给付甲260 462.74元；2. 判令乙、丙给付甲逾期付款利息（以260 462.74元为本金，年利率10%的标准，自2018年3月31日起计算至实际清偿之日止）；3. 判令乙、丙给付甲律师费损失15 000元；4. 本案诉讼费由乙、丙承担。

法院观点

一审法院认为，甲、乙签订的《承诺函》以及甲与乙、丙签订的《账户管理承诺函》符合委托理财合同的法律特征，双方之间应属委托理财合同关系。《承诺函》《账户管理承诺函》中有关保证账户资产总额及收益的约定属于保底条款，通过保证固定投资本金及收益，免除了委托人应承担的投资风险，违背了民法的公平原则以及委托代理法律关系的基本原则，亦违背了金融市场的基本规律及交易规则，因此保底条款应确认为无效条款。因保底条款系该委托理财合同的目的性条款和核心条款，故保底条款无效导致《承诺函》及《账户管理承诺函》整体无效。合同无效或者被撤销后，因该合同取得的财产，应当予以返还；不能返还或者没有必要返还的，应当折价补偿。有过错的一方应当赔偿对方因此所受到的损失，双方都有过错的，应当各自承担相应的责任。双方对于《承诺函》《账户管理承诺函》无效均有过错，故对于两份承诺函项下资金损失的承担，应根据原、被告双方的过错程度及公平原则进行确定。考虑到乙、丙具有一定的投资职业背景，应知晓证券、融券等金融投资是一种高风险的行业，其仍与甲签署承诺函同时约定保底条款，并在实际操作过程中给双方造成了较大的损失，故乙、丙应对造成的损失承担主要过错责任。而甲作为完全民事行为能力人，亦应对投资人应承担投资风险的相关金融市场规则有所了解，故其签署两份承诺函亦存在一定过错，应承担次要责任。关于损失的数额，法院综合考虑涉案账户亏损情况、双方的过错程度，对双方的损失予以确定。关于利息损失及律师费损失，于法无据，法院不予支持。

二审法院认为，甲、乙签订的《承诺函》以及甲与乙、丙签订的《账户管理承诺函》符合委托理财合同的法律特征，甲与乙、丙成立委托理财合同关系。因前述两份承诺函含有保证本息固定回报、保证本金不受损失等保底条款，实质上免除了委托人应当承担的投资风险，违背公平原则，一审法院认定保底条款系委托理财合同的目的性条款和核心条款，该条款无效导致《承诺函》及《账户管理承诺函》均为无效，亦属合理。因甲与乙、丙对《承诺函》及《账户管理承诺函》无效均存在过错，一审法院综合考虑职业背景和造成的损失的具体情况，认定乙、丙应对造成的损失承担主要过错责任，甲作为完全民事行为能力人承担次要责任，并据此确定甲、乙、丙应当赔偿的资金损失数额，公平合理。

裁判结果

一审判决：一、甲与乙、丙签订的《承诺函》《账户管理承诺函》无效；二、乙、丙于本判决生效之日起十日内赔偿甲资金损失 48 138.89 元；三、驳回甲的其他诉讼请求。二审判决：驳回上诉，维持原判。

【裁判思路与方法】

一、保底条款的效力认定

委托理财，是指委托人和受托人约定，委托人将其资金、证券等金融性资产委托给受托人，由受托人在一定期限内管理、投资于证券、期货等金融市场，并按期支付给委托人一定比例收益的资产管理活动。保底条款是基于委托理财活动具有较大的商业风险，委托人与受托人就理财活动的后果约定盈利分成与损失承担，保证委托人本息最低（或固定）回报型条款。从当前司法实践看，保底条款一般分为三种类型：(1)保证本息固定回报条款。指委托人与受托人约定，无论盈亏，受托人均保证委托资产的本金不受损失，并保证给付委托人固定的利息。(2)保证本息最低回报条款。指委托人与受托人约定，无论盈亏，委托人除保证委托资产的本金不受损失之外，还保证支付委托人一定比例的固定收益率；对超出部分的收益，双方按约定比例分成。(3)保证本金不受损失条款。指委托人与受托人约定，无论盈亏，受托人均保证委托资产的本金不受损失；对收益部分，双方按约定比例分成。[1]

由于保底条款是委托理财合同的核心与基础条款，也是合同各方当事人争执和利益冲突的焦点和关键所在，因此其效力如何成为处理委托理财合同纠纷的核心问题。笔者认为，鉴于对委托理财合同中约定的保底条款之效力，法律并无明文规定，且对是否属于显失公平之约定，基于分析的角度不同会产生不同的结论，应根据具体情形对合同中保底条款的效力进行甄别。对委托理财合同中保底条款的效力，实践中应区分两种不同情形分别认定。

（一）受托人为证券公司或信托投资公司等特定金融机构的委托理财合同

基于对金融机构经营风险监管的需要，目前我国有关规范对特定的金融机

---

〔1〕 高民尚：《审理证券、期货、国债市场中委托理财案件的若干法律问题》，载《人民司法》2006 年第 6 期。

构受托承诺保底收益的行为加以禁止。《证券法》第144条规定:"证券公司不得以任何方式对客户证券买卖的收益或者赔偿证券买卖的损失作出承诺。"《全国法院民商事审判工作会议纪要》第92条规定:"信托公司、商业银行等金融机构作为资产管理产品的受托人与受益人订立的含有保证本息固定回报、保证本金不受损失等保底或者刚兑条款的合同,人民法院应当认定该条款无效……"证监会2004年出台的《证券公司客户资产管理业务试行办法》第41条规定:"证券公司从事客户资产管理业务,不得有下列行为:……(二)向客户作出保证其资产本金不受损失或者取得最低收益的承诺。"《证券投资基金法》(2004年颁布)第20条规定:"基金管理人不得有下列行为:……(四)向基金份额持有人违规承诺收益或者承担损失。"中国人民银行制定的《信托投资公司管理办法》(2001年发布,现已失效)第32条规定:"信托投资公司经营信托业务,不得有下列行为:……(三)承诺信托财产不受损失或者保证最低收益。……"并在第75条中规定了违反该法的罚则。因此,对于受托人为证券公司、信托投资公司等特定金融机构的委托理财合同中订立的保底条款,影响了金融安全,损害了社会公共利益,应当确认约定无效。

(二)受托人为特定金融机构之外的委托理财合同

对于受托人为特定金融机构之外的机构或自然人的,基于违反民法基本理念、公平原则、法律禁止性规定和市场基本规律,对于该类保底条款人民法院亦应认定无效。1990年11月12日颁布的《最高人民法院关于审理联营合同纠纷案件若干问题的解答》第4条规定:"……保底条款违背了联营活动中应当遵循的共负盈亏、共负风险的原则,损害了其他联营方和联营体债权人的合法权益。因此,应当确认无效……"证券等金融市场具有高风险的投资属性,不存在"永远的赢家",也不可能存在恒高的收益率。保底条款将投资风险完全分配给受托人,严重违背市场经济基本规律和资本市场规则,严重破坏资本市场直接融资和间接融资之间所形成的合理格局,严重违背资本市场中风险与利益共存的基本客观规律,阻却激励和制约功效机制的发挥,同时助长非理性或者非法行为的产生,加大市场泡沫并引发金融风险。故而,保底条款作为委托理财合同的核心条款违背公平原则和市场的基本规律,将风险完全分配给受托人,助长委托人的非理性行为,应属无效。

二、解释论对保底条款无效的法理分析

保底条款无效的根由在于产生放大证券市场系统性风险的负外部性。我国《证券法》第1条已明确规定,保障社会经济秩序和社会公共利益是其立法目的。由此观之,保障经济秩序是《证券法》所保障的首要价值。而特定金融机构之外的委托理财合同约定的保底条款同样会导致证券市场经济秩序的失衡。保底条款的低风险和高回报必然使资金向提供保底条款的一方集中,而作为非证券公司,其透明度、监管力度显然较低,这样一来,更易导致经济秩序的失衡。而且,资金的集中也使这些隐藏在暗处的非证券公司能够影响证券市场的一些走向。因此,若听之任之,则社会经济秩序有失序的可能。无论是金融主体还是非金融主体签订的委托理财合同,其保底条款均具有极强的信用投机色彩,扭曲了证券市场正常的资源配置功能,并且不断放大二级市场的波动风险,对国家的宏观经济、金融体系的稳定显然会造成很大程度的不利影响。[1]

综上可见,如果法律确认保底条款有效,将在证券市场出现"个体理性导致集体非理性"的局面,扩大整个证券市场的系统性风险。有学者认为,对于委托理财业务,即使单个的受托人精于此道,能通过多样化投资组合尽可能地获取最大盈利,规避风险,但多样化分散投资无法消除影响全部金融资产的系统性风险,资本资产定价模型认为系统性风险不但是不可避免的,而且必须由某人承担。[2]

也正因如此,上述这些法律规定虽然约束的对象是特定的金融机构,属于金融监管的范畴,但金融监管的目的是维护健康的金融市场秩序,防范系统性的金融风险。而对于目前尚处于监管真空的大量的非金融机构的受托理财行为,司法有必要通过对其中最核心的保底条款予以司法干预,来弥补金融市场行政监管的不足。

三、保底条款无效的法理解释路径

《证券法》是一部兼具公、私法性质的法律,不能仅在平权调整的语境中进行理解。《证券法》属于商事法律的一部分,而商事法律兼具公法和私法的属性则已然成为共识。从这点来看,理解其规范则不能仅适用一般的私法观念,即较

〔1〕 朱一飞:《论委托理财的风险承担》,载《同济大学学报》(社会科学版)2007年第3期。

〔2〕 王聪、于蓉:《关于金融委托理财业演变的理论研究》,载《金融研究》2006年第2期。

大限度地保障公民的意思自治。委托理财合同的保底条款于社会整体效益而言的弊端在于大量存在的保底条款对于破坏证券市场稳定性,扭曲证券市场正常的资源配置功能乃至损害宏观经济健康运行的强大负外部性。因此,笔者认为,当意思自治与经济秩序、经济安全相冲突的时候,意思自治应当让位于经济秩序、经济安全。故对于委托理财中的保底条款,首先应确认为无效。

《民法典》第153条规定:"违反法律、行政法规的强制性规定的民事法律行为无效。但是,该强制性规定不导致该民事法律行为无效的除外。违背公序良俗的民事法律行为无效。"根据相关解释,本规定中的"违背公序良俗"概念包含了原《合同法》第52条有关合同无效情形之一的"损害社会公共利益",同时增加了"违背善良风俗"的内涵。[1] 这是因为"社会公共利益"的提法不足以涵盖"国家利益",为使概念更为周延,《民法典》用传统民法上的"公序良俗"代替了"社会公共利益"。而保底条款无效的法律依据便是《民法典》第153条规定的"违背公序良俗"。

公序良俗主要包括基本权利之维护、弱者权利之维护、经济社会管理秩序之维护、婚姻家庭秩序之维护,以及伦理道德之维护五大类。从法解释学上来讲,将委托理财保底条款适用于《民法典》第153条规定的"违背公序良俗",属于梁慧星先生所称的"社会学解释法",即"将社会学方法运用于法律解释,着重于社会效果预测和目的衡量,在法律条文可能文义范围内阐释法律规范意义内容的一种法律解释方法","运用社会学解释方法,重点在于对每一种解释可能产生的社会效果加以预测,然后以社会目的衡量,何种解释所生社会效果更符合社会目的"。[2] 同时需要说明的是,准确适用《民法典》第153条规定的"违背公序良俗",要将其与公序良俗原则相区别。前者确立的是有关背俗无效的民事法律行为无效规则,人民法院可以直接据此宣告保底条款无效及合同无效。而《民法典》第10条规定的公序良俗原则,只有在没有具体规范可供适用的情况下,才能适用。换言之,其在适用上具有补充性。因此,在法律适用时,为防止向一般条款逃避,应援引《民法典》第153条之规定,不能直接援引第10条之规定。

---

〔1〕 最高人民法院民法典贯彻实施工作小组编:《中华人民共和国民法典总则编理解与适用》,人民法院出版社2020年版,第754页。

〔2〕 梁慧星:《民法解释学》,中国政法大学出版社1995年版,第236页、第241页。

四、保底条款无效后的处理——委托人和受托人应分摊损失

保底条款往往是委托理财合同的核心条款，直接影响委托人的缔约目的，故如果保底条款无效，则整个委托理财合同无效。[1]《民法典》第157条规定，民事法律行为无效、被撤销或者确定不发生效力后，行为人因该行为取得的财产，应当予以返还；不能返还或者没有必要返还的，应当折价补偿。有过错的一方应当赔偿对方因此所受到的损失；各方都有过错的，应当各自承担相应的责任。那么，法院在审案中具体应依何种标准来分摊理财亏损呢？笔者认为，可以参照两个标准，并适度赋予法官自由裁量权来酌定。

一是看各自的过错程度。委托方与受托方对无效均有过错，故应根据双方的过错程度及公平原则确定责任承担。一般情况下，受托方的专业背景以及对市场风险和收益的预测水平是双方达成合同的基础之一，因其具有一定的投资职业背景，更应知晓证券、融券等金融投资是一种存在高风险的行业，故受托方对合同无效的后果承担主要的赔偿责任。特别是受托方利用其专业知识在签订合同时除作出保底承诺外，还故意虚构事实、隐瞒真相吸引投资者，或者挪用投资者资金，未用于约定的投资领域，在此种情形之下受托人则应承担更大的过错责任。另外，委托方作为完全民事行为能力人，亦应对投资人应承担投资风险的相关金融市场规则有所了解，却放任受托人操作，未注意其资金亏损的严重程度、及时控制风险，应承担次要责任。

二是看盈利分配约定。根据利益与风险相匹配的原则，委托理财当事人对于盈利分配的约定，可以作为风险分摊的参考。按照上述标准，假如委托理财协议约定了保证本金不受损的保底条款，同时约定盈利三七分成，委托方获得盈利的70%，受托方获得盈利的30%，那么，当该理财出现亏损并涉讼时，法院在确认保底条款无效的前提下，可以要求委托方承担70%的亏损，受托方承担30%的亏损（如果一方有其他更大过错的情节，可做适当调整）。当然，对于保底条款为固定本息回报的委托理财合同，则约定的固定利息数额可以作为确定委托人分担亏损额的参考依据，即委托人一般可要求收回本金扣除约定利息额之后的资金数额。

---

〔1〕 高民尚：《审理证券、期货、国债市场中委托理财案件的若干法律问题》，载《人民司法》2006年第6期。

私募股权投资基金损失认定路径及基金管理人信义义务评定

黄莹荧[*]　李冰洁[**]

案例摘要

近年来，涉私募基金案件不断增多，其中私募股权投资基金，以投资特定底层资产的股权为投资指向，募集资本转化为对标的资产的投资额。私募基金管理人作为专业的投资机构对私募基金进行管理，实现基金资产的增值，该类投资在追求高收益的同时也具有高风险。私募基金由于监管法律、行政法规层面规定较少、缺少具体的法规指引，在涉及私募基金的诉讼中，就认定私募基金管理人应当承担的责任及损失没有明确的标准，裁判中往往并不统一。笔者从该类私募基金投资损失认定入手，梳理基金管理人募集、投资、管理、清算各个阶段的义务，为规范基金管理人履行信义义务确定司法指引。

【裁判观点】

1. 基金管理人违反信义义务承担赔偿损失的前提，应为投资人通过合同约定的清算方式确定损失数额。在具备真实交易关系的私募基金中，投资人损失的确定应当以清算完毕后的基金财产确定数额为一般原则。未经清算，投资人不得要求基金管理人直接承担赔偿责任。

2. 基金管理人在整个私募基金的募集、投资、管理、清算阶段，利用自身优势

* 黄莹荧，北京市东城区人民法院员额法官。

** 李冰洁，北京市东城区人民法院法官助理。

增加投资风险的行为，应当确定为基金管理人履行信义义务失当的表现。

【关键词】

私募基金管理人　损失认定　信义义务

【类案综述】

通过在中国裁判文书网检索涉私募基金案件，笔者发现法院在裁判过程中存在以下两种观点：

1. 私募基金管理人在对外投资的过程中，由于投资方式和投资类型复杂且多样，对于股权投资类基金，需要通过股权转让实现退出，若合同约定以现金形式分配获得本金及收益，那么在涉案基金未清算的情况下，对于股权转让获得的现金收益无法确定，即使管理人行为存在瑕疵，也不应当支持投资人的诉讼请求。[1]

2. 虽然投资人选择私募基金投资属于市场行为，应当承担投资风险，但是私募基金管理人在进行投资的过程中，属于"代人理财"的行为。如果私募基金管理人未尽到勤勉义务或违反了相关的规定，即使损失不确定或难以判断损失是否与管理人违规行为具有关联关系，管理人作为专业的投资机构，收取管理费就应该履行更高的注意义务，出于促进管理人更好地履行管理人责任保护投资人的目的，即使案涉基金未届清算期或未清算完毕，应当认定管理人承担责任。[2]

实务典型案例

基本案情

2016年9月27日，甲向涉案私募基金募集专户转账101万元。2016年9

〔1〕参见北京市第二中级人民法院民事判决书，(2021)京02民终2493号、2486号、2496号，由于涉案基金的清算尚未完成，投资人就涉案基金是否享有投资收益抑或存在投资损失尚无法确定，法院判决驳回投资人要求管理人赔偿损失的诉讼请求。

〔2〕参见深圳市中级人民法院民事判决书，(2020)粤03民终19093号、19097号、19099号，本案中涉案资管产品尚未完成清算和分配，但法院判决认定基金管理人违反适当性义务管理规定、其应当承担全部还本付息的情况下，涉案资管产品是否完成清算和分配，或者说是否计算出实际、具体的损失并不影响案件的实体处理，基金管理人向投资者推荐超出风险承受能力的产品，法院判决管理人赔偿投资人本金及利息。

月28日，甲作为投资人，乙基金公司作为管理人，丙证券公司作为托管人，三方签署涉案基金合同。认购风险揭示书、风险承受能力调查问卷、合同条款二十八节共同构成基金合同内容。投资人申明处，甲手写以下内容：本人已详阅并准确理解本揭示书及相关基金文件所揭示的风险，并自愿承担由上述风险引致的全部后果。风险承受能力调查问卷中，甲的投资风险类型为稳健型。合同载明了基金名称、运作方式、存续期限等。此外，基金管理人根据实际投资运作情况，有权提前结束或延期结束本基金，以管理人届时公告为准。并对投资人、管理人及托管人的权利义务、收益分配、风险提示、清算、违约责任等进行约定。上述合同签订同日，乙基金公司向甲出具产品认购/申购确认函，内容为：根据基金合同规定，该投资基金于2016年9月28日成立。甲认购金额为100万元。

在中国证券投资基金业协会备案的私募基金公示信息显示：涉案基金成立时间为2016年7月6日，备案时间为2016年7月29日，基金备案阶段为暂行办法实施后成立的基金，基金类型为股权投资基金。

本案中，原告甲认为乙基金公司与丙证券公司在基金运作过程中存在违规宣传及投资、未按照规定进行合格投资者审查、未履行管理人适当性义务等过错，应对甲的损失承担兑付和赔偿责任。

被告乙基金公司认为，乙基金公司在前期已经充分履行合格投资者审查义务、充分披露涉案基金风险等相关信息，按照当时规定履行了适当性义务，并按照基金合同的约定进行投资，且自涉案基金于2019年7月6日进入清算期之后，乙基金公司作为基金管理人一直努力推动涉案基金投资退出事宜，涉案基金是股权投资基金。最终以回购方式实现退出不属于明股实债。涉案基金在推介过程中并未宣传保本保收益，“兑付”是指支付，不是“刚兑”，且在《基金募集说明书》中进行了明确风险提示。

被告丙证券公司认为，1. 本案中托管人已经按照合同约定勤勉尽责地履行了基金合同约定的义务，不存在违约行为。投资人认为管理人违反了基金合同的投资限制为其对条款的理解错误。投资限制是对基金对外投资的限制，并非对投资标的或其他保证人等的限制。2. 丙证券公司不参与基金销售，对《基金募集说明书》中相关内容也不负监督义务。基金销售打款、合同成立在前，基金合同生效及产品成立在后，托管人职责应自基金合同生效起算，托管人并不参与前期管理人的基金销售，故对于投资人提供的基金销售阶段获取的《基金募集说明书》,托管人不知情,更无监督义务。3. 托管人并非承担投资运作的义务,投资运作具体为管理人的义务,托管人不参与具体的基金运作。4. 按照《证券投资基金法》第 145 条的规定,丙证券公司与乙基金公司对于给甲造成的损失不存在实施诈骗的共同行为,更不存在意思联络。

法院观点

涉案的基金合同明确约定基金份额持有人、基金管理人、基金托管人的权利义务,亦在多处揭示了投资风险,因此本案基金合同并不存在期限届满后可保证甲获得投资收益或者保证本金不受损失的约定。基金份额持有人有权分享基金财产收益及参与分配清算后的剩余基金财产,但分享收益及参与分配的前提应为对基金财产的清算。涉案基金的清算尚未完成,股权尚未转让,无法转变为现金形式,对于股权转让实际获得的现金收益尚无法确定,因而本案基金收益分配的条件尚未成就。甲主张的投资损失应为现实确定的损失,即不可再次从市场中获得弥补的损失,还应是固有利益的损失,即投资本金的亏损,不应包括预期收益及后续的资金占用费。由于涉案基金的清算尚未完成,甲就涉案基金是否享有投资收益抑或存在投资损失尚无法确定。

乙基金公司虽在推介材料中使用了预期收益率的表述,违反了中国证券投资基金业协会于 2016 年 4 月 15 日发布的《私募投资基金募集行为管理办法》中不得使用预期收益进行宣传的规定,其行为存在瑕疵,但推介材料的风险提示部分,亦明确载明了不对投资者的最低投资收益做任何承诺,亦不保证投资本金可以全部或部分收回。依据查明的事实,甲在投资本基金之前曾投资多支其他基金产品,且风险揭示书、基金合同有多处均约定涉案基金不保证收益及投资本金不受损失,根据其投资经验,甲在订立合同时对推介材料中的风险提示的内容应当能够充分理解并作出是否投资的决定。

虽然涉案基金成立于 2016 年 7 月 6 日,但乙基金公司与甲签订的基金合同的成立时间为 2016 年 9 月 28 日,订立合同的当事人亦应受基金合同的约束。中国证券投资基金业协会于 2016 年 4 月 15 日发布的《私募投资基金募集行为管理办法》于 2016 年 7 月 15 日正式实施,第 26 条规定,在投资者签署基金合同之前,募集机构应当向投资者说明有关法律、法规,说明投资冷静期、回访确认等程序性安排以及投资者的相关权利,重点解释私募基金风险,并与投资者签署风险揭示书。在管理办法实施之后订立的合同,乙基金公司作为募集机构应当遵守行业性律规范的规定。乙基金公司虽对甲进行了风险评估,但未说明投资冷静期,且并未设立回访确认程序,其行为未遵守相关规范。

关于乙基金公司将超过甲风险承受等级的产品向甲销售的行为。涉案基金成立时及甲签署基金合同时,虽然《基金募集机构投资者适当性管理实施指引(试行)》尚未发布,但乙基金公司作为金融机构,在专业知识、信息方面的优势高于投资者,其应当遵守法律、规章的明确规定,根据投资人的风险承担能力销售不同等级的基金产品。甲在投资人风险承受能力调查问卷的客户声明中虽自愿承担投资超越风险等级基金产品的风险,但乙基金公司并未举证证明其已履行了向投资人充分揭示风险的义务,从而增加了甲的投资风险。

关于甲主张的乙基金公司未尽到尽职调查及投后管理义务。首先,涉案基金系乙基金公司作为基金管理人并以自己的名义入股丁成为有限合伙人,其并不执行合伙事务,对于第三方的尽职调查资料系在涉案基金成立前形成的,不涉及基金管理人对基金财产的管理处分及运用,甲要求乙基金公司披露基金成立前形成的尽职调查资料缺乏合同依据。其次,涉案基金尚在清算中,乙基金公司亦通过召开基金份额持有人大会的方式推动诉讼的进行,其并未有怠于向第三方主张权利的行为,故法院未采信甲主张的其未尽投后管理义务的意见。

认购风险揭示书中的申明,基金托管人对本基金投资行为或其投资回报不承担责任,甲亦在风险揭示书中签字确认表示已阅读相关内容。由于本案中甲的投资损失尚未确定,甲未提交证据证明丙证券公司在基金托管过程中存在失职行为,以及失职行为与投资损失之间存在因果关系,甲要求丙证券公司承担赔偿责任的主张,缺乏事实依据。

裁判结果

驳回原告甲的诉讼请求,后甲上诉,二审驳回上诉,维持原判。

【裁判思路与方法】

股权投资类私募基金投资者在基金封闭期满后无法收回本金及收益后起诉基金管理人及托管人,要求刚性兑付类案件,在审理过程中,都会涉及投资人损失的认定、私募基金管理人是否应对投资人的损失承担赔偿责任的问题。上述两个问题,实践中并未有统一的认识。司法并不能替代市场进行选择,也无法在商业运作事务中过多介入、代替公司进行决策,进而损害公司自治。在事前监管与事后治理的衡平下,只有当基金管理人出现违法的不当行为时,才需要司法对其进行引导。对投资人损失认定的路径分析以及基金管理人信义义务的评定,是股权投资类私募基金案件裁判的核心要义。

一、投资人损失认定的司法边界

目前在大多数涉私募基金纠纷的案件中,投资人主张赔偿损失的诉讼请求均为返还本金并按照投资宣传册中宣传的预期收益率要求兑付收益或要求支付资金占用费用。投资人理解的损失应为投资款的本金不受风险波动影响,且封闭期满或者基金的存续期满能够获得高收益的回报,完全不考虑基金运作下存在的本金损失的风险。但是私募基金募集的对象是合格投资者,合格投资者应具备相应风险识别能力及风险承担能力,要求投资单只私募基金的金额不低于100万元,且单位净资产不低于1000万元,或者个人金融资产不低于300万元或最近三年个人年均收入不低于50万元。此类符合合格投资者强制性要求的投资人具备较高的抗风险能力,而到法院诉讼的投资人虽在资产规模或者收入水平上符合合格投资者的标准,但其抵御风险的心理承受能力显然未能达到对等高度,这就造成涉众型、群体性纠纷不断。

(一)清算对损失认定的影响

私募股权基金存续期届满后,应当通过清算实现退出。由于投资人投资基金的份额不尽相同,基金存续期满后,是否存在投资净值,是否发生亏损,亏损的数额针对每个基金份额持有人均不相同。因此,只有通过对基金财产的清算才能确定每个基金份额持有人的亏损及收益情况。除基金合同另有约定外,单个投资人在未经基金财产清算即要求基金管理人刚性兑付,缺乏合同依据,也与设置清算程序的本意并不契合。

(二)流动性风险带来的清算期的刚性要求与裁判变量

私募股权投资基金显著的特点是基金本身或通过特殊目的公司对底层资产进行投资,退出的方式也是通过转让股权或大股东进行回购实现投资收益。由于股权的交易本身充满专业性与复杂性,因此存在流动性风险。在市场或本基金所投项目流动性不足的情况下,基金管理人可能无法短期、低成本地变现,从而对基金收益造成不利影响。因此,管理人是否尽最大努力进行投资变现、实现投资收益就十分重要。本案例中,涉案基金并未明确约定存续期满后获得固定收益回报,而是以投资有限合伙企业的股权的形式获得股权增值回报,股权回购虽在合伙协议中作出了安排,但短期内无法变现,此即为投资人面临的流动性风险。而基金管理人在存续期满后多次发函要求目标公司回购,并且召开了基金份额持有人大会,以诉讼方式推进了回购的可能性,故本案的基金财产存在清算的现实条件,基金管理人也未怠于履行推动清算的义务。

由于未完成清算前,投资人是否存在损失无法确定,因此,在存在真实交易关系的前提下,应当确立基金清算完成为损失确定的一般原则。但是对于一些怠于履行义务的基金管理人,在基金存续期限届满后,未召开基金份额持有人大会对基金财产清算作出下一步安排,也怠于行使基金管理人推动清算的义务,如不考虑案件实际情况,盲目认定未经清算缺乏损失认定的基础,也不利于保护投资人的合法权益。笔者认为,如发生管理人怠于履行义务的情况,即使清算尚未完成,应以举证责任分配为基础,确认投资人存在因管理人违约产生的损害赔偿损失。

(三)损失的范围限缩

投资者在起诉时,一定是存在投资本金或投资收益没有如期获得的情形,但也并不排除清算期届满后基金财产因增资获得高额回报的可能。鉴于我国司法审判实务中并不认同投资人刚性兑付,投资人在投资高风险的私募基金时,应当尽到合格投资者的注意义务,其对损失的承受能力高于普通投资者,对到期本金存在亏损应当为其投资私募基金的基本风险承受预期。再者,损失应为直接损失,投资人主张的收益或者资金占用费系本金损失的间接损失。因此,本案例确定的投资人向基金管理人主张损失的范围,应为投资本金的亏损,不应包括预期收益及后续的资金占用费。

二、基金管理人信义义务评定

信义义务是为防止私募股权基金管理人滥用权利和财产,保护投资人利益,其在基金的募集、投资、管理和退出等环节有不同的侧重点与表现形式。为便于理解与适用,理论上对其作了类型化的处理,传统采用的是二分法,即忠实义务

(duty of loyalty)和注意义务(duty of care)。[1] 具体到私募基金领域,忠实义务即受人之托、代人理财、忠人之事,受托人应该以投资人利益最大化为前提,禁止为了自己的利益而损害委托人的利益。注意义务,是指基金管理人作为专业的基金管理机构,其投资能力、管理能力、任职能力均应符合其行业一般的、理性的标准,勤勉尽责。而基金管理人信义义务履行的评定也贯穿于整个私募基金的募集、投资、管理、清算阶段(见表1)。

表1 管理人信义义务梳理

管理人涉及阶段	忠实义务	注意义务
募集阶段	关联交易风险提示义务	设置冷静期、回访义务、投资者适当性审查与风险匹配义务、拟投资标的审慎选择义务
投资、管理阶段	公平交易、对标的企业合理估值义务	风控审查、投后管理义务、信息披露义务
清算、退出阶段	合理定价、及时退出清算义务	适时退出义务

(一)募集期的筛选与匹配

在投资者签署基金合同之前,基金管理人应当向投资者说明有关法律法规,说明投资冷静期、回访确认等程序性安排以及投资者的相关权利,重点解释私募基金风险,并与投资者签署风险揭示书。基金管理人作为募集机构掌握了基金的投资指向,并应在成立基金前对投资项目进行充分的尽职调查。投资人了解并选择基金进行投资,也是通过基金管理人的宣传、募集机构工作人员的介绍。合格投资者虽然在资产上具备抵御风险的能力,但其在基金运作、基金投资方向发展的了解程度以及信息对称性上并不能与管理人上升到同一高度。因此作为募集机构的基金管理人在基金成立前的募集阶段,需要审慎履行信息匹配与合格投资者的筛选与核查义务,此乃基金管理人注意义务。

本案例中,甲与乙基金公司之间的基金合同签订日期发生在《私募投资基金募集行为管理办法》实施之后,乙基金公司作为专业投资机构,其对监管要求的掌握程度以及实际履行募集基金的合规性审查存在较高的注意义务。在募集

〔1〕 肖宇、许可:《私募股权基金管理人信义义务研究》,载《现代法学》2015年第6期。

基金时未能设置冷静期,也未设置回访确认程序,更以格式条款的方式将超越风险等级的基金销售给投资人,属于典型的违反行业规范,未尽募集阶段注意义务的行为,也直接增加了投资人的投资风险。

(二)投资期的管理与运作

基金管理人在私募基金成立后,其最主要的职责在于依据基金合同将基金财产投入约定项目,并在基金存续期内对基金运作的方式、现状、投资进程向基金份额持有人进行信息披露。本案例中,甲亦认为乙基金公司不参与合伙企业决策,进行持有份额的形式即为名股实债。虽然此种投资方式与以获得固定本息回报的借款有本质不同,但基金管理人不参与基金财产的实际管理,实则使基金管理人的投资管理形同虚设。基金合同虽对基金财产投资指向进行了明确约定,基金管理人依据基金合同不承担投资目标合伙企业的管理职能,不能据此认定基金管理人存在违约行为,但此类基金在结构设计上,将基金管理人应尽的信义义务进行剥离,不利于基金管理人对于脱离投资人掌控的基金财产进行监督。

但上述交易结构的设计是市场机制调节的结果,并非司法过度介入可以解决的问题。合格投资者具备风险识别以及承受能力,更应遵守契约精神。基金管理人在此阶段如严格按照合同约定完成了资金划扣、股权变更、信息披露等义务,不能仅以交易结构不合理,突破合同约定,认定基金管理人违反信义义务。

(三)清算期的推进与披露

由于私募股权投资基金多以募集方式形成,具有一定的存续周期,加之私募股权投资者的财务投资特性等因素,因此私募股权投资基金的投资目的是在较短时间内获取高额投资收益,而能否顺利实现退出关系到股权投资目标是否达成。因此,对于私募股权基金而言,制定股权投资决策的时候必然包括具体的退出策略,因为“退出决策就是利润分配的决策,以什么方式和在什么时间退出可以使投资收益最大化为最佳退出决策”,退出是实现股权投资价值的重要方式。[1]

笔者通过梳理已有的裁判案件发现,基金管理人在清算期内履行义务的效能明显不足,导致诸多基金存续期满两三年后仍不能进行清算,投资人也无法就损失主张权利。而股权投资基金投资合伙企业的退出机制在合伙协议中约定得

〔1〕 俞秋玮、夏青:《估值调整协定的功能与特征》,载《商事审判指导》2013年第4辑(总第36辑)。

不甚明确,有的仅约定存续期满后可进行回购,对回购的主体、期限、比例、方式均未进一步约定。关于清算推进的程序以及信息披露,基金合同也未明确。本案例中,基金合同对清算的时间以及方式也未作出明确规定,只约定基金期限届满本基金终止,自基金终止之日起,管理人开始对基金财产进行清算。因此,对于清算期的启动,基金份额持有人并无相应的监督路径,完全依赖基金管理人的履职尽责。虽然清算系被动管理型义务,但基金管理人如没有进行适当且行之有效的推进,投资人缺乏确定损失的途径,因此,仍应当将推动清算有效进行的投后管理义务赋予基金管理人,此亦为基金管理人应尽之忠实义务。

对于清算过程的信息披露,尤其是投资人关注的股权退出的推动,诸如诉讼的阶段、裁判文书及裁判结果的告知、执行回款的金额,基金管理人均应适时向投资人披露。本案例中,基金管理人对于股权的退出除向目标企业发送问询函外,还通过诉讼方式推动,并在网站上对各个阶段进行了披露,在投后信息披露方面并不存在违反信义义务的情形。但有些案件中,基金管理人对信息披露不及时或者不予披露,使投资人无法掌握基金财产在清算阶段的状况,应当认定基金管理人未履行信息披露的义务。

(四)基金管理人信义义务失当的裁判指引

私募股权基金投资成功即可获得高回报率,但投资失利的风险及概率应当大于投资成功的比例。投资失败的原因既有市场、政策以及投资领域本身的风险,也依赖于基金管理人的投资水平,对此需要进行综合判断。基金管理人作为专业的投资机构,应当履行基本的信义义务,但结合私募投资高风险的本质,如果过于强调信义义务,甚至如果违反轻微的义务即要求管理人对投资人进行损害赔偿,可能对管理人进行投资决策造成一定的负担,不利于激发私募投资的积极性和市场活力。司法裁判考虑基金管理人承担赔偿责任的依据,是其违反合同约定的义务以及履行信义义务失当给投资人造成了损失。对于私募基金管理人违反基金合同等与投资人签署的书面文件或对于投资人作出的书面承诺,在该等内容没有违反法律强制性规定的情况下,即使私募基金管理人的违约行为与投资者的损害并没有因果关系,根据《民法典》第 577 条"当事人一方不履行合同义务或者履行合同义务不符合约定的,应当承担继续履行、采取补救措施或者赔偿损失等违约责任"之规定,投资人按照基金合同或相关的书面文件要求管理人承担违约责任的,管理人应当对投资人承担违约责任。

虽然法律没有对基金管理人的信义义务作出规定,现有的《私募投资基金募集行为管理办法》的法律效力仅为行业性规范。且作为行业协会出台的自律规则能否作为法院适用的判决规则存在一定的争议,但是对于基金管理人作为协会登记备案的主体,其应遵守该等自律规则。此外,从目前的现实情况来看,在私募基金法制体系尚未完全建立、私募行业发展水平参差不齐的情况下,私募基金的自律规则对私募行业的发展和规范具有重要的意义,因此私募基金管理人对于该等自律规则也应遵守。在判断私募基金管理人履行信义义务是否失当时,该等自律规则可以扩大适用,作为法院裁判尺度的参考。

对于管理人违反忠实义务的行为,应当认定管理人对投资人负有赔偿较高比例损失的义务,理由在于,忠实义务的核心是管理人以维护投资人的利益为前提进行基金的募集、投资、管理、退出工作,违反此类义务很大程度上会导致合同根本目的无法实现、投资人利益受损。对于管理人违反注意义务的行为,要进行个案审查,在基金清算完成为损失确定的唯一原则的基础之上,结合管理人行为与投资人损失的相关性,认定管理人承担责任的比例。

信托公司从事通道业务中的法律责任承担

李　燕[*]　黄莹荧[**]

案例摘要

我国《信托法》中明确规定了受托人在信托业务中的亲自管理义务，对受托人委托他人代为处理信托事务采取原则禁止、例外允许的规定，但即使受托人予以转委托，仍要对第三人的行为承担责任。通道业务作为我国特定金融发展时期自发形成的业务类型，是对受托人亲自管理义务的突破，其法律性质应属于事务管理类信托。《全国法院民商事审判工作会议纪要》（以下简称《九民纪要》）中对信托公司从事通道业务的效力进行了明述。在过渡期内信托公司已经开展的业务，应当依据信托文件的约定加以确定，如无其他无效事由，一般应认定其效力，故而此类信托合同中约定的风险披露、信托公司及委托人的权利义务均应遵照合同约定予以确定。作为合格投资者的委托人与信托公司签订此类信托合同时，更应全面了解产品特性、投资指向，自担投资风险。

【裁判观点】

通道业务中信托公司责任的认定主要依据信托合同等信托文件的约定，在案涉信托合同对于信托设立之前的尽职调查义务没有明确约定的情况下，信托公司并不承担尽职调查的职责，委托人在订立合同时对此应予以明知，如投资失利后再以信托公司未尽尽职调查义务为由，要求信托公司承担损失，不能得到支

---

* 李燕，北京市东城区人民法院员额法官。

** 黄莹荧，北京市东城区人民法院员额法官。

持。信托公司履行一般性风险披露义务后，合格投资者应当自担风险。

【关键词】

通道业务　合格投资者　信托公司法律责任

【类案综述】

对于通道业务能否认定为信托法意义上的信托种类，审判实践中存在争议。一种观点认为，信托法所规定的信托为主动管理信托，通道业务的受托人不承担信托财产的管理运用职责，并非信托法意义上的信托形式，且通道业务的开展，多是为了规避监管政策的规定，应当以目的违法为由认定信托合同无效。另一种观点则认为，立足于现实经济生活的发展需要，通道业务作为事务管理类信托有其存在的空间，对其效力不能一概予以否定，而应配合监管政策的开展，逐步加以规范。如在(2017)最高法民申5004号吉林省建苑设计集团有限公司诉四川信托有限公司信托纠纷案中，最高人民法院明确表示："信托法并未区分主动信托与被动信托，本案中，吉林建苑与四川信托签订有书面《信托合同》，合同明确约定受托人根据受托人指定管理并运用信托资金，按照信托目的持有、管理信托财产，直到信托终止。四川信托亦按照合同约定以自己名义与众诚公司签订并履行《信托贷款合同》，双方交易符合信托法律关系的特点。一、二审判决认定案涉法律关系为信托关系，并无不当。吉林建苑认为其与四川信托系'居间+委托'代理关系，而非信托关系，依据不足。"在(2018)最高法民终1209号北川羌族自治县农村信用合作联社与天风证券股份有限公司合同纠纷案件中，最高人民法院认为："从上述合同约定以及履行情况看，北川农村信用社对委托资产所投资的信托项目的资金用途系自行作出判断和决策，并自行承担风险。因此，一审法院认为'案涉融资项目实质上系天风证券基于北川农村信用社的指令进行的定向投资，风险应由北川农村信用社自担。天风证券、山东信托不负有事前审查和尽职调查的义务，并不存在提供虚假信息、隐瞒事实，进而欺骗北川农村信用社作出投资行为的问题'并无不当。"

实务典型案例

基本案情

2017年7月,根据甲公司的推荐,原告庚作为委托人与被告乙信托公司签订认购风险申明书、B3号集合资金信托计划说明书、B3号集合资金信托计划信托合同,上述内容共同构成信托合同。庚在信托计划说明书中委托人声明处手写:本人已阅读并完全接受本信托合同及信托计划说明书之条款,愿意承担本产品投资风险和损失。

认购风险申明书约定:本信托计划不承诺保本和最低收益,具有一定的投资风险,适合风险识别、评估、承受能力较强的合格投资者。本信托为委托人指定用途和管理方式的事务管理类信托,受托人仅承担一般信托事务的执行职责,不承担主动管理职责。本信托设立前的尽职调查由委托人自行负责,信托财产的运用方式和方向均由委托人指定。受托人依据信托计划文件及委托人代表的指令管理、运用、处分信托财产所产生的风险,由信托财产承担,信托财产不足承担的,由委托人承担。受托人因违背信托计划文件、处理信托事务不当而造成信托财产损失的,由受托人以固有财产赔偿;不足赔偿时,由委托人自担。本信托计划可能存在政策风险与证券市场风险、投资管理与信用风险、管理风险、流动性风险、信托延期风险、委托人及受益人投资于信托计划的风险、信托计划提前终止或延期的风险、信托受益权受让风险、投资顾问风险、政策风险、信托不成立或不生效的风险、传导性风险、双重收费及间接投资风险、委托人代表指令的风险、不可抗力以及其他风险。信托财产管理过程中发生的风险由信托财产承担,受托人对管理、运用和处分信托财产的盈亏不作任何承诺。

信托计划说明书第2项约定运用信托资金的方式:受托人将按照委托人代表的指令,将全体委托人交付的信托资金以受托人名义专项用于丙基金公司持有的丁信托公司设立的A2号的信托受益权。丁信托公司根据本信托计划全体委托人共同选定的投资顾问的建议进行证券投资操作,并按照约定分配投资收益,实现信托资金的退出。信托计划存续期限内,为了最大限度地实现受益人的利益,受托人可以将闲置资金用于银行存款等流动性高、风险低的产品。特别说明(加黑显示),本信托为委托人指定用途和管理方式的事务管理类集合资金信托计划,受托人仅承担一般信托事务的执行职责,不承担主动管理职责。本信托设立前的尽职调查由委托人自行负责,信托财产的运用方式和方向均由委托人指定。全体委托人知悉并认可受托人签署的本信托计划所涉的交易文件以及单一信托的相关情况与项目风险,对《A2 号证券投资单一资金信托合同》(以下简称《A2 号信托合同》)的内容知悉并无任何异议。受托人仅根据本信托合同的约定,将委托人交付的资金用于受让丙基金公司持有的单一信托的信托受益权。委托人自行对单一信托受托人,单一信托项下投资顾问、证券经纪商、补仓义务人等承担尽职调查义务,委托人自行决定单一信托的投资范围、投资限制、投资运用方式、信托利益分配方式等事项,单一信托的投资风险也由委托人承担。上述交易安排,受托人签署并履行的与本信托计划相关的全部文件的全部法律后果归于信托财产,收益由信托财产享有,风险亦由信托财产承担。

信托计划说明书第 8 项风险提示部分,约定了具体风险分析和揭示。其中传导性风险指:本信托计划资金主要用于受让丙基金公司持有的丁信托公司设立的单一信托的信托受益权,单一资金信托主要投向 A 股股票、银行存款、货币市场基金等,本身存在市场风险、操作风险、管理风险等风险,其风险可能通过单一资金信托传导至本信托,影响本信托的收益,导致信托财产的损失。

信托合同约定:信托计划名称为 B3 号集合资金信托计划。优先级委托人为戊银行。劣后级委托人为辛、庚。本合同项下的信托资金由受托人按照委托人代表的指令、信托文件的约定以自己的名义集合管理运用、处分。受托人根据委托人代表的指令作出的行为(包括但不限于签署相关交易文件、受让单一信托的信托受益权等),均视为受托人职责已充分履行,所产生的一切法律后果和责任均由全体委托人承担。本信托为委托人指定用途和管理方式的事务管理类信托,受托人仅承担一般事务的执行职责,不承担主动管理职责。本信托设立前的尽职调查(包括但不限于对单一信托的受托人、投资顾问、证券经纪商、补仓义务人等进行尽职调查)由委托人自行负责,信托财产的运用方式和方向(包括但不限于单一信托的投资范围、投资限制、投资运用方式,收益分配方式等事项)均由委托人指定,受托人依据信托计划文件及委托人代表的指令管理、运用、处分信托财产产生的风险,由信托财产承担,信托财产不足承担的,由受益人承担。本信托项下受托人不以自己的名义参与诉讼、仲裁或参与其他争议解决事项,如委托人/受益人指令受托人处理任何涉及诉讼、仲裁或争议解决的事项,受托人有权拒绝执行。经全体委托人同意,本信托计划募集的资金将按照本合同的相关约定,全部用于受让丙基金公司持有的丁信托公司设立的 A2 号之信托受益权,丁信托公司将按照单一信托项下信托文件约定对信托财产进行管理运用。本信托全体委托人指定辛作为丁信托公司设立的单一信托项下的补仓义务人,单一信托设置预警与止损线。委托人知悉并认可受托人签署的本信托计划所涉的交易文件以及上述交易安排,并对交易文件的全部内容和条款无异议。受托人签署并履行的与本信托计划相关的全部文件的全部法律后果归于信托财产,收益由信托财产享有,风险亦由信托财产承担。风险披露内容与说明书中风险披露内容一致。

2017 年,丙基金公司与丁信托公司签订《A2 号信托合同》,约定信托规模预计为 180 000 000 元,存续期限为 2 年,自信托成立日起计算。投资范围包括 C 纸业二股票,闲置资金可投资于现金及等价物(银行活期存款、货币市场基金、债券逆回购)等,信托初始规模 1% 的信托业保障基金。2017 年 7 月,丙基金公司与乙信托公司签订《信托受益权转让协议》,约定乙信托公司支付 180 000 000 元,受让 A2 号受益权。

2017 年 7 月 18 日,庚向乙信托公司转账 4 000 000 元。2017 年 9 月 1 日,丁信托公司出具 A2 号信托项目清算报告,向乙信托公司分配信托本金 129 547 234.75 元。同日,乙信托公司出具 B3 号集合资金信托计划清算报告,并于 2017 年 11 月 15 日,向庚账户分配剩余信托财产 1984.95 元、27 789.34元。

2017 年 7 月,辛、庚与壬投资公司签订投资合作协议及补充协议,约定辛、庚出资 6000 万元作为劣后级资金,己银行出资 12 000 万元作为优先级资金,双方共同委托癸信托公司成立信托计划。

原告庚认为乙信托公司设立的 B3 号信托,受让丙基金公司持有的 A2 号受益权,而 A2 号却满仓大宗受让并持有 C 纸业股票,B3 号为结构化信托产品,通过结构化信托受让 A2 号单一信托,其目的为规避结构化信托持有一家公司的股票不超过资产净值的 20% 的限制,违反了《中国银监会关于加强信托公司结构化信托业务监管有关问题的通知》(银监通〔2010〕2 号)第 9 项的规定,乙信托公司未向庚充分披露风险,也没有向庚出具 A2 号的相关信托合同,导致了庚的损失,故庚诉至法院,要求乙信托公司赔偿投资损失 3 438 000 元及律师费损失。

法院观点

原告庚与被告乙信托公司订立的信托合同,系各方当事人真实意思表示,且不存在法律、行政法规规定的合同无效之情形,各方当事人据此享有相应权利并应依约履行义务。本案争议的焦点在于,乙信托公司是否向庚履行了风险披露义务;乙信托公司是否应当赔偿庚投资损失。

首先,庚与乙信托公司签订的《B3 号集合资金信托计划认购风险申明书》《B3 号集合资金信托计划说明书》《B3 号集合资金信托计划信托合同》中多处概括性地提及了可能面临的风险,并明确约定了信托财产管理过程中发生的风险由信托财产承担,受托人对管理、运用和处分信托财产的盈亏不作任何承诺。传导性风险部分明确指明风险可能通过单一资金信托传导至本信托,影响本信托的收益,导致信托财产的损失。庚在订立合同前已阅读相关条款,乙信托公司已完成了风险披露义务。

其次,从案涉信托合同相关条款约定的内容看,案涉信托合同为被动管理类信托。认购风险声明书及信托合同条款均约定:本信托为委托人指定用途和管理方式的事务管理类信托,受托人仅承担一般信托事务的执行职责,不承担主动管理职责。本信托设立前的尽职调查由委托人自行负责,信托财产的运用方式和方向均由委托人指定。委托人指定优先级委托人作为本信托计划的委托人代表,代表全体委托人为本信托计划制订投资计划,就信托财产投资运用、管理、处分等事宜向受托人发送指令并承担相应责任与义务。受托人依据信托计划文件及委托人代表的指令管理、运用、处分信托财产所产生的风险,由信托财产承担,信托财产不足承担的,由委托人承担。因此,在案涉信托合同对于信托设立之前的尽职调查义务没有明确约定的情况下,乙信托公司并不承担尽职调查的职责。另外,说明书中约定:“全体委托人知悉并认可受托人签署的本信托计划所涉的交易文件以及单一信托的相关情况与项目风险,对《A2 号信托合同》的内容知悉并无任何异议。”依据查明的事实,《A2 号信托合同》载明了投资指向为 C 纸业。据此,庚作为委托人对信托财产的运用方式和方向均应知晓,庚认为其在投资前乙信托公司未向其披露投资指向的意见,亦无法采信。

最后,庚具有多年的投资及理财经验,根据庚的既往投资经验,其在投资涉案信托产品时,应当对交易结构、投资风险有所预期,应当自负投资风险。

裁判结果

驳回庚的诉讼请求。宣判后,庚、乙信托公司均未上诉。

【裁判思路与方法】

一、通道业务的含义及其效力

(一)通道业务的含义及特征

传统的信托分类中并无通道业务与非通道业务的区分。通道业务是根据我国特定金融发展时期自发形成的业务类型。通道业务属于事务管理信托的一种,受托人无须承担主动管理职责。事务管理类信托是指委托人交付资金或财产给信托公司,指令信托公司为完成信托目的,从事事务性管理的信托业务。从通道类信托来说,信托公司并非承担代人理财、实现财务增值的积极信托职责,而是处理如贷款、收款等事务性业务。事务管理类信托的核心在于利用信托灵活的交易结构安排,信托财产独立性带来的风险隔离和破产隔离等制度优势,为不同的委托人提供符合其需求的、个性化的事务管理服务。[1]

事务管理类信托是相较主动管理信托而言的,后者是指信托公司作为受托人,在信托管理过程中发挥主导作用,在尽职调查、产品设计、项目决策和后期管理等方面发挥决定性作用并承担主要管理责任的营业性信托业务,属于传统的信托法上规定的业务。[2] 二者的区别在于事务管理类信托中信托公司不具有信托财产的运用裁量权,而是根据委托人或是由委托人委托的具有指令权限的人的指令,对信托财产进行管理和处分。

"通道业务"的产生最早于 2008 年前后以"银信合作"的形式出现,即信托公司设立信托计划作为通道,银行负责资金端的募集和资产端的投资指定,借助信托计划实现银行资金出表、规避监管指标约束等目的。随着业务规模的爆发

---

〔1〕 朱颖琦:《通道类信托业务中受托人外部责任的司法认定》,载《法律适用》2020 年第 20 期。

〔2〕 《信托法》第 2 条规定:"本法所称信托,是指委托人基于对受托人的信任,将其财产权委托给受托人,由受托人按委托人的意愿以自己的名义,为受益人的利益或者特定目的,进行管理或者处分的行为。"第 30 条规定:"受托人应当自己处理信托事务,但信托文件另有规定或者有不得已事由的,可以委托他人代为处理。受托人依法将信托事务委托他人代理的,应当对他人处理信托事务的行为承担责任。"

性增长,“银证合作”“银基合作”“银证信合作”“银信基合作”等新型通道业务迅速崛起,其总规模已赶超“银信合作”,甚至出现一个投融资项目中同时存在两个或两个以上通道的现象。[1]

《九民纪要》中首次对通道义务进行了权威定义,第93条第1款规定:“当事人在信托文件中约定,委托人自主决定信托设立、信托财产运用对象、信托财产管理运用处分方式等事宜,自行承担信托资产的风险管理责任和相应风险损失,受托人仅提供必要的事务协助或者服务,不承担主动管理职责的,应当认定为通道业务。”根据该条款,可见通道业务的核心特征为:一是委托人对资金的来源和投向负责,自主决定管理运用方式并承担信托风险;二是受托人仅作为资金流转的通道,不负有主动管理职责,并且不承担风险。

(二)通道业务的效力

《中国人民银行、中国银行保险监督管理委员会、中国证券监督管理委员会、国家外汇管理局关于规范金融机构资产管理业务的指导意见》(以下简称资管新规)第22条规定:“金融机构不得为其他金融机构的资产管理产品提供规避投资范围、杠杆约束等监管要求的通道服务”,监管机构在禁止通道业务的同时,也在第29条规定:“……为接续存量产品所投资的未到期资产,维持必要的流动性和市场稳定,金融机构可以发行老产品对接,但应当严格控制在存量产品整体规模内,并有序压缩递减,防止过渡期结束时出现断崖效应……”,明确按照“新老划断”原则,将过渡期设置为截至2020年年底,确保平稳过渡。但由于2020年发生的新型冠状病毒肺炎疫情,考虑到其对经济金融带来的冲击,金融机构资产管理业务规范转型面临较大压力,为平稳推动资管新规实施和资管业务规范转型,经国务院同意,中国人民银行会同国家发展改革委、财政部、银保监会、证监会、外汇局等部门审慎研究决定,资管新规过渡期延长至2021年年底。过渡期延长不涉及资管新规相关监管标准的变动和调整。[2]

《九民纪要》亦明确在过渡期内,对通道业务中存在的利用信托通道掩盖风

[1] 最高人民法院民事审判第二庭编著:《全国法院民商事审判工作会议纪要理解与适用》,人民法院出版社2019年版,第487页。

[2] 参见《中国人民银行有关负责人就资管新规过渡期调整答记者问》,载国家外汇管理局网站2021年4月18日,http://www.safe.gov.cn/safe/2020/0731/16819.html。

险,规避资金投向、资产分类、拨备计提和资本占用等监管规定,或者通过信托通道将表内资产虚假出表等信托业务,如果不存在其他无效事由,一方以信托目的违法违规为由请求确认无效的,人民法院不予支持。至于委托人和受托人之间的权利义务关系,应当依据信托文件的约定加以确定。这实际上免除了受托人在传统信托理论中的亲自管理义务。[1]

二、过渡期内信托公司在通道业务中法律责任的承担

(一)合同有效情形下的责任承担

通道业务中,受托人的义务系依据信托文件的约定加以确定,而信托文件中一般也会明确约定委托人自主决定信托设立、信托财产运用对象、信托财产管理运用处分方式等事宜,自行承担信托资产的风险管理责任和相应风险损失,受托人按照委托人的指令行事,不承担主动管理职责。判断信托公司以上约定是否合理,关键是要遵循"权利义务对等"原则,信托公司收取的是低廉的"管理费"或者"信托佣金",而不是高额利差,因此承担的义务也应当是对等的,但并不是说信托公司不承担任何责任。

本案信托合同中明确约定了"本信托设立前的尽职调查(包括但不限于对单一信托的受托人、投资顾问、证券经纪商、补仓义务人等进行尽职调查)由委托人自行负责,信托财产的运用方式和方向(包括但不限于单一信托的投资范围、投资限制、投资运用方式,收益分配方式等事项)均由委托人指定,受托人依据信托计划文件及委托人代表的指令管理、运用、处分信托财产产生的风险,由信托财产承担,信托财产不足承担的,由受益人承担"。由此可见,信托设立前的尽职调查义务为委托人职责,乙信托公司并不承担尽职调查的职责。另外,乙信托公司在信托文件中多处提及了信托产品可能面临的风险,其中传导性风险部分明确约定了单一资金信托投资的方向可能通过单一资金信托传导至本信托,影响本信托的收益,导致信托财产的损失,庚在订立合同前已阅读相关条款,乙信托公司已完成了风险披露义务。据此,在信托公司不存在违背信托计划文件、处理信托事务不当而造成信托财产损失等其他违反信托文件约定的情形下,

[1] 亲自管理义务是指受托人必须亲自管理信托财产和处理信托事务,不得随意委托他人代为处理,参见李彧:《论通道类信托对受托人亲自管理义务的免除——基于客观目的的解释的分析》,载陈金钊、谢晖主编:《法律方法》(第20卷),山东人民出版社2016年版。

要求信托公司承担赔偿损失的责任一般难以得到法院支持。

但是考虑到通道义务最初产生的原因是避免监管、获取利润,笔者认为从事通道业务的信托公司除应承担一般性风险披露义务外,还应从以下四个方面承担法律责任:

第一,保证主体适格义务,即信托公司应当保证其具备并且在合同期限内维持相关业务资格,不因违法违规行为而被撤销或者暂停。

第二,完全履行合同约定义务。作为管理人,要勤勉履行管理职责,包括事前尽职调查(对项目、投资标的和资金来源等)、事中投资运作(投资和划款指令的审查、风控指标的把控、内幕信息的管理、利益冲突的防范等)和事后维护管理(风险跟踪监控,信息披露,风险处置等)。通道类信托业务建立之前,应对交易对手审慎尽职调查,穷尽各种公开渠道以了解、查询、验证企业的资信情况、真实经营状况、盈利能力等,避免单纯依赖融资方自身提供的资料进行简单汇总即提交本公司审议,倘若尽职调查报告中的关键信息与公开查询、验证的结果不符,委托人要求受托人承担管理失职的责任很可能得到法院支持。[1] 当然,如果信托项目的前期调查、交易结构的设计、信托资产的管理方式都已经由委托人或第三方实质性决定,此时应该在合同中约定受托人仅承担事务管理性工作的风险,其他风险由委托人或主导项目的第三方进行承担。

第三,诚信履行合同附随义务,即按照诚实信用的原则,忠实履行通知、协助、保密等义务。在受托人已经尽到诚实信用、谨慎管理的义务后,信托财产出现风险损失的责任只能由信托财产进行承担。

第四,遵守合同约定以外的法定或者规定义务,主要是合规以及配合监管等义务。对于通道业务而言,合同约定义务可能不完整,但管理人应尽的恪尽职守、勤勉尽责等义务仍须全面履行。如在(2017)最高法民终880号甘孜州农村信用联社股份有限公司与四川科亨矿业(集团)有限公司合同纠纷案件中,最高人民法院认为,判断本案所涉资产投资运作管理的管理人申万宏源证券以及信托合同的受托人山东信托应否承担相应民事责任的核心要件在于,管理人或受托人是否违反了当事人之间的相关合同约定或者法律法规的相关规定,是否存在违约或过失行为并承担相应的民事赔偿责任。从法律法规的有关规定来看,

---

〔1〕 曹会杰:《信托公司诉讼研究与通道业务风险内控》,载搜狐网2021年4月19日,https://www.sohu.com/a/240324994_270543。

原《合同法》、《信托法》以及金融监管部门有关规范性文件规定了委托合同或信托合同受托人应承担的法定履职和尽职义务，即使当事人之间所签订的合同中未作约定，如受托人违反该法定履职或尽职义务并因其过失给委托人造成损失的，亦应根据其过错情形承担相应的民事责任。

（二）合同无效情形下的责任承担

原《民法总则》第157条规定："民事法律行为无效、被撤销或者确定不发生效力后，行为人因该行为取得的财产，应当予以返还；不能返还或者没有必要返还的，应当折价补偿。有过错的一方应当赔偿对方由此所受到的损失；各方都有过错的，应当各自承担相应的责任。法律另有规定的，依照其规定。"《民法典》第157条亦作出上述同样规定。据此，通道业务被宣告无效后，各方当事人互负返还义务，信托公司应当向委托人返还其已支付的管理费用等，而对于信托本金及收益损失的承担问题，应结合委托人与信托公司双方是否存在过错、过错大小来进行认定。如存在信托公司为委托人规避金融监管提供配合，明知相关义务为监管部门所禁止而仍参与的情形，则应属"各方都有过错"情形，因此"应当各自承担相应的责任"。

三、合格投资者的认定对信托公司法律责任的免除

根据《信托公司集合资金信托计划管理办法》第6条的规定，合格投资者，是指符合下列条件之一，能够识别、判断和承担信托计划相应风险的人：（1）投资一个信托计划的最低金额不少于100万元人民币的自然人、法人或者依法成立的其他组织；（2）个人或家庭金融资产总计在其认购时超过100万元人民币，且能提供相关财产证明的自然人；（3）个人收入在最近三年内每年收入超过20万元人民币或者夫妻双方合计收入在最近三年内每年收入超过30万元人民币，且能提供相关收入证明的自然人。《九民纪要》中未明确合格投资者的定义，但根据第78条中关于卖方机构违反适当性义务免责事由的规定[1]，可以根据金融消费者的既往投资经验及受教育程度等事实，据此判断是否应当由金融消费者自负投资风险。

---

[1] 《九民纪要》第78条规定："……卖方机构能够举证证明根据金融消费者的既往投资经验、受教育程度等事实，适当性义务的违反并未影响金融消费者作出自主决定的，对其关于应当由金融消费者自负投资风险的抗辩理由，人民法院依法予以支持。"

本案中，根据庚出具的一般级（进取级）委托人承诺声明及其与案外人签订合同的情况，可知庚具有较丰富的投资经验，相比一般金融消费者更应认识到投资理财的风险，具备更高的谨慎注意义务，应当认真审查投资风险，在其自主决定购买金融产品时，应当自担风险，这也符合“卖者尽责、买者自负”的原则。

票据基础关系通谋虚伪对票据关系效力的影响

刘宇佳[*]　郝　笛[**]

案例摘要

票据追索权纠纷中,当事人之间既存在外观形式上的票据关系,又存在票据签发转让的基础关系。通常情况下,因票据具有相对无因性,该双重法律关系各自区分,相互独立。但在票据债务人抗辩基础关系虚伪通谋而拒绝履行义务时,虚伪通谋对票据无因性的影响问题却存在诸多争议。法院审理此类案件应注重平衡票据的交易效率与安全,审查抗辩范围后将基础关系虚伪通谋对与票据行为虚伪通谋予以区分,识别并认定隐藏的真实基础关系,通过审查持票人取得票据是否具有合同或法律依据而判断持票人是否享有票据权利。若隐藏的法律行为合法有效,持票人取得票据具有合同或法律依据,则票据基础关系虚伪通谋不影响持票人取得票据权利。

【裁判规则】

票据债务人抗辩基础关系虚伪通谋而拒绝履行义务时,应对票据行为效力进行形式和实质双重审查。票据绝对必要记载事项清晰完整,签章真实连续,则票据在形式上系合法有效票据。实质判断上,应对票据的基础关系与整个票据行为进行穿透,按照真实的基础关系进行审理,只要基础关系和票据交易合法,

---

* 刘宇佳,北京市东城区人民法院员额法官。

** 郝笛,北京市东城区人民法院员额法官。

即使票据基础关系虚伪通谋，但存在真实合法的交易基础，持票人取得票据具有合同或法律依据，持票人即享有票据权利。反之，基础关系虚伪通谋，持票人取得票据基于不当得利，则持票人不享有票据权利。

【关键词】

票据关系　票据基础关系　票据追索权　无因性原则　虚伪通谋

【类案综述】

票据基础关系虚伪通谋行为对票据无因性的影响在司法审判实践中存在诸多争议。

第一种观点认为，票据活动是各方通谋虚伪行为，所涉民事行为无效。票据的签发、取得和转让不具有真实的交易关系。参与方明知票据项下无真实交易关系，但出于不同真实目的，相互合谋实施了该票据行为，属于通谋虚伪行为，法院以所掩盖、隐藏的真实行为所涉的法律关系进行审理。[1]

第二种观点认为，票据债务人基于票据基础关系对与自己有直接债权债务关系的持票人享有抗辩权，即基础关系的抗辩主体范围仅仅存在于授受票据的直接当事人之间。而持票人与票据债务人没有直接债权债务关系，持票人需举证证明其取得票据具有欺诈或重大过失或对前手与票据债务人之间的基础关系存在明知，该举证难度较大，若票据债务人举证不能，则法院以票据债务人抗辩范围错误为由，不予采信。

第三种观点认为，票据债务人基于票据基础关系对与自己有直接债权债务关系的持票人享有的抗辩，必须构成足以对票据债权人拒绝履行义务的事由。持票人明知票据债务人与其前手之间基础关系不真实的情况亦如此。该观点的考量在于，当票据债务和原因债务并存时，如果原因债务因不存在、无效、撤销或因清偿而消灭，则票据债权人从票据债务人处取得票据金额将属于不当得利，故基于民法公平原则，有必要认可票据债务人的抗辩权，以阻却票据债权人行使票据权利。但如票据债权人并没有不当得利之可能时，则不应将该条扩大解释为票据债务人仍有权要求将票据关系与票据基础关系合并审理，这无疑会损害票

〔1〕 参见最高人民法院民事判决书，(2017)最高法民终41号。

据的流通性和支付之确定性。[1]

实务典型案例

基本案情

2016 年 1 月 5 日，乙公司与丙公司签订《购销合同》。约定乙公司向丙公司提供 2215 吨化纤钛白粉，金额 30 013 250 元，由丙公司收货后 10 日内开具总额为 30 000 000 元的商业承兑汇票支付货款，余款以电汇支付。庭审中，丙公司称其与乙公司签订《购销合同》并非以买卖货物为真意，乙公司并未真实供货，双方是以《购销合同》为名开具商业承兑汇票，目的是融资。

2016 年 1 月 6 日，甲公司作为居间人及实际出借人、丁作为名义出借人、乙公司作为借款人、丙公司作为保证人共同签订了《质押借款合同》，约定：乙公司通过甲公司向丁借款 28 197 697.19 元，借款期间为 2016 年 2 月 3 日至 2016 年 7 月 28 日，年利率 8%，借款服务费 664 995.69 元。丙公司提供包含案涉票据在内的 3 张商业承兑汇票为借款提供质押担保，票面金额合计 30 000 000 元。丁授权甲公司收取还款。

庭审中，甲公司与丙公司均认可《质押借款合同》实际出借人为甲公司，名义出借人丁系甲公司在职员工。2016 年 2 月 3 日，丙公司作为出票人向收款人乙公司出具了 3 张商业承兑汇票，票面记载对应的合同为《购销合同》。其中，案涉汇票必要记载事项如下：付款人丙公司，收款人乙公司，出票金额 10 000 000 元，出票日期 2016 年 2 月 3 日，汇票到期日 2016 年 7 月 28 日，付款人开户行号 30610000××××，丙公司在出票人栏及承兑人栏签章。

同日，甲公司向乙公司汇款 26 949 949.09 元，摘要备注为平台借款提现。甲公司称上述转款包含 3 张汇票的对价。后乙公司将案涉 3 张汇票背书转让给甲公司。因乙公司未向甲公司依约还款，甲公司作为案涉汇票的最后持票人，委托招商银行上海五角场支行收款。因出票人丙公司拒付，2016 年 8 月 22 日付款行广发银行北京广渠门支行出具拒绝付款理由书。

---

〔1〕 参见最高人民法院民事判决书，(2017) 最高法民终 718 号。

甲公司作为实际出借人及票据持票人,选择行使票据权利,提起本案票据追索权诉讼。要求:1. 判令丙公司支付商业承兑汇票之款项10 000 000元;2. 判令丙公司承担逾期支付票款的利息(自2016年7月28日起至清偿之日止,以10 000 000元为基数,按同期贷款利率标准计算);3. 判令丙公司承担律师费;4. 诉讼费由丙公司承担。

被告丙公司不同意甲公司的全部诉讼请求,认为一是丙公司无票据兑付义务。丙公司与乙公司签订《购销合同》并通过商业承兑汇票进行结算。合同签订后,丙公司按约出具了汇票,但乙公司未依约交付货物。甲公司明知此情况依然接受乙公司背书转让汇票,不得享有票据权利。……三是票据金额与实际借款金额不符,应以实际出借本金为准。本案《质押借款合同》履行存在预先扣除本金利息的情形,依法应按实际出借金额而不是票据金额认定借款本金。

第三人乙公司未到庭应诉,亦未提交书面陈述意见。

第三人丁未到庭应诉,其在开庭之前陈述称:本人为甲公司在职员工,认可自己以出借人的名义所签本案《质押借款合同》,实际是由甲公司向乙公司出借的款项,对甲公司作为原告提起诉讼无异议。

法院观点

甲公司诉请主张的案涉商业承兑汇票绝对必要记载事项清晰完整,签章真实连续,符合《票据法》的相关规定,为合法有效票据。本案涉及双重法律关系,即《购销合同》对应的买卖关系及《质押借款合同》对应的借贷关系。根据查明的事实,丙公司与乙公司并无真实买卖关系,丙公司以《购销合同》之名开具汇票向甲公司融资,各方对于诉争汇票的出票、背书、转让的真实意思表示皆为履行借贷关系,票据基础关系应认定为借贷关系。《质押借款合同》已实际履行,丙公司自愿开具汇票担保乙公司的债务,乙公司实际收到了借款,甲公司履行了基础关系项下出借款项的义务,受让票据支付了合理对价。甲公司并非通过欺诈、偷盗等方式恶意取得票据,依法享有票据权利,丙公司应承担票据兑付义务。另外,本案系票据纠纷,甲公司收取汇票时,签约各方明知票据金额与实际借款金额相差的情况,是各方平等互利的交易,不影响甲公司行使票据权利。

裁判结果

一、丙公司于本判决生效之后十日内向原告甲公司支付商业承兑汇票票据款项 10 000 000 元及逾期利息；二、驳回原告甲公司的其他诉讼请求。宣判后，各方当事人均未上诉。

【裁判思维与方法】

票据作为一种可流通转让的有价证券，除了传统的支付结算功能以外，已演化出融资、借贷、担保等多种功能。票据行为本身具有较强的抽象性、技术性、专业性，涉及出票人、持票人、背书人、承兑人等众多主体，票据追索权纠纷中存在主体身份混乱、交易链条长、法律关系缠绕等事实认定和法律适用的疑难问题。本文即主要探讨票据基础关系虚伪通谋时票据关系效力的认定。

一、问题提出：基于特定票据债务人对持票人的抗辩

为保障票据的流通效率，票据具有无因性。票据权利的行使，一般以持有票据为依据，持票人享有和行使票据权利，不需要举证产生或取得票据的原因及其合法性。在票据追索权纠纷中，票据债务的抗辩除对票据关系进行抗辩外还有对基础关系进行抗辩。如表 1 所示，抗辩主要分为四类〔1〕。

表 1　票据债务人抗辩类型

抗辩对象 抗辩主体	对物抗辩权	对人抗辩权
任何票据债务人	1. 票据欠缺法定必要记载事项或者不符合法定格式； 2. 人民法院作出的除权判决已经发生法律效力； 3. 票据债权已消灭	1. 持票人有恶意； 2. 持票人有重大过失
特定债务人	1. 超过票据权利时效； 2. 以背书方式取得票据但背书不连续； 3. 无权代理和越权代理； 4. 在票据上签章的人不具有完全民事行为能力； 5. 票据上的签章系伪造； 6. 票据权利行使和保全手续欠缺	1. 持票人与票据债务人有直接债权债务关系并且不履行约定义务的，票据债务人可行使抗辩权； 2. 持票人明知票据债务人与持票人的前手之间存在抗辩事由而取得票据的； 3. 持票人未付对价或者相当对价

〔1〕 万蓓蓓：《论票据债务人抗辩权的行使》，吉林大学 2008 年硕士学位论文。

关于票据债务人对物的抗辩,法院大多集中在对票据的形式进行审查,法律适用争议较小。而针对特定票据债务人的对人抗辩,不仅事实认定难,法律适用也存在较大争议。尤其是票据债务人抗辩基础关系虚伪通谋而拒绝履行支付义务的,实务中存在较大分歧。如前文所述,目前有三种观点。

第一种观点认为,票据活动是各方通谋虚伪行为,所涉民事行为无效。即票据基础关系虚伪通谋影响票据的无因性,当事人对票据基础关系虚伪通谋的明知构成对票据关系的虚伪通谋,票据关系因虚伪通谋而无效。

第二种观点认为,基础关系的抗辩主体范围仅仅存在于授受票据的直接当事人之间。超出抗辩主体范围的抗辩,法院不做审查。启动票据基础关系虚伪通谋是否影响票据关系的审查,需要看抗辩的主体。

第三种观点认为,票据债务人基于票据基础关系对与自己有直接债权债务关系的持票人享有的抗辩,必须构成足以对票据债权人拒绝履行义务的事由。即票据基础关系虚伪通谋是否构成票据关系无效,需要按照真实的票据基础关系进行审理后,根据票据的取得是否基于不当得利,从而认定票据关系是否真实、有效。

在金融监管与金融审判相衔接的背景下,法院在审理此类案件时应如何把握穿透的尺度?基础关系虚伪通谋是否等同于票据交易虚伪通谋?基础关系虚伪通谋对票据无因性有何影响?影响的因素有哪些?法律关系该如何认定?这些问题均需要结合票据制度本身的特点以及现在的金融司法趋势来进行解析。

二、价值博弈:票据双重法律关系下的效率与安全

票据追索权纠纷中,当事人之间既存在票据外观形式上的抽象法律关系即票据关系,同时也存在作为票据签发转让的原因关系即基础关系,双重法律关系是票据活动与其他经济活动中法律关系构成的重大区别。票据基础关系虚伪通谋对票据无因性影响的观点争锋,其背后反映的是票据双重法律关系下效率与安全的价值博弈。

交易效率是票据无因性所保障的价值目标。赋予票据相对无因性,票据受让人在受让票据时,不必对其前手之间的原因行为进行考察,只对其直接前手的票据行为及票据外观可察知的记载事项负注意义务,便可享有票据权利,以保障

票据高效流通。[1]

为保障票据交易安全,防止票据权利被滥用,损害票据当事人的合法利益,破坏正常的交易秩序,法律赋予票据债务人抗辩权。

不同经济发展阶段对效率与安全的侧重影响着票据的无因性。在计划经济向市场经济的转变初期,因信用经济水平低下,弱化票据无因性,以维护金融秩序、保证交易安全为票据流通的首要目的。进入经济飞速发展阶段后,以提倡票据无因性,促进票据快速流通作为主要追求目标。目前我国经济已从高速增长转向高质量发展阶段,注重对金融风险的防范,司法正在票据的安全和效率中寻求平衡。

因票据具有双重法律关系,在持票人与票据债务人均为双重法律关系的相对方时,持票人可就票据关系项下的票据权利和基础关系项下的债权进行选择主张。前文三种观点,第一种观点着重考虑交易的安全,对当事人的交易目的进行彻底的穿透,而将票据的独立价值和无因性排除在外,按真实的基础关系进行裁判,实际上已经超出了当事人的诉讼请求。笔者认为,该种裁判思路并未考虑票据双重法律关系的相对独立性和权利选择的排他性。即使法院因虚伪通谋否定票据权利,也应在当事人的诉讼请求范围内进行裁判。当事人主张的法律关系与人民法院根据案件事实作出的认定不一致的,法院应当将法律关系性质作为焦点问题进行审理,若持票人坚持按照票据关系进行主张,法院应裁判持票人不享有票据权利,基于其他法律关系享有的权利可另案主张。第二种观点着重考虑交易的效率,通过举证责任的分配,机械地适用了票据的无因性,而未考虑该交易是否实质公正。对当事人虚伪通谋的基础关系不加审查,置票据的安全于法外之地。第三种观点既审查了票据的基础关系和票据关系,保障了交易安全,又在一定程度上尊重了票据的无因性,促进了交易效率,在持票人主张的票据关系项下进行裁判,符合裁判的处分原则。在平衡交易安全和交易效率的价值导向下,笔者更倾向于第三种观点,法庭向甲公司释明其作为实际出借人及票据持票人,既可以行使《质押借款合同》项下的合同权利,要求借款人和保证人履行义务,也可行使票据权利,要求票据债务人承担票据责任。甲公司选择行使票据权利,提起本案诉讼,本案即仅就甲公司是否享有票据权利进行审查。

---

〔1〕 夏林林:《对票据无因性原则法律适用的思考》,载《法律适用》2004 年第 1 期。

根据票据债务人抗辩范围的相关规定,虽然本案丙公司在该票据流转中与甲公司并非前后手,且丙公司不能举证证明甲公司明知丙公司与乙公司的抗辩事由,丙公司的抗辩范围有误,抗辩不成立,本案仍为保障实质正义而对基础关系和票据交易行为进行了审查。

三、裁判方法:穿透审查真实的基础关系和交易行为

(一)厘清两个概念

有必要厘清基础关系虚伪通谋与票据交易虚伪通谋是两个不同的概念。二者极容易混淆,主要是因为票据交易虚伪通谋往往包含着票据基础关系虚伪通谋,但票据基础关系虚伪通谋不必然导致票据交易虚伪通谋。《民法典》第146条第1款规定:“行为人与相对人以虚假的意思表示实施的民事法律行为无效。”如果未对两者进行区分,则容易陷入不论是票据基础关系还是票据交易行为,只要出现虚伪通谋的情形,均认定票据关系无效的误区。

票据交易行为虚伪通谋,是指票据的签发、取得和转让不具有真实的交易关系和债权债务关系。票据的取得,没有给付对价。这里说的不具有真实的交易关系不是指与名义上的基础关系不符,而是基础关系实际上并不存在。比较典型的例子是银行借票据贴现偿还逾期贷款。票据交易行为虚伪通谋时,当事人虚假的票据行为应认定无效。虚假的意思表示隐藏的民事法律行为的效力,依照有关法律规定处理。

票据基础关系虚伪通谋,是指法院认定实质上的基础关系和当事人主张的名义上的基础关系不一致。票据涉及签发、取得和多次转让的环节,票据基础关系虚伪通谋只是票据流转中某一环节的虚伪通谋,而不是整个票据签发、流转、承兑的虚伪通谋。基础关系因虚假意思表示被否认其效力并认定为另一实质法律关系,不代表票据流转中没有真实的交易关系和债权债务关系,而是实质上的基础关系与形式上的基础关系不符,不能仅由此否认持票人的票据权利。

(二)穿透双重法律关系

穿透式审判思维要求法官在准确揭示交易模式的基础上,探究当事人真实交易目的,根据真实的权利义务关系认定交易的性质与效力。穿透程度不同导致审判路径差异。限制抗辩范围,只审查票据关系而不审查基础关系,属于未穿透。只对基础关系进行穿透审查而不审查整体的票据交易,属于部分穿透。不

仅穿透认定票据基础关系,还对票据行为进行穿透,则属于全部穿透。

笔者认为,为保障实质正义,法院应进行由局部至整体的两步穿透。第一步是对票据的基础关系进行穿透。票据基础关系的实质判断是根据相关事实和法律法规对合同进行真意探测的结果,以穿透式审判思维重新认定真实的合同性质及权利义务。基础关系的穿透通常集中在基础关系的合同相对人之间。第二步是对整个票据行为进行穿透,在准确揭示交易模式的基础上,探究当事人票据交易的真实目的,根据真实的权利义务关系认定交易的性质与效力。此时涉及的主体则不仅局限于基础关系的合同相对方,还可能涉及出票人、持票人、背书人、承兑人等多方主体。

(三)辨明两个问题

即使法院认定名义上的基础关系与当事人的真实意思表示不相符并不能直接否认持票人的票据权利,但穿透审查真实的基础关系和交易行为是司法识别交易风险的必要途径,亦是维护实质公平的必要方式。穿透认定真实的基础关系和交易行为有助于法院辨明两个问题:真实的法律关系是什么?真实的权利人是谁?

以本案为例,从基础关系来看,丙公司与乙公司之间名为《购销合同》项下的买卖关系,而实际上丙公司是乙公司的保证人。从票据交易来看,丙公司与乙公司并无真实买卖关系,丙公司以《购销合同》之名开具汇票为乙公司向甲公司的借款提供担保,各方对于诉争汇票的出票、背书、转让的真实意思表示皆为履行借贷关系和担保关系。真实的权利人是谁?《质押借款合同》名义出借人虽是丁,但实际出借人为甲公司。因此甲公司不仅作为持票人,还是基础关系中实际履行义务、享有权利的主体,提出诉讼,并无不当。若未进行法律关系的穿透,以丙公司与乙公司名义上的买卖关系作为基础关系认定票据取得是否支付合理对价则明显不妥。

四、判断标准:合法且具有合同或法律依据

审查真实的基础关系和交易行为后,以何为标准判断基础关系虚伪通谋对票据无因性的影响?实践中对票据无因性的态度,按照从无视到尊重的递进,可分为三种观点。第一种是因票据基础关系不真实,票据债务人抗辩成立;第二种是按照真实的基础关系审理,要求票据受让人应给付与票据金额一致的对价;第

三种是按照真实的基础关系进行审理，只要基础关系和票据交易合法，即使涉及虚伪通谋，但确实存在真实合法的交易基础，持票人取得票据具有合同或法律依据，基础关系便不影响票据关系，票据关系合法有效，持票人即享有票据权利。反之，基础关系虚伪通谋，持票人取得票据基于不当得利，基础关系影响票据关系，则持票人不享有票据权利。

笔者赞同第三种观点。根据《票据法》之规定，票据的取得，必须给付对价。但并非要求给付的对价与基础关系中的合同对价一一对应。合理对价的参考因素有四个方面：第一，票据对价真实且与持票人所获得的权利相对应；第二，原有的债务或责任，可以构成票据的有效代价；第三，票据对价实际上是票据基础关系中持票人应当承担的义务，可以是现在的债务，也可以是过去或将来的债务；第四，持票人持有票据，法律原则上就推定其已经支付了对价，票据债务人如提出无对价的抗辩，应负举证责任。[1] 这表明，该合理对价不是等价的意思，而是大致相当。对基础关系和票据交易整体进行穿透后，票据受让人取得票据虽然与名义上的基础关系不一致，但能够确定双方隐藏的基础关系真实合法存在，即票据具有其他合同或法律依据，持票人便享有票据权利。具体到本案中，《质押借款合同》已实际履行，乙公司实际收到了借款，甲公司履行了基础关系项下出借款项的义务，受让票据支付了合理对价。实践中，出质人可以采用背书的方式进行票据质押，丙公司自愿开具汇票本质上即为对乙公司债务的担保，无论是从乙公司作为债务人应当还款的角度，还是从丙公司作为担保人应承担保证责任的角度，甲公司兑付票据都具有真实的原因关系。虽然丙公司抗辩甲公司在出借时存在索取"砍头息"的情况，应按实际借款金额认定借款本金。但本案系票据纠纷，不是借贷纠纷，不涉及借款本金数额的认定。甲公司收取本案汇票时，签约各方明知票据金额与实际借款金额相差的情况，是各方平等互利的交易，属于各方当事人认可的代价。该取得票据的代价与票据金额差距并非明显悬殊，甲公司取得票据系基于借贷和保证，故甲公司依法享有票据权利，丙公司应承担票据兑付义务。

---

〔1〕 于莹：《论票据的无因性原则及其相对性——票据无因性原则"射程距离"之思考》，载《吉林大学社会科学学报》2003 年第 4 期。

商业银行适当性义务的实务认定

邵一峰*

案例摘要

商业银行适当性义务民事责任赔偿案件有两个显著特点:一是购买银行代销理财产品的消费者选择起诉的案由与人民法院经审理认定的法律关系存在广泛背离;二是金融产品消费者与商业银行对适当性义务的理解存在根本差异。审理好银行代销理财产品案件事关防范金融领域系统性风险、规范理财产品市场行为、保护投资者利益。在办理此类案件时,应将当事人主张与法院认定、释明义务与总结争议焦点、卖者尽责与买者自负三对关系作为处理此类案件的核心要素,回归立法本意,形成以法官释明规则与适当性义务认定规则作为参考因素的类案判断标准。

【裁判观点】

1. 商业银行适当性义务源于诚实信用原则。基于客户对商业银行的信赖,银行在与金融消费者订立和履行合同过程中,不仅要维护己方利益,还要保护对方利益。

2. 违反适当性义务的行为责任存在缔约过失责任与侵权责任的竞合,应以合同责任为原则,以侵权责任为补充。

3. 适当性义务的判断标准应当包含程序适当、内容适当、结果适当三个方面。

---

* 邵一峰,北京市东城区人民法院员额法官。

4. 违反适当性义务的责任为补充赔偿责任，应当考量商业银行的过错程度和市场固有的风险因素。

【关键词】

适当性义务　责任认定　金融消费者权益保护

【类案综述】

（一）案件增量直线上升

笔者以“适当性义务”为关键词在中国裁判文书网进行检索，得到 200 个搜索结果，其中，适当性义务首次出现在裁判文书中是 2016 年，在 2016 年至 2018 年三年间涉及适当性义务的案件共计 47 件，在 2019 年涉及适当性义务的案件较上年出现了 7 倍有余的增量，高达 123 件。与一般民商事案件数量结构按一审、二审、再审呈正三角形的分布不同，适当性义务案件呈现出二审多，一审、再审少的纺锤形结构，分别为一审案件 62 件，二审案件 120 件，再审审查与审判监督案件 10 件。

（二）起诉案由适用混乱

在笔者检索到的此类案件中，当事人基于同类事实、同种诉讼标的、同样诉讼请求选择的起诉案由分布非常广泛，涵盖了合同纠纷、金融委托理财合同纠纷、服务合同纠纷、居间合同纠纷等合同类案由；财产损害赔偿纠纷等侵权纠纷类纠纷；证券经济合同纠纷、证券交易代理合同纠纷、证券虚假陈述纠纷等与公司、证券、保险、票据有关的案由。起诉案由的多样性导致了当事人之间对法律关系的争议，同时也导致了当事人选择起诉的法律关系与法院认定不一致的情况。原、被告与法院三方对法律关系的认识差异会导致同一行为在不同的诉讼中请求权基础不同、证明责任不同、行为效力不同、案件结果不同。

（三）判断标准因案而异

以王某诉建设银行代销基金案为例，由于实践中金融消费者的个体差异、银行业务模式的行业差异、代销理财产品的风险差异等原因，导致个案中对于适当性义务的认定差异很大，主要的表现方面有形式审查与穿透式实质审查的区分适用差异、商业银行主动推介的评价标准差异、举证责任分配的不同情形差异、责任承担的份额与责任上限差异以及对客户净值、投资经历、受教育程度等方面因素的考量差异等。轰动一时的王某诉建设银行代销基金案并没能成为指导适用适当性义务判断标准的理想依据，而是引发了后续司法实践中截然相反的判决结果和更加广泛的争议。

实务典型案例

基本案情

2015 年 4 月 30 日，甲本打算以 2 000 000 元购买乙银行天添金理财产品，但在乙银行工作人员的诱导下，购买了 1 000 000 元的外贸锐进 31 期清水源尊享 T(产品代码 XTEA47)产品。乙银行工作人员谎称该产品保本且收益比天添金高出 2 倍甚至更多，乙并未向甲告知该理财产品系股票型基金，且为第三方发行的产品，亦未进行相关风险评估及合同签订事项，并冒用甲本人签名篡改“代销/推介产品交易业务申请表”。甲于 2018 年 9 月 13 日赎回该产品时，本金损失 474 409 元，甲经多次投诉未果，故提出如下诉讼请求：1. 请求判令乙银行赔偿亏损 474 409 元；2. 请求判令乙银行赔偿甲所投本金 1 000 000 元自购买涉案理财产品之日起至给付之日止的同期银行存款利率；3. 本案诉讼费由乙银行承担。乙银行认为，首先，乙银行已经履行了适当销售义务，进行了充分的风险提示，不存在任何不当行为。乙银行遵守监管要求将适当的产品卖给适当的金融消费者，履行了充分的风险提示义务，甲对于所购买的产品风险应属明知。其次，甲具有丰富的既往投资经验，且根据甲受教育程度等事实，可以认定涉案产品应属甲自主决定的，相关风险应由甲自行负担。甲具有与涉案产品同等风险级别的投资经历，涉案产品并非乙银行主动营销，不存在甲所称“诱导”行为及“谎称高收益”行为。最后，乙银行并非本案的适格被告，相关损失应由甲自行承担。乙银行与甲之间不存在金融委托理财合同关系，甲主张的财产亏损是其自行购买信托产品所致，乙银行仅是依据甲申请提供了购买信托产品的相关服务，该服务与甲的财产损失间不存在因果关系，甲及产品发行方是资金的实际使用方，乙银行没有占有和使用甲的资金，甲的损失扩大是由其自身原因造成的，不应归责于乙银行。

法院观点

本案争议焦点为金融消费者委托理财损失的责任承担。

其一,关于乙银行是否履行了适当性义务。商业银行应当将适当的产品或服务提供给适合的金融消费者,认定银行与金融消费者之间因销售各类高风险等级金融产品和为金融消费者参与高风险等级投资活动提供服务的相关责任,必须以“卖者尽责、买者自负”为原则,将金融消费者是否充分了解相关金融产品、投资活动的性质及风险并在此基础上作出自主决定作为案件基本事实,依法保护金融消费者的合法权益,规范金融产品及服务提供方的经营行为。银行在向金融消费者推介、销售金融产品以及提供服务的过程中,必须履行了解客户、了解产品、将适当的产品或服务提供给适合的金融消费者,以确保金融消费者能够在充分了解相关金融产品、投资活动的性质及风险的基础上自主作出决定,并承受由此产生的收益和风险。本案中,甲应当对其购买的产品或者接受的服务、遭受的损失等事实承担举证责任,上述事实能够通过甲提交的产品交易业务申请表、招商银行历史明细进行证明;乙银行应对其是否已经建立了金融产品或者服务的风险评估及相应管理制度,对金融消费者的风险认知、风险偏好和风险承受能力进行了测试等事实承担举证责任。本案中,乙银行提交的原告风险评估结果、个人理财产品销售流程尽职审查表、个人投资风险承受能力评估表、银行业协会风险评估模板及示范文本能够证明乙银行建立了风险评估及相应管理制度。甲通过被告网银客户端自行完成了风险评估,风险评估结果真实有效,甲自主决定购买涉案理财产品并签署交易业务申请表,乙银行将风险等级为 R5 级的涉案理财产品销售给风险评估结果为 A5 级的原告,具有适当性。

其二,关于银行是否履行了告知说明义务。商业银行应当根据产品、投资活动的风险和金融消费者的实际情况履行向金融消费者告知产品或者服务的收益和主要风险因素的说明义务。本案中,因涉案信托产品的购买时间为 2015 年 4 月,乙银行无法提供办理该业务时的录音录像资料,并就无法提供的原因进行了相应说明,乙银行举证证明在代销/推介产品交易业务申请表中对原告进行了风险提示,在个人理财产品销售流程尽职审查表中对于“销售文件、产品特色、风险披露、客户作出独立的投资决定事项已经向客户清晰说明”的事项与甲进行了确认。涉案理财产品的风险申明书、信托合同、信托计划说明书亦对风险进行了说明。综合上述情况,可以认定乙银行已经履行了告知说明义务。本案中,甲具有高等教育学历，且具有多年的股票投资及理财经验，根据甲的既往投资经验、受教育程度等事实，即使在阅读合同文本时间有限的情况下，亦应对申请购买涉案理财产品的后果有所预期，应当自负投资风险。

裁判结果

驳回甲的诉讼请求。宣判后，甲未上诉。

【裁判思路与方法】

金融消费者因购买银行代销理财产品产生损失进而起诉银行的案件存在法律关系的典型性和案件数量的多发性，本应经过实践层面的规则适用和理论层面的法律解释形成定论、共识、通说式的裁判路径和裁判结果，但实践中该类案件的处理方式和处理结果，不同法院、审级、案由之间仍存在明显的差异和分化，同案不同判现象比较显著。由于我国民事实体法并无关于适当性义务的成文规定，法官之间对作为裁判规则的适当性义务标准认识亦不统一，对于如何通过适当性义务认定商业银行责任在实践中存在广泛争议。因此，为了更加准确地理解和适用适当性义务，我们有必要对这一原则进行深刻剖析，并结合我国的司法实践加以把握。

一、问题的源起：适当性原则的产生与发展

（一）适当性义务的历史起源

“适当性义务”作为一个法学术语，无疑是一个外来语，最早诞生于美国的证券业，由美国证券业自律组织于19世纪30年代创设，是指“经纪商负有的仅向特定客户推荐适合其需要的证券产品的义务”。随着金融市场的发展，适当性原则在适用上不断扩张，美国证券交易委员会作为监管机构，以《1934年证券交易法》反欺诈条款10b为基础发展了10b－5规则，将适当性原则从道德标准提升为“半法律、半道德”的业务准则，并不断地将适用范围扩大化，直至涵盖了大部分证券欺诈行为。在美国初期对适当性原则的运用上，基本上可以分为两个方面：一是要了解证券，即经纪商在向客户推荐证券投资产品之前要对证券投资产品进行审慎调查；二是了解客户，要对客户进行尽职调查，了解客户的投资嗜好、需求及其他个人情况。

(二)适当性义务在我国的发展

我国金融市场引入适当性原则的时间并不长,在适当性的理解与适用上基本上沿袭了美国金融市场对于适当性原则的内涵,并根据我国国情进行了一定的改革与创新。在我国目前民商事法律、司法解释及规范性文件中,适当性义务在法律层面集中体现在《证券投资基金法》第98条,该条要求基金销售机构应当向投资人充分揭示风险,并根据投资人的风险承受能力销售不同风险等级的基金产品。已提交审议的《证券法(草案)》第98条对《证券投资基金法》第98条的规定在了解投资者、如实说明、揭示风险、匹配产品与客户、赔偿责任等方面进行了细化。在其他涉及适当性义务的规范性文件中,《证券公司监督管理条例》属于行政法规;《商业银行个人理财业务管理暂行办法》、《证券期货投资者适当性管理办法》、《中国人民银行金融消费权益保护实施办法》、《中国银监会关于规范商业银行代理销售业务的通知》及2018年人民银行、银保监会、证监会、外汇管理局四部门联合发布的《关于规范金融机构资产管理业务的指导意见》属于部门规章;《商业银行个人理财业务风险管理指引》与《全国法院民商事审判工作会议纪要》属于规范性指导意见。

适当性义务在我国的发展路径体现出由公法义务向私法义务转化的明显趋势。在上述规范性文件中,除《全国法院民商事审判工作会议纪要》外,对适当性义务均界定为监管性质的公法义务,《全国法院民商事审判工作会议纪要》第五章的规范内容是从金融投资者到金融消费者的认识转变,对适当性义务的制度内涵、适用规则、责任主体、举证责任、权利义务及免责事由进行了界定,形成了作为私法义务的适当性义务判断标准。司法实践中,在理解与适用《全国法院民商事审判工作会议纪要》的内容时,对适当性义务的认定规则可以总结为:“了解产品、了解客户;卖者尽责、买者自负”。“了解产品、了解客户”对应的是银行对产品和客户应当了解到什么程度的问题。适当性义务的履行建立在对产品、客户充分了解基础上的合理匹配基础之上。“卖者尽责、买者自负”对应的是银行与客户之间的责任分配问题,卖者尽责是买者自负的前提。起步的滞后与规范的缺失导致人民法院在司法实践中需要通过裁判完成适当性义务从公法义务向私法义务的转化,这要求法官要运用好当前立法关于诚实信用原则、缔约过失责任、财产损害赔偿等现有规则,将金融监管视角的适当性要求转化为请求权视角的适当性义务。

二、问题的分析:适当性义务探析

(一)适当性义务是诚实信用原则的要求

适当性义务,是指金融机构负有将适当产品推荐给适当客户的义务。基于客户对商业银行的信赖,同时基于金融行业的专业性与理财产品的复杂性,银行在与金融消费者订立和履行合同的过程中,不仅要维护己方利益,还要保护对方利益,保护的方法为适当推荐和风险揭示。适当性义务起源于道德规范,而后逐渐发展成为金融监管规范和诉讼裁判规则。在英美法系中,适当性义务体现为信义义务,在大陆法系国家,适当性义务体现为诚信义务。实践中对适当性义务之请求权基础进行界定时,应当参照合同义务与信义义务及诚实信用原则进行理解。合同义务为约定,信义义务和诚信义务为法定。合同义务要求相对方依约履行合同义务,缔约各方自担风险;信义义务的受托人应当为受益人的最大利益处理信托事务,必须恪尽职守,履行诚实、信用、谨慎、有效管理的义务;诚实信用原则要求当事人应当善意缔约、充分告知、合理履行,禁止一方以不合理的行为致对方损失,调整不公平、不合理的合同权利义务约定。因此,适当性义务符合诚实信用原则的法理基础、制度内涵和行为要求。诚实信用原则可以作为商业银行违反适当性义务应承担责任的法律依据。

(二)适当性义务存在缔约过失责任与侵权责任的竞合

在私法义务的请求权视角下,适当性义务的构成要件在合同责任与侵权责任项下出现了分化。适当性义务的请求权竞合是该类案件案由选择混乱和同案不同判现象产生的重要原因,同时也是妥善处理适当性义务案件必须要理解好、解决好的问题。一般而言,选择合同责任的理由是银行与理财产品消费者之间的权利义务均基于合同关系产生,因此消费者对银行的请求权性质应为契约性的,银行违反适当性义务属于缔约过失责任,在本质上属于先合同义务;选择侵权责任的理由是如果银行在推介产品时违反了适当性义务,则银行存在过错,按照"银行不给消费者推荐,消费者就不可能购买特定的理财产品,消费者不买,就不可能产生损失"的逻辑,在认定了银行的过错后,因果关系成立,且排除了市场风险,消费者可以向银行主张财产损失赔偿请求权,银行应当承担侵权责任。

请求权竞合,意味着当事人有选择的权利,这里需要注意的是,虽然当事人既可以选择合同责任也可以选择侵权责任，但是对于合同责任内部具体合同关系的不恰当选择不应构成当事人失权的原因，例如，当事人选择以委托理财合同起诉，但法院经查明认为双方之间不成立委托理财关系，此时应当向当事人释明：银行提供了理财产品推介服务、资金通道服务、客户风险评估等服务，这一系列行为形成了银行与金融消费者之间具有代销合同、服务合同性质的综合性合同关系，金融消费者可以主张基于该合同产生的缔约过失责任，而非机械地以基础合同关系不成立驳回原告的诉讼请求。同时，在处理缔约过失与侵权竞合时还应意识到侵权责任的过失相抵原则，故从适当性义务的性质以及保护金融消费者的角度出发，违反适当性义务应以承担缔约过失责任为原则，以承担侵权责任为补充。

三、问题的解决：判断适当性义务的标准

审查金融机构是否尽到适当性义务应坚持三个方面的标准：程序适当、内容适当、结果适当，在“三个适当”的基础上，判断银行的抗辩事由与责任范围的同时还应坚持三个原则：举证责任倒置原则、区分过失相抵原则和平等保护原则。

（一）程序适当

商业银行代销金融理财产品属于行纪行为，发售方与代销方均为专业的金融机构，具备相应的行业准入标准、销售流程标准，接受监管机构的监督和审查。因此，在了解产品方面应当将商业银行视为完全掌握代销产品的性质、构成、期限、合规性等盈利及风险因素。同时，商业银行在掌握客户基本信息的基础上，必须对客户进行风险测评，了解客户的财务状况、投资经验、投资风格、投资目的和风险承受能力。虽然高风险、中风险、无风险等产品划分标准和进取型、稳健型、保守型等客户划分标准饱受有效性质疑，但目前仍无更好的替代方案。因此在行业规范已经将了解产品和了解客户的要求分别进行了客观化的背景下，符合行业操作程序和行业监管规范程序的适当性审查应当成为认定适当性义务的前提。

同时，在认定程序的适当性问题时还应注意是否存在推介人代为交易的行为。实践中，对于银行员工向其客户推介产品过程中，通过索要、劝诱或直接控制客户交易密码、口令进行代为交易的行为是否可归责于银行的问题存在争议，认为不可归责于银行的理由在于该行为属于员工违反工作规范的个人行为，认

为应当归责于银行的理由在于对客户而言员工的行为代表了银行。笔者认为，银行的员工进行代为交易虽然在银行与员工层面上违反的是内部管理规范，但是对于金融消费者而言员工与银行具有整体性，代为交易行为属于职务行为，违反了交易程序的适当性。

（二）内容适当

内容适当原则要求法院对银行适当性义务进行实质审查。适当性义务的内容应当分为产品和客户两个方面：在产品方面，应审查银行建立的金融产品管理制度义务和金融产品风险评估制度义务是否适当履行。在客户方面，首先，应审查风险评估义务是否适当履行：第一，针对客户的风险评估义务，具体包含风险认知，包括客户文化程度、身份职业情况；风险偏好，包括客户投资目的，利益期待；风险承受能力，包括客户收入水平、资金来源与财务状况。第二，匹配客户与产品的风险评估义务：银行主动推介的，适用实质审查标准；客户自主选择的，适用形式审查标准。其次，应当审查风险提示义务是否适当履行，风险提示不应仅依据书面风险告知书，而应针对不同客户采取量体裁衣的提示方式，具体应分为五级：(1)机构投资者；(2)专业投资者；(3)具备长期经验的投资者；(4)普通金融消费者；(5)需要特殊保护的金融消费者，如60周岁以上老人、残疾人以及涉及妇女儿童权益保护的情形。

内容适当标准包含三类特殊情况：(1)银行欺诈。如果客户能够证明银行或银行的员工存在欺诈行为，则银行应当赔偿本金以及按约定的最高收益率计算的预期收益损失。理财产品允诺本金不亏损或者具有一定收益，都应认定为违反适当性义务要求。(2)客户未如实提供信息。这种情形应当以客观标准判断，即若客户提供虚假资产证明、收入水平、理财经历等信息，足以导致银行对客户的实际情况得出相应错误评估结果的，可以认定银行的适当性义务已经履行；若客户未如实说明的程度不足以使银行作出上述判断，则银行仍应就其违反适当性义务的行为承担损失。在这里，有别于侵权责任的过错比例分担原则，适当性义务只存在完成或未完成的区分，对于部分完成的具体程度差异一般不予以考量。(3)银行作出的风险测评与客户要求购买的产品不符，客户坚持要求购买的。因适当性义务属于先合同义务，对该义务的完整履行指向的是合同能否成立的结果，因此即使客户坚持要求购买与其风险不匹配的产品，银行亦不应向其销售。

(三)结果适当

当纠纷最终走到了诉讼阶段,法院在认定银行应当“了解到什么程度”的问题时,不宜机械匹配产品分类与客户评级,应当采取结果导向的视角,将是否匹配的决定权由卖方移转至法院。以“了解到产品与客户相互匹配的程度”为标准,在形式审查的基础上继续查明产品的风险情况、客户的实际状况,将“纸面的匹配”发展为“实质的匹配”。如法院认为出现不匹配的情形,可以突破形式审查的标准,通过实质审查进行穿透判决。例如,按照监管机构的要求完成评估、推介、提示、告知的程序本身是不够的,适当性原则还意味着程序本身的合理性,即使银行举证其已经按照监管规则和工作规范完成了相应程序,但如果程序本身存在不合理因素,银行亦不能免责。例如,若客户在风险测评中明确表示无法承担本金损失的风险,或客户明显存在无法承担本金损失的客观情形,测评结果仍然显示该客户可以购买中高风险类产品,则可以结果不适当认定程序不适当。商业银行作为风险评估的主体,如果其采用的评估方法本身不适当,或者将评估方法适用于不适当的客户,则其当然违反了适当性义务。

在适用适当性原则判断银行的抗辩事由与责任范围时,还应坚持三个原则:举证责任倒置原则、区分过失相抵原则和平等保护原则。在认定程序和内容适当性问题时应坚持举证责任倒置原则,客户仅需就购买产品、接受服务、遭受损失的情况进行举证,在上述两个方面涉及其余情况时应将举证责任分配给银行。在认定结果适当性问题时应坚持区分过失相抵原则与平等保护原则。传统侵权责任法理论中对于双方的过失是简单相抵不加区分的,适当性义务要求在银行与客户双方均有过错的情况下,不应简单适用侵权责任过错相抵原则,应区分投资者的交易能力,以排除适用过错相抵原则为一般情况,只有在客户的过错足以导致银行认为适当性义务已经完成的情况下才应适用。平等保护原则要求在判断适当性义务时要处理好立法、司法和行政监管的关系,要认识到对金融消费者立法已侧重保护,司法应平等对待,且司法不能替代行政监管。在民事诉讼中,银行与客户双方权利处于同一位阶,双方都是市场活动的平等主体,不存在优先劣后之别,在司法阶段则应平等对待,不应二度倾斜保护以及重复偏袒。基于投资市场风险与收益并存,对适当性义务应尊重市场规律以及契约精神,以培养出理性的客户群体和高水平的金融机构。

保险合同类

外卖骑手配送过程中发生交通事故所涉个人综合保险合同的性质认定及裁判思路

陈　贝*　刘连康**　范欠歌***

案例摘要

在外卖骑手配送过程中发生的交通事故案件中，某些外卖平台或相关分包、转包公司为规避风险会为骑手投保"个人保障组合产品保险"，该险种的保障项目中包含"个人综合责任保险"。司法实践中，受害人或被保险人倾向于申请要求将上述保险合同的投保公司列为案件共同被告，并要求保险公司在个人综合责任保险范围内对受害人的损失承担赔偿责任。保险公司则往往以其非案件适格被告、侵权法律关系与商业保险合同关系非同一法律关系为由进行免责抗辩。笔者认为，基于当事人请求将承保商业三者险的保险公司列为案件共同被告具有实体法和程序法的明确依据，故保险公司应是此类案件的适格被告，法官应在严格审查保险合同的约定后对赔偿责任进行综合认定。

【裁判观点】

平台或相关分包、转包公司为外卖骑手投保的个人综合保险合同的保障项目中包含的"个人综合责任保险"，在性质上属于"第三者责任保险"，投保的保险公司应为侵权损害赔偿案件中的适格被告，受害人有权直接起诉要求其在保

* 陈贝，北京市东城区人民法院员额法官。

** 刘连康，北京市东城区人民法院法官助理。

*** 范欠歌，北京市东城区人民法院员额法官。

险合同约定的承保范围内承担赔偿责任。在承保范围外,可在认定骑手与外卖平台或相关分包、转包公司之间的从属性后,确认平台或公司对骑手的用工主体地位,并判定其承担相应的雇主责任。

【关键词】

外卖骑手　美团骑手保障组合产品保险

【类案综述】

笔者通过"法信"平台进行类案搜索,共发现9个相关案件,其中将"美团骑手保障组合产品保险"纳入交通事故案件中一并处理的共6件。在这6个案件中,有一件未审查保险合同的赔偿范围而将案件中的赔偿项目"一揽子"认定由保险公司赔偿;未将"美团骑手保障组合产品保险"纳入交通事故案件中一并处理而认为应另案处理的共3件。

根据上述检索情况,笔者归纳出实践中存在如下几种争议观点及裁判思路和方法:

1. 第一种实务观点〔1〕:未对"美团骑手保障组合产品保险"的性质进行论述,但认为应纳入案件中一并处理。因被保险人驾驶的车辆性质为机动车,不符合保险合同的理赔条件,故而判决保险公司不承担保险责任。

2. 第二种实务观点〔2〕:未对"美团骑手保障组合产品保险"的性质进行论述,以减少诉累为由或符合"美团骑手保障组合产品保险单"中"个人综合责任保险条款"的理赔条件将"美团骑手保障组合产品保险"纳入案件中一并处理,并以保险公司未尽提示告知义务而将案件中的赔偿项目"一揽子"认定由保险公司赔偿。

3. 第三种实务观点〔3〕:未对"美团骑手保障组合产品保险"的性质进行论述,以减少诉累为由或符合"美团骑手保障组合产品保险单"中"个人综合责任

〔1〕相关案例:北京市朝阳区人民法院民事判决书,(2019)京0105民初55676号;北京市朝阳区人民法院民事判决书,(2020)京0114民初8649号。

〔2〕相关案例:北京市朝阳区人民法院民事判决书,(2019)京0112民初35040号;北京市朝阳区人民法院民事判决书,(2020)京0105民初6118号;北京市朝阳区人民法院民事判决书,(2020)京0105民初22055号。

〔3〕相关案例:北京市朝阳区人民法院民事判决书,(2020)京0108民初9557号。

保险条款”的理赔条件将“美团骑手保障组合产品保险”纳入案件中一并处理，对于属于保险责任范围内的，由保险公司赔偿；不属于保险责任的，由用工单位赔偿。

4. 第四种实务观点[1]：直接认定“美团骑手保障组合产品保险”不属于交通安全法中的交强险，不应在案件中一并处理。

5. 第五种实务观点[2]：认为“美团骑手保障组合产品保险”既非机动车第三者责任强制保险，也非第三者责任商业保险，同时，在“个人综合责任保险”的保险条款中还约定有相应的“保险责任”及“责任免除”内容，故保险人和被保险人之间因合同内容引发的保险合同纠纷与因机动车交通事故造成的人身损害赔偿系两个不同的法律关系，不应纳入案件中一并处理。

实务典型案例

基本案情

2019 年 9 月 20 日，在北京市通州区张采路张家湾北桥上，案外人戊驾驶某牌照二轮摩托车向南掉头时，适逢原告甲驾驶某牌照二轮摩托车由南向北行驶，两车前部相接触，造成车辆接触部位损坏，原告甲受伤。经交管部门认定，本次事故由原告甲负次要责任，戊负主要责任。戊是被告乙公司的员工，事发时履行的是该公司的职务行为，且事故车辆在被告丙保险公司投保有机动车交通事故责任强制保险（以下简称交强险），在被告丁保险公司投保有“美团骑手保障组合产品保险”（扩展承保个人综合责任保险），事故发生在保险期内。庭审中，原告主张由上述三被告承担赔偿责任。被告乙公司认可戊与其公司之间的劳务关系，认可事发时戊履行的其公司的职务行为，同意在交强险及商业险的保险范围外承担赔偿责任。被告丙保险公司同意在交强险范围内对原告的损失承担赔偿责任。被告丁保险公司则不同意原告的诉讼请求，理由如下：第一，被告乙公司在该公司投保的是“美团骑手保障组合产品保险”，性质上属于商业个人综合保

[1] 相关案例：北京市朝阳区人民法院民事判决书，(2020)京 0102 民初 1143 号。

[2] 相关案例：成都市中级人民法院民事判决书，(2020)川 01 民终 16690 号；合肥市瑶海区人民法院民事判决书，(2020)皖 0102 民初 1923 号。

险,被保险人是戊。该公司与被告乙公司之间是商业保险合同关系,与本案并非同一法律关系。第二,“美团骑手保障组合产品保险”并非车辆的商业三者险,原告无权向其公司直接主张保险责任,应由被告乙公司垫付费用后再行理赔。第三,根据保单约定,该险种中对第三者的赔偿项目仅包含医疗费、身故赔偿金、伤残赔偿金以及财产损失(300 元免赔),其他费用不在保险范围之内。另外,根据个人综合责任保险条款之约定,被保险人因拥有或使用各种机动车、船及飞行器导致的损失和责任,保险人不负责赔偿。本案中,被保险人戊驾驶的是摩托车,属于机动车范畴,应属保险的免赔情形。综上,其公司不属于本案的适格被告,也不应承担赔偿责任。

法院观点

机动车之间发生交通事故造成人身伤亡、财产损失,由保险公司在机动车交强险责任限额范围内予以赔偿;仍有不足的,由有过错的一方承担赔偿责任。保险人对责任保险的被保险人给第三者造成的损害,可以依照法律的规定或者合同的约定,直接向该第三者赔偿保险金。

本案的争议焦点为,被告丁保险公司应否在“美团骑手保障组合产品保险”扩展承包的个人综合责任险的保险责任范围内承担赔偿责任。根据“美团骑手保障组合产品保险”中个人综合责任保险条款的约定,被保险人因拥有或使用各种机动车、船及飞行器导致的损失和责任,保险人不负责赔偿。事发时,因被保险人戊驾驶的摩托车属机动车范畴,属于保险的免赔情形,故被告丁保险公司在本案中不应承担保险责任。

本案中,戊驾驶二轮摩托车与原告驾驶的二轮摩托车发生交通事故,造成原告身体受伤,经交管部门认定,戊负主要责任,原告负次要责任。戊系被告乙公司的员工,被告乙公司认可事发时戊履行的系该公司的职务行为,且戊所驾驶的肇事车辆在被告丙保险公司投保了交强险,故对原告因本次交通事故所受到的损失,应由被告丙保险公司在交强险分项限额内承担赔偿责任,超出的部分,由被告乙公司按照责任比例(70%)承担赔偿责任。

裁判结果

一、被告丙保险公司在交强险责任限额内赔偿原告甲 121 000 元;

二、被告乙公司赔偿原告甲15万余元。宣判后，双方当事人均未上诉，判决现已生效。

【裁判思路与方法】

一、问题的提出

共享经济正在保持高速的增长，为中国的经济建设注入了新鲜血液。但是，由于法律的滞后性，导致共享经济这种新兴的行业出现了各种问题却无法规制。譬如，在审理外卖骑手配送过程中发生的交通事故案件时，笔者发现，某外卖平台或相关分包、转包公司为规避风险会为骑手投保“美团骑手保障组合产品保险”，该险种的保障项目中包含“个人综合责任保险”，在性质上属于责任保险范畴。司法实践中，上述保险所涉保险公司是否应列为案件的共同被告、该保险是否应在侵权损害赔偿案件中一并处理的问题争议较大，各地法院裁判尺度大相径庭，亟待统一。笔者认为，是否应将“美团骑手保障组合产品保险”纳入侵权损害赔偿案件中一并处理，应结合责任保险的特点以及我国现行的责任保险相关法律规定予以分析。

二、责任保险的定义、标的及特点

(一)责任保险的定义、标的

责任保险是指以被保险人对第三者依法应负的民事损害赔偿责任为保险标的的保险，该保险标的不是有形的财产，具有以下几个方面的特点：

1. 责任保险合同承保的责任类型

责任保险合同承保的责任大体分为两类：一是侵权责任；二是违约责任。侵权责任是指被保险人因过失或疏忽造成第三者人身伤害或财产损失依法必须承担的民事赔偿责任；违约责任是指被保险人因违反合同约定而应承担的民事赔偿责任。一般情况下，保险人以法律规定的民事赔偿责任为承保风险，但也可以根据保险客户的要求并经过特别约定后，承保其合同责任风险。

2. 责任保险合同承保责任的性质

责任保险合同主要承保过失责任，同时承保一些无过失责任以及经特别约定的其他责任。民事法律上的赔偿责任，既可能是由于故意甚至犯罪行为产生，也可能由于过失行为产生,甚至还可能由于法律规定的无过失责任而产生。由于可保风险具有偶然性、意外性的特点,因此因故意甚至犯罪而产生的民事赔偿责任不在保险人承保的范围之内。责任保险主要承保的是因被保险人的过失行为而依法承担的民事赔偿责任。此外,某些无过失责任以及经合同特别约定的其他责任也可以成为责任保险合同的保险标的。

3. 责任保险合同的赔偿范围

保险人承担的是保险合同责任限额内的赔偿责任。保险人在保险单项下所承担的赔偿责任,一般来说包括两项:(1)被保险人依法应对第三者的人身伤亡或财产损失(雇主责任保险仅对雇员的人身伤亡)承担的经济赔偿责任以及被保险人按照合同规定应承担的违约责任。此项责任是基本责任,它是以受害人的损害程度及索赔金额为依据,以保单所载明的赔偿限额为最高赔付额,由保险人予以赔偿。(2)因赔偿纠纷引起的诉讼、律师费用及其他事先经保险人同意支付的费用。

(二)责任保险的特点

责任保险属于广义的财产保险范畴,以大数法则为数理基础,遵循财产保险合同的基本原则。然而由于责任保险合同承保对象的特殊性,作为一类独特的保险业务,它在产生与发展的基础、保障对象、保险人责任范围、赔偿处理方式等方面具有明显的特点。

1. 产生与发展的基础——民事法律制度的建立与完善

一般财产保险产生与发展的基础,是自然风险与社会风险的客观存在和商品经济的产生与发展,而责任保险的产生与发展的基础却不仅是由于风险的客观存在和社会生产力达到了一定阶段,更是由于人类社会的进步带来了法律制度的不断完善。其中,法制的健全和完善是责任保险产生与发展的最为直接的基础。

正是因为人们在社会经济活动中的行为都在法律制度的一定规范之内,才有可能在因违反法律而造成他人的财产损失或人身伤害时,依法必须承担经济赔偿责任,有关单位或个人才有转嫁责任风险的必要,责任保险才会被人们所接受。所以,民事法律制度的建立与完善是责任保险产生与发展的基础。事实上,当今世界责任保险较为发达的国家和地区,必然是民事法律制度较完善的国家和地区。

2. 责任保险的保障对象——致害人(被保险人)和受害人

一般财产保险合同中,被保险人因保险事故发生造成经济损失时,保险人要对被保险人的经济损失进行补偿,保险金直接支付给被保险人。而在责任保险合同中,保险人承保的是被保险人依法对他人应承担的民事损害赔偿责任。当保险事故发生时,按照损失补偿原则,如果被保险人未向受害人赔偿的,保险人不得向被保险人赔偿保险金;如果被保险人对第三者应负的赔偿责任确定的,根据被保险人的请求,保险人应当直接向该第三者赔偿保险金。被保险人怠于请求的,第三者有权就其应获赔偿部分直接向保险人请求赔偿保险金。这样,既使被保险人避免了经济损失,也使受害人获得补偿与慰藉。因此,责任保险合同在保障被保险人利益的同时,也保障了受害人的合法利益。

3. 保险人赔偿范围的确定——赔偿限额

一般的财产保险的保险标的是各种物质财产,该类保险标的具有可估价性,在对保险标的估价的基础上确定保险金额,作为保险人赔偿的最高限额和计算保险费的依据。在责任保险合同中,保险人所承保的却是各种民事法律风险,这种特殊的无形标的,由于没有客观价值而无法估价,所以合同中无法确定保险金额。但为了限制保险人承担赔偿责任的范围,避免赔偿时合同双方发生争议,保险人在承保责任保险时,通常对每一种责任保险业务规定若干等级的赔偿限额,由被保险人自己选择。被保险人选定的赔偿限额即是保险人承担赔偿责任的最高限额,同一险种赔偿限额越高,投保人交纳的保险费就越多。

4. 赔偿处理方式的特殊性

与其他财产保险合同相比,责任保险合同的赔偿处理涉及的关系方复杂、受制因素较多。

(1)责任保险赔案的处理涉及第三者(受害人)

责任保险合同赔案的发生,以被保险人对第三者造成损害并依法应承担经济赔偿责任为前提,使责任保险的赔偿必然涉及第三者受害人,从而表明责任保险的赔偿处理并非像一般的财产保险那样只是保险双方的事情。

(2)责任保险的赔偿受制因素复杂

一般的财产保险合同赔案的处理仅涉及保险人与被保险人,当保险事故发生后,保险人根据保险标的的损失状况,按保险单规定的计算方式计算赔款。如果保险事故由第三者责任方造成,保险人向被保险人赔偿后,依法或按合同约定取得向第三者责任方进行追偿的权利。

由于责任保险承保的标的被保险人依法对第三者应承担民事损害赔偿责任,赔案的处理往往要以法院的判决或执法部门的裁决为依据,保险人在此基础上,再根据保险合同的规定计算赔款。因此,责任保险的赔偿受制因素复杂,除按保险合同的规定外,一个国家的立法、司法制度对它都有影响。保险人经营该险种所面临的风险较大。

三、"美团骑手保障组合产品保险"的保险合同性质分析

"美团骑手保障组合产品保险"系美团网与保险公司合作推出的险种,系保险公司同意承保为"美团""美团外卖"订单配送的相关公司为与其建立劳务关系的骑手投保人身意外伤害保险、个人综合责任保险、附加意外伤害医疗保险之组合保险。

具体合作方式是在美团网建立"美团保险"之页面,为美团网订单配送的相关公司设置账户进入,点击"美团保险"界面操作电子投保,按操作提示步骤完成后即生成电子保单。起保时间为骑手第一次抢单时间,以实际抢单时间为准,保险终止时间为次日1:30,自起保时最长不超过25.5小时。保险费为3元。自动生成电子保单,投保人即可通过中国人民财险公司官网或中国人保App查询、验证、打印保单。

保险合同由协议、保险产品条款、投保单、保险单等双方认可的其他书面或电子文件构成等;保险方案适用的条款为《中国人民财产保险股份有限公司意外伤害保险条款》(简称意外伤害保险条款)、《中国人民财产保险股份有限公司个人综合责任保险条款》(简称综合责任保险条款)、《中国人民财产保险股份有限公司意外伤害保险条款附加医疗保险条款》(简称附加医疗保险条款),上述条款未能约定的内容,以保险产品条款的约定为准。

如前所述,"美团骑手保障组合产品保险"从性质上看,应为人身、财产混合保险合同,系"一揽子"保险,其中个人综合责任险在性质上属于责任保险的范畴。

四、责任保险对侵权法领域的影响及意义

工业革命后,现代社会俨然成为一个"风险社会",风险的无限溢出和损害

的大规模性，使人身和财产的救济问题成为当今社会关注的焦点。为应对社会风险，在事故损害赔偿领域，许多国家或地区逐渐形成了以侵权损害赔偿、责任保险和社会救助为内容的多元、系统的受害人救济模式。在此背景下，保险与侵权法因损害赔偿等社会问题产生了交集。

（一）责任保险对侵权法的影响

1. 从侵权法责任本位的角度看，民事主体仅对自己的加害行为或者准侵权行为造成的损害承担侵权责任，即是一种个人责任，是将损害赔偿的不利益在受害人与侵权人之间进行分配。而在责任保险制度下，被保险人通过缴纳较少的保险费用，在责任保险事故发生后，将赔偿责任转嫁给保险公司，保险公司又通过制度安排转移给同类投保者，进而实现损害赔偿责任的社会化。这种社会化，也被称为“损害分散”。这从根本上动摇了“谁侵权，谁承担责任”的古训，实现了责任承担的个体本位向社会本位的转化。在责任保险制度下，可以起到保障社会安全、分散社会风险的作用。

2. 从侵权法功能的角度看，我国学者对侵权责任法的功能定位有不同的观点，主要集中于补偿救济、惩戒和预防功能上。发生侵权损害事故后，传统的侵权责任在提供救济方面略显吃力，一方面诉讼成本巨大，举证、诉讼等能力存在差异，导致求偿不能的风险大大增加。责任保险的出现对侵权法实现补偿功能提供了强大助力，因为保险公司较之被保险人在经济方面更有实力，使受害人更容易得到赔偿。另一方面，责任保险的出现，使责任人付出少量的保险费即可免于责任承担，确实对侵权法的惩戒及预防功能产生了不利的影响。

3. 从侵权诉讼的角度看，责任保险扩大了传统侵权诉讼参与当事人的范围，使得原、被告双方之间的对抗转变为原、被告及保险公司的三方参与。这种变化，引起了损害赔偿诉讼方式的变化。

4. 从比较法的角度看，责任保险对侵权法影响深远。在美国，责任保险的影响集中于侵权诉讼：由于多数的侵权责任成本最终落于保险公司，因此保险公司实际上成为最重要的侵权诉讼当事人，当今美国通行的商业责任保险条款多数都含有“保险人有权利也有义务为被保险人抗辩”之类的条款。[1] 英国与美国有着高度相似的诉讼制度和发达的保险产业。研究者认为保险对侵权法的实际

---

〔1〕 参见周学峰：《侵权诉讼与责任保险的纠结——从两方对抗到三方博弈》，载《清华法学》2012 年第 2 期。

运作影响甚巨,责任保险不仅是一项保护被保险人的附属工具,更成为赔偿给付的首要媒介,而侵权法则是这一过程中的次要部分。[1] 责任保险与侵权法的互动同样存在于大陆法系。在德国,由于机动车责任保险的强制性,在机动车交通事故领域,德国学者承认由于责任保险的发展,法院已经人为地扩充了过错责任,过错责任已逐渐朝向严格责任发展,并且,责任保险成为一种主要保护受害人的社会政策工具。[2]

(二)责任保险在侵权法领域的重要意义

1. 责任保险提高了责任人的赔偿能力。在侵权损害事故中,由于赔偿能力的不同,受害人在被不同财力的自然人、法人加害时的赔偿情况是不相同的。被资金雄厚的人所伤害比被缺乏钱财的人所伤害要“幸运”得多,因为资金雄厚的人可以拿出更多的钱补偿受害者。第三者责任保险的出现有利于改变这种不公平的状况,被保险人因过失致人损害而应当承担的赔偿责任属于保险范围,保险人应当承担保险责任。责任保险对于提高被保险人承担民事赔偿责任的能力具有显著的价值。

2. 责任保险保证了受害人的赔偿利益,使受害人的损害得到及时救济。根据法律规定,在受害人接受被保险人实际赔偿之前,保险人不得向被保险人给付全部或部分保险赔偿金。

3. 责任保险是社会稳定器和经济助推器。通过责任保险制度,可以推动风险管理制度的完善。在保险事故发生后,投保了第三者责任险的责任人有了更强的赔偿能力,从而使受害人获得更加迅速而有意义的经济补偿。因此,在我国社会主义市场经济体制下,责任保险制度对协调各方关系、安定社会秩序、促进经济发展无疑具有重大的意义。同时,责任保险也有利于改变事无巨细的传统行政管理模式,使责任保险这种社会互济互利的制度得以普及和发展。

五、我国现行法律关于责任保险相关的法律规定

(一)《保险法》中关于责任保险的规定

我国《保险法》明确规定责任保险可以突破合同的相对性,赋予了受害人依

---

〔1〕 [英]理查德·刘易斯:《侵权法与保险的关系:来自英格兰与威尔士的报告》,载[德]格哈德·瓦格纳主编:《比较法视野下的侵权法与责任保险》,魏磊杰等译,中国法制出版社 2012 年版,第 55 页。

〔2〕 [英]理查德·刘易斯:《侵权法与保险的关系:来自英格兰与威尔士的报告》,载[德]格哈德·瓦格纳主编:《比较法视野下的侵权法与责任保险》,魏磊杰等译,中国法制出版社 2012 年版,第 111 页。

据保险合同直接向保险公司请求赔偿的权利。该法第 65 条第 1 款规定:“保险人对责任保险的被保险人给第三者造成的损害,可以依照法律的规定或者合同的约定,直接向该第三者赔偿保险金。”这是我国法律关于责任保险的最权威的定义。由该定义可知,责任保险的根本目的是保护第三者的利益,确保第三者在受到被保险人行为伤害时,可以获得相应的、合理的经济补偿。在某种程度上而言,责任保险具备一定的社会公益属性,其保护范围扩展到了因事故受到损害的第三人,从而超越了保险人和投保人之间的保险合同关系,使第三人享受到保险所带来的利益。因责任保险的保险标的是被保险人对第三方依法应承担的赔偿责任,目的是补偿受害人的损失,所以也称之为第三者责任保险。

(二)《民法典》中关于商业三者险保险责任承担的规定

我国现行法律适用的是交强险与商业责任车险并存理赔的规则。我国《民法典》第 1213 条规定:“机动车发生交通事故造成损害,属于该机动车一方责任的,先由承保机动车强制保险的保险人在强制保险责任限额范围内予以赔偿;不足部分,由承保机动车商业保险的保险人按照保险合同的约定予以赔偿;仍有不足或者没有投保机动车商业保险的,由侵权人赔偿。”

可以看出,上述法律规定从诉讼的角度对交通事故受害人的该项权利进行了进一步的明确,该条确定的交强险和商业三者险的赔偿顺序,赋予了交通事故受害人通过诉讼的方式实现赔偿的请求权。《最高人民法院关于审理道路交通事故损害赔偿案件适用法律若干问题的解释》第 22 条从程序上对上述权利进行了进一步的保障。该条第 2 款规定:“人民法院审理道路交通事故损害赔偿案件,当事人请求将承保商业三者险的保险公司列为共同被告的,人民法院应予准许”。该条款明确规定是“应予”而非“可以”,故法院可以根据当事人的请求直接将其作为被告进行审理。综上所述,受害人起诉商业三者险的保险公司具有实体法和程序法的明确规定,保险公司是适格的被告,受害人有权直接起诉要求其承担赔偿责任。

六、结语

综上所述,笔者认为,在审理外卖骑手配送过程中发生的交通事故案件时,责任人投保有第三者责任保险性质的保险合同,此类案件的裁判思路应分三步走。

第一步:受害人或被保险人要求将涉第三者责任保险的保险公司列为案件共同被告的,应予准许。将第三者责任险纳入侵权案件中一并处理,既符合我国现行法律的规定,也能起到良好的社会效果。

第二步:关于保险公司的赔偿范围应依责任保险合同的约定处理。虽然责任保险的保险标的是民事损害赔偿责任,但责任保险承保的民事赔偿责任与民法范畴中完全意义上的民事损害赔偿责任是有区别的,即并非被保险人在民事活动中承担的一切民事损害赔偿责任都属于责任保险范畴。诉讼中,法官不能仅因保险公司具有较大的赔付能力而忽视责任保险的民事合同性质,不深究保险合同关于保险条件、保险责任范围等的约定,将受害人的全部损失判定由保险公司一揽子承担。法官应在严格审查保险合同后,最终确定保险公司是否应承担保险责任及确定保险赔偿范围。

第三步:超出责任保险范围的,由用工主体承担相应的雇主责任。在保险公司赔偿范围外,法官可在认定众包骑手与外卖平台或相关分包、转包公司之间的从属性后,确认平台或公司对众包骑手的用工主体地位,并判定其承担相应的雇主责任。

续保条款性质认定与如实告知事实推定

冯　亮[*]　冯晓光[**]

案例摘要

就短期的人身保险合同而言,是否“续保”,关涉投保人的核心利益,是合同的核心条款。本案适用《民法典》《保险法》及司法解释的相关规定,从合同的目的和性质出发,明确“保证续保”条款系“与合同相对方有重大利害关系”的条款,并进一步确定保险人具有相应的提示和说明义务。合同提供者如果未履行上述义务,对方可主张该条款不成为合同内容。对于投保人是否履行如实告知义务,需要以在案证据为基础,综合交易习惯等进行综合判断。投保人以合同非本人签订为由,拒绝认可“健康告知”内容的,需要提供证据证明其主张的“告知内容”。本案严格从现有证据出发,以保险合同为基础,根据双方提供的证据,判断投保人是否履行如实告知义务。本案投保单中的健康告知部分相应病情勾选为否,投保人无法提供充足的证据证明其“履行了如实告知义务”,应做相反推定。

【裁判观点】

1. 格式条款是否属于与对方有重大利害关系的条款,需要结合合同的性质和目的进行判断。对于人身保险合同而言,是否保证续保系对合同相对方有重大利害关系的条款,亦应属于人身保险合同的核心条款。因此,根据《民法典》

---

* 冯亮,北京市东城区人民法院法官助理。

** 冯晓光,北京市东城区人民法院员额法官。

第496条的规定，格式条款中涉及保证续保内容的，保险人作为合同提供方，应当向投保人作出特别提示和说明，否则，投保人可主张该条款约定不成为双方人身保险合同的内容。

2. 投保人是否已履行"如实告知义务"，应当以保险合同为基础，综合当事人提供的其他证据进行判断。在无其他证据佐证的情况下，应当根据举证规则，并结合交易常识、行为习惯等，对案件事实作出推定。基于"投保人在拿到合同文本后，并未在合理期限内就'病情勾选和签名'问题向保险人提出异议或更正"的客观情况，法院可推定投保人未履行如实告知义务。根据《保险法》第16条的相关规定，投保人未履行如实告知义务，足以影响保险人决定是否同意承保或者提高保险费率的，保险人有权解除合同。

【关键词】

保证续保条款　格式条款　重大利害关系　如实告知义务　合同解除权

【类案综述】

观点一："保证续保"条款，是人身保险合同的核心条款〔1〕

对于短期的健康保险而言，保证续保条款是投保人、被保险人普遍关注的保险合同内容之一。原因在于，各种短期健康保险的保险期间通常为一年，在保险期间内，被保险人一旦发生保险事故，保险公司通常认为该被保险人的风险程度较高，便因此拒绝继续订立保险合同承担该被保险人的风险，进而使被保险人丧失合同保障。多数投保人十分看重"保证续保"条款的意义。因此，对于保险合同中，格式条款涉及保证续保内容的，应当视为"对合同相对方有重大利害关系"的条款。

观点二：保险人未明确说明的免责条款不产生效力〔2〕

保险人应当在保险免责事项中，明确规定在何种情形下、何种范围内免除自

〔1〕详见"张平诉某人寿保险公司北京分公司人身保险合同纠纷案"，法信类案检索平台，案例库，权威案例，出版案例。

〔2〕"李思佳诉西陵人保公司人身保险合同纠纷案"，载《最高人民法院公报》2006年第7期（总第117期）。

己的责任，并对自己尽到此说明义务负有举证责任。保险人如果在格式条款中免除己方“保证续保”责任，则应当就此尽到说明义务，否则该条款不产生效力。

观点三：保险合同订立时保险业务员代投保人签名，投保人已经交纳保险费的，视为其对代签字行为的追认[1]

投保人在订立保险合同时应当亲自签章。合同虽非投保人本人签名，但投保人已经交纳保险费的，视为其对代签字行为的追认。投保人在取得合同后，未在合理期限内，对合同内容及签名提出异议的，视为对合同内容的认可。

观点四：投保人未履行如实告知义务的，保险人有权解除合同并不承担保险责任[2]

如实告知是最大诚信原则在人身保险合同缔结中的重要体现。履行主体上，作为合同当事人的保险人、投保人、被保险人，以及合同关系人的代理人都应该是告知义务人。保险人就被保险人的有关情况采用书面或口头形式向投保人询问，投保人均应如实告知。投保人和被保险人在投保单和健康声明书签名，均应对投保单和健康声明书所载内容及填写内容的真实性承担责任。

实务典型案例

基本案情

2017年10月，原告（投保人，职业：律师）与被告（某保险公司）签订人身保险合同（以下简称原合同）。其中，原合同第3条约定：“本合同的保险期间为一年。投保人可于每个保险期间届满时或之前向本公司支付续保保险费以示续保，若本公司同意该续保，且已收取该续保保险费，则本合同将延续有效一年。本合同可按照上述续保方式续保至被保险人年满九十九岁后的首个保险单周年

〔1〕“王某诉某人寿保险股份有限公司人身保险合同纠纷案”，法信类案检索平台，案例库，权威案例，最高人民法院公布案例。

〔2〕“熊曼姣诉中保人寿保险有限公司湖南省衡阳市分公司人身保险合同案”“马辉等诉中国平安人寿保险股份有限公司北京分公司人身保险合同纠纷案”，法信类案检索平台，案例库，权威案例，中国审判案例要览案例。

日(若保险单周年日与被保险人生日是同一日期,则可续保至被保险人九十九岁生日),并于被保险人年满一百岁后的首个保险单周年日(若保险单周年日与被保险人生日是同一日期,则于被保险人一百岁生日)满期。”投保单中健康告知部分,所有询问问题的回答除身高、体重外均记载为否或无。投保单尾部,被保险人和投保人签名处,均显示有原告签名。

2018 年 10 月,双方续签了上述合同,续签的合同编号与原合同一致。新续签的合同(以下简称新合同)第 3 条约定:“本合同是非保证续保产品,其保险期间为一年。投保人可于保险期间届满时或之前向本公司支付届时约定之续保保险费以示续保,若本公司同意并已收取该续保保险费,则进入下一保险期间。”投保单的内容及尾部被保险人和投保人签名部分完全相同。

2019 年 6 月,原告为治疗冠状动脉粥样硬化性心脏病等疾病入院治疗并产生医疗费用。原告于 2019 年 7 月向被告申请理赔,被告以原告未如实告知疾病史为由拒赔。故原告诉至法院,请求:1. 判令原、被告签订的《保险合同》(保险合同编号:××××)继续履行;2. 判令被告向原告支付保险金及利息;3. 诉讼费由被告承担。

庭审中,针对原合同,原告否认投保单上的签名系其本人所签,并申请笔迹鉴定。在调取相应比对样本后,各方经比对,均认可上述合同中被保险人和投保人签名处原告的签名并非原告本人所签。另外,原告认可在该合同签订后两三个月左右,已从被告处拿到该合同文本。针对新合同,各方对该份保单系续保后比照第一份自动生成而并非重新签订的事实均无异议。

关于原、被告所签合同是否“保证续保”、原告是否“如实告知”,是本案争议焦点。

法院观点

一审法院认为,关于合同是否“保证续保”问题,对于人身保险合同而言,是否保证续保系对合同相对方有重大利害关系的条款,亦应属于人身保险合同的核心条款。对于该内容,被告作为格式合同提供方,应当向投保人作出特别提示。双方签订的原合同中,没有“本合同是非保证续保产品”的明确表述,相应条款中虽隐含上述含义,但并未采用足以引起对方注意的文字、符号、字体等作出特别标识。被告提交的现有证据无法证明其已经采取合理方式对该重要约定尽到了提示和说明的义务,双方签订的新合同中虽有“本合同是非保证续保产品”的明确表述,但该份合同系双方续约后依据原合同自动生成,并非双方协商重新签订,故法院依法认定“非保证续保”的条款约定不成为双方人身保险合同的内容。关于原告是否“如实告知”问题,合同上签字虽非原告本人所签,但自原告拿到合同文本至索赔被拒,时间跨度有一年多。其间,原告既未对非本人签字问题向对方提出异议,亦未对投保单中的健康告知部分相应病情勾选为否的事实提出异议。在未提交充分证据证明其曾经要求被告对上述情况进行过更正的情况下,原告仅凭合同上签字非本人所签来主张其在投保时已经进行了如实告知,理由并不充分。综上,在没有其他证据佐证的情况下,法院对原告的主张难以采信,并依法推定其未向被告进行如实告知。

二审法院认为,原告(上诉人)在取得保险合同文本之后近两年的时间内一直未就合同签字、保险单中健康告知部分相应病情是否勾选等情况提出异议或进行更正,其提交的证据不足以充分证明其在订立保险合同时已经履行如实告知义务,一审法院根据查明的涉案合同实际履行情况,对原告的诉讼请求未予支持,并无不当。

裁判结果

一审法院认为,原告要求被告继续履行合同并赔付相应保险金及利息的诉讼请求,于法无据,判决驳回原告的全部诉讼请求。二审法院依法驳回上诉,维持原判。

【裁判思路与方法】

一方面,法律规范是案件裁判的大前提,有效梳理现行有效的法律规范,并厘清相关规范的发展渊源,是准确理解和正确适用法律的基础;另一方面,实在法的制定和修改,根植于理论的发展和革新,探寻规范背后的理论基础,有助于指导案件审理和裁判。就个案而言,需要基于现有证据查明案件事实,对于无法查明的事实,结合交易习惯等作出推定,实现对案件事实作出法律上的认定,最终依法做出裁判。

一、大前提:法律规定溯源

本案中的两个争议焦点,其相关的法律规范主要源自《民法典》和《保险法》。

(一)"保证续保"格式条款的法律规定溯源

《民法典》第496条第2款规定,采用格式条款订立合同的,提供格式条款的一方应当遵循公平原则确定当事人之间的权利和义务,并采取合理的方式提示对方注意免除或者减轻其责任等与对方有重大利害关系的条款,按照对方的要求,对该条款予以说明。提供格式条款的一方未履行提示或者说明义务,致使对方没有注意或者理解与其有重大利害关系的条款的,对方可以主张该条款不成为合同的内容。

在《民法典》生效前,原《合同法》第39条第1款规定格式条款提供人有提示并按照对方要求进行说明的义务,《最高人民法院关于适用〈中华人民共和国合同法〉若干问题的解释(二)》则进一步规定了合同未履行时的可撤销和无效两种法律后果。而《民法典》则规定了"未订入合同"的法律效果,其前提是该条款为"与对方有重大利害关系的条款"且"对方因此没有注意或理解该条款"。

何为"与对方有重大利害关系的条款"?《民法典》第470条对合同通常需要包含的条款进行了规定。相应地,标的、数量、质量、价款或者报酬、履行期限、地点和方式、违约责任、解决争议的方法等条款作为合同的核心条款,均属于与对方有重大利害关系的条款。对于其他条款的判断,应结合具体合同的性质进行综合判断。

《保险法》对格式条款的提示和说明义务又进行了专门规定,并要求主动"提示和说明"。《保险法》第17条规定,订立保险合同,采用保险人提供的格式条款的,保险人向投保人提供的投保单应当附格式条款,保险人应当向投保人说明合同的内容。对保险合同中免除保险人责任的条款,保险人在订立合同时应当在投保单、保险单或者其他保险凭证上作出足以引起投保人注意的提示,并对该条款的内容以书面或者口头形式向投保人作出明确说明;未做提示或者明确说明的,该条款不产生效力。同时,《最高人民法院关于适用〈中华人民共和国保险法〉若干问题的解释(二)》第11条进一步明确,提示"以足以引起投保人注意的文字、字体、符号或者其他明显标志作出",解释说明要达到"常人能够理解"的程度。

《保险法》及其司法解释并未对"保证续保"问题进行明确规定。但是,从《民法典》第470条的规定来看,保险期间作为保险合同的履行期限,应当是保险合同的核心条款，是“与对方有重大利害关系”的条款。相应地，合同是否保证续保，关系到保险合同的“履行期限”能否可预期地进行延长。投保人进行投保的主要目的在于规避未来不可预期的风险。对于投保人而言，无论在当前保险期间内是否发生保险事故，其对未来的保险预期都不会发生改变。但是，对于保险人而言，如果当前保险期间内发生保险事故，其很有可能会在保险期间届满后，不再提供保险服务，进而致投保人于不利境地。保险合同的“履行期限”能否在一定情况下，进行可预期的延长，是对合同双方均有“有重大利害关系”的条款。保险合同的格式条款中涉及“保证续保”内容的，合同提供方应当进行提示和说明。

（二）投保人“如实告知”义务的法律规定溯源

《保险法》第16条第1款、第2款规定，订立保险合同，保险人就保险标的或者被保险人的有关情况提出询问的，投保人应当如实告知。投保人故意或者因重大过失未履行前款规定的如实告知义务，足以影响保险人决定是否同意承保或者提高保险费率的，保险人有权解除合同。《保险法》自1995年制定以来，虽历经数次修改，但是本条内容从未进行过实质改动，仅有两次修改对本条文的序号进行过调整。可见，投保人的“如实告知”义务，是《保险法》自始至终贯穿的原则要求。

根据《保险法》及其司法解释的规定，投保人“如实告知”的内容是“保险合同订立时，投保人明知的与保险标的或者被保险人有关的情况”；投保人的告知义务限于保险人询问的范围和内容；投保人不履行“如实告知”义务的后果是，“投保人故意不履行如实告知义务的，保险人对于合同解除前发生的保险事故，不承担赔偿或者给付保险金的责任，并不退还保险费。投保人因重大过失未履行如实告知义务，对保险事故的发生有严重影响的，保险人对于合同解除前发生的保险事故，不承担赔偿或者给付保险金的责任，但应当退还保险费。保险人在合同订立时已经知道投保人未如实告知的情况的，保险人不得解除合同；发生保险事故的，保险人应当承担赔偿或者给付保险金的责任。保险人在保险合同成立后知道或者应当知道投保人未履行如实告知义务，仍然收取保险费，不得解除合同”。

（三）保险合同中举证责任的法律规定溯源

根据《民事诉讼法》及其司法解释的规定，当事人对自己提出的主张，有责任提供证据。当事人对自己提出的诉讼请求所依据的事实或者反驳对方诉讼请求所依据的事实,应当提供证据加以证明,但法律另有规定的除外。在作出判决前,当事人未能提供证据或者证据不足以证明其事实主张的,由负有举证证明责任的当事人承担不利的后果。

根据《最高人民法院关于适用〈中华人民共和国保险法〉若干问题的解释(二)》的规定,投保人的告知义务限于保险人询问的范围和内容。当事人对询问范围及内容有争议的,保险人负举证责任。保险人以投保人违反了对投保单询问表中所列概括性条款的如实告知义务为由请求解除合同的,人民法院不予支持。但该概括性条款有具体内容的除外。保险人对其履行了明确说明义务负举证责任。投保人对保险人履行了符合该解释第11条第2款要求的明确说明义务在相关文书上签字、盖章或者以其他形式予以确认的,应当认定保险人履行了该项义务。但另有证据证明保险人未履行明确说明义务的除外。

二、理论基础:实在法背后的法理辨析

即便在将意思自治、合同自由奉为圭臬的近代,大陆法系的民法也允许对合同的内容(主要是不当条款)加以规制。[1] “尊重意思自治,保护交易自由”和“确保给付均衡,实现实质正义”,向来是两个互相补充的法学原理。前者在于维持合同条款效力,后者在于否定合同条款效力。而对格式条款的规制和对如实告知义务的强调,正是二者相互作用的结果。

(一)保险合同格式条款的规制

格式条款是保险合同中的常见条款,实务中,保险纠纷多是因格式条款产生的纠纷。格式条款的出现,使自由选择和双方合意面临缺失的尴尬。[2] 因此,需要对此进行规制。

一般而言,格式条款的提供者,往往具有充分的信息优势和更加强大的缔约能力。为矫正双方当事人缔约能力的不对称,法律对保险合同格式条款予以特别规制。[3] 某一条款一旦被识别为格式条款,合同提供方便会被科以更重的义务,如举证责任等。格式条款的提供方,需要分享其掌握的优势信息,对相关内

---

〔1〕 解亘:《格式条款内容规制的规范体系》,载《法学研究》2013年第2期。

〔2〕 马宁:《保险格式条款内容控制的规范体系》,载《中外法学》2015年第5期。

〔3〕 张晗庆:《关于保险合同格式条款的裁判思维》,载《法律适用》2020年第10期。

容作出明显提示和必要的说明。否则,该条款不被纳入合同内容,甚至除信息分享义务外,对格式条款的规制还体现在内容的控制上,如特定的免责条款无效。法律通过信息规制和内容控制,最终实现真正的意思自治和结果正义。

在保险合同中,保险人具有更好的专业能力,能够更好地评估和规避合同风险。基于盈利的目的,保险人往往会将相应的风险转嫁给相对方,从而导致对方处于不利地位。这与作为社会文明产物的保险,集众人之力帮助个体抵御偶发的未知风险的目的相违背。因而,平衡缔约双方的能力差异,是保险格式条款规制的内容。

对于保险合同而言,是否"保证续保",乃是关系当事人重大利益的条款。保险合同的核心价值在于将未知风险在当事人之间进行均衡分配。在短期的人身保险合同中,一旦发生保险事故,保险公司为规避风险、减少损失,在保险期间届满后,一般不会再继续承保。对于投保人而言,保险人因保险事故不再继续承保,投保人便会处于不利地位。保险人需要根据是否保证续保以及被保险人情况,综合确定保险费率、理赔标准等;投保人则需要考虑是否保证续保、保险费率等因素,综合确定是否选投此类保险。在格式条款中,保险人作为合同提供方,需要对"保证续保"的内容进行明显标识,并作出让常人能够理解的解释说明,从而使投保人能够充分评估风险收益和投保成本,确保投保人能够基于意思自治,作出是否投保的决定。

对于保险格式条款的规制,旨在通过信息分享、内容限制,平衡双方能力差异,最终确保在当事人之间实现真正的意思自治。

(二)如实告知义务:最大诚信原则和对价平衡原则

如实告知义务是维系保险制度有效运转的基础所在。[1] 最大诚信原则和对价平衡原则是如实告知义务最重要的理论基础。[2] 相较于保险人而言,投保人对被保险人的信息了解得更为充分,保险人需要基于投保人提供的信息来判断风险的大小,并且确定保险费的多少。如实告知义务,是对投保人的限制,确保保险人能够在信息真实的基础上作出判断。

如实告知义务的主要内容包括如实告知的义务主体、如实告知的事项范围、如实告知的履行方式,以及未如实告知的法律效果。首先,我国《保险法》将投

〔1〕 马宁:《保险法如实告知义务的制度重构》,载《政治与法律》2014年第1期。

〔2〕 李飞:《保险法上如实告知义务之新检视》,载《法学研究》2017年第1期。

保人作为如实告知的义务主体。作为合同的相对方,投保人履行如实告知义务并无不当。但是,学界已有主张将被保险人或受益人纳入义务履行主体中,理由在于当投保人与被保险人分离时,被保险人才掌握更加真实全面的关于保险标的信息。其次,如实告知的事项范围限于投保人已经掌握的相关信息,且根据《保险法》的规定,如实告知的内容应以保险人的询问为限。对于投保人已经掌握的信息,以保险合同签订时为限,投保人事后掌握的信息不在此列。对于保险人的询问,应当以明确具体为主要标准,对于"兜底条款""模糊询问"的事项,应按照有利于投保人和被保险人的角度解释。再次,《保险法》未对如实告知义务的履行方式进行规定,按照《中国保险监督管理委员会关于提醒人身保险投保人正确履行如实告知义务有关事项的公告》的要求,应以书面询问和回答的方式履行。最后,投保人未履行如实告知义务时,学理上均以投保人存在"主观过错"为责任承担要件,也即须为故意或重大过失。其结果是赋予保险人合同解除权。

然而,随着理论的发展,保护投保人等非保险人一方,逐渐成为一种新的理念并得到贯彻。无论是对保险格式条款的规制,还是对如实告知义务的强调,法律制度设计的初衷,都是为平衡合同双方力量,确保保险合同在公平、自由的环境下签订,最终更好地发挥这一金融产品的社会作用。

三、以"小"窥"大":从举证责任出发

通过对法律的检索和对其背后理念的探寻,已经明确了"保证续保"条款的性质,以及"如实告知义务"的相关履行要求。我们知道,由于时间、空间、证据保存等方面原因,法律真实与客观真实之间往往不可避免地存在差别,面对证明难题,举证责任变得异常重要。就本案而言,两个事实查明要点均需结合举证责任作出判断。

(一)保险人的举证责任:就重大利害关系条款是否履行了提示说明义务

本案中,双方均确认续签的合同为系统生成,新条款中关于"本合同是非保证续保产品"的内容,并非双方重新商定的结果。实践中,需要保险人就其履行提示说明义务承担举证责任。例如,合同文本中是否有显著标识,签订合同时是否有相关的视频证据,或者保险业务员与投保人之间的聊天记录等。保险人如果无法进行举证,则投保人可以主张该条款不构成合同内容。另外,需要强调的

是,关于“续保”内容的条款,如存有异议,应当作出有利于投保人的解释。例如,本案中,原合同中关于“续保”内容的条款是否为“保证续保”条款,需要向有利于投保人的方向进行解释。

《民法典》中所称“与合同相对方有重大利害关系”的条款,并不仅仅指合同中的免责条款。保险人作为专业机构,应当充分评估各条款对缔约双方的影响力,综合判断条款性质,并提前做好提示和解释。

(二)投保人的举证责任:就缔约询问事项是否履行如实告知义务

投保人的如实告知义务以保险人的询问为前提。因此,在认定投保人是否就相关问题如实告知时,需要先行明确投保人进行过相关问题的询问。

本案中,原告因冠状动脉粥样硬化性心脏病等疾病入院治疗,并向被告提出理赔申请。在原告填写的询问表上,“高血压”病症为无。冠心病与高血压之间在医学上存在关联性,被保险人(也是投保人)是否存在高血压,对其健康状况及保险事故发生概率的判断影响较大。就保险事故而言,保险人针对高血压病症询问,应当认定为进行了事先询问。

那么,投保人是否就保险人的询问做了如实告知呢?原告主张在签订合同时,进行了口头告知且进行了如实勾选,并且以合同非本人签字为由,否认合同上的告知内容。从现有证据出发,健康询问单上不仅有原告签名和对相关问题作出的“是”或“否”的回答,还有关于原告身高、体重的非选择类问题的答案。由此可以看出,原告确实就询问内容作出了回答。在现有证据与原告主张不一致时,原告应举证证明其主张。需要强调的是,对于一般人而言,拿到合同后,对于合同内容及签署情况等,应作出最基本的核对。健康询问单作为原告现场填写的内容,并非一般的格式条款,一般会被重点核对。但是,原告作为一个具有法律专业背景的人,明确了解“不如实告知”的法律后果,自拿到合同后,在长达一年多的时间内,并未对合同签署情况及健康询问告知内容提出异议,也并未向保险人要求更正。因此,在原告无法提供其他证据佐证的情况下,法院作出对其不利的推定并无不当。

作为投保人,认真核对合同内容,履行必要的注意义务,对于维护其合法权益至关重要。当然,从保险合同签订的角度出发,保险人也需要采取一系列其他措施,记录保存签订合同时的情形,以便查清相关事实。

(三)小结

保险合同作为一种高度发达的金融产品,对分散社会风险、优化营商环境、促进社会经济发展具有重要作用。

在投保缔约过程中，如果双方当事人不能明确知悉自身义务、准确把握履行方式、保存相应证据，那么双方发生纠纷时，就可能由于举证不能而承担不利的法律后果。在本案例中，保险人对“续保条款”的提示与说明义务，以及投保人对其疾病的如实告知义务，均属于法定义务，双方当事人均应诚实履行，并对是否履行负有举证责任。

本案明确了“如实告知”义务的举证标准，从保险人和投保人两个方面，对合同风险进行了提示，对于无法查明的事实，严格按照举证规则进行推定，无论是对投保人还是对保险公司而言，均具有较强的参考借鉴意义。

保险人欺诈适用的惩罚性赔偿标准探析

赵思宇*　张萌萌**　古　悦***

案例摘要

2013年新修正的《消费者权益保护法》第28条规定了证券、保险、银行等金融服务的经营者义务。此外,第55条第1款规定了经营者提供商品或者服务有欺诈行为的,消费者可以主张购买商品价款或者接受服务的费用的三倍的损失赔偿。自此,关于证券、保险、银行等金融领域的消费者能否依据《消费者权益保护法》的规定,在经营者存在欺诈情形时主张惩罚性赔偿的讨论不断。司法实践中,因赔偿基数裁量的标准不统一问题,法官也陷入进退两难的境地,甚至在不同法院出现了裁判结果截然相反的现象。笔者试图从《消费者权益保护法》的立法目的和惩罚性赔偿的制度功能出发,确定保险人欺诈适用《消费者权益保护法》的必要性并确定惩罚性赔偿的标准和基数,以期统一裁判尺度,为自由裁量确定依据。笔者主要从以下三个方面进行论述:第一,厘清保险人欺诈的构成要件。笔者从保险人主观故意、客观行为、消费者主观状态及客观的因果关系行为厘清保险人欺诈的法律构成要件。第二,进一步确定保险人欺诈应适用《消费者权益保护法》中关于惩罚性赔偿的规定。因信息不对称、突出诱导性等保险消费特点,保险消费一方极易因经营者的欺诈行为造成权益损害,而惩罚性赔偿对于经营者有内心约束,对于弥补保险消费一方的常规期待损失具有不可替代的作用。第三,在适用惩罚性赔偿时,赔偿基数的标准确定是法官自由裁量

---

* 赵思宇,原北京市东城区人民法院法官助理。

** 张萌萌,北京市东城区人民法院员额法官。

*** 古悦,北京市东城区人民法院员额法官。

的关键。笔者提出，通过“损失 + 个案衡量”的方式，从保险产品的性质、监管机构的认定、惩罚性赔偿的制度目的三个方面确定惩罚性赔偿的裁量标准，以期法官在综合考量法、理、情因素的基础上确定赔偿标准，从而平衡好保险公司与保险消费者之间的权利义务关系，更好地维护营商环境。

【裁判观点】

保险销售过程中，保险代理人口头告知投保人的保险责任与保险合同中的约定不一致，该行为构成欺诈。保险消费者可依据《消费者权益保护法》向保险人主张购买商品价款或者接受服务的费用的三倍的损失赔偿。

因保险合同兼具投资属性以及生活消费属性，如一味按照商品价款或者接受服务的费用即交纳保费为标准进行三倍赔偿，将超出法律设立该惩罚性条款的立法目的。个案裁判中应以当事人损失为基础，在综合考量法、理、情多种因素的基础上确定赔偿标准。

【关键词】

保险人欺诈　消费者权益保护法　惩罚性赔偿　赔偿标准　损失 + 个案衡量

【类案综述】

通过中国裁判文书网检索“保险欺诈”，发现民事案由合同纠纷类案件 800 余件，自 2013 年《消费者权益保护法》颁布后，案件数量呈直线上升并趋向稳定的态势。涉及保险纠纷三倍赔偿的案件近 200 件，当事人要求三倍赔偿的诉讼请求大部分被法院驳回。被驳回的原因主要为未被认定构成欺诈、认为不应适用《消费者权益保护法》。在法院支持的案件中对赔偿标准亦存在较大差异。

在田某某与丙公司保险合同纠纷案中，一审法院以保险费作为赔偿基数，二审法院在此基础上做了折减，将保险费和现金价值表第一年度末保单现金价值的差额作为三倍赔偿的计算基准。某些保险产品兼具财务投资和生活消费性质，最高人民法院在（2017）最高法民申 1462 号民事再审裁定书中表明，如以全部保险费作为惩罚性赔偿金的计算标准，将会涵盖自然人财务投资的风险损失，不符合惩罚性赔偿金的制度目的。该裁定书认可吉林省高级人民法院在

(2016)吉民终 515 号中作出的计算方法:"《消费者权益保护法》第 55 条规定的三倍惩罚性赔偿的基准为消费者购买商品的价款或者接受服务的费用。将保险合同双方约定的关于犹豫期后退保的现金价值与已交保险费用的差额视为投保人购买涉案保险产品的对价较为适当。"

在(2018)京 7101 民初 444 号张某某与乙公司人身保险合同纠纷一案中,法院认为,张某某因保险公司的虚假承诺,基于会获得高收益的错误认识进而作出了签订合同的错误意思表示,其遭受的损失可以理解为其所交纳保费的收益权。故认为将原告交纳保费与收到退还保费期间的利息损失视为三倍惩罚性赔偿的基准较为适当。

实务典型案例

基本案情

2009 年 6 月 20 日,甲在银行存款时,投保了由银行代理销售的共计两份丙公司新 C 款两全保险(分红型)。其中被保险人甲的保险初始基本保额为 550 800 元,保险费 10 万元,保险期限自 2009 年 6 月 21 日至 2019 年 6 月 20 日,缴费期限自 2009 年 6 月 21 日至 2014 年 6 月 20 日。合同中确定的保单持有人享有的利益保障包括:(1)满期生存保险金;(2)疾病身故保险金;(3)意外伤害身故保险金;(4)保单持有人参与本产品的红利分配,包括年度分红和终了分红。保险金额由基本保险金额和累积红利保险金额两部分组成。基本保险金额在投保时约定,并在保险单上载明;累积红利保险金额是指因年度分红累积增加的保险金额。红利来源仅限于按照会计年度核算后的分红保险业务年度总盈余。如果某年度核算后本产品无盈余可供分配,客户将可能无法获得当年红利。保险单中亦确定了双方的其他权利义务。被保险人乙(甲之女)的保单保险条款与前款保险一致。上述合同签订后,甲履行了交费义务,缴费 5 年,每份保险交纳 50 万元,共计 100 万元。

2016 年 4 月 13 日,乙缢死。2016 年 4 月 20 日原告提交索赔申请书,丙公司按疾病死亡赔付甲 594 431.23 元。

2016 年 5 月,甲向中国银行保险监督管理委员会北京监管局(以下简称中国保监会[1]北京监管局)投诉,提出投保时业务员承诺保险期间发生事故二倍赔偿、保险到期收益不低于银行5年定期存款利息,要求中国保监会北京监管局督促保险公司履行义务。2016年7月15日,中国保监会北京监管局向原告发出京保监诉〔2016〕第00365-1号保险消费投诉办理情况告知书,答复甲反映的问题:经查证属实,将依法采取监管措施。2016年8月15日,中国保监会北京监管局向丙公司发出〔2016〕9号监管函,称经调查发现存在的问题包括:(1)未对新单回访问题件进行处理;(2)欺骗投保人。2010年6月,丙公司保单服务人员在向甲提供续期服务时,向其承诺该保单收益比银行5年定期存款高,并称一旦有事保单有二倍保障,与条款约定的保险责任不符。上述行为违反了《保险法》(2009年修订)第116条中的"保险公司及其工作人员在保险业务活动中不得有下列行为:(一)欺骗投保人、被保险人或者受益人"的行为。同时中国保监会北京监管局对丙公司提出监管要求。

2017年,基于被保险人为乙的合同,甲向丙公司主张二倍赔偿金未果,向法院提起诉讼。法院经审理认为,保险公司应当承担保险责任。因其工作人员不仅没有向甲明确两倍赔付的具体适用情况,还承诺一旦有事有二倍保障,欺骗了投保人。故丙公司存在过错,应当按照有利于甲的理解进行二倍赔偿。

2019年6月21日,被保险人为甲的保险合同期限届满,丙公司向甲支付了保险金646 433.95元。甲认为丙公司违背承诺、存在欺诈行为,向法院提起诉讼,要求:1.继续履行合同,依照约定对被保险人甲支付续保时承诺的保险金额925 000元与实际给付金额646 433.95元之间的差额共计278 566.05元;2.依据《消费者权益保护法》第55条的规定,按照已交保费三倍标准赔偿甲1 500 000元;3.承担本案诉讼费。

法院观点

法院认为,根据我国《合同法》(现已失效)的有关规定,合同当事人一方不履行合同义务或者履行合同义务不符合约定,给对方造成损失的,赔偿损失额应当相当于因违约造成的损失。经营者对消费者提供商品或者提供服务有欺诈行为的,依照我国《消费者权益保护法》的规定承担赔偿损失责任。《消费者权益

[1] 现为中国银保监会,后文不再赘述。

保护法》规定,经营者提供商品或者服务有欺诈行为的,应当按照消费者的要求增加赔偿其受到的损失。增加赔偿的金额为消费者购买商品的价款或者接受服务的费用的三倍。故甲有权提起本案诉讼。本案中,双方争议的焦点在于丙公司是否存在合同欺诈,以及本案纠纷是否适用《消费者权益保护法》,涉案合同是否适用三倍惩罚性赔偿。

依据现有证据可知,保险行业监督管理部门已经认定丙公司存在欺骗投保人的行为。法院据此认为,丙公司的行为足以促使甲产生错误的意思表示,故丙公司的行为构成民法上的欺诈。

现行《消费者权益保护法》已经将保险等金融服务的经营者纳入适用范围且明确了对金融消费者的保护。故甲提出的诉讼请求中要求适用《消费者权益保护法》的有关规定,存在法律依据。《消费者权益保护法》中关于三倍赔偿的条款于2013年进行修订并予以确认,该时间虽晚于双方合同签订的时间即2009年,但仍处于双方合同的履行期限内。且我国立法法亦对法律不溯及既往的原则进行了例外规定,确定了为更好地保护公民、法人和其他组织的权利和利益而作的特别规定除外。故本案应当适用消费者权益保护法关于三倍赔偿的规定。

关于甲要求丙公司按照其承诺支付剩余银行利息的主张,与甲主张的丙公司的行为存在欺诈内容上相互矛盾,不予支持。关于甲要求丙公司三倍赔偿金额的计算依据,因本案所涉保险合同兼具投资属性以及生活消费属性,且丙公司的行为并不会导致甲交纳的50万元保费发生损失的后果,故甲依据其交付的保费标准要求三倍赔偿,显然超出了法律设立该惩罚性条款的立法目的。故酌情确定赔偿标准为甲已支付保费的五年期同期存款利息标准的三倍。

裁判结果

一审法院判决丙公司赔偿原告甲损失529 800元;驳回原告甲的其他诉讼请求。

一审判决后,丙公司提起上诉,要求:撤销一审判决,改判驳回甲的诉讼请求。二审法院判决驳回上诉,维持原判。

【裁判思路与方法】

随着保险业务种类日益多样化、保险产品创新加速,保险侵权也正在成为困扰保险消费者的侵权“重灾区”。保险产品是由专业人员设计的知识含量较高且涉及多方面要素的特殊商品，尤其是具有投资性质的保险产品，其知识含量更高。由于交易双方信息不对称及保险消费者自身知识和认知能力的局限性，消费者在购买投资性保险产品或接受相关服务时高度依赖于产品销售者的推介和说明。但鉴于代销模式仍是保险产品的主要销售渠道，部分保险代理人知识水平、业务能力有限，提示说明不准确，甚至佣金制度下部分保险代理人道德素质低下，进行误导性宣传、恶意欺骗消费者，导致部分保险消费者不能够在真正了解保险产品的投资风险和收益等关键问题的基础上自主作出是否购买相应保险产品的决定。一旦保险合同履行过程中发生争议，保险消费者通常以欺诈为由将保险销售瑕疵提交监管机构投诉或提起诉讼。

2021 年 5 月中国银行保险监督管理委员会（以下简称中国银保监会）发布的数据显示[1]，2021 年第一季度中国银保监会及其派出机构共接收涉及保险公司的保险消费投诉 37 892 件，同比增长 129.73%。其中涉及财产保险公司的有 15 539 件，同比增长 83.20%，占投诉总量的 41.01%；涉及人身保险公司的有 22 353 件，同比增长 178.99%，占投诉总量的 58.99%。如前文“类案综述”部分所述，法院在审理涉保险欺诈类案件时，裁判尺度存在较大差异，在支持赔偿损失的案件中，对欺诈的认定及赔偿的标准亦存在不同意见。本文从本案涉及的保险合同出发，探讨司法实践中保险人欺诈的法律构成、能否适用《消费者权益保护法》及惩罚性赔偿标准应如何确定的问题。

一、保险人欺诈的法律构成

根据《保险法》（2009 年修订）第 116 条之规定，保险公司及其工作人员在保险业务活动中不得欺骗投保人、被保险人或者受益人。

“欺诈”在法学上是一个非常重要的概念，《民法典》第 148 条、第 149 条规定了受欺诈方有权撤销因受欺诈作出的法律行为；《消费者权益保护法》中也规定了经营者欺诈时，消费者可以请求三倍赔偿。我国法律中对欺诈的效力、后果都有规定，但欺诈这一概念的具体的含义是什么呢？目前我国法律体系中，仅有原《最高人民法院关于贯彻执行〈中华人民共和国民法通则〉若干问题的意见

---

[1] 数据来源：http://www.gov.cn/zhengce/zhengceku/2021-05/26/content_5612653.htm。

(试行)》(以下简称原《民通意见》)对欺诈行为作了列举。由于原《民通意见》在原《民法总则》颁布之后没有新的司法解释相衔接,目前司法实务当中依然参考原《民通意见》这一规定进行审判。欺诈是指因一方故意告知对方虚假情况或故意隐瞒真实情况,诱使对方作出错误意思表示。结合民法相关理论及保险实践,保险人欺诈的构成要件应当包括以下四个方面:

第一,保险人主观上存在故意。这里的故意具有两层含义。在判定保险人是否存在故意时要注意与销售过程中的一般过错区别开。重点审查保险人是否主观上有故意的编造事实、隐瞒真相、恶意诱导等欺诈的故意,以及是否期望或放任当事人基于错误认识作出错误的意思表示。

第二,保险人销售保险时实施了欺诈的行为。这是保险人欺诈的客观方面。如果保险公司在推销其保险产品时有夸大收益、隐瞒风险等行为,可以认定其具有欺诈的行为。

第三,保险消费者的主观状态:一般消费者都会产生误解。理论上在认定是否构成欺诈时存在主观标准与客观标准。主观标准是以保险消费者是否陷入错误认识为判断的依据。客观标准是以保险人的欺诈行为使得一般的消费者产生误解为标准。实践中,每个人认知都不同,主观标准对保险人的要求过高。因此,实践中采用客观标准更为适宜,即如果保险人的故意行为足以使得一般消费者产生误解,那么就可以认定保险人存在欺诈。

第四,因果关系。保险消费者签订合同是由于保险人的欺诈所导致,即保险人的欺诈行为能够引起当事人作出错误的意思表示。

保险消费者在合法权益受到侵害时通常采用"两条腿走路"方式维权——向监管机构投诉、向人民法院提起诉讼。监管机构对保险人作出的违规行为认定书作为行政法意义上的"救济",实质上是一种自上而下的监督管理行为,更多的是从宏观层面作出的,对于消费者来说,并不具备"救济"的实质意义。但在绝大多数案例中,人民法院将监管机构出具的违规行为认定书作为认定保险人欺诈的重要环节。

二、保险人欺诈适用《消费者权益保护法》之正当性

围绕保险人欺诈能否适用《消费者权益保护法》并进而主张惩罚性赔偿等相关问题,学术研究领域一直存在较大争论。

（一）否定说

否定说是运用法律的文义解释方法，认为对法律概念的解释不能超过其可能的文义。近年来随着保险业的发展，越来越多带有投资属性的万能险、分红险等险种出现，这些新险种都具有高风险与高回报并存的投资属性，而投保人购买此类保险时明显不属于生活消费，其目的更多是获得收益，本质是投资理财行为，具有营利性，此类行为不同于《消费者权益保护法》所强调的“生活消费”，因此不应使用《消费者权益保护法》来调整。如（2017）黑09民终367号民事判决书中，法官认为“购买投资型保险不属于消费，故不适用《消费者权益保护法》”。

（二）肯定说

肯定说对《消费者权益保护法》中的“生活消费”做扩大解释，认为保险虽然不同于传统意义上的有体物商品或提供劳务的服务，是一种无形的产品或服务，但一些无体物、提供信息的服务等也是《消费者权益保护法》保护的对象。因此除风险分散功能外，力求个人或家庭财产保值、增值亦应是生活消费的应有之义。且从《消费者权益保护法》的立法目的出发，包括保险在内的金融消费领域因信息不对称侵害消费者合法权益的情况严重，适用《消费者权益保护法》保护处于弱势地位的金融消费者与其他领域的消费者保护并无本质区别。如（2017）川0704民初966号民事判决中，法官认为“保险合同关系可以适用《消费者权益保护法》调节”。

目前审判实践基本认可了保险人欺诈适用《消费者权益保护法》。一方面，《消费者权益保护法》第28条规定明确将保险等金融服务纳入《消费者权益保护法》的调整范围。另一方面，《消费者权益保护法》是对各部门法中消费者权益保护内容的抽象总结，其适用应当也必须回到各个具体领域中。由于保险消费的特殊性，经营者处于绝对优势地位，一旦违背诚信原则，滥用优势地位造成的损害将是群体性的。此外，并非所有的自然人进行保险消费均可主张惩罚性赔偿，惩罚性赔偿是为了遏制经营者单纯追求个人利益最大化而损害不特定个人利益，并由此造成社会整体利益的损害。因此，《消费者权益保护法》适用到保险领域可能产生一系列问题，但这不应成为否定其适用范围的理由。

三、保险人欺诈的惩罚性赔偿标准

《消费者权益保护法》第55条规定消费者可以依据“商品价款”或“服务费

用”主张三倍赔偿。基于此,在多数保险合同纠纷案件中,保险消费者通常以保险人欺诈为由主张按照已付保险费金额退一赔三。但审判实践中,人民法院对于保险人欺诈的惩罚性赔偿标准并未直接依据《消费者权益保护法》第55条将保险费支出作为赔偿基数,而是会进行酌情调整。如何确定裁量标准和尺度是此类案件中亟待解决的问题。

(一)实践参考

1.赔偿基数不等于保险费

在田某某与丙公司保险合同纠纷案中,一审法院以保险费作为赔偿基数,二审法院在此基础上做了折减,将保险费和现金价值表第一年度末保单现金价值的差额作为三倍赔偿的计算基准。因为涉案的两类保险产品兼具财务投资和生活消费性质,如以全部保险费作为惩罚性赔偿金的赔偿基数,将会覆盖自然人财务投资的风险损失,与惩罚性赔偿金的制度目的不符。

2.赔偿基数参考实际损失

在张某某与乙公司人身保险合同纠纷案中,原告因被告的虚假承诺,基于会获得高收益的错误认识进而作出了签订合同的错误意思表示,原告遭受的损失可以理解为其所交纳保费的收益权。法院认为将原告交纳保费与收到退还保费期间的利息损失视为三倍惩罚性赔偿的基准较为适当。

通过上述案例可以看出,在裁判中,保险费并未作为惩罚性赔偿基数,而是在考虑实际损失的基础上进行的裁量。

(二)惩罚性赔偿与损失的关系

通过案例可知,法官在确定惩罚性赔偿标准时均会考虑当事人的实际损失,那么惩罚性赔偿的计算标准能否单纯以实际损失为基数进行三倍计算呢?

根据《民法典》的有关规定,当事人一方不履行合同义务或者履行合同义务不符合约定,造成对方损失的,损失赔偿额应当相当于因违约所造成的损失。经营者对消费者提供商品或者提供服务有欺诈行为的,依照我国《消费者权益保护法》的规定承担赔偿损失责任。《消费者权益保护法》规定,经营者提供商品或者服务有欺诈行为的,应当按照消费者的要求增加赔偿其受到的损失。增加赔偿的金额为消费者购买商品的价款或者接受服务的费用的三倍。

通过上述法律规定,若坚持仅以损失为计算标准,《消费者权益保护法》以商品价款或接受服务费用为基数的规定便成为摆设,难以发挥惩罚性赔偿的制度功能。因此,惩罚性赔偿的标准应以损失为核心要素,但并不能仅以损失为基数计算。

(三)赔偿标准确定依据——损失+个案衡量

通过上文的论述,我们确定裁量标准应当以损失为核心,那么在最终确定赔偿基数时法官还应当考虑哪些因素进行最终确定才能作出科学判定?笔者从以下几个方面进行讨论:

1.保险产品的性质

保险产品分为投资型保险和非投资型保险,在投资型保险中,由于保险金额并不是完全交给保险公司来购买产品,其具有投资与理财的功能。其功能是通过保险公司运用投保人资金进行投资运作而实现的,这种运作的可行性建立在投保人依约让渡了自己的资金控制权乃至部分收益权的基础上。因此,在保险人遭受欺诈时,其投资财产并不是完全损失。在非投资型保险中,其价值确定也颇有争议,保险与一般的商品不同,属于通过支付一定价值来达到风险转移的产品,是无形的。如果未能在约定的时间出现约定的情形,投保金额就不会返还,保险金也无法拿到,因此,在确定保险产品的价值时,应当考虑当事人的实际损失。

2.监管机构的认定

如前文所述,保险消费者在合法权益受到侵害时通常采用“两条腿走路”的方式维权,虽然对于消费者来说,监管机构的认定书无法带来实质性的金钱补偿和救济,但对于法院来说,其专业的认定结果往往是法官认定保险人欺诈的重要环节。因此,在确定赔偿基数时,法官可统筹考虑民事、行政关系,对于监管机构已经查明确实存在欺诈情形、监管机构后续采取监管措施而未进行行政处罚的,应适当加重惩罚性赔偿责任,进而以个案反向引导整个行业依法、依规开展保险经营、销售业务。

3.惩罚性赔偿的制度目的

惩罚性赔偿制度的优势在于,在保险合同双方当事人信息不对称、地位不对等的情况下,平衡消费者和保险公司之间的权利义务关系。这一制度的设立系通过提高违法成本,对保险公司的不法行为进行预警,同时调动消费者维权的积极性,从而维护市场的公平交易。从这一目的出发,法官在衡量赔偿基数时还应考虑保险消费者是否有获取超额利益的可能,是否存在投机倾向,同时考虑保险公司企业经营风险、主观恶意程度等进行酌定,而非以惩罚为主确定赔偿基数。同时,对于同一地区或者经济水平相当地区的保险人欺诈案件,应当保持惩罚性赔偿数额的相对稳定。

综合以上考虑因素及实践案例,可将保险费与相应保单现金价值的差额作为赔偿基数,或将中国人民银行发布的存贷款利率、全国银行间公布的贷款市场报价利率作为赔偿基数,进而规范法官裁量权的行使。

本案中,当事人实际损失为预期的收益减去已经获得的收益,但法官并未以此为基数计算三倍赔偿,而是以已经支付保费的五年期存款利率为标准,一方面,考虑到惩罚性的制度目的,考虑到保险公司的承受能力;另一方面,也避免保险消费者的投机倾向。

在保险人欺诈案件中,确定保险人欺诈的惩罚性赔偿标准是关键,而确定赔偿基数又是法官裁量的重点和难点。当事人的实际损失是法官确定惩罚性赔偿基数的核心,法官还应在兼顾契约正义和契约自由的前提下,结合保险产品的性质、监管机构的认定、惩罚性赔偿的制度目的三个方面考虑,同时综合考量法、理、情的因素进行确定,从而平衡好保险公司与保险消费者的权利义务关系,维护更好的营商环境。

重疾险中重大疾病的认定标准

郭禹辰[*]　黄莹荧[**]

案例摘要

人身保险合同中，对于重大疾病条款的理解往往是人身保险合同纠纷案件中的认定难点。由于保险条款的模糊性以及其与医疗专业术语的差异等原因，保险人与投保人经常对重大疾病的范围产生争议，从而引发纠纷。重大疾病并非具体的病种，也并非医学上的专门术语，何为重大以及哪些疾病属于重大疾病，并不确定，它是一个外延难以确定的概念。司法实践中，也并未确立判断重大疾病的统一标准，个案解释如何适用，成为保险公司与投保人关注的焦点。本文则试图通过明确法官对于保险条款扩大解释的界限，构建重大疾病的认定标准。

【裁判观点】

当投保人与保险人对重大疾病的范围产生争议时，保险人应当结合该疾病对被保险人的健康影响程度、病理报告、通行的医学诊断标准进行综合判断，并可以通过走访医院、委托专业机构等方法辅助审查。仅依据疾病编码便排除该疾病属于保险责任范围的拒赔理由不应当得到支持。

---

* 郭禹辰，北京市东城区人民法院法官助理。

** 黄莹荧，北京市东城区人民法院员额法官。

【关键词】

重大疾病　保险条款　最大诚信原则　合理期待原则

【类案综述】

关于对保险条款中专业术语是否应当适用不利解释的规则，在实务中一直存在三种观点〔1〕。

第一种实务观点为附条件肯定说：对于专业术语原则上不适用不利解释原则，但也有例外，当专业术语存在容易误导投保人等普通人的视角时，保险人应该予以解释，否则应该适用不利解释对投保人权利进行救济。这一观点在《江苏省高级人民法院关于审理保险合同纠纷案件若干问题的讨论纪要》（苏高法审委〔2011〕1号）中就有所体现。该纪要第25条规定："专业术语不适用不利解释规定，但法律之外的专业术语或者其解释所体现的表面文义与实质含义有较大差别、不就该差别予以揭示将对投保人构成普遍性误导的，保险人应就上述差别予以揭示。保险人未就上述差别予以揭示的，人民法院应当适用不利解释规则，作出对投保人、被保险人、受益人有利的解释。"在《最高人民法院公报》2014年第10期中〔2〕公布的曹连成等诉民生人寿保险股份有限公司江苏分公司保险合同纠纷案中，对于"机动车"的解释就是对此原则的适用。

第二种实务观点为否定说：出于对科学的尊重，对专业术语的解释须排除不利解释的适用空间，而应该以专业领域内的含义来解释，这一观点已经被浙江省等地的几家法院列入其指导意见中，《浙江省高级人民法院关于审理财产保险合同纠纷案件若干问题的指导意见》（浙高法〔2009〕296号）第29条规定："对保险合同条款发生争议的用语属于专业术语，应当按照其在专业上所具有的意义加以解释。"在上海市高级人民法院公布的2015年度金融商事审判十大案件中〔3〕，某公司与某保险公司车辆损失险纠纷一案中对"自燃"是否属于"火灾"的判断，就是对这一原则的适用。

第三种实务观点为区分说：应当区分专业术语是否在普通大众的理解范围

---

〔1〕 王静：《保险案件裁判精要》，法律出版社2019年版，第310页。

〔2〕 《最高人民法院公报》2014年第10期，载中华人民共和国最高人民法院公报网2021年8月12日，http://gongbao.court.gov.cn/Details/0256892471a03b60e4f30e60906e0c.html。

〔3〕 上海市高级人民法院：《2015年度上海法院金融商事审判十大案例》，载http://www.hshfy.sh.cn/css/2016/06/17/20160617172539171.pdf，2021年8月12日访问。

内,如果是经常运用的常用专业术语,则应当适用不利解释原则;对于非常用的术语则不适用,如《北京市高级人民法院关于审理汽车消费贷款纠纷案件及汽车消费贷款保证保险纠纷案件若干问题的指导意见(试行)》(京高法发〔2005〕215号)第6条规定:"责任免除条款中包含有通常人不易理解的专门术语时,保险人对其概念、内容及其法律后果等所作的解释与说明,应当达到通常人所能理解的程度"。

实务典型案例

基本案情

2006年8月25日,丙作为投保人,在甲保险公司处为乙(丙之女)投保健安终身重大疾病保险。保险金额为10万元,保险费为2760元,缴费方式为年缴,缴费期限自2006年8月26日起至2026年8月25日止,保险期限自2006年8月26日起至终身。保险条款约定以下主要内容:在本合同有效期内,甲保险公司承担下列保险责任:被保险人于合同生效(或复效)一年后初次患本合同所指的重大疾病或初次实施本合同所指手术,被告按保险合同载明的保险金额给付"重大疾病保险金",本合同终止。本合同所指的重大疾病与手术是指急性心肌梗死、恶性肿瘤、慢性肾衰竭(尿毒症期)、重要器官移植、四肢瘫痪、脑血管意外后遗症、脊髓疾病、冠状动脉绕道手术、急性重型肝炎、严重烧伤、主动脉手术。恶性肿瘤是指组织细胞异常增生及有转移特性的恶性肿瘤或恶性白细胞过多症,经病理检验,确定符合国家卫生部公布的"国际疾病伤害及死因分类标准"归属于恶性肿瘤之疾病,但以下疾病不属于本保险的责任范围:(1)第一期何杰金氏病;(2)慢性淋巴性白血病;(3)原位癌;(4)恶性黑色素瘤以外的各种皮肤癌。

2018年11月16日,乙在中国医学科学院肿瘤医院进行入院治疗。中国医学科学院肿瘤医院入院记录载明:入院诊断为左肾肿瘤。2018年11月20日,乙在全身麻醉下行3D腹腔镜下根治性左肾+左输尿管全长+膀胱袖状切除术。2018年11月26日乙出院。2018年11月29日,中国医学科学院肿瘤医院出具病理报告单载明病理诊断为:结合形态及免疫组化结果,符合肾血管平滑肌脂肪瘤，部分区域呈上皮样血管平滑肌脂肪瘤形态（约占50%）。肿瘤广泛区域出血、坏死，伴肿瘤细胞明显退变，未累及肾周脂肪。输尿管及膀胱切缘未见肿瘤。乙提交的住院病案首页出院诊断疾病编码为D30.001。出院后，乙向甲保险公司申请理赔。甲保险公司于2019年1月18日向乙作出拒赔通知书。

法院在审理过程中发现，由人民卫生出版社出版的《疾病和有关健康问题的国际统计分类第十次修订本》第184页D30.0为肾良性肿瘤，不包括肾：•盏（D30.1）•盂（D30.1）。另外，法院还发现，收到乙的理赔申请后，甲保险公司并未前往中国医学科学院肿瘤医院了解乙所患疾病情况。案件审理过程中，法院向中国医学科学院肿瘤医院泌尿外科副主任医师韩苏军医生以及病案室陈淑兰医生了解乙所患疾病情况。经韩苏军医生陈述，乙所患疾病为交界性肿瘤，肾血管平滑肌脂肪瘤为良性疾病，但部分区域呈上皮样血管平滑肌脂肪瘤形态表现为恶性肿瘤。经陈淑兰医生陈述，乙所患疾病并无对应的疾病编码，编码的编写具有滞后性，医院在给患者办理出院时，只能在现有编码中寻找相似的编码，但列在出院诊断中的编码并不代表疾病性质。

法院观点

本案的争议焦点是乙所患疾病是否属于其投保的健安终身重大疾病保险中的重大疾病及甲保险公司是否应当承担保险责任的问题。

本案中，甲保险公司与乙签订的健安终身重大疾病保险合同系双方当事人的真实意思表示，内容未违反法律、行政法规的强制性规定，合法有效。该保险合同采用甲保险公司提供的格式条款订立，其中规定属于保险责任的“重大疾病”范围仅限于条款列举的十余种重大疾病或手术，没有概念性解释，亦未就重大疾病的种类条款进行逐一解释，致投保人对投保概念不明而进行投保。保险合同当事人对格式条款发生争议，保险人对格式条款未尽到说明义务，应作出有利于投保人或被保险人的解释。双方当事人争议的“重大疾病”，应是严重影响患者生命健康和生活的重大疾病的统称。是否属于重大疾病应当以通行的医学标准并结合其对患者的健康、生活影响程度确定。疾病编码不应为认定疾病性质的唯一标准，应当结合病理报告及相关医疗技术的发展水平确定。关于恶性肿瘤的界定，应当符合通行的医学诊断标准，并考虑到医学技术条件发展的趋势来认定。乙在保险期内因患（部分区域上皮样）血管平滑肌脂肪瘤，并实施了根治性左肾+左输尿管全长+膀胱袖状切除术,该手术已经对乙的健康及生活造成了较为严重的影响。且综合一、二审法院查明的事实,可以认定,乙所患疾病部分呈现恶性的形态,并存在转移、复发的可能。一审法官在走访中国医学科学院肿瘤医院医生时,韩苏军医生陈述,乙所患疾病为交界性肿瘤,肾血管平滑肌脂肪瘤为良性疾病,但部分区域呈上皮样血管平滑肌脂肪瘤形态表现为恶性肿瘤。陈淑兰医生陈述,乙所患疾病并无对应的疾病编码,编码的编写具有滞后性,医院在给患者办理出院时,只能在现有编码中寻找相似的编码,但列在出院诊断中的编码并不代表疾病性质。而甲保险公司在进行理赔材料审核时,直接依据疾病编码认定该疾病为良性肿瘤,缺乏事实依据。

裁判结果

甲保险公司于本判决生效后十日内支付乙保险金 10 万元。后甲保险公司提出上诉,二审驳回上诉,维持原判。

【裁判思路与方法】

一、重大疾病保险责任范围易发生争议的原因

(一)“重大疾病”的认定标准混乱

1. 重大疾病保险缺乏标准性解释

重大疾病保险合同是指投保人与保险公司签订的,约定当被保险人在保险期间发生保险合同约定的疾病,或达到约定的疾病状态或是进行约定的手术时,由保险公司按合同约定给予保险金等理赔款的商业保险合同[1]。特别强调的是,重大疾病并不是具体单一的某一种病状,而是一个集合概念[2]。被保险人若患有与投保的保险公司合同约定的属于重大疾病种类中的疾病,符合相应条件即可得到理赔。但“重大疾病”这一名词缺乏标准性的通俗解释。

2. 重大疾病保险合同种类繁多

不同保险公司的不同险种对“重大疾病”的定义都有所不同,而各个保险公司通过拆分病种、细化分类、控制化验数据标准等方法将“重大疾病”扩充至百

---

〔1〕 梁东、高永飞:《“重大疾病”的界限剖析》,载《中国保险报》2017 年 2 月 9 日,第 6 版。
〔2〕 张玉娟:《重大疾病保险合同法律问题分析》,黑龙江大学 2017 年硕士学位论文,第 12 页。

余种，这就导致了不同的险种承保的疾病种类有不同的认定标准；但实践中不论是投保人、医生还是法官，都无法做到对每一种保险的承保险种都充分了解，这也是司法实践中裁判尺度不统一的重要原因。

3. 保险与医学跨学科认知不统一

重大疾病保险跨医疗、保险学科，医生往往无保险专业知识，也未进行过相关保险培训，无法了解保险条款所约定的“重大疾病”理赔标准条件，有时无法给患者提供符合“条件”的病历，又或是由于医院医疗技术受限，对疾病作出的判断未达到重大疾病的范围，以至于“重大疾病”无法达到保险公司予以理赔的标准。这也为重大疾病保险合同纠纷中“重大疾病”的认定造成了不便。

(二) 重大疾病保险条款约定不明

目前，重大疾病保险合同的条款设定往往与投保人和被保险人所认为的重大保险存在根本性差异，对于投保人而言，保险合同实际往往是陷阱多、限制多、误导多[1]。

重大疾病合同项下采用手术名称命名重大疾病有悖常理。医学上以及常识中从来不会用手术名称来命名某种重大疾病，但是在重大疾病保险条款中就频频出现，如重大器官移植术或造血干细胞移植术。而疾病跟用来治疗疾病的手术显然不是一回事[2]。

重大疾病保险合同以良性或恶性肿瘤来区分重大疾病的范围，这既有悖于一般人对重大疾病的概念认知，也不符合医学上的判断。诚如本案中医生所言，有的肿瘤虽然表现为良性，但也有部分区域表现形态为恶性。良性与恶性肿瘤本就仅是概念统称，并不是医学上的明确疾病，因此不应当成为保险合同区分重大疾病的唯一标准。

重大疾病保险合同以疾病编码来判断重大疾病种类。疾病是在不断变化更新的，而疾病编码却总是滞后于疾病的产生，这就造成在实践中总有一些疾病并无对应的疾病编码，这时医生一般会寻找相似的编码录入诊断证明，因此保险公司不应一味地根据疾病编码判断重大疾病的范围，而不考虑疾病的实际情况。

重大疾病保险合同对疾病种类限定过多。保险合同对每种疾病进行进一步限定，使每种疾病的受保险范围变窄。保险公司通常采用的方式为限定就诊医

---

〔1〕 王文春、李继东：《当前我国保险理赔存在的问题及对策》，载《现代管理》2008 年第 11 期。

〔2〕 鞠朝娟：《论重大疾病保险合同对重大疾病的定义》，载《职工法律天地》2016 年第 10 期。

院和专科医生，对疾病程度以及治疗手术方案进行进一步限定。同时，保险合同所增加的疾病又无实际意义，如很多保险公司在采用《重大疾病保险的疾病定义使用规范》中的25种重大疾病的同时，额外增加的十几种或二十几种疾病，都是一些发病率很低的疾病。

（三）医疗水平与疾病种类的不断变化与法律更新的不一致

为了适应时代的变化与更新，2020年11月5日，中国保险行业协会发布《重大疾病保险的疾病定义使用规范（2020年修订版）》（以下简称《规范修订版》），并向行业开展征求意见工作，而《重大疾病保险的疾病定义使用规范》现行通用的版本则发布于2007年，《规范修订版》中在增加了规范病种的同时还规范了病种数量，并将某些重症调整为轻症并降低了赔付比例。从《规范修订版》的修订时间也可以看出规范文件的滞后性，以及保险产品制定的滞后性。疾病的新增与医疗技术的发展并非保险产品与规范文件可以匹配的速度，因此，当新型疾病越来越多地产生时，重大疾病保险的纠纷也会越来越多。

二、国外重大疾病保险合同发展对我国的启示

（一）南非——重大疾病保险发源地

南非重大疾病保险存在如下特征[1]：

重大疾病赔付范围扩大。南非对于重大疾病保险合同的保障范围主要针对四大类核心疾病：起源于上皮组织的恶性肿瘤、急性心肌梗死、脑卒中、冠状动脉旁路移植术。随着经济的发展和保险公司的竞争，目前赔付范围已由原来的4种发展至20多种，也为各国重大疾病范围的制定打下了基础。

将重大疾病险作为附属性险种进行销售。南非将重大疾病保险作为人寿保险的附属险进行销售，虽然在后期有的保险公司尝试将其作为单独险种进行销售，但因定价较高、赔付规则制定不完善、投保手续烦琐等原因而告终。重大疾病保险作为附加险的销售方式也意味着投保人采取更加简洁的方式、更加低廉的价格获得更多的保障。

多种保费给付方式。南非重大疾病保险分为提前给付、独立给付和分层次给付三种类型。提前给付和分层次给付又存在类似之处，提前给付即交纳保险

〔1〕 杨文沁：《南非和英国的重大疾病保险简介》，载《保险职业学院学报》（双月刊）2007年第6期。

金后，被保险人患病则得到合同中规定的赔付数额，所投保的数额也随之减少，而分层次给付则是被保险人患病达到了保险公司所认可的不同程度，获得相应比例赔付。独立给付则是指一经确认患有重大疾病则一次性得到全额理赔金，目前分层次给付由于保费低、理赔计算方式简易，更受到投保人的青睐。

（二）英国——精细化保险与可调整型保费

英国的重大疾病保险保障的疾病种类也经历了由少到多的发展过程，最终扩充到现在的保障30多种重大疾病[1]。英国重大疾病保险范围的扩大最突出的特点就是疾病种类精细化，在重大疾病保障的选择方面更加多元化。英国重大疾病保险合同一般均规定“回购条款”[2]，其指被保险人在重大疾病险赔付之后，对之前所投保的保险项目进行“回购”，回购不是简单的重复购买，而是人性化地设计为可自由选择回购的比例。回购的发生，由于疾病复发概率的增大，保费自然比初次投保要高，与之相匹配的，则是英国创新性地制定了大多数重大疾病保险的保费都可以进行适时调整的制度，这些便民举措也使得重大疾病保险在英国民众中的被接受程度较高。

（三）美国——合理期待原则[3]

美国在司法审判中对保险合同的解释首创“合理期待原则”。即投保人与保险公司订立合同后，虽然保险合同完全否定或没有规定将被保险人所发生的危险纳入赔付范围，但由于客观上的合理性，其诉求仍应得到满足。合理期待原则的适用也有限制条件，在合同格式条款语义模糊时才能适用此项原则，而且要综合运用文义解释、目的解释、合同的其他条文解释等多种解释方法，而不适用单一解释方法，解释后仍未达成一致理解，才能适用合理期待原则，该原则并不是一味地偏袒被保险人和投保人。

三、重大疾病保险责任范围的判断标准

（一）最大诚信原则为基：列举式与概念性判断的统一

最大诚信原则是保险法的基石性原则，它要求投保人履行如实告知义务，保险人履行充分说明义务。说明义务，是指在保险关系成立时保险人应当就保险

---

〔1〕 何倩：《国外重大疾病保险面面观》，载《中国医院院长》2007年第22期。

〔2〕 胡永红：《英国的重大疾病保险》，载《中国保险》2007年第22期。

〔3〕 陆卫平：《美国团体重大疾病医疗保险概况及对我国的启示》，载《海南金融》2007年第5期。

条款的保障范围、专业词汇、免责内容以及效力丧失的情形等进行解释和陈述，使投保人知晓自己在保险合同中权利义务的范围，以便投保人在此基础之上作出是否投保的决定。根据我国《保险法》的规定，保险人的说明义务具有强制性和法定性，不能通过特别约定排除或选择适用，且对保险责任范围的说明应该是全面、彻底且无遗漏的，不以主观故意或过失有所不同，即不论保险人主观状态如何，只要出现未说明、未说全或虚假说明等，均属于未尽到说明义务的范畴。

对于重大疾病保险而言，重大疾病所涵盖的范围无疑是投保人最为关心的内容，因此这是保险人说明义务中最重要的一条。而在实践中的重大疾病保险，其重大疾病范围经常是由有限的、列举式的承保疾病种类以及模糊的、概括式的不予承保疾病范围组成。但由于重大疾病本身就是一种集合性概念，且重大疾病本身就是在不断发展变化的，因此仅以列举的疾病、手术或编码种类判断重大疾病范围，将会极大地压缩重大疾病的范围，失去了重疾险存在的意义；同时，保险条款中又经常对免责范围进行概括的兜底性说明，无形中又扩大了不承保疾病的范围。

因此，笔者认为，当涉案疾病并不明确属于保险范围列明的承保疾病时，首先应当结合涉案疾病的性质与保险合同中已列举手术名称或编码的共同点与相似之处进行综合认定，而不能仅以涉案疾病编码或手术名称不符合为由，就将涉案疾病排除在保险范围之外；同时，兜底性的免责条款并不应以“其他等”类似概括性的语言进行描述，否则保险人有可能因未说明或未说全构成对说明义务的违反，当投保人对概括性免责条款发生与保险人不同的理解，保险人应承担因违反说明义务导致的不利后果。

（二）审慎适用不利解释规则：医学专业术语的运用

由于保险制度本身就是为了风险的分担与转移而存在，因此保险合同中经常出现与风险描述相关的科学专业术语，重疾险中出现的各种疾病等医学专业术语正属此类。而在医学专业术语中，笔者倾向于适用区分说来适用不利解释原则。因为在医学专业术语中，并不是所有术语都是普通人不能理解的，而当保险条款的规定是对常见医学原则的违背时，就应该直接适用不利解释原则，这既有利于保护处于弱势一方的投保人利益，也有利于统一审判尺度。具体而言，如果相关医学术语属于普通人容易理解的范畴，如对于良性或恶性肿瘤的认知，当保险条款对该医学术语的约定严重违背普通人的医学常识，甚至脱离医学发展的背景或是与临床诊断标准相悖时，就应当适用不利解释原则对保险条款加以解释；相反，如果保险条款中约定的医学专业术语并非普通人日常生活中能接触到或者使用的，就应当以医学范畴内的专业解释为准，而不应简单适用不利解释原则。

事实上，不利解释原则作为合同解释的一项特殊规则，其主要是源于保险合同的格式性，由于投保人在专业知识的把握、行业术语的理解方面与保险人存在差异，有必要对投保人给予适当条件下的法律援助，尤其是在对重大疾病范围的解释上，由于目前司法机关经常适用不利解释，以充分保护投保人或被保险人的权益，导致实践中对不利解释的过度适用，因此笔者认为对不利解释的适用还应有如下限制：首先，对不利解释的应用，只能适用于格式条款，而对法定条款和议定条款则不能适用；其次，在审理过程中，法官应主要审查投保人是否处于"弱势地位"，若两方地位相当，格式条款的不利解释并不能贸然使用；最后，重大疾病保险合同中的不利解释对于具有特定性含义的条款也不应适用，即便是格式条款，如合同中已作出明确解释的名词，应以该解释优先，并不能直接适用不利解释原则。

（三）审慎适用合理期待原则：避免"司法立法"

合理期待原则是指当保险合同当事人就合同内容的解释发生争议之时，应以投保人或被保险人对合同缔约目的的合理期待为出发点对保险合同进行解释[1]。如果出现在重大疾病保险合同中规定的某些疾病的释义违背了基本医学原则，以及有关重大疾病的范畴、诊断方法、治疗手段等与现实临床医学的诊断相背离，以致重大疾病保险的保险目的失去了价值和意义时，法官则应以一个普通的、理性的社会成员的身份，置身于合同缔结的情境中，探究当事人的真意，调和自由与公平，充分平衡双方当事人的利益。这要求法院应当重视并尊重被保险人以及受益人对保险合同条款的客观合理的期待，即使保单中严格的条款术语并不支持这些期待，而最终使合同解释的结果不显失公平，双方的利益大致平衡。

但是合理期待原则也存在以下问题，例如，使保险案件的裁判呈现出极大的不确定性；又如，使保险案件失去了合同签订双方的意图，法官可以随意裁判，使

---

[1] 陈百灵：《论保险合同解释中的合理期待原则》，载《法律适用》2004 年第 7 期。

得"投保人的期待"成为"法院的期待",导致"司法立法"[1]的滋生。另外,"合理"这个概念的判断标准很高,不管在司法上花费多大的努力来寻找具理性的人,这个具理性的人还是可望而不可即。

因此合理期待原则的适用应该满足一定的条件,避免因对合理期待原则的滥用导致司法机关权力膨胀或是损害保险人的合法权益,具体而言:首先,当被保险人是缺乏保险专业知识的普通消费者时,可以适用合理期待原则。由于保险合同通常都是冗长、复杂的文件,如果没有专业的保险知识,被保险人很难读懂。此时,法院应当按照被保险人客观、合理的期待对保险条款作出解释。其次,为了促进保险单的销售,许多保险公司销售人员经常使用某些诱导性的词汇,如保险人在保险单标题或先前的宣传介绍资料中使用"一切险""全险"等概括性极强的词汇来描述保险单,而后却通过设计若干除外条款对保单的承保范围作出诸多限制。在上述情况下,被保险人依然按照保险人使用词汇的通常含义去理解保险单的承保范围,并对其产生了合理期待。最后,当投保人购买保险前因保险公司原因未能充分阅读保险条款就签订保单的,由于有些保险消费者只有在提交了投保单并支付首期保费,保险公司批准投保单并出具保险单之后,投保人才能看到保险条款,此时则应该适用合理期待原则。

(四)参考医疗机构等专业机构意见并结合个案疾病

本案所涉疾病为交界性肿瘤,并未明确约定在保险条款的重大疾病范围中,保险公司的拒赔也是依据理赔材料中关于疾病编码的设定来排除被保险人的疾病于保险责任之外,并未实际走访被保险人就诊医院,也并未委托专业机构对被保险人疾病作出重大疾病病理确认。如果机械适用保险条款关于重大疾病的列举式说明,而不考虑疾病本身的性质以及是否存在转移复发的可能,则会导致本案在处理中出现完全相反的结果。双方当事人争议的"重大疾病",应是严重影响患者生命健康和生活的重大疾病的统称。是否属于重大疾病应当以通行的医学标准并结合其对患者的健康、生活影响程度确定,并不能以疾病编码简单将其排除,亦应当结合病理报告及相关医疗技术的发展水平确定,同时对重大疾病的界定,应当符合通行的医学诊断标准,并考虑医学技术条件发展的趋势来认定。

---

[1] Abraham, Freedom of Contract and Choice of Law in Insurance. Havard Law Review, 1981. v. 93.

人身保险合同投保人如实告知义务及保险人核保义务范围界定

黄莹荧[*]　李冰洁[**]

案例摘要

投保人提出保险要求,经保险人同意承保,保险合同成立。投保人应当履行如实告知义务,保险人亦应履行核保义务。当前,互联网平台投保日益成为主要的投保方式,此种保险虽带来便捷,但是投保流程并未规范化,投保人投保过程中保险人免责条款的告知、保险条款的送达、核保义务的履行等都存在漏洞。对于人身保险合同,尤其是一些短期意外险产品,由于保费较低、核保成本较高,保险人在核保过程中往往存在漏洞,甚至存在仅仅系统核保的情况,待保险事故发生后,再以投保人未履行如实告知义务为由拒绝赔付。本文首先梳理投保人如实告知义务的范围,指明在保险人未履行核保义务的情况下,无法以投保人未履行如实告知义务为由拒绝赔付,为规范保险人积极履行核保义务提供裁判指引。

【裁判观点】

投保人应当履行如实告知义务,保险人亦应履行核保义务,在互联网平台投保意外伤害保险后,保险公司未审核被保险人是否符合投保条件即同意承保,保险公司在承保后再以投保人未向保险人如实告知为由解除合同,法院不予支持。

---

* 黄莹荧,北京市东城区人民法院员额法官。

** 李冰洁,北京市东城区人民法院法官助理。

【关键词】

如实告知义务　核保义务　近因原则

【类案综述】

人身意外伤害保险不适用财产保险合同的损失补偿原则，法律并不禁止在该种保险中重复投保、重复理赔。在司法实践中，存在保险人以投保人未如实告知重复投保情况为由，不予赔偿的情况。重复保险的情况不仅见于人身意外险，也见于人身健康保险中。投保人在投保时，经保险人询问，隐瞒其向多家保险公司投保保险的事实，应当认定其未履行诚信原则，存在未履行如实告知义务的情形。[1]

投保人向保险人投保人身意外伤害综合保险时，对于投保单告知事项的询问未做回答，也具有故意违反如实告知义务的行为。保险人明知存在上述情形，但既不向投保人做进一步的询问，也未明确要求投保人必须如实回答，而是与投保人签订了保险合同，并收取了保险费，即属于主动放弃了要求投保人如实告知的权利，构成有法律约束力的弃权行为。因此，保险人无权解除该合同。[2]

实务典型案例

基本案情

2019年7月11日，甲作为投保人，向乙保险公司投保水滴家庭综合意外险，被保险人为甲、甲丈夫、甲儿子及甲父亲丙，保险期间自2019年7月14日起至2020年7月13日止。保障明细包括意外伤害身故及残疾保险金1 000 000元、猝死保险金500 000元、意外医疗（限二级及以上公立医院）100 000元、网约车意外伤害（额外给付）1 000 000元、轨道交通工具交通意外身故及残疾保险金1 000 000元、航空意外伤害（额外给付）2 000 000元。特别约定：被保险人年龄在

〔1〕观点来源于北京市第一中级人民法院作出的（2021）京01民终259号王某诉富德生命人寿保险股份有限公司北京分公司人身保险合同纠纷二审判决书。

〔2〕观点来源于最高人民法院公报案例：何丽红诉中国人寿保险股份有限公司佛山市顺德支公司、中国人寿保险股份有限公司佛山分公司保险合同纠纷案。

1～60 周岁。保险单投保人暨被保险人声明用加黑、加粗字体显示：本人已收到所投保险种保险条款，且已认真阅读并理解了保险条款，尤其是保险责任、责任免除、合同解除等条款内容。本人自愿投保本保险，并确认上述投保事项真实、准确，如有隐瞒或不实告知，保险人有权解除合同，并对保险合同解除前发生的保险事故不承担保险责任。保险条款载明，保险责任为在保险期间内，被保险人因遭受意外伤害事故导致身故、残疾的，保险人依照约定给付保险金，且给付各项保险金之和不超过保险金额。身故保险责任约定：在保险期间内，被保险人遭受意外伤害事故，并自事故发生之日起 180 日内因该事故为直接原因事故的，保险人按保险金额给付身故保险金，对该被保险人的保险责任终止。

2020 年 3 月 9 日，甲在水滴平台自助报案。出险摘要显示：丙前几日在家中意外摔倒，腰部受伤，卧床不能行走，现通过当地"120"前往绥化市北林区第一人民医院检查。

2020 年 3 月 25 日，绥化市北林区第一人民医院出具死亡记录显示：丙，74 岁，入院日期为 2020 年 3 月 10 日，死亡日期为 2020 年 3 月 25 日，门诊收治诊断：右肾积水。临床确定诊断：右肾积水、右肾萎缩、肾功能不全、泌尿道感染、肺炎、截瘫、胃肠功能紊乱、电解质代谢紊乱、肝损害、慢性胆囊炎、低氧血症。入院时情况：患者于半个月前无明显诱因，突然出现右侧腰部疼痛，为持续性钝痛，伴有阵发性绞痛，疼痛无转移，无放散，伴有尿频、尿痛及排尿困难，无发热，在我院就诊诊断"右肾积水"，经抗感染治疗无好转，后由急诊科以"右肾积水"收入院……治疗经过：入院后完善各项检查，找相关科室会诊协助诊治，给予抗炎、营养支持及对症治疗。死亡前病情变化及抢救经过：多器官功能衰竭，家属拒绝抢救。死亡诊断及死亡原因：多器官功能衰竭。

2020 年 4 月 1 日，乙保险公司出具解除保险合同通知书，告知：丙在签订《个人人身意外伤害保险合同》时，未履行如实告知义务，即被保险人丙投保时实际年龄为 75 岁，不符合本保单特约中第 1 点：被保险人为 18～60 岁成年人时，所从事职业仅限《亚太财产保险有限公司职业分类表》中的第 1～3 类职业人员，在校学生及学龄前儿童可以投保本产品；第 2 点，投保人年龄在 1～60 周岁。

2020 年 4 月 2 日，乙保险公司向甲出具不予赔付通知书。

庭审中，乙保险公司提交了投保页面视频，证明在产品购买页面可以提示被保险人的年龄范围，由于该款保险不是人工核保，仅审核投保人身份信息，不对被保险人身份信息审核。甲对此不予认可,认为在投保时没有看到年龄限制,并且上传了丙身份证后,亚太财产北京分公司核保通过,投保后甲也打过水滴商城客服电话询问其父亲是否可以购买此款保险,客服人员表示可以购买。甲同时主张,由于丙是独居的,摔倒后由于新型冠状病毒肺炎疫情,未能及时就医,死亡证明上虽未说丙的死亡系摔伤导致,但认为系摔倒导致双下肢截瘫再导致器官衰竭死亡。

另查,丙出生于1945年7月24日,投保时为73岁。

本案在审理过程中,丙的其他继承人分别出具声明,表示自愿放弃对丙保险理赔款的继承权。

原告甲称,在投保过程中,甲将四位被保险人身份信息、身份证等均上传系统,并经乙保险公司核保通过。自合同生效后,甲按月交纳保险费。2020年1月7日,丙在家中意外摔倒,摔伤后出现下肢截瘫,生活不能自理。但因新型冠状病毒肺炎疫情影响无法送医院治疗,直到2020年3月9日,丙才被送至绥化市北林区第一人民医院接受检查治疗,于3月25日死亡。被保险人出险后,甲按投保的意外伤害保险向乙保险公司申请理赔,但乙保险公司于2020年4月1日出具解除保险合同通知书,并于4月2日作出不予赔付通知书。甲认为乙保险公司以甲未如实告知丙的年龄为由解除保险合同,严重违反了保险合同约定,也违背了保险人的诚实信用原则。故甲诉至法院,要求乙保险公司支付保险赔偿款1 000 000元,意外医疗保险金12 777元。

被告乙保险公司称,首先,丙不属于案涉保险合同有效的被保险人,乙保险公司不应对其身故进行赔付。案涉保险产品是在银保监会备案的,是对1~60周岁的人进行投保。甲在其父亲73岁的时候仍然投保,隐瞒其年龄,使丙不当地出现在被保险人范围中。案涉产品已经公示了就是对1~60周岁的人承保的,所以编码设计就没有对年龄作出限制。按照《保险法》的规定,投保人隐瞒信息,不能承保的,乙保险公司有权解除保险合同,不承担保险责任,退还甲保险的现金价值。其次,未有证据证明丙发生了摔倒的意外事故,及因该意外事故造成死亡,乙保险公司不应承担保险责任。意外伤害指以外来的、突发的、非本意的和非疾病的客观事件为直接且单独的原因致使身体受到的伤害。本案中甲没有举证证明丙发生了摔倒的意外事故,并因摔倒导致死亡,仅是病例里患者和家属口述称丙摔倒。事故发生后,应及时报案,但是丙、甲及家属没有及时报案,住院两个月后才报案称丙因摔倒住院,导致保险公司不能知悉事故是否真实发生。

最后,丙是由于疾病导致的死亡,不属于意外伤害导致死亡。丙死亡应是多器官衰竭导致的死亡,是慢性疾病导致的,也没有显示是摔倒导致其身体某一部分病变而导致死亡。

法院观点

甲、乙保险公司之间订立的保险合同系双方当事人的真实意思表示,不违反法律、行政法规的强制性规定,合法有效。本案的争议焦点在于乙保险公司是否享有合同解除权,乙保险公司是否应对被保险人丙的死亡承担保险责任。

关于乙保险公司是否享有合同解除权的问题。法院认为,依照法律规定,订立保险合同时,保险人就保险标的或者被保险人的有关情况提出询问的,投保人应当如实告知。投保人故意或者因重大过失未履行前款规定的如实告知义务,足以影响保险人决定是否同意承保或者提高保险费率的,保险人有权解除合同。本案中,甲认为在投保时并未看到被保险人年龄的限制,结合甲、乙保险公司提交的保险单,保险单均载明被保险人的范围,故涉案保险承保范围仅针对 1 ~ 60 周岁的被保险人。投保人提出保险要求,经保险人同意承保,保险合同成立。甲为丙投保时,丙已超过 60 周岁,乙保险公司并未提交证据证明甲存在故意隐瞒丙年龄的情形。保险人在核保时并未对此提出异议,亦未提示投保人被保险人年龄超过承保范围,并向甲签发保险单,应当视为保险公司同意承保。保险公司在承保后再以甲未向保险人如实告知为由解除合同,于法无据。

关于乙保险公司是否应对被保险人丙的死亡承担保险责任的问题。甲与乙保险公司的保险合同成立,双方均应遵守保险条款约定。保险条款中约定,被保险人因遭受意外伤害事故导致身故、残疾的,保险人依照约定给付保险金,且给付各项保险金之和不超过保险金额。身故保险责任约定:在保险期间内,被保险人遭受意外伤害事故,并自事故发生之日起 180 日内因该事故为直接原因事故的,保险人按保险金额给付身故保险金,对该被保险人的保险责任终止。本案被保险人丙的死亡证明书中载明,丙的死亡原因系多器官功能衰竭,其入院时门诊诊断为右肾积水,故其死亡的直接原因应是疾病导致死亡。甲为丙投保的是意外伤害保险,保险条款中约定的身故保险责任,应为意外伤害为事故的直接原因。甲虽主张丙系摔倒导致截瘫进而引发疾病死亡,但甲并未提交证据证明丙曾发生摔伤的事实以及摔伤系死亡的直接原因。故甲认为丙死亡属于乙保险公司保险责任的主张,本院不予支持。

裁判结果

驳回甲的诉讼请求。甲未上诉。

【裁判思路与方法】

投保人通过互联网平台自主投保人身意外伤害保险,投保人主张在投保时,平台页面并未对被保险人的年龄进行限制,且保险公司在核定被保险人信息后予以承保,保险合同合法有效。保险公司主张投保人在投保时未尽如实告知义务,致使保险公司基于错误认识承保,应当解除保险合同。由此类案件引发投保人如实告知义务与保险公司核保义务的范围如何界定的问题。

一、投保人的如实告知义务

保险合同的特殊性在于其是一种风险的转移,保险人和投保人之间信息不对称,一方对自己权利的把握在很大程度上依赖于对方所提供的信息是否真实,如实告知是基于保险合同双方信赖基础之上的先合同义务。[1] 如实告知义务是投保人遵循最大诚实信用原则,在保险合同缔约阶段对保险标的的风险进行信息披露,以达到矫正保险合同信息利益失衡的目的。[2] 随着互联网的发展,各保险公司逐步在互联网平台上进行保险产品的宣传、营销、服务,并通过电子平台完成投保、核保、理赔、给付等一系列活动。投保人在互联网平台上可自主浏览、选择保险产品,通过填写投保信息、阅读电子保险条款、交纳保险费完成整个投保流程。线上投保的方式虽给投保人及保险公司提供了便利,但由于并无完善的投保确认、询问告知体系,使得纠纷发生时,无法回溯投保人电子投保时的投保页面,无法确认保险人是否就相关问题进行了询问,保险人是否能以投保人未履行如实告知义务为由解除合同成为案件审理的焦点。

(一)如实告知义务的主体

我国法律关于如实告知义务的规定是《保险法》第16条:“订立保险合同,保险人就保险标的或者被保险人的有关情况提出询问的,投保人应当如实告知。

---

〔1〕 李玉泉:《〈民法典〉与投保人的如实告知义务》,载《保险理论与实践》2020年第10期。

〔2〕 马宁:《保险法如实告知义务制度重构》,载《保险研究》2014年第1期。

投保人故意或者因重大过失未履行前款规定的如实告知义务,足以影响保险人决定是否同意承保或者提高保险费率的,保险人有权解除合同……”由此,如实告知义务的主体为投保人,不包含被保险人。不同于财产保险合同的投保人和被保险人大都是同一的,人身保险合同的投保人和被保险人在很多情况下是不同主体。在上述案例中,投保人购买了家庭综合意外伤害保险,但保险公司仅通过自动核保系统审核投保人是否符合年龄条件,未审核其他家庭成员的年龄即核保通过,也未弹窗提示投保人不能投保该产品,保险公司在出现保险事故后,以家庭成员超龄不符合投保条件为由直接单方面解除合同,意图将投保后不能获得理赔或保险合同被解除的风险转嫁给投保人。

(二)如实告知义务的范围

保险合同大都为格式合同,保险人主张投保人未履行如实告知义务的,首先应当举证证明在投保人投保时进行了相关问题的询问。传统的线下投保的保险产品,如实告知义务的履行方式都为书面形式,但是,与传统保险方式相比,互联网保险的投保方式,投保人多是根据保险人事先所设定好的程序和问题,完成投保人如实告知义务,保险人对于限制条款的说明、保险条款送达等环节存在漏洞,尤其对于短期意外险产品,由于保费较低、核保成本高,保险公司也不会对投保人进行线下核保,在销售保险产品时单纯为了扩大营销,收取保费。经常存在互联网产品下架无法回溯保险产品投保时的情况。网络投保时,投保人基于最大诚信原则,应当仔细阅读保险条款,仔细审核是否符合保险公司的承保条件,如明知不符合承保条件仍继续投保,则违反了投保人的如实告知义务,但其告知的范围仅以保险人提出的询问为限,保险人对保险标的风险无告知,投保人则无须进行主动告知。上述案例投保人在为被保险人投保时,被保险人年龄与电子保单上载明的年龄并不相符,投保人主张投保时并无年龄限制,且电子保单保险公司并未对于承保条件进行解释说明。保险公司虽提交了涉案保险产品投保的全流程视频,但该产品并非投保人投保时的保险产品的页面内容,针对投保时的保险产品,保险公司并未提交证据证明已在产品页面上明确注明被保险人的年龄限制,不能证明投保人在投保时隐瞒了足以影响承保的重要信息。

(三)如实告知义务的违反

根据我国《保险法》第16条的规定,认定投保人违反如实告知义务,应当分两个层次,一是投保人必须是出于故意或者重大过失,二是即使投保人故意或者因重大过失未履行告知义务,也要“足以影响保险人决定是否同意承保或者提高保险费率”。投保人故意不履行如实告知义务的,保险人不仅享有合同解除权,而且无须承担赔偿或者给付保险金的责任,也无须退还保险费。故意不如实告知的,主观状态较为恶劣,法律对此严格规定就是为了要求投保人如实告知保险标的的真实情况。但重大过失并非一定导致保险人解除保险合同,而是需要判断在重大过失的主观状态下,投保人未履行如实告知义务的事项是否对保险事故的发生有严重影响,如果有严重影响才允许解除合同。这其中给了保险人一个选择空间,而且和故意状态下的法律效果相比,对于合同解除前发生的保险事故,法律规定保险人应当退还保险费。如果保险人在明知投保人未履行如实告知义务的情况下,不是进一步要求投保人如实告知,而是仍与之订立保险合同,则应视为其主动放弃了抗辩权利,构成有法律约束力的弃权行为,故无权再以投保人违反如实告知义务为由解除保险合同,而应严格依照保险合同的约定承担保险责任。

二、保险公司的核保义务

(一)保险人对投保人告知内容核实范围界定

保险人对保险标的情况的核实义务并不仅仅限于书面问询。投保人有如实告知的当然义务,对于保险标的存在的风险也应当如实告知,但是如果对于投保人告知内容有疑问或者内容有明显虚假的,保险人也负有进一步核查的义务。在上述案例中,保险人在投保过程中就疏于履行核保义务。在实务中也存在大量保险人对于投保人问询问题没有完全回答或者回答有矛盾,不做核实直接同意承保的情况,保险事故发生后再以投保人未尽如实告知义务为由解除合同,加重了投保人的义务,减轻了保险公司的责任,这也不符合保险公司应遵循的诚实信用原则。保险公司的核保义务趋于形式,又正常收取保费,最后保险事故发生时有理由拒赔,不具有公平性。所以,保险人的核保义务不因投保人承担如实告知义务而免除,在投保时投保人如实告知义务履行存在瑕疵的,保险人负有进一步核查之义务。

(二)保险人核保义务和投保人主观过错之界定

对于投保人在投保时故意或者因重大过失隐瞒重大事项的情形,保险人通过形式核保难以发现真实情况,此种情形更加强调投保人的如实告知义务,但在案件审理中仍需查明保险人核保义务的履行情况。如在上述案例中,保险公司提出投保人提交了投保信息后,并未进行人工核保,系统自动核保仅审核投保人是否符合要求,并未审核被保险人信息,也未在投保人投保时对于不符合年龄要求的被保险人作出弹框提示。这不仅属于保险人未履行相应核保义务,也是保险公司对保险产品管理失当的表现,投保方式的多样化并未伴随投保流程管理的规范化。类似案件即使投保人主观存在过错,在案件处理中也应当考虑保险人义务履行瑕疵。《保险法》第16条第6款规定:"保险人在合同订立时已经知道投保人未如实告知的情况的,保险人不得解除合同;发生保险事故的,保险人应当承担赔偿或者给付保险金的责任。"保险人已知道投保人未如实告知的情况和保险人未履行核保义务,在缺乏相关证据的前提下存在交叉,这就需要在认定投保人存在主观过错时,更加强调保险人的核保义务。

三、近因原则下保险责任的认定

近因原则系保险事故的发生与损失结果的形成须有直接的因果关系,保险人才对发生的损失承担理赔责任的原则,是认定保险事故和保险标的损失之间的因果关系,并以此确定保险责任的基本原则。近因原则起源于海上保险。1906年英国《海上保险法》第55条规定:"除本法或保险契约另有规定外,保险人对于因承保之海难所致之损害,均负赔偿责任,对于非因承保之海难所致之损害,均不负赔偿责任。"这是由于海上保险合同是一种限定性赔偿合同,保险人的赔偿责任范围,不是保险标的发生的全部损失、损害、费用和责任,而是一定原因即承保风险造成的损失。这一原则,逐渐被英美法系的法官和学者引申到整个保险法乃至侵权行为法,甚至部分合同法领域,在我国司法实践中,近因原则也成为判断保险人是否应当承担保险责任的重要标准。实践中,多因一果情况下保险责任的认定是审理的难点和要点。上述案例中,意外事故导致疾病死亡是否属于保险公司应该理赔的情形即另一大争议焦点。在认定因果关系的过程中,不同事实情形将导致不同保险责任的认定结论。第一种情形为多种原因相继发生致损,要看后因是否为前因的必然结果。具体到上述案例,摔倒截瘫导致多器官功能衰竭死亡,摔倒截瘫是前因,多器官功能衰竭是后因,实际上截瘫后并不会必然导致多器官衰竭,因此后因不是前因的常理延续,是新介入的独立原因,死亡由后因所致,故意外事故与死亡结果不具有因果关系,保险人的死亡不属于保险责任。第二种情形是多种原因同时发生致害,致害的原因相互之间无前后关系,如截瘫和感染同时发生导致死亡。若多种原因均属保险风险,则保险人负责赔偿全部损失,若多种原因中既有保险风险又有除外风险,保险人可按比例予以赔付。第三种情形是摔倒直接导致死亡,则属于意外事故。由此可见,发生保险责任范围内的意外事故和人身意外伤害不必然导致保险公司承担保险责任,投保人或其他受益人还应举证证明意外事故和人身意外伤害之间存在因果关系。

保险合同特别约定中单项限额赔付条款的性质及效力认定

刘宇佳* 黄莹荧**

案例摘要

财产险续保中,特别约定条款新增单项限额赔付条款时,应结合双方缔约过程、费率变动情况综合判断该条款的性质。通常来说,特别约定条款系双方协商而定,并非格式条款,不适用保险人提示说明义务。但考虑到限额赔付条款具有减轻或免除保险公司责任的内容、保险公司具有强势缔约地位、保险条款具有专业性和复杂性,法院在裁判此类案件时,为平衡当事人的权利义务,应赋予保险公司续约时在保费未变更、风险未提升的情况下,对限额赔付条款的提示说明义务。在条款发生争议时,疑义利益规则的适用应处于第二位阶,且不适用于个别协商条款。

【裁判观点】

考察缔约过程及条款内容,特别约定中单项限额赔付条款因不具有重复性、单方性、不可协商性,故单项限额赔付条款属于涉及免责内容的非格式条款。因单项限额赔付条款不属于保险法中的免责条款,故不属于投保人应提示说明的范围。但考虑到续保特殊性,为矫正缔约双方的不平衡地位,在保费未变更、风险未提升的情况下,保险人应对单项限额赔付条款进行提示与说明,说明的程度

* 刘宇佳,北京市东城区人民法院员额法官。

** 黄莹荧,北京市东城区人民法院员额法官。

应根据条款的内容进行区分。对于个别协商条款应采一般解释规则，结合合同整体和缔约背景，探求当事人缔约时的真意。

【关键词】

单项限额赔付条款　特别约定　提示说明义务　疑义利益规则

【类案综述】

关于单项限额赔付条款是否系保险合同中的免责条款，是否属于保险公司应该提示说明的范围以及保险公司对单项限额赔付条款应尽到何种程度的提示与说明，实践中存在不同观点。

第一种实务观点认为，保险单中特别约定条款的限额赔付并非格式条款，针对该条款，保险人不必尽到提示说明的义务。《保险法》第17条第1款是对保险人提供的格式条款的一般说明义务，第2款是对保险合同中免除保险人责任条款的提示和明确说明义务，第2款的理解以第1款的规定为前提，即第2款中的"免责条款"指的是保险人提供的格式条款中的免责条款。故此类案件的审查重点是，"单次某灾赔偿限额"是否属于格式条款。如保险人能够证明双方曾就单次某灾赔偿限额进行过协商，则该条款不属于格式条款，不适用《保险法》第17条第2款、第19条的规定。投保人主张保险人就该限额赔付条款未尽到提示和明确说明义务、该条款因免除保险人义务而无效，缺乏法律依据。[1]

第二种实务观点认为，保险人对限额赔付条款应尽到提示说明的义务，将限额赔付条款订入合同特别约定中，应该足以引起投保人注意，应当认定保险人履行了提示义务。绝对免赔额、暴雨免赔率及火灾限额赔偿，是常见的保险免赔事项，具体的免赔比例可由双方协商。涉及上述内容的条款系保险合同常见条款，不属于《民法典》第497条规定的提供格式条款一方不合理地免除或者减轻其责任、加重对方责任、限制对方主要权利的情形。也不属于《保险法》第19条规定的免除保险人依法应承担义务或加重投保人责任、排除投保人依法享有权利的情形。但是前述条款属于保险合同的免责条款，保险人依法应当向投保人履行提示和明确说明义务，前述条款才生效。投保单将免责部分集中在一起，以

〔1〕 参见最高人民法院民事裁定书，(2019)最高法民申5841号。

“特别约定”的方式列在一个专栏,应该足以引起投保人注意,因此应当认定保险人履行了提示义务。[1] 投保人作为相关企业对其保险标的易发生的灾害应有了解,故对含义清楚的保险责任限额条款,只要保险人尽了提示阅读义务,投保人阅读了,就视为保险人履行了明确说明义务。

第三种实务观点认为,限额赔付条款系免责条款,保险人应尽到提示说明的义务。特别约定条款应加黑、加粗或以其他方式引起投保人的注意,并且保险人需举证证明其对限额赔付条款进行了解释说明,应解释其概念、内容及法律后果,保险人未履行明确说明义务的,该条款不生效。

实务典型案例

基本案情

2019 年 8 月 2 日,甲公司向乙保险公司投保财产综合险,保险标的位于北京市朝阳区某路物流仓库、罩棚库。投保单载明除另有约定外,本保险合同的每次事故免赔额为 1000 元,或损失金额的 20%,二者以高者为准;保险为续保合同,保险金额为 5000 万元,保险期间自 2019 年 8 月 2 日 0 时起至 2020 年 8 月 1 日 24 时止,保险费为 7.5 万元。特别约定手写如下内容:火灾免赔 30%,每次事故限额 20 000 000 元,具体见清单。投保人声明内容为:保险人已向本人提供并详细介绍了《乙保险公司财产综合险条款(2009 版)》及其附加险条款(若投保附加险)内容,并对其中免除保险人责任的条款(包括但不限于责任免除、投保人被保险人义务、赔偿处理、其他事项等),以及本保险合同中付费约定和特别约定的内容向本人作了明确说明,本人已充分理解并接受上述内容,同意以此作为订立保险合同的依据,自愿投保本保险。甲公司在投保人签章处加盖公章。后乙保险公司出具保险单,特别约定清单作为保险单附件,约定:火灾事故免赔率为 30%,每次事故火灾赔偿限额 20 000 000 元。《乙保险公司财产综合险条款(2009 版)》第 2 条约定:本保险合同载明地址内的下列财产可作为保险标的:(1)属于被保险人所有或与他人共有而由被保险人负责的财产。(2)由被保险

[1] 参见重庆市第五中级人民法院民事判决书,(2016)渝 05 民初 218 号。

人经营管理或替他人保管的财产。(3)其他具有法律上承认的与被保险人有经济利害关系的财产。第9条约定:下列损失、费用、保险人也不负责赔偿:……(4)本保险合同中载明的免赔额或按本保险合同中载明的免赔率计算的免赔额。第31条约定:保险标的发生保险责任范围内的损失,保险人按下列方法计算赔偿:……(2)保险金额低于保险价值时,按保险金额与保险价值的比例乘以实际损失计算赔偿,最高不超过保险金额。

2019年12月14日16时42分,保险标的发生火灾,造成罩棚库北侧两个库房坍塌,库房内物品全部过火烧损,南侧两个库房受烟熏水渍损失,库房内物品受损。

火灾发生后,甲公司向乙保险公司报案,后乙保险公司作为甲方、甲公司作为乙方、丁公估公司作为丙方签订《保险公估机构聘请合同》,丙方对于涉案保险标的开展现场查勘、损失鉴定、估损、理算工作。

2020年7月8日,丁公估公司出具公估报告,理算金额=(核损金额-残值)×足额比例-免赔额=(50 203 642.53-0)×58.5%-8 810 739.26=20 558 391.62元。由于该金额高于本保单约定的火灾每次事故赔偿限额2000万元,建议赔付金额为2000万元。后乙保险公司依据公估报告向甲公司支付保险理赔款2000万元。

另查,甲公司分别于2016年7月27日、2017年7月27日、2018年8月2日向乙保险公司投保财产综合保险,保险金额均为50 000 000元,保险费均为75 000元。其中2017年、2018年保单特别约定清单载明火灾事故免赔率为30%。

甲公司起诉要求乙保险公司支付保险金3000万元。乙保险公司不同意甲公司的诉讼请求,认为特别约定条款并非格式条款,且投保时已经就该条款进行解释说明。乙保险公司根据第三方中介机构风险查勘报告,经与甲公司协商一致,在2019年保险合同中增加每次事故火灾赔偿限额2000万元的条款,具有合理性、商业逻辑和现实背景。

法院观点

投保单及保险单的特别约定清单均对火灾免赔进行了约定。甲公司认为投保单中手写部分内容每次保险事故限额2000万元,与保险限额5000万元存在矛盾,应为无效条款。本院认为,此内容应当结合全部手写部分内容,并结合前后语境及内容进行判定。手写前述内容为火灾免赔30%,后述内容为每次事故限额2000万元,具体见清单,而清单中亦明确约定火灾事故免赔率为30%,每次事故火灾赔偿限额为2000万元。故双方对于火灾免赔的限额作出了明确约定。甲公司认为该条款无效的意见,本院不予采信。甲公司另主张投保单系其加盖公章后由乙保险公司工作人员填写手写内容,乙保险公司并未对免责条款进行解释说明。《最高人民法院关于适用〈中华人民共和国保险法〉若干问题的解释(二)》第13条规定,“保险人对其履行了明确说明义务负举证责任。投保人对保险人履行了符合本解释第十一条第二款要求的明确说明义务在相关文书上签字、盖章或者以其他形式予以确认的,应当认定保险人履行了该项义务。但另有证据证明保险人未履行明确说明义务的除外。”本案中,投保单投保人声明处已明确表明保险人已向甲公司提供并详细介绍了《乙保险公司财产综合险条款(2009版)》及其附加险条款内容,并对其中免除保险人责任的条款及付费约定和特别约定内容向投保人作出了明确说明。甲公司亦在投保人签章处加盖公章。甲公司认为手写部分内容为盖章后添加的,并无证据支持,且依据甲公司提交的从2016年至2018年的保险单,虽然2016年保险单并未约定火灾免赔额,但2017年、2018年保险单特别约定清单中均有火灾免赔30%的约定,甲公司主张对于火灾免赔事项不清楚的意见,本院亦不予采信。关于甲公司主张的2019年保险单为续保保单,应当适用之前的保险条款及约定的意见,依据查明的事实,甲公司从2016年至2019年的保险单保险期间均为一年,保险期间届满后,如未发生保险事故,双方权利义务终止。甲公司2019年保险单虽为续保保单,但保险期间自重新订立保险合同时起算,双方对于保险条款、特别约定内容均可重新约定。甲公司在投保单上加盖公章的行为应当视为对于重新约定条款的认可,对其应当适用之前保险条款及约定的意见,本院不予采信。

裁判结果

驳回原告甲公司的诉讼请求。甲公司不服原审判决,提起上诉。北京市第二中级人民法院判决驳回上诉,维持原判。

【裁判思路与方法】

物流仓库是事故高发地，为减少损失，抵御安全风险，物流仓储企业通常会为仓库投保财产综合险。多数情况下，企业会持续投保同一家保险公司。若在续保的过程中，保险公司根据风险评估的动态变化，增加了单项限额赔付条款，一旦发生保险事故，该单项限额赔付条款的合理性、性质、效力及解释便会成为司法实务中的争议焦点。笔者将对这四个方面展开讨论。

一、单项限额赔付条款设置的合理性思辨

给付限额包括免赔额和保险金限额。免赔额，是指保险事故发生后，被保险人需要按照保险合同的规定自己承担一定数额的财产损失责任。保险金限额，又称赔付限额，是指保险事故发生后，保险人承担赔偿或者给付保险金责任的最高限额。

（一）单项限额赔付条款具有一定合理性

仓库投保财产综合险中，保险事故发生的原因多样，通常包含火灾、爆炸、雷雨、地震等自然灾害及意外情况。由于仓库发生风险预测困难、易造成巨额损失，保险公司只有把承保损失的范围缩小，才能控制风险，因此需设置给付限额以增加仓库风险的可保性。仓库投保财产综合险时，投保人和保险公司的信息往往不平衡，存在投保人为获得高额保险赔偿金而提供不真实的投保保险标的信息、制造保险事故、扩大保险损失等道德风险。设置给付限额，保险人承担赔偿义务，则被保险人亦应承担部分损失，将被保险人的利益与保险人的利益进行捆绑，可鼓励被保险人主动地应对风险，提高被保险人防灾减损意识。单项限额或免赔保险更是考虑到了不同保险标的的风险因素，比如，造纸厂对水淹风险非常敏感；木材厂容易产生火灾风险；玻璃厂受地震灾害影响较大。增加单项限额赔付条款，是保险公司根据大数定律，针对保险标的的易损情形，经过保险精算后将风险系数高的单项情形与风险系数低的其他情形进行不同理赔额度的不同配置，从而实现在可控的、承保能力可承受的范围内，对各类风险进行赔付。

（二）单项限额赔付条款的合理性挑战

保险公司并非在任何情况下设置单项限额条款都公平合理。全额赔付和限额赔付的区别，一方面应体现在保险费率上，若保险标的没有出险历史，续保时

保险费不变，但增加了单项限额条款，则明显损害投保人和被保险人的利益，保险公司应当在缔约时进行充分的说明以平衡二者之间的不平等，给予投保人对单项限额的范围或保险费讨价还价的机会。另一方面应体现在风险评估上，保险公司对保险标的的出险历史或者根据近期保险标的风险评估情况，认为保险标的存在较大安全隐患，某项风险畸高，则在不变更保险费的情况下增加单项限额赔付条款。反言之，保费未变、保险标的风险未发生变动的情况下，单项限额赔付条款则存在不合理之处，保险公司有利用强势地位订立权利义务不平等的条款之嫌。

本案中，保险公司即主张其曾经于2018年委托经纪公司对原告的保险标的进行评估，发现存在火灾风险，故在2019年保单中增加了火灾赔付限额。但保险公司未将该评估向原告告知，故即使保险公司是根据风险系数评估变动增加单项限额，仍应举证曾与被告进行协商或向被告进行过提示与说明。

二、单项限额赔付条款的性质

单项限额赔付条款的性质决定了其适用的法律规范和效力认定，故对单项限额赔付条款的定性是此类争议的先决问题。实践中，就单项限额赔付条款的性质存在不同意见。

（一）单项限额赔付条款属于保险责任范围条款

保险责任范围是保险人承担的经济损失补偿或人身保险金给付的责任范围，即保险合同中保险人应承担的危险责任范围。从内容上看，单项限额赔付条款是发生保险事故时，保险公司最多能赔付多少金额的条款，属于保险责任范围领域。从条款位置上看，单项限额赔付条款在投保单和保险单中也与保险金额、险种等保险责任范围列在一起。保险责任范围是投保人与保险公司就保险公司承担保险责任特定情形作出的约定，是保险合同的标的之一，是投保人订立保险合同时首先需要了解的内容。保险责任是一切保险合同的基础，是保险公司承担保险责任的依据和范围。因保险公司对保险责任无法进行列举式说明，无法穷尽所有可能性，故保险责任范围条款不做提示说明的要求。

（二）单项限额赔付条款属于特别约定中的一般条款

主张单项限额赔付条款属于特别约定中的一般条款理由有二：其一，从缔约方式来看，单项限额赔付条款经过双方协商订立，并非格式条款。《保险法》第

17条第1款是对保险人提供的格式条款的一般说明义务,第2款是对保险合同中免除保险人责任条款的提示和明确说明义务,第2款的理解以第1款的规定为前提,即第2款中的“免责条款”指的是保险人提供的格式条款中的免责条款。如保险人能够证明双方曾就某灾赔偿限额进行过协商,则该条款不属于格式条款,不适用《保险法》第17条第2款、第19条的规定。其二,从权利义务的平衡来看,保险合同中的责任限额条款是保险人对赔付保险金额的具体约定,该赔付限额是与投保人支付的保费相对应的,体现了投保人与保险人权利义务的合理分担,并没有减轻或排除保险人应当承担的风险和损失,因此不属于免除保险人责任条款。

(三)单项限额赔付条款属于格式条款里的免责条款

保险合同成立在前,保险单签发在后,保险单只是作为保险合同关系存在及保险合同主要权利义务内容的证明。保险合同的基本条款由保险人事先拟就,而特别约定条款旨在使保险合同更适合自身情况而增加或变更基本条款之内容,通常由投保人提出特别约定的要约,保险人如果接受则以特别约定条款的形式打印于保险单上注明对保险人的责任免除,且系由保险人事先拟定并印制在投保单上。故单项限额赔付条款属于格式条款。《最高人民法院关于适用〈中华人民共和国保险法〉若干问题的解释(二)》第9条第1款规定:“保险人提供的格式合同文本中的责任免除条款、免赔额、免赔率、比例赔付或者给付等免除或者减轻保险人责任的条款,可以认定为保险法第十七条第二款规定的‘免除保险人责任的条款’。”

(四)单项限额赔付条款属于涉及免责内容的非格式条款

笔者采此种观点,应根据缔约过程和条款内容对单项限额赔付条款进行界定。从缔约过程来看,特别约定不属于格式条款。保险特别约定是保险合同双方当事人在保险单的基本条款外,经投保人与保险公司共同约定所做的其他约定,其内容是保险人与投保人对于保险合同内容的特殊约定,其效力优于基本条款,并且非格式化约定。单项限额赔付条款结合了保险标的的风险因素并订入特别约定中,除非投保人有证据证明其对单项限额赔付条款不知悉,单项限额赔付条款应当是保险公司和投保人共同商议的结果。因该条款不是保险公司为了重复使用而预先拟定的,故单项限额赔付条款不属于格式条款。从条款内容来看,单项限额赔付条款属于减轻或免除保险公司责任的条款。在保险公司处于强势缔约地位时,减轻或免除保险公司责任有损于被保险人利益,应结合缔约过程和条款内容,来判断保险公司应尽到何种义务,以平衡缔约双方之间的利益。

三、单项限额赔付条款的效力

如前文所述,单项限额赔付条款系涉及免责内容的非格式条款。保险人应尽到何种提示说明的义务才能认定该条款有效,实践中应结合不同情形综合判断。

(一)订入特别约定条款是否属于尽到提示说明义务

该问题实际上是在探讨对特别约定条款内容提示说明的程度和标准。从文字表述上来看,特别约定应属于保险合同中提请注意的部分。但是,考虑到续保合同中,费率不变的情况下,被保险人容易忽略对续保保险合同条款的审查,想当然地认为续保合同条款与此前保险条款内容一致,从而没有注意到特别约定条款。司法实践中,应要求保险人对特别约定条款中涉及免责内容的部分加黑、加粗,在形式上足以引起投保人的注意。提示之后,对特别约定条款还应作出相应说明。说明的程度依该条款规定内容不同而不同,对于含义清楚,一般人即可理解的免责条款,只要保险人尽到提示阅读义务,投保人阅读了,则视为保险人履行了明确说明义务。对保险条款中普通人不易理解的免责条款,则保险人不仅应履行提示阅读义务,还应解释其概念、内容及法律后果,保险人未履行明确说明义务的,该条款不生效。本案中,甲公司作为仓储物流企业,理应知道火灾是仓库最大的安全隐患,对保险合同中的"火灾"约定应该更为敏感。甲公司认为手写特别约定内容为盖章后添加,但是其却在连续两年投保中未对保险单特别约定清单中火灾免赔30%向保险公司提出异议,发生事故后甲公司称其对火灾限额赔付条款不知情,不符合常理,法院不予采信。投保单投保人声明处已明确表明保险人已对其中免除保险人责任的条款及付费约定和特别约定内容向投保人作出了明确说明。甲公司亦在投保人签章处加盖公章。故,法院认定保险公司已经履行了提示说明的义务。

综合来说,在续保合同费率不变的情况下,若保险公司无法提供特别约定条款系双方协商而成的充分证据,则应对特别约定条款进行提示和说明,说明的程度依据特别约定条款的内容来看。若保险合同费率发生变化,或者双方就单项风险升级达成一致意见,则特别约定条款是双方协商的结果,考虑双方利益的平衡,单项限额赔付条款订入特别约定中视为已经尽到提示义务,保险公司不再负说明义务。

(二)续保与重新投保的辨析

本案中,甲公司一直强调其是续保合同,应该按照最开始的保险合同条款履行。那么续保和重新投保有何不同?续保和重新投保是两个概念,重新投保是指投保人就同一保险产品,重新提交投保申请,与保险人订立一份新的保险合同的行为,相当于首次投保。续保是指保险合同即将期满时,被保险人向保险人提出继续保障申请,要求延长保险合同期限或重新办理保险手续的行为。但是由于保险合同的保险期限是一年期,即使续保,当期的保险合同也是独立的,判断当事人的权利义务应以当期保险合同为准。续保和重新投保的区别主要集中在保险公司核保程序上。保险公司对续保会放松审核,比如,在健康险中,续保可以突破投保年龄限制,没有等待期等。在财产险中,续保在审核时,主要会考虑投保人在费率不变的情况下,存在怠于认真阅读条款的主客观情况,故而应对续保时新订入的条款赋予保险人一定程度的提示说明义务。

四、单项限额赔付条款的解释

在投保人(被保险人)与保险人就单项限额条款的含义发生争议时,应采用什么样的解释方法对合同条款进行解释,是当事人争论的焦点之一。《保险法》第30条确立的合同条款解释原则在法理上被称为疑义利益规则。疑义利益规则的创设,初始系针对保险人与投保人(被保险人)之间不平等的交易地位而进行司法调整以实现公平交易,并体现对保险交易中的弱势群体——被保险人倾斜性保护的价值关怀。[1] 然而,由于该条文规定过于原则和笼统,易被滥用,故本文对疑义利益规则适用位阶级范围进行明确,以期公平合理地保护保险当事人双方的权益。

(一)疑义利益规则的适用位阶

合同解释的一般规则包括文义解释规则、整体解释规则、历史解释规则、习惯解释规则、目的解释规则,以上五种解释规则属第一位阶。通过一般规则对条款进行解释之后仍然不能消除保险合同条款的歧义时,才能适用疑义利益规则,作出有利于被保险人的解释。即疑义利益规则排在法律解释的第二位阶。若保

[1] 樊启荣:《保险合同"疑义利益解释"之解释——对〈保险法〉第30条的目的解释和限缩解释》,载《法商研究》2002年第4期。

险合同的用语明确、含义清楚,没有解释的余地,就不能适用该规则。

第一位阶中,文义解释应注意在规则上对文句按通俗语义解释,对术语按专业含义解释。整体解释则要把合同条款和构成部分看成一个整体,从各个条款的结构和联系上进行探究。整体解释应注意:对保险合同中出现的相同的文句,应采用统一的解释;保险合同的特别约定条款优先于格式条款;批注优先于正文;手写条款优先于印刷条款。以本案为例,投保单中手写部分为:火灾免赔30%,每次事故限额2000万元,具体见清单。对于该条款,原告解释为全部事故限额是2000万元,与保险金额5000万元矛盾,应为无效。被告主张是火灾事故限额2000万元,是火灾单项限额,与整体保险金额不冲突。法院根据文义解释和整体解释,结合整句内容及整体保险条款语境进行分析,认为清单中亦明确约定火灾事故免赔率为30%,每次事故火灾赔偿限额为2000万元。故可以认定,此处事故限额是指火灾免赔限额。因通过文义解释及整体解释后,该手写部分条款含义明确,所以不再适用疑义利益规则进行解释。

(二)疑义利益规则的适用范围

保险合同由定型化的合同条款与个别商议条款共同组成。疑义利益规则在格式条款、个别商议条款、保险专业术语中的适用有所不同,实务中应做区分。

1. 格式条款适用疑义利益规则。绝大部分保险合同都是由保险公司单独起草并提供,投保人只有投保或不投保的权利,无法修改保险合同条款。保险合同内容冗长复杂、专业性强,投保人在缔约时处于弱势地位,为了削弱保险人因其单独拟定的格式条款所获得的不当利益,改变保险人与相对人的非平衡状态,格式条款理应适用疑义利益规则。

2. 由保险人和投保人双方协商所拟定的特别约定条款及保险专业术语不适用疑义利益规则。疑义利益规则实际是属于不利于条款拟定人的,而特别约定条款是双方共同商议的结果,双方对条款的制定均有话语权,故疑义利益规则不适用双方协商的特别约定条款,对特别约定条款的解释应当探求当事人的真意。而保险专业术语在行业内具有通常的意思,业内容易确定,应根据业内统一标准进行解释,也不宜使用疑义利益规则。

本案从疑义利益规则适用范围来看,因案涉争议条款系特别约定,不属于格式条款。故,即使条款存在语义歧义,也应先根据合同订立背景和双方的缔约地位、缔约过程判断双方的真实意思表示,不应适用疑义利益规则进行解释。

电动三轮车被牵引发生事故致人损害时免责条款的理解与适用

刘宇佳[*]　金　薇[**]

案例摘要

保险合同中无驾驶证属“状态免责”条款，适用时应考虑该无证驾驶行为是否属于本次保险事故的风险因素。对于保险合同中的具体术语“机动车”“驾驶”产生歧义时，应在不超出文义解释的范围之内采取有利于被保险人的解释。按此思路，若保险公司在保险合同中未作出明确约定，则电动三轮车不属于机动车，被牵引车辆不处于驾驶状态。

【裁判观点】

被保险人驾驶的电动三轮车因动力系统损害无法正常行驶，而由其他机动车以软绳牵引行驶，行驶过程中发生翻车事故，致使坐在被牵引车辆上的被保险人死亡。因被保险人仅可对行驶方向进行微调及以刹车减缓车速，不宜认定被保险人当时正在驾驶，并因此排除无证驾驶免责条款的适用，而判决保险公司向死者家属赔偿意外险保险金。

【关键词】

电动三轮车　牵引　无证驾驶　免责条款

---

* 刘宇佳，北京市东城区人民法院员额法官。

** 金薇，原北京市东城区人民法院员额法官。

【类案综述】

保险合同免责条款分为原因免责、状态免责、事故形态免责，无证驾驶、酒驾等即属于状态免责。无证驾驶即为状态免责条款。在适用状态免责条款时，是否考虑该状态与保险事故存在因果关系，实务中存在较大分歧。

第一种实务观点认为，此类免责条款经认定为有效的，不应再审查该免责事由与保险事故之间是否存在因果关系、是否增加了危险程度和事故发生概率。例如，在(2019)渝民再134号案中，重庆市高级人民法院认为，保险合同中约定在特定危险状态下发生保险事故，保险人减轻或者免除保险责任的免责条款系危险状态的免责条款，该类条款的作用是使保险事故发生时的危险水平与缔结保险合同时的危险水平大致相当，维护对价平衡原则。因此，若保险事故发生于该种危险状态之下，应当无须证明保险事故是由该危险状态所导致。故本案中保险公司无须证明案涉交通事故的发生是车辆未年检而导致才可免除赔偿责任。

第二种实务观点认为，根据近因原则，因审查该免责事由与保险事故是否具有因果关系，该种因果关系应当是直接的。如季某凯诉天平保险公司保险合同纠纷案，南京市鼓楼区人民法院判决认为，根据近因原则，保险人对导致损失产生的近因是被保风险的事故，应承担赔付义务。被告抗辩原告未按期体检，保险人应予免赔的意见，不予采纳。再如，在(2020)闽08民终920号案中，福建省龙岩市中级人民法院认为，危险状态免责条款不仅应当依照《保险法》关于适用免责条款的规定，还应受事故原因与结果之间是否具有因果关系的约束。导致黄某死亡的系案外人的违法行为，而非黄某无合法有效驾驶证的行为，故保险公司依据该约定主张免责，本院不予支持。

第三种实务观点认为，适用此类免责条款既不能抛开因果关系适用，也不能按照近因原则进行判断，而应审查该免责事由是否增加了危险程度，是否属于本次保险事故的风险因素之一，从而判断免责事由与保险事故发生是否具有因果关系。如在(2010)徐商终字第0327号案中，顾某饮酒后驾车回家，因故将车停靠在省道路边。吴某驾驶无号牌正三轮摩托车行驶至此，因车速过快，躲闪不及，尾撞被保险车辆，致吴某死亡、乘车人重伤、两车不同程度损坏。江苏省徐州市中级人民法院经审理后认为，由于顾某酒后驾驶，致使其无法正常行驶、无法正常停靠车辆、未采取必要的安全防范措施，对出现交通事故的风险采取一种放任的态度，加大了出现保险事故的可能性，其违法行为与其后发生的事故具有因果关系。根据保险合同的约定,二审判决驳回顾某对保险公司的诉讼请求。

实务典型案例

基本案情

2018年5月30日,甲在被告处投保了综合意外险,保险单载明意外身故、残疾给付的保险金额为10万元,适用中国人民财产保险股份有限公司意外伤害保险条款(以下简称意外伤害保险条款)。

意外伤害保险条款中的责任免除部分约定:"期间除外。被保险人在下列期间遭受意外伤害导致身故或残疾的,保险人不承担给付保险金责任:……(7)被保险人酒后驾驶、无有效驾驶证驾驶或驾驶无有效行驶证的机动交通工具期间。"意外伤害,指以外来的、突发的、非本意的、非疾病的客观事件为直接且单独的原因致使身体受到的伤害。无有效驾驶证,包括无驾驶证或驾驶证有效期已届满等情形。无有效行驶证,指发生保险事故时被保险人驾驶的机动车无公安机关交通管理部门、农机部门等政府管理部门核发的行驶证或号牌,或行驶证不在有效期内,或该机动车未按规定检验或检验不合格。

2018年7月29日,乙驾驶夏利小型轿车牵引由甲驾驶的R×××号福田牌正三轮摩托车,当行驶至临漫线200米处下坡路时,甲驾驶正三轮摩托车向左侧发生侧翻,致甲受伤,经抢救无效于当日死亡。事故形成原因为甲未取得机动车驾驶证,驾驶安全设施不全,正三轮摩托车被其他车辆牵引,机动车载物超过核定的载重质量。甲未佩戴安全头盔,驾驶正三轮摩托车发生道路交通事故,其过错行为是导致此事故发生的一方面原因;乙未取得机动车驾驶证驾驶机动车牵引制动失效机动车时,未使用硬核连接牵引装置牵引,发生道路交通事故,其过错行为是导致事故发生的另一方面原因。另,甲未取得机动车驾驶证,不具有机动车驾驶资格;其驾驶的R×××号福田牌正三轮摩托车状态为注销,不具有合法行驶资格。

2019年9月18日,被告出具了拒赔通知书,根据意外伤害保险条款中的"(7)被保险人酒后驾驶、无有效驾驶证驾驶或驾驶无有效行驶证的机动交通工具期间"这一规定,拒绝赔偿。

五名原告系甲的合法继承人。

五名原告认为：第一，甲当时处于被牵引状态，不是驾驶状态。因甲驾驶正三轮摩托车上路行驶，车坏在途中，提供动力的半轴已经拆下，导致正三轮摩托车失去动力和发动阻力，故请求乙帮忙牵引。事故发生时，甲在正三轮摩托车的驾驶位，虽然能踩刹车，但是不能控制速度，能简单控制方向，但主要取决于前方的牵引车。第二，此次事故的发生原因是乙在牵引事故车辆时未使用硬核牵引装置，致使被牵引车辆在下坡时冲到牵引车之前，导致意外发生，事故发生与甲是否有驾驶证以及车辆是否有行驶证并无因果关系。第三，被告对免责条款的解释和说明义务履行存在重大瑕疵。被告只是在电子平台上提供了电子版保险条款，未提供纸质版保险条款。虽然被告在保险条款中将免责条款进行加黑处理，但限于手机屏幕太小，加粗、加黑的文字无法像纸质版文件上经加粗、加黑的文字一样，能够与其他部分的文字形成鲜明的对比，且保险条款中每个条款的标题也全部加粗、加黑，免责条款难以引起一般人的特别注意。对于帮助投保人理解免责条款至关重要的免责条款释义部分在保险条款的末尾，没有加粗、加黑，更难引起投保人的注意，且被告并未对免责条款进行说明。因此被告应该赔偿五名原告保险金10万元且诉讼费由应被告负担。

被告不同意原告的诉讼请求，认为：首先，即使在被牵引的情形下，驾驶员依然处于驾驶状态。由于未使用硬核牵引装置，甲仍然需要继续操作正三轮摩托车的方向盘以控制方向，操作刹车以控制速度，负责转弯和刹车，说明正三轮摩托车一直处于甲的操作之下。其次，被告履行了免责条款的提示和说明义务。双方提交的保险条款均显示责任免除条款已经用加粗字体特别标示，且释义部分对无有效驾驶证和无有效行驶证进行了解释，属于通过网络以书面形式进行解释说明。此外，免责条款涉及交通法律法规中的禁止性规定，被告仅需尽到提示义务即可。最后，被告依据的免责条款为期间除外，与原因除外不同。只要满足在这一期间，即可免除保险责任，而不论免责事由与损害后果之间是否存在因果关系。

法院观点

甲在被告保险公司购买综合意外险，与被告形成保险合同关系，该合同关系有效，当事人应按约定履行义务。双方在身故保险责任条款中约定，在保险期间内被保险人遭受意外伤害,并自意外伤害发生之日起180日内因该意外伤害身故的,保险人按保险金额给付身故保险金。案涉意外伤害事故发生在约定的保险期间,被告应按约定向各受益人支付保险金。

被告上诉提出甲没有驾驶证,其所驾驶的三轮摩托车也没有行驶证,且在意外伤害事故发生时,甲系处在对其三轮摩托车的驾驶状态,符合保单中免责条款约定的保险人免除责任的情形,故被告应免除赔偿责任。对此北京市东城区人民法院根据"驾驶"的概念及案涉意外事故的实际情况,对甲当时的行为做了分析认定,认为甲"并非处于驾驶状态,其发生翻车致死属于意外事故",该认定正确。被告主张的免责条款系期间除外条款,即被保险人在无有效驾驶证驾驶或驾驶无有效行驶证的机动交通工具期间发生意外事故,保险人即可免除赔偿责任。但根据上述分析认定,案涉意外事故发生时甲并非处于驾驶状态,意外事故不在约定的"免责期间",故本案不符合该条款所约定的免责情形。

裁判结果

被告保险公司向五名原告赔偿保险金10万元。保险公司不服原审判决,提起上诉。二审法院驳回上诉,维持原判。

【裁判思路与方法】

保险合同是典型的附合合同,合同条款由保险人单方预先拟定,存在大量格式条款,通常情形下,投保人只能表示接受或不接受,并无协商余地。其中,保险合同中的免责条款在保险事故发生后的理解和适用往往成为诉辩双方的争议焦点。

为了矫正保险人与投保人之间的实质不平等,应从格式条款的订入规则、内容控制规则、不利解释规则对保险条款进行规制。审判中,对免责条款的分析应从合同缔结、效力及解释这三个环节依次展开。从免责条款的效力上看,免责条款的订入规则要求保险人在缔约过程中应对责任免除条款尽到提示及明确说明义务,否则该免责条款不能订入合同、不产生合同效力。在免责条款产生合同效力的情况下,如相关内容存在显失公平的情况,则人民法院应认定该免责条款无效。从免责条款的适用上来看,责任免除事由与事故之间是否具有因果关系应当纳入免责条款是否适用的考虑因素。对合同条款的适用发生争议时,应当按照通常理解予以解释;存在两种以上解释的,应作出有利于被保险人和受益人的解释。

本文将从保险合同缔结开始,对免责条款的效力、适用、解释进行逐层分析。

一、保险合同中免责条款的效力认定

(一)免责条款订入应作出明确说明

根据《保险法》的规定,缔约过程中保险人对免责条款应尽到提示及明确说明义务,否则该免责条款不能订入合同。鉴于投保人应当遵守法律、行政法规的禁止性规定,《最高人民法院关于适用〈中华人民共和国保险法〉若干问题的解释(二)》第10条进一步明确,保险人将法律、行政法规中的禁止性规定情形作为保险合同免责条款的免责事由,可以适当减轻保险人的明确说明义务及其对履行明确说明义务的举证责任。只要保险人对该免责条款进行提示,并对违反该禁止性规定将导致保险人免责的法律后果进行明确说明,即应认定其履行了法定的提示和明确说明义务。

对于提示、说明的方式,相关司法解释规定,保险合同订立时,保险人在投保单或者保险单等其他保险凭证上,对保险合同中免除保险人责任的条款,以足以引起投保人注意的文字、字体、符号或者其他明显标志作出提示的,人民法院应当认定其履行了提示义务。保险人对保险合同中有关免除保险人责任条款的概念、内容及其法律后果以书面或者口头形式向投保人作出常人能够理解的解释说明的,人民法院应当认定保险人履行了明确说明义务。在传统纸质保险合同中,加黑、加粗条款往往比较显眼。但电子保单中,由于显示屏较小,很多格式条款的特别提示就容易让投保人忽视。本案中,五名原告就主张电子保险合同中的免责条款加黑不明显,免责条款未提示,故无效。根据法律规定,通过网络、电话等方式订立的保险合同,保险人以网页、音频、视频等形式对免除保险人责任条款予以提示和明确说明的,人民法院可以认定其履行了提示和明确说明义务。法官在审理时应通过电子屏幕查看保险合同的免责条款是否足够醒目,以形成内心确信,若免责条款通过音频和视频等更为直观的提示方式进行提示,则应认定保险公司尽到了提示和说明义务。

(二)免责条款内容不能显失公平

对符合订入规则、成为保险合同组成部分的免责条款,应依据《保险法》第

19 条进行效力评价。如存在免除保险人依法应承担的义务,或者加重投保人、被保险人责任,或者排除投保人、被保险人或受益人依法享有的权利的,应认定该免责条款无效。合同效力属于法院依职权审查的范畴,不以当事人提出主张或抗辩为必要。其中,免责条款系将行政法规中的禁止性规定纳入保险合同的免责事由,不属于显失公平的情形,应认定该免责条款有效。

二、保险合同中免责条款的适用问题

(一)免责条款的适用——“状态免责”与“原因免责”之分

保险法学说上通常按免责事由将保险免责条款分为以下三类[1]:一是原因免责,即当保险事故系由某些特定原因导致时,保险人方可免责;二是状态免责,即保险事故发生时只要被保险人处于某种特定危险状态下,保险人即可免责;三是事故形态免责,即保险标的的损失是由一些特定形态事故造成时,保险人无须赔偿保险金。[2] 通常免责条款的表述也会存在不同,若保险公司对免责条款表述为“因下列……原因导致保险事故发生,不承担给付保险金的责任”时,属于明显的“原因除外”条款,此时免责事由与保险事故的因果关系认定是免责条款是否适用的关键所在。但若保险公司对免责条款的表述为“在……期间发生保险事故,不予赔付”的期间表述,因果关系与免责条款的适用是否相关便存在分歧。本案中,保险公司主张其拒赔依据的免责条款系“期间除外”,只要处于无证驾驶期间发生保险事故,即免除保险责任,即为本文所述的状态免责。

(二)“状态免责”——免责条款的适用与因果关系无关

状态免责也可理解为情形免责。主张“状态免责”的一方认为,从一般保险合同中免责条款的内容我们可以看出,免责条款的设置与过错责任密切相关。通常情况下,当事人过错越大,免责的可能性就越小。所以,实践中许多投保人常常把免责条款能否适用与当事人过错行为与事故发生之间有无因果关系相挂钩。这属于错误混淆了侵权责任关系与合同关系。保险公司与投保人之间的权利义务属于合同关系,所以免责条款的适用不能套用侵权行为的认定标准。应当指出,免责条款产生的基础是合同风险,过错与免责的关联性只是拟定免责条款时对合同风险预判的一种外在表象,不能本末倒置地认为只有免责条款中的

---

〔1〕 参见[日]山下友信:《保险法》,有斐阁 2005 年版,第 362 页。

〔2〕 张颖璐:《车辆逾期未年检,保险公司能否免责》,载《中国保险》2017 年第 3 期。

过错与事故具有因果关系才能适用免责条款。尤其在保险合同中,免责条款集中体现了保险公司与投保人对风险负担的分配,是一种双方达成合意的预先的约定。故判断免责条款能否适用,应该立足于条款内容本身。根据合同自由原则,保险人和投保人可在不违反法律规定的前提下,自由约定包括免责条款在内的合同条款。此类免责条款经认定有效的,不应再审查该免责事由与交通事故是否存在因果关系、是否增加了车辆运行危险程度和事故发生概率。如法院以因果关系为由否定未检验车辆免责条款的效力,是对双方约定的不同类型免责条款的无视,也是对保险合同的强制介入,额外地对该状态免责条款附加了因果关系的要求[1]。具体到本案中,虽然原告主张事故发生与甲无有效驾驶证驾驶、无有效行驶证不具有因果关系,因此该条款不应适用于本案,但是保险合同中约定"期间除外。被保险人在下列期间遭受意外伤害导致身故或残疾的,保险人不承担给付保险金责任:……(7)被保险人酒后驾驶、无有效驾驶证驾驶或驾驶无有效行驶证的机动交通工具期间"。明确此免责条款适用的范围是期间,而不是原因,所以原告的主张不具有合同依据。

(三)"状态免责"应考虑因果关系

笔者主张适用"状态免责"的免责条款时应考虑该"约定免责"状态与事故之间是否具有因果关系。理由如下:保险理赔时考量的一个重要因素,就是损害应当与保险事故之间具有因果关系,这一原则在《保险法》及保险条款中都有明确的规定。若被保险人所受损害并非因保险事故而发生,则被保险人无法取得保险赔偿。出于对被保险人的公平保护,在适用免责条款时也应当将因果关系原则纳入考虑范畴。以无有效驾驶证驾驶或驾驶无有效行驶证的机动车为例,虽然这一免责条款的内容与行政法规的要求相一致,但是,其与大多数保险事故的发生,甚至与保险事故本身其实并无实质关联,将与保险事故无关联的因素作为保险公司免予赔偿的条件,缺乏法理基础。将这类条款也列为免责条款,只是更多地起到为保险公司控制风险的作用。被保险人与保险公司作为保险合同的相对方,在合同履行当中应当具有平等的法律地位,法律地位的平等不仅体现在合同双方因合同所付对价平等,也应当体现在合同履行中相关因素对双方的拘束程度对等。若因果关系只作为理赔因素被加以考虑,而在对免责因素的考量方

---

[1] 王静:《我国〈保险法〉第19条司法适用研究——基于保险格式条款裁判的实证分析》,载《政治与法律》2014年第11期。

面不产生任何拘束力,则对广大被保险人是很不公平的。基于以上考虑,保险合同中的免责条款可以被重新审视,那些被保险公司称为“原因免责”的条款,在保险事故发生时可以适用;而包括无有效驾驶证驾驶或驾驶无有效行驶证的机动车在内的所谓“状态免责”条款,应考虑该无证驾驶行为是否属于本次保险事故的风险因素来加以判断。该考量与保险理赔中的近因原则并不一致,只要增加了该保险事故发生的风险,即可适用。若驾驶员依规将车停靠在路边,后车操作失误相撞致损,此时驾驶员有无驾驶证和本次保险事故毫无关联,则不适用该条款。若驾驶员在驾驶过程中发生保险事故,则无证驾驶无疑增加了保险事故的发生风险,即使无证驾驶与保险事故无直接因果关系,也应适用该免责条款。

三、保险合同中免责条款的解释问题

保险合同用语存在歧义的时候,应从保护保险人的角度出发做有利于保险人的解释。本案就涉及“电动三轮车”与“驾驶”的定义。

(一)电动三轮车是否属于机动车的问题

电动三轮车发生交通事故引发的纠纷数量较多,在这类案件中,电动三轮车是否属于机动车往往成为案件的争议焦点和审理难点。《机动车类型术语和定义》中对“机动车”的概念进行了非常详细而复杂的规定,在属于机动车的摩托车条目项下,规定摩托车不包括:“a)整车整备质量超过 400 kg 的不带驾驶室的三轮车辆;b)整车整备质量超过 600 kg 的带驾驶室的三轮车辆。”根据这一规定,整车整备质量超过 400 kg 的不带驾驶室的三轮车辆以及整车整备质量超过 600 kg 的带驾驶室的三轮车辆不属于机动车的范畴。普通人群对机动车的这一标准很难判断,司法实践中,即使是交管部门,也需要委托专门的司法鉴定机构开展司法鉴定之后才能判断涉案电动三轮车是否属于机动车。故而审判中,经常会出现两种审判思路。一种思路是,若经鉴定涉案电动三轮车属于机动车,则相关免责条款生效,保险公司免于赔偿。另一种思路则是,即使涉案电动三轮车属于机动车,但是由于是否属于“机动车”属于具有一定专业性的问题,不属于显而易见的生活常识,被保险人无证驾驶不具有主观过错,因而不免除保险公司的赔偿责任。在电动三轮车发生事故造成较大人身伤亡的纠纷中,往往采用第二种审判思路。

产生争议的原因是被保险人与保险公司之间对如何理解“机动车”的含义

发生分歧,究其根本在于保险条款与法律法规中对“机动车”的定义不相同。保险条款中约定的“机动车”仅为由动力系统驱动的轮式车辆,而法律法规中的“机动车”范围比保险条款中的约定要窄。保险条款中对“机动车”的定义并不符合法律规定,且该定义不利于被保险人。在此情况下,不加分辨地采用保险条款中对机动车的定义,显然并不合适。

《保险法》第30条规定:“采用保险人提供的格式条款订立的保险合同,保险人与投保人、被保险人或者受益人对合同条款有争议的,应当按照通常理解予以解释。对合同条款有两种以上解释的,人民法院或者仲裁机构应当作出有利于被保险人和受益人的解释。”被保险人主要从日常生活角度,将机动车理解为普通意义上的汽车,认为电动三轮车不属于机动车。保险公司则从专业术语角度,认为经鉴定电动三轮车属于机动车,要求适用免责条款。双方在不同语境下使用“机动车”这一术语,因而得出不同的含义。如果在订立保险合同时,保险人在保险合同之中约定合同中所指“机动车”是指《道路交通安全法》中规定的机动车,则被保险人驾驶的电动三轮车属于机动车,被告依据免责条款免于赔偿当无异议。但是在未对使用语境事先说明的情况下,对合同条款有两种解释的,应当作出对被保险人和受益人有利的解释,即可以认为被保险人驾驶的电动三轮车不属于机动车范畴,被告不能依据免责条款免责。

从公平原则的角度来说,实践中交管部门对电动三轮车是不予办理机动车登记的,普通消费者购买电动三轮车时,也不需要经过任何资质上的审查或审批,购买一辆电动三轮车与购买一辆机动车的程序也有明显的区别。被保险人未对电动三轮车进行登记,无证驾驶,虽然违反了相关法律法规,但是,其主观上并不具有过错,或者说不具有重大主观过错,在客观上更是无法取得相关证照。如果认可了无证驾驶免责条款的效力,将使广大电动三轮车的车主失去保险合同的保障,显失公平。如果确实要适用此规则,那么保险公司应当在订立保险合同时就在合同中明确,电动三轮车无驾驶证、行驶证,发生事故不赔。

(二)被牵引三轮车是否处于驾驶状态的问题

何为驾驶,通常情况下不是问题,但在车辆发生故障被牵引过程中,判断被牵引车辆是否属于驾驶状态,则是判断保险公司应否赔偿的重要问题。百度百科中对“驾驶”的解释是:操纵车船或飞机等使行使。驾驶,重在操控和使行使,意在机动车可以行驶,且其行驶是由驾驶员的操控而为。如此,在判断被牵引车辆是否处于驾驶状态时,即可从操控和使行使两个方面入手。本案中,一方面,事故发生时,甲虽然坐在驾驶位上,但其对三轮车的控制非常有限,仅可以踩动刹车使车辆减速以及对车辆方向进行左右微调,其行为不属于通常意义上的操控。另一方面,发生事故的电动三轮车由于动力装置故障无法正常行驶,故而需要由其他车辆进行牵引,该车显然不符合使行驶这一条件。基于上述两个理由,本案判决书认定被牵引三轮车不属于驾驶状态,最终判决保险公司向死者家属赔付保险金。

担保类

“名为买卖实为担保”的房屋买卖合同纠纷案件的裁判思路

范欠歌* 陈 贝**

案例摘要

所谓名为买卖实为担保的合同，就是当事人双方在签订借款合同时一并订立买卖合同，并约定在债务人到期不履行债务时，履行买卖合同来实现债权的一种合同。该种合同性质在理论上存在后让与担保说、抵押说、以物抵债说以及合同说。名为买卖实为担保的合同是经济交往模式的产物，在探究当事人的意思表示到底为何时，首先，应当充分尊重当事人的意思自治，不能仅凭裁判者的主观臆断给予评价。其次，具体到个案中，当事人之间达成的名为买卖实为担保合同的真实意思是否有效，还应考量物权法定原则、公示公信原则，遵循流担保禁止规则和以物抵债规则的限制。笔者认为应当尊重意思自治，认可此类合同的合同效力；体现民法公平原则，解禁流质条款，赋予担保权人清算的义务；在符合公示公信原则，具备一定公示条件的情况下，可赋予担保权人“优先权”。

【裁判观点】

1. 以买卖双方签订房屋买卖合同的真实意思确定该房屋买卖合同的性质。如果双方签订房屋买卖合同是担保借款债务履行的，可以认定该买卖合同并非买卖房屋真实意思，从而认定该买卖合同的担保属性，认可该类合同的有效性。

---

* 范欠歌，北京市东城区人民法院员额法官。

** 陈贝，北京市东城区人民法院员额法官。

2. 借款债务期限届满未履行时，双方进行清算，并达成以履行房屋买卖合同，过户房屋来抵销借款的合意，法院可以支持债权人主张过户房屋的请求。

3. 债务履行期限届满未履行时，双方未清算，也未达成履行房屋买卖合同，过户房屋来抵销借款的合意时，当事人应当以基础法律关系即债权债务法律关系主张自己的权益。债权人可就房屋买卖合同所涉及的房屋享有优先受偿权。

【关键词】

名为买卖实为担保　让与担保　以物抵债　物权法定　流质契约

【类案综述】

笔者通过“法信”平台输入“名为买卖实为担保”进行类案搜索，搜出1个典型案例和三个观点；又通过中国司法案例网进行类案检索，搜出审判参考案例6个，推选案例9个。

其中典型案例为内蒙古盛弘建筑公司诉鑫海房地产公司合同纠纷案，该案例的裁判观点为：名为买卖实为担保的合同债权人应当根据双方之间的基础法律关系主张权利。

实务中对该案例主要有如下三种观点：第一种观点，名为房屋买卖实为融资担保协议构成流质合同的，可以根据当事人的请求予以撤销。第二种观点，名为房屋买卖实为借贷担保的以物抵债，从以物抵债的角度认定该法律行为效力。第三种观点，名为房屋买卖实为民间借贷合同的担保，从担保的角度认定该法律行为的性质。第三种观点还存在三种处理方案。方案一，名为买卖实为担保的合同债权人应当根据双方之间的基础法律关系主张权利。方案二，名为买卖实为担保的合同债权人，可以依据买卖合同主张该合同的权利，从担保的角度实现基础法律关系的权益。方案三，名为买卖实为担保的合同债权人，能否以买卖合同主张该合同的权利以实现基础法律关系的权益，要看当事人之间合同履行情况，是否就基础法律关系的履行进行清算，是否达到实现担保的条件。

笔者赞同第三种观点的处理方案三。名为买卖实为担保的合同，是适应经济发展出现的新型担保，《民法典》对新型担保也持开放态度，从尊重当事人意思自治的民法核心精神出发，应当认可该合同的效力，但债权人能否以买卖合同关系实现基础借贷法律关系的权利义务，还要受到以物抵债原则、禁止流质原则的限制。

实务典型案例

基本案情

2011 年 1 月，原告甲公司与被告乙公司签订《协议书》，约定原告甲公司向被告乙公司提供借款 1000 万元，借款期自 2011 年 1 月起三个月。被告乙公司同意双方就其开发的 605 号商品房签订《商品房预售合同》（该合同为办理此笔借款担保专用）作为偿还借款的保证。如被告乙公司不能按时还款，则原告甲公司有权实际拥有该商品房。借款期间利率按 5% 季息计算，还约定了违约金。之后，双方签订了 605 号商品房的买卖合同，约定被告乙公司以 1000 万元的价款将 605 号房屋出售给原告甲公司。双方办理了网签登记。次日，原告甲公司向被告乙公司汇款 1000 万元。

2011 年 4 月，双方签订《补充协议一》，原告甲公司同意原协议延期三个月至 2011 年 7 月止。延期三个月的利息 50 万元与本金 1000 万元一并付清。

2018 年 11 月，双方签订《协议书》约定：1. 被告乙公司承诺于 2019 年 1 月底之前支付原告甲公司 1000 万元，于 2019 年 4 月底前支付原告甲公司 1150 万元。2. 如被告乙公司按照上述承诺如期支付原告甲公司 2150 万元，则双方的债务结清，原告甲公司不再要求被告乙公司支付其他任何款项。原告甲公司在收到全部款项之日起 5 日内，协助被告乙公司办理 605 号房屋的解约手续。3. 如被告乙公司不能按照上述约定支付原告甲公司款项，则确认被告乙公司以 605 号房屋抵偿被告乙公司对原告甲公司的债务。双方签订的《商品房预售合同》不再具有担保性质，双方建立商品房买卖法律关系。被告乙公司应当在 2019 年 5 月前将商品房交付给原告甲公司，并协助原告甲公司将商品房产权证办理至原告甲公司名下等。之后，被告乙公司仍未能偿还借款，导致成诉。原告甲公司起诉要求被告乙公司过户并交付 605 号房屋。

法官观点

当事人在民间借贷债务履行期限届满前签订合同，约定借款人逾期不偿还借款即愿意以自己所有（或经第三人同意以第三人所有）的房屋抵偿归贷款人所有，该合同实为基础借贷债权的担保，应当根据当事人的真实意思表示认定双方之间系民间借贷法律关系。但当事人在民间借贷债务履行期限届满后签订合同约定以房抵债，性质上属于债务履行方式的变更，贷款人可要求继续履行合同办理房屋过户登记手续。本案中原告甲公司与被告乙公司在民间借贷债务履行期限届满前签订的商品房买卖合同，实为基础借贷债权的担保，但双方在民间借贷债务履行期限届满后于 2018 年 11 月 18 日签订的《协议书》，是在对债务进行了清算的基础上，约定不能偿还以房抵债，性质上属于债务履行方式的变更，该约定并未违反法律、行政法规的强制性规定，当事人应遵照履行。现被告乙公司仍未清偿债务，原告甲公司按照约定要求被告乙公司继续履行合同，办理涉案房屋过户登记手续并交付涉案房屋的诉讼请求应予以支持。被告乙公司不服一审判决上诉，二审维持原判。

裁判结果

被告乙公司协助原告甲公司将 605 号房屋过户至原告甲公司名下，并将 605 号房屋交付原告甲公司。

【裁判思路与方法】

本案系"名为买卖实为担保"非典型担保的典型案例，类似《九民纪要》第 71 条规定的让与担保。债务履行期限届满后签订合同约定，履行房屋买卖合同以抵偿债务，该约定具有以房抵债协议的性质，属于债务履行方式的变更，此时房屋买卖合同不再具有担保性质。

一、名为买卖实为担保合同的概念和特点

所谓名为买卖实为担保合同，就是当事人双方在签订借款合同时一并订立买卖合同，并约定在债务人到期不履行债务时，履行买卖合同来实现债权的一种合同。此种合同披着买卖合同的外衣，真实目的是担保。学界对此类合同有多种称呼，如"买卖型担保""名为买卖实为借贷担保"等。此类合同中，由于房屋价值大、保值性强的特点，当事人签订房屋买卖合同的做法比较典型，约定借款到期时债务人不还款就交付房屋，以借款合同价款抵作房屋价款，如果到期债务人偿还借款则不履行房屋买卖合同。此类合同虽然本质上与普通买卖合同具有一定的类似性，但是和普通买卖合同完全不同。该合同的创设实质在担保借款合同，维护债权人利益，保障交易安全。

名为买卖实为担保合同是实践中出现的一种新的担保形式。其产生于社会需要交易便捷而传统担保方式又不能实现的现实。此类担保符合社会发展需要，具有社会基础，因此我们对此种合同应加以重视、接纳、规制。

名为买卖实为担保合同有以下特点：首先，同时存在买卖合同和借款合同；其次，当事人之间存在担保的真实意思；再次，多数情况下当事人进行了备案登记或预告登记；最后，如期履行债务时，可解除买卖合同。

本案例中，原、被告于2011年1月签订《协议书》，约定原告向被告提供借款1000万元，借款期自2011年1月起三个月，被告同意双方就其开发的605号商品房签订《商品房预售合同》(该合同为办理此笔借款担保专用)作为偿还借款的保证，如被告按时还款，则原、被告签订的《商品房预售合同》自行终止，且原告须协助被告办理相关解除网签、退房等手续。上述内容完全符合名为买卖实为担保合同的特点。

二、名为买卖实为担保合同性质的理论困境

目前司法实践和学术界对名为买卖实为担保合同的认定无统一意见。

(一)后让与担保说

以杨立新为代表的学者主要采取让与担保说，认为买卖型担保是一种正在形成的习惯法上的非典型担保物权[1]。以民间借贷之实，房屋买卖合同为名予以说明，这份房屋买卖合同产生的担保作用不是债权，而是作为保障交易安全的标的物，是房屋所有权转移对民间借贷合同债权产生担保性能。据此，房屋买卖合同如果对民间借贷合同起到担保作用，其不属于债权担保，而是典型的不动产所有权的担保，从这个角度来看，其与让与担保极其相似，仅仅是所有权产生转移的先后顺序存在差异，债权人可以就该买卖关系所指向的标的物优先受偿，进

[1] 杨立新：《后让与担保——一个正在形成的习惯法担保物权》，载《中国法学》2013年第3期。

而归纳出非典型担保合同的性质为后让与担保。

（二）抵押说

以谢在全为代表的学者主要采取抵押说，认为当事人之间名义上就买卖的标的物完成交易合同的定制，从根本上分析，买卖当事人应当以买卖合同标的物为核心，为借款合同的履行设定抵押权，但该抵押权并未登记，参见原《物权法》第 180 条、第 187 条、第 188 条之具体规定，抵押权尚未成立，只有在债权人请求办理抵押登记后，才能实现抵押权人的抵押权[1]。《物权法》第 180 条、第 187 条对应《民法典》第 395 条、第 402 条，上述《物权法》第 188 条与《民法典》第 403 条表述不完全一致，但都表达了动产抵押合同自成立生效，未经登记，不得对抗善意第三人。采取该学说的立场，应当实行登记对抗主义，如果买卖合同所指向的标的物未办理登记，此时抵押权仅仅是未依法登记的抵押权，抵押权成立，只是不能对抗善意第三人。如果未办理抵押登记，仅买卖合同办理预售登记或网签登记，因预售登记或网签登记也具有公示的效应，笔者认为该抵押权成立，且具有一定对抗效力。

（三）合同说

以陆青、陈伟强、张伟为代表的学者主要采用买卖合同说，仍以“名为买卖实为借贷”示例说明，买卖合同系当事人真实意思表示，并不违反法律法规之强制性规定，从保护交易安全、交易秩序和交易外观主义来看，该合同应该被确认为有效合同。当事人通过形成买卖合同法律关系担保主债务履行，这种民事法律行为的功能就是利用买卖合同的基本属性。进一步探究当事人订立买卖合同的目的，不难得出当事人肯定是积极追求合同合法有效，而非合同不生效抑或无效，据此当事人之间的意思表示均为真实，并不属于原《民法总则》第 146 条规定的通谋意思表示，应认定为买卖合同有效[2]。

（四）以物抵债说

当事人是在民间借贷的给付义务未能足额清偿之前，以买卖合同的形式对债务的清偿进行的后续安排，具体言之，买卖合同是表象，债务人不会按照买卖合同约定的金钱给付义务予以履行。这里所谓金钱给付义务实际上是民间借贷

---

[1] 谢在全：《民法物权论》（中册），中国政法大学出版社 2011 年版，第 784 页。

[2] 陆青：《以房抵债协议的法理分析——〈最高人民法院公报〉载“朱俊芳案”评析》，载《法学研究》2015 年第 5 期。

合同中确定的借款本金及利息,债务人主观上并没有将标的物出让给债权人的意思,双方的意思表示都是用标的物折抵金钱债务,换言之,以物抵债。因此,买卖合同并非借贷合同的担保,其本质是清偿前期的代物清偿预约,外在的买卖合同是通谋虚伪的意思表示,应被认定无效。

笔者认为,名为买卖实为担保合同是经济交往模式的产物,在探究当事人的意思表示到底为何时,第一,应当充分尊重当事人的意思自治,不能仅凭裁判者的主观臆断给予肯定或否定的评价。第二,具体到个案中,当事人之间达成的名为买卖实为担保合同是否有效,还应遵循流担保禁止规则和以物抵债规则的严格限制。就流担保禁止规则而言,一方面不能简单地根据相关法条得出适用抵押和质押的结论,另一方面不能机械地否定一切流担保条款的效力。笔者认为应在个案中视具体情况,在不违反《民法典》第 153 条、第 154 条规定的前提下,应当充分解读当事人的真实意思表示,若此类合同并不存在过分排除债务人权益的情况,应认定为有效。依照这样的判定思路,应当兼顾借贷、买卖和担保三方面的因素,具体模式以尊重双方缔约者的真实意思为基础,通过清偿型规范和担保性规范来认定此类担保合同的性质,从这个层面上来讲,其本质上仍属于契约性合同。

三、名为买卖实为担保合同裁判规则的考量因素

(一)物权法定原则的考量

物权法定原则是我国民法所树立的基本原则之一,指物权的种类和内容应当由立法明确规定,不允许法律之外的其他规范性文件规定,也不得由民事权利主体通过合同的方式自由创设或变更。[1] 非典型担保是在商业基础上发展起来的担保形式,所以“非法定性”和“习惯性特质”是其首要的法律特征,也是其与抵押权、质押权等典型担保的最大区别。原《物权法》特别强调物权法定,这样非典型担保物权就不能认定为物权,就不能适用物权的一般规定,其物权的效力就难以发挥。也基于物权法定原则的羁绊,司法实践中,在审理非典型担保纠纷时,不能将一般担保物权的相关规定适用与非典型担保。新颁布的《民法典》物权编第 215 条规定,当事人之间订立有关设立、变更、转让和消灭不动产物权

---

〔1〕 梁慧星:《中国民法典草案建议稿附理由(物权编)》,法律出版社 2004 年版,第 50 页。

的合同，除法律另有规定或当事人另有约定外，自合同成立时生效，未办理登记的，不影响合同效力。《民法典》该条规定顺应了社会经济发展实践，选择尊重商事主体的创设行为，没有对新类型非典型担保进行罗列，而是以留白的方式为未来创设新类型非典型担保进行了概括。

（二）禁止流质条款的考量

流质契约是双方当事人在担保合同中预先约定，期满债务人未履行债务时，由担保权人取得担保物所有权的条款，是存在抵押合同或质押合同中的一个特别条款。目前基于保护债务人利益、维护交易公平等传统民法精神，大陆法系国家的民事立法普遍采用禁止流质契约的态度。原《物权法》第186条与第211条也作出此类流质条款无效的规定。但新实施的《民法典》第401条和第428条规定，抵押权人或质权人在债务履行期限届满前，与抵押人或出质人约定债务人不履行到期债务时，抵押财产或质押财产归债权人所有的，只能依法就抵押财产或质押财产优先受偿，这两条仍然对流质持否定态度，只不过肯定了就流质对标的物的优先受偿权。非典型担保的法律构造，即将标的物的所有权或其他权利移转给（或保留给）担保权人来担保债权的实现，是一种权利移转型担保，这与流质契约的本质可谓殊途同归。

（三）公示公信原则的考量

传统民法理论认为，物权是一种支配权，具有对世效力，其变动往往涉及第三人利益。因而为了明确物权所有及保障交易安全，法律需对物权变动采取强制性规定，即物权公示原则。因此，物权公示与物权法定、一物一权等原则共同构成了近代物权法的基本原则，在整个物权法体系中居于基础地位。物权公示原则，“系指物权变动之际，必须以一定之公示方法，表现其变动，始能发生一定法律效果之原则”，即物权的设立、变动和消灭必须依法定方式向外界公开，使第三人能够知悉物权变动的情况，才能产生物权变动的法律效果。

非典型担保强调的是担保标的物上权利的移转（观念上的移转），而非标的物自身的移转（物理上的移转），所以是一种“非占有型”担保形式。例如，让与担保、所有权保留、假登记担保等，担保权人通常不占有标的物。依据物权公示规则，不动产物权变动通过登记始生效。动产物权变动通过交付始生效，而非典型担保形式大多仅依约定即可产生物权变动的效果，这显然是对物权公示原则的公然挑战。

四、在民间借贷债务履行期满后签订合同约定履行房屋买卖合同以清偿债务,此时房屋卖合同不再具有担保形式,而是债务履行方式的变更

债务履行方式的变更,指当事人在债务履行期限届满后签订协议约定履行其他给付义务以清偿债务,此时原债务并未消灭,也并未产生新债务,只是原债务的履行方式发生了变化,由原履行方式即给付金钱变更为给付实物,所以性质上应为债务履行方式的变更,此时债权人有权选择继续主张金钱给付或主张实物给付。它不同于债的更改,债的更改是原债务消灭,债权人只能主张新债务。

本案中,原、被告于2011年1月签订《协议书》,约定如被告乙公司不能按时还款,则原告甲公司有权实际占有该商品房。该约定属于债务履行期限前达成的以房抵债协议,性质上属于流质条款。

被告到期未履行还款债务,原、被告双方于2018年11月签订《协议书》,约定如被告于2019年4月底前支付原告拖欠的本金及利息2150万元,则双方的债务结清;如被告乙公司不能按照上述约定支付原告甲公司款项,则被告乙公司履行双方之前签订的房屋买卖合同以清偿对原告甲公司的债务。该约定为在被告未履行到期债务时双方对未履行债务的清算达成的协议,性质上属于债务履行方式的变更。

五、非典型担保的立法规定的变化

2015年颁布的《最高人民法院关于审理民间借贷案件适用法律若干问题的规定》第24条〔1〕规定了名为买卖实为借贷担保的实务处理方式。从该条文中可以看出物权法定的身影,仅仅是承认当事人之间的借贷关系,还是没有能够认同非典型担保制度。虽没有完全承认非典型担保,但其第2款实际上规定了流押条款的清算义务,债权人可以申请拍卖标的物清偿债务,这在一定程度上还是

---

〔1〕《最高人民法院关于审理民间借贷案件适用法律若干问题的规定》(法释〔2015〕18号)第24条规定:当事人以签订买卖合同作为民间借贷合同的担保,借款到期后借款人不能还款,出借人请求履行买卖合同的,人民法院应当按照民间借贷法律关系审理,并向当事人释明变更诉讼请求。当事人拒绝变更的,人民法院裁定驳回起诉。按照民间借贷法律关系审理作出的判决生效后,借款人不履行生效判决确定的金钱债务,出借人可以申请拍卖买卖合同的标的物,以偿还债务。就拍卖所得的价款与应偿还借款本息之间的差额,借款款人或出借人有权主张返还或补偿。

认可了一点担保的作用，总体来看是取得了阶段性的胜利。

2019 年最高人民法院颁布的《九民纪要》第 71 条规定的让与担保[1]，在司法实践中认可了新类型担保制度。

2020 年《民法典》关于此类合同规定的新变化。我国担保制度随着经济发展呈现出很多问题，《民法典》对此作出了重要的回应，其中几个关键的修改对此类合同具体裁判规则的制定具有重要的指导意义。首先，增加了非典型担保，使非典型担保具有合法性地位。非典型担保一般均是民商事主体在商事活动中以合同方式创设的一些非典型意义的担保。《九民纪要》对于非典型担保作出了回应："……要充分发挥担保对缓解融资难融资贵问题的积极作用，不轻易否定新类型担保、非典型担保的合同效力及担保功能……"《民法典》同样选择了尊重商事主体的创设行为，没有对新类型非典型担保进行罗列，而是以留白的方式为未来创设新类型非典型担保进行了概括。这是《民法典》基于商事交易活动的创造性、复杂性的考量，并从权利本位出发，对未来的深深凝眸。其次，虽禁止流押、流质条款中的所有权向抵押权人流转，但不影响抵押权人的优先受偿权。原担保规定禁止流押、禁止流质，至于抵押权人或质押权的抵押权或质押权是否有效，原《物权法》未置可否。然而一味地保护债务人或抵押人利益，会使无辜的债权人眼睁睁地望着抵押物无所适从。显然《民法典》注意到这一过往缺陷，虽然依然按流押、流质条款规则行事，但承认抵押权人的优先受偿权，即《民法典》虽然否定了债务人到期不能履行债务，将抵押物或质押物的所有权流转至抵押权人的效力，但肯定了抵押权的效力，抵押人有权就抵押物优先受偿。这样一来，流质、流押条款变得更加完备而务实。最后，购买价款的超级优先权。《民法典》有关"购买价款的超级优先权"非常引人注目。它在我们传统的抵押权之上，设立了一个超级优先权，既然是超级的，自然比传统的抵押权优先。它

---

〔1〕《九民纪要》(法〔2019〕254 号)第 71 条规定：债务人或第三人与债权人订立合同，约定将财产形式上转让至债权人名下，债务人到期清偿债务，债权人将该财产返还给债务人或第三人，债务人到期没有清偿债务，债权人可以对财产拍卖、变卖、折价偿还债权的，人民法院应当认定合同有效。合同到期如果约定债务人到期没有清偿债务，财产归债权人所有的，人民法院应当认定该部分约定无效，但不影响合同其他部分的效力。当事人根据上述合同约定，已经完成财产权利变动的公示方式转让至债权人名下，债务到期没有清偿债务，债权人请求确认财产归其所有的，人民法院不予支持，但债权人请求参照法律关于担保物权的规定对财产拍卖、变卖、折价优先偿还其债权的，人民法院依法予以支持。债务人因到期没有清偿债务，请求对该财产拍卖、变卖、折价偿还所欠债权人合同项下债务的，人民法院亦应依法予以支持。

的构成要件主要包括:(1)超级优先权的本质仍然是抵押权,被担保的主债权被限定在购买抵押物的价款之范围内。(2)行使超级优先权的主体是销售抵押物的出卖人。出卖人享有的超级优先权并非没有限制,如果出卖人未在这一时间设定抵押权,则不享有这一超级优先权。

上述这些变化都显示出,法律规则越来越接受适应社会需要而出现的新型担保合同,认可该种合同的效力。

六、启示:名为买卖实为担保合同的裁判规则建议

如前所述,当前我国名为买卖实为担保的非典型担保在实践中频繁发生,由于相关理论的不统一,相关法律规定也空白,导致司法实践裁判不统一的现象严重。笔者认为在面对这样的疑难问题,可对法律进行解释或者选择适用,在充分照顾到法律体系内在逻辑自洽的同时,又要兼顾客观社会实践的迫切需要。对此,笔者从典型担保规则架构的背后考量逻辑出发,参照《九民纪要》关于相关问题的规定,及《民法典》关于担保规定的修改,尝试构建名为买卖实为担保合同纠纷的裁判规则。

(一)尊重意思自治原则,认可此类合同的效力

为了解决物权法定原则对非典型担保的不适性,有学者提出"物权法定原则之缓和"的理论,如承认习惯作为创设物权的根据,赋予习惯法保担保物权应有的法律地位,可借鉴2009年我国台湾地区对"民法"的修正,第757条修正为"物权除依据法律或习惯外,不得创设";又如,赋予司法解释创设物权的效力等。笔者认为上述努力都是在理论上为非典型担保合法化寻找突破路径。考虑到当时的《物权法》确定物权法定原则时,是在担保领域对意思自治的严格限制,笔者认为物权法定原则的缓和还可以从担保领域尊重意思自治寻找突破。因为非典型担保是双方当事人之间以合同形式体现的意思表示,从尊重意思自治原则出发考虑,完全可以认可作为双方当事人非典型担保的意思表示外在形式的合同的效力,让非典型担保在合同的框架下解决,除非该非典型担保合同违反了法律关于效力的强制性规定的条款。这样既不打破现有物权法定的制度框架,又能满足现实的需要。《九民纪要》中关于让与担保的规定和《民法典》以留白的方式为未来创设新类型非典型担保进行了概括,都承认了非典型担保合同的效力,与笔者提出的观点一致。

（二）体现民法公平原则，解禁流质条款，赋予担保权人清算的义务

我国现行立法对流质契约也采取了禁止的态度。正如法律社会学之父欧根·埃利希（Eugene Ehrlich）所言，“法发展的重心不在立法、不在法学，也不在司法判决，而在社会本身”，法律不是一成不变的。随着时代的变迁、社会的发展，经济活动日趋复杂与多样化，有关流质契约的传统理念早已不能适应时代的发展、满足社会的需求。尤其近年来，一些传统大陆法系国家和地区（法国、意大利、我国台湾地区等）陆续对流质契约条款予以修正，承认满足一定条件下流质契约的法律效力。在我国大陆地区，虽然已有很多学者主张解禁流质契约，重构担保物权之规则体系，但立法部门并未采纳，仍持禁止态度，2007 年《物权法》的颁布体现了这一点。笔者认为，在现有法律框架内，考虑到禁止流质契约的出发点是维护社会的公平正义，保护处于不利地位的债务人，可以在设定保护债务人的条件下，解禁流质条款。比如，赋予担保权人债务到期未清偿的清算义务，比较现存债务与担保物之间的价格差距，双方达成一致清算意见可“流质”或者说以物抵债或“补差价流质”。这样既考虑到对流质契约的禁止，也注重了当事人之间的意思自治，解决了法律与现实的困境。《九民纪要》第 45 条、第 46 条关于以物抵债的规定，体现了对符合流质条款以物抵债的禁止，也体现了对在履行清算义务的情况下以物抵债协议的效力的认可。

（三）符合公示公信原则，具备一定公示条件下，可赋予担保权人“优先权”

此处的“优先权”可以表现为对申请担保物价款优先受偿，也可以表现为有权选择以物抵债补偿差价。

传统担保法理论领域的公示公信原则，一方面为了确认物权变动的法律效果，另一方面为了维护交易安全、保障第三人的权利。大多数国家和地区都在其民法（典）中规定公示原则为动产物权和不动产物权变动的基本原则，并且以交付（占有）为动产物权变动的公示方式，登记为不动产物权变动的公示方式。在我国原《物权法》中，登记是担保物权的主要公示方法，抵押权（动产、不动产）、权利质权（没有权利凭证的汇票、本票、支票等）都以登记为公示方法。现行法律框架下，大部分非典型担保并不具备物权的属性。但如果非典型担保使用了大家公认的公式方式，笔者认为此时非典型担保可具有对抗第三人的效力，可赋予债权人“优先权”。比如，名为买卖实为担保的房屋买卖合同如果进行预售登记或网签登记，债务人在未经债权人同意的情况下，是不能将房屋出售给其他第

三人的。笔者认为,此预售登记或网签登记具有担保公示的效果,完全可以赋予债权人优先权。债权人可以对该标的物的价款优先受偿,或要求在清算的基础上补差价以物抵债,从而体现出非典型担保的"担保"作用。《民法典》第 401 条和第 428 条也规定了存在流质条款的情况下,抵押人或质押人依法有权就抵押物优先受偿,这里体现了笔者提出的观点。

主债务履行期限届满后保证人提供保证担保的性质认定

姜 宁[*] 冒南君[**] 毕晓燕[***]

案例摘要

保证，是指债权人和保证人约定，当债务人不履行债务时，保证人按照约定履行债务或者承担责任的行为。保证的目的是确保债权债务可以依约履行。一般情形下，第三人作为保证人提供保证是在债务履行期限届满前提供，但也有不少“保证人”提供“保证”，是在债务履行期限届满后。此情形下，考量当事人意思表示、主债务诉讼时效、债务人是否同意等因素，同时结合保证、债务加入及新的债权债务的性质特征，本文将主债务履行期限届满后保证人提供担保的性质认定为新的债权债务关系，应当适用诉讼时效的有关规定。

【裁判观点】

《民法典》第681条规定，保证合同是为保障债权的实现，保证人和债权人约定，当债务人不履行到期债务或者发生当事人约定的情形时，保证人履行债务或者承担责任的合同。《最高人民法院关于适用〈中华人民共和国民法典〉有关担保制度的解释》第35条规定，保证人知道或者应当知道主债权诉讼时效期间届满仍然提供保证或者承担保证责任，又以诉讼时效期间届满为由拒绝承担保

* 姜宁，北京市东城区人民法院法官助理。

** 冒南君，北京市东城区人民法院法官助理。

*** 毕晓燕，北京市东城区人民法院四级主任科员。

证责任或者请求返还财产的,人民法院不予支持;保证人承担保证责任后向债务人追偿的,人民法院不予支持,但是债务人放弃诉讼时效抗辩的除外。从上述条文可知:第一,保证担保的意义在于保证债权的实现。认定主债务履行期限届满后提供的保证担保的有效性与立法目的不存在矛盾,扩大了债权人实现债权的可能。第二,法律并未否认该类保证担保的效力。法律并未禁止主债务履行期限届满后签订保证合同,便不应否认该类保证的法律效力。这既是对当事人私权的保护,也是意思自治原则的体现。

同时,根据《最高人民法院关于适用〈中华人民共和国民法典〉有关担保制度的解释》第35条之规定,可以看出立法层面已默认了此类保证担保的有效性。但是因主债务履行期限届满后存在主债务未过诉讼时效和主债务已过诉讼时效两种情形,亦导致需要对该类保证担保的性质加以区分认定。主债务尚在诉讼时效内的,宜认定为保证担保,主债务已过诉讼时效,保证人自愿承担保证责任的,宜认定为新的债权债务。

【关键词】

主债务履行期间届满　保证担保　诉讼时效　新的债权债务关系

【类案综述】

笔者通过"法信"平台,以"主债务履行期间届满""保证担保""诉讼时效""新的债权债务关系"等为关键词,进行类案搜索。根据相关案例情况,汇总整理裁判思路。在主债务履行期间届满后,保证人提供的保证担保性质到底如何认定,实务中的具体认定如下:

第一种观点是认定为保证担保性质,应对担保人的担保责任予以免除。在江苏省徐州市铜山区人民法院审理的(2018)苏0312民初8283号案件中,将其认定为保证担保。该案例中,被告丙公司向案外人戊公司承诺:被告乙公司对案外人戊公司的欠款本息,由担保人丁承担连带责任。上述承诺系在被告乙公司借款期限届满后出具的保证,未约定保证期间。依照法律规定,其保证期间应认定为6个月。原告甲公司或案外人戊公司依法应在该保证期间内要求保证人承担保证责任,否则保证人保证责任依法应予免除,原告甲公司无证据证明在保证期间内向保证人丁要求过履行担保义务,其向主债务人戊公司主张权利的时效中断的效果并不及于担保人丁,因此,担保人丁的担保责任应予以免除。

第二种观点是认定为形成新的债权债务关系,应要求担保人偿还欠款。在最高人民法院审理的(2003)民二终字第14号案件中,将其认定为形成新的债权债务关系。该案例中,法院认为尽管该协议书字面上记载被告丙公司与原告甲公司建立了保证法律关系,但鉴于其签订还息协议书时,被告乙公司的债务均已到期,为实际发生的债务,被告丙公司向原告甲公司作出承担连带保证责任的承诺,实际上是对到期债务承担偿还责任的承诺,而非一般意义上的提供担保,被告丙公司与原告甲公司之间形成了新的债权债务关系。故而,该案例认为保证人在主债务人到期未偿还欠款的情况下,保证人在债务到期后提供担保的性质属于新的债权债务关系的担保,这种情况下,尽管保证人出具保证书承诺承担保证责任,但在性质上不宜认定其为保证,而应以新的债权债务关系来认定双方的权利义务。对新的债权债务关系不涉及债权人在保证期间内未行使权利保证人免责的问题,应当适用诉讼时效的有关规定。

第三种观点是认定为债务加入,要求原债务人与"保证人",即新债务人共同承担还款责任。在四川省成都市中级人民法院审理的(2016)川01民初2698号案件中,将其认定为债务加入。该案例中,法院认为保证人在出具保证函时,知晓债务已到期,是其真实意思表示,应为有效,且与一般意义上的保证并不相同。此时的债务已由或然担保债务转为实然担保债务,故将提供担保认定为对到期债务的加入,新、旧债务人属于共同债务人。

实务典型案例

基本案情

2011年11月27日,原告甲与案外人乙签订借款协议,约定双方就2000万元的借款事宜。协议签订后,原告甲分两次向案外人乙转账2000万元,到期日分别为2012年1月4日和2012年1月29日。被告丙对该借款承担保证责任。

2012年2月14日,原告甲、案外人乙、被告人丙和案外人丁签订协议,约定:上述借款的给付时间截至2012年3月31日;由被告丙对该款项承担保证责任,该保证责任不因主合同无效而无效。

2012 年 6 月 4 日,原告甲、案外人乙、被告人丙和案外人丁又在上一份协议书的基础上签订补充协议,约定:上述借款的给付时间再次延长至 2012 年 6 月 30 日,被告丙的保证期间为所有协议履行完毕时止。

2016 年 1 月 12 日,原告甲与被告丙签订协议,约定:自 2011 年 1 月 27 日起,案外人乙向原告甲借款 2000 万元后,案外人乙与被告丙签订协议,对案外人乙的借款承担连带保证责任,现经协商后,原告甲与被告丙达成协议,截至 2012 年 6 月 30 日,案外人乙尚未偿还原告甲的 1500 万元,被告丙自愿对上述债务承担连带保证责任,保证期间自 2016 年 1 月 1 日起至 2017 年 12 月 31 日止。

2016 年 2 月 4 日,被告丙出具还款协议,约定:自愿承诺为案外人乙承担担保责任,于 2016 年 3 月底前代偿原告甲的全部本金,利息计算由双方协商,并于 2016 年 12 月 31 日前全部还清,并继续为案外人乙承担无限连带责任。

其间,案外人乙及相关公司分六笔向原告甲还款累计 1496.8 万元。其余款项经原告甲多次催讨,被告丙未回应。故,原告甲将其诉至法院,要求被告丙偿还欠款本金 1500 万元并支付利息。被告乙则认为:主合同协议书已超过了诉讼时效。协议书约定的两笔借款最后的到期日为 2012 年 3 月 1 日。但借款到期后,原告甲并未在法律规定的诉讼时效内向案外人乙主张权利。而且,从合同的保证合同也超过了保证期间。如果按 2012 年 2 月 14 日的补充协议书计算保证期间,原告甲应当在 2012 年 3 月 31 日主债务履行期届满之日起 6 个月内要求被告丙承担保证责任。如果按照 2016 年 1 月 12 日原告甲与被告丙签订的协议书计算保证期间,保证期间应当在 2017 年 12 月 31 日届满。虽然原告甲在 2017 年 12 月 29 日向法院提起诉讼,但该案立案后又撤回起诉,保证期间也已经超过。

法院观点

关于被告丙应作为保证人承担连带保证责任,还是债务人承担还款责任的问题。结合基本案情,被告丙承担责任的时间应分两段认定。第一段期间为 2012 年 6 月 4 日签订的补充协议中案外人乙履行债务的期间,即被告丙作为保证人承担保证责任的期间至 2012 年 12 月 31 日届满。因原告甲未在保证期间内向被告丙主张权利,故被告丙的保证责任消灭。第二段期间为 2016 年被告丙向原告甲出具协议及还款计划约定的期间。该协议及还款计划中,被告丙与原告甲建立保证法律关系,但鉴于案外人乙对原告甲所负债务已到期,被告丙对原告甲作出的承担连带保证责任的承诺,实际上是对到期债务承担偿还责任的承诺,而非一般意义上的提供担保。故而,原告甲与被告丙形成了新的债权债务关系,被告丙不再是保证人,而是债务人,应对原告甲承担还款责任。

关于诉讼时效或者保证期间是否已经超过的问题。上文已述,原告甲与被告丙在 2016 年签订的协议中,已形成新的债权债务关系,便不应再使用保证期间的相关法律规定,而应使用诉讼时效的法律规定。根据其协议,原告甲与被告丙的新债权债务关系的履行期间,自 2016 年 12 月 31 日起届满。原告甲向被告丙主张权利的诉讼时效期间应自 2017 年 1 月 1 日起,按三年计算。

裁判结果

被告丙于本判决生效后十日内支付原告甲本金 510.0165 万元;被告丙于本判决生效后十日内支付原告甲违约金(截至 2018 年 12 月 31 日的违约金为 397.729万元,自 2019 年 1 月 1 日起至实际给付之日止的违约金,以未偿还本金为基数,按年利率 12% 计算);驳回原告甲的其他诉讼请求。一审判决后,原、被告均未上诉。

【裁判思路与方法】

作为担保方式之一的保证,是商事主体重要的融资形式,在社会经济生活中发挥着不可或缺的融资担保功能。保证合同本身具有无偿性和单务性,涉及债权人、债务人和保证人多方主体,此类纠纷中存在保证担保性质认定难、保证方式不明晰、诉讼时效与保证期间不明确等问题。实务中,主债务履行期限届满后,保证人继续提供“保证”担保的情形很常见。此时,其性质如何认定,值得探讨。

一、聚讼:主债务履行期限届满后继续“保证”的性质认定

保证合同在保障债权实现的同时,也为债权人权利的主张设定了边界,即债务人不履行到期债务或者发生当事人约定的情形时,债权人得以向保证人主张权利。一般而言,保证责任认定中普遍存在保证期间的问题。所谓保证期间,是依照法律规定或者保证合同约定,保证人对履行期届满的主债务承担保证责任

的期间，其目的在于督促债权人及时向保证人主张权利，使不确定的法律关系得以早日确定。保证人提供保证担保在主债务履行期限届满前，实现保证担保债权本身具有或然性。在此期间，保证合同是双方意思自治的体现，应当尊重当事人的意思自治，适用保证担保法律关系，法律适用争议较小，在此笔者不做赘述。

但是，主债务履行期限届满后，保证人与债权人重新订立的保证合同所确立的担保债权具有实然性，即债权人从新的保证合同成立时起，便可向担保人主张权利。尤其在诉讼时效届满后对于担保性质的认定，司法实践对此存在诸多争议。目前，有三种观点：

(一)担保关系说

对到期债务提供保证，是当事人意思自治的体现，不受诉讼时效届满的限制，应认定保证担保的法律关系，即担保关系说。[1] 其一，担保关系说是现有法律框架的产物。作为法定的五种担保方式之一的保证，其有明确的内涵和边界清晰的外延，只要定性为保证法律关系，就可以按照保证制度的规定处理保证纠纷。其二，担保关系说符合商事审判理念，强调契约精神并尊重当事人的意思自治。对到期债务提供保证，当事人的本意是提供担保，未违反法律法规禁止性规定。正是基于保证担保关系的认定，保证人才具备法定的追偿权，解决了其他学说中追偿权无法可依的情形，更符合一次性纠纷解决以及商事审判重效率的理念。[2]

(二)新的债权债务说

已经超过诉讼时效的保证担保，本质上不具有担保属性，应认定为形成新的债权债务关系，即新的债权债务说。[3] 主债务诉讼时效期间届满，债务人享有时效抗辩权，已经脱离原债务关系。担保人自愿作出承担连带保证责任的承诺，实际上是对到期债务承担偿还责任的承诺，而非一般意义上的提供担保，本质上与债权人形成了新的债权债务关系。对新的债权债务关系不涉及债权人在保证

---

〔1〕 参见江苏省徐州市铜山区人民法院(2018)苏0312民初8283号民事判决书中的表述："借款期限届满后出具的保证，未约定保证期间，依照法律规定，其保证期间应认定为六个月。"

〔2〕 王晓利、王晓川：《未到期债务提供保证的性质》，载《人民司法》2019年第29期。

〔3〕 参见最高人民法院(2003)民二终字第14号民事判决书中的表述："被告乙公司的债务均已到期，已为实际发生的债务，被告丙公司向原告甲公司作出承担连带保证责任的承诺，实际上是对到期债务承担偿还责任的承诺，而非一般意义上的提供担保，被告丙公司向原告甲公司之间形成了新的债权债务关系。"

期间内未主张债权保证人得以免责的问题,保证人订立新的保证担保合同时,保证担保债权已具备实然性,债权人得以向其主张担保债权,应当适用诉讼时效的有关规定。

(三)债务加入说

对于已经超过诉讼时效的保证担保,其保证担保债权本身具有实然性,"保证人"自愿加入实然债权,系自愿承担也必然承担还款责任的意思体现,应认定为债务加入,即债务加入说。[1] 债务加入属于并存的债务承担,与新的债权债务本质区别在于承担效果的不同,即原债务人是否脱离债务关系。已过诉讼时效的主债务,债务人虽具有时效抗辩权,但不排除其不行使抗辩权自愿承担债务,"保证人"此时签订保证担保合同的意思表示系其对到期债务的自愿加入。债权人基于债务加入向"保证人"主张清偿责任时,减轻了债务人的责任,对债务人不存在不利情形,故债务加入说更符合此时的担保性质。

二、解析:继续"保证"认定性质的考量因素

关于实践中出现的"保证人"在主债务履行期限届满后承诺"继续保证"的性质认定,可综合考量以下因素进行认定。

(一)当事人意思表示

保证期间是不变期间,在保证期间经过后保证担保债权消灭。在此情况下,当事人明确表示继续保证的,保证责任才会"再生"。在法律没有明文禁止主债务期限届满保证人不能继续保证的情况下,若"保证人"的意思表示只是愿意为债务继续提供保证担保,并非愿意接受债务而让自己成为债务人,债权人的真实意思表示也是为了增加对自身债权的保护而接受保证人的担保,并非同意将债务转由保证人负担的情况下,当事人保证的意思表示应被尊重。一般情形下,应视为债权人和保证人之间订立了新的保证合同。反之,若"保证人"真实意思表示为自愿承担主债务人的债务,债权人为保障其自身权益同意由"保证人"承担清偿责任的,应视为债务加入或新的债权债务。

---

〔1〕 参见成都市中级人民法院(2016)川01民初2698号民事判决书中的表述:"债务已到期,到期债务的保证与一般意义上的保证并不相同,因为此时的债务已经由或然担保债务转化为实然担保债务,此时出具担保函的行为应该属于债的加入。"

(二)主债务诉讼时效是否经过

在认定该类保证担保的性质时,主债务诉讼时效期间不应被忽视。对于已超过诉讼时效期间的债务,债务人亦可与债权人协商确定新的履行期,保证人为超过诉讼时效期限的债务提供保证当然符合保证担保的特征;如债务人未与债权人协商确定新的履行期,保证人为已经超过诉讼时效期限的债务提供的保证,则不应认定为保证担保[1]。

在主债务履行期限届满但未经过诉讼时效的情况下,仍然是对主债务的保证,诉讼时效内债务人仍有履行债务的义务,且不能以时效进行抗辩,保证人继续承担保证责任,并未增加债务认定的风险,且因保证人对债务人享有法定的追偿权,对债权人、债务人、保证人的利益均予衡平,其本意可认定为继续保证。但当主债务履行期限届满并且超过诉讼时效时,保证人承担债务后无法行使追偿权,结合保证人出具保证担保的主观意愿,在保证人知道或应当知道主债务诉讼时效期间届满的前提下,如果是债务人要求保证人承担保证担保责任的,宜认定为债务人对债权人债权的重新确认;如果是债权人要求保证人承担保证担保责任或保证人自愿承担保证责任,债务人不知情或明确拒绝履行的,宜认定为债务加入或新的债权债务。

(三)是否须征得债务人同意

根据《民法典》第 681 条规定的文义,保证人和债权人签署保证合同并不需要债务人的同意,保证合同是债权人确保债权得以实现的保护,并不会额外附加义务给债务人。另根据《民法典》第 552 条可知,第三人加入债务的,不须债务人同意,虽未取得债务人同意,但因第三人自愿承担债务,债权人又予以接受,债权人基于债务加入得以向第三人主张清偿责任。但对履行期限届满且已过诉讼时效的债务,债务人取得了时效抗辩的权利,债权人存在丧失胜诉权的可能,如不经债务人同意,仅债权人与保证人对此设立保证担保,保证人据此取得对债务人的追偿权,显然加重了债务人的责任,故宜认定为债务加入或新的债权债务。

(四)保证、债务加入、新的债权债务的性质

1. 保证担保合同具有从属性

保证担保是为了保证债务的履行,而非对确认不能偿还的债务的承担。承

---

〔1〕 高留志、许馨心:《主债务履行期届满后第三人提供"担保"的性质》,载《金融与法》2018 年第 6 期。

担保证责任的前提是主债务人到期不能履行债务,具有从属性。主债务发生变更,保证债务随之发生变更,主债务消灭,保证债务也随之消灭,具有很强的依附性。在债务加入中,第三人作为连带债务人,其承担的债务与债务人的债务具有同一性,二者之间不存在主从关系,第三人加入原债务人与债权人之间的债权债务关系中,与原债务人一起成为具有同一内容的债务的承担人,债务加入人系为自身创设债务,具有独立性。新的债权债务系债的转移,原债务人脱离合同关系,不再向债权人承担义务,第三人与原债权人订立新的债务承担合同,双方就债务承担达成合意产生债务承担的效力,具有独立性。

2. 保证担保受到保证期间与诉讼时效的双重限制

保证期间属于除斥期间,在没有约定的情况下为主债务履行期限届满之后6个月,在连带保证中,债权人必须在保证期间内要求保证人承担保证责任,否则保证人不承担保证责任。连带责任保证中,保证债务的诉讼时效自债权人在保证期间内首次向保证人主张权利之日起计算。债务加入与新的债权债务则不受保证期间的限制,仅受诉讼时效的制约。

3. 保证人享有追偿权

保证人承担保证责任后,依法享有债权人对债务人的权利,有权在承担保证责任范围内向债务人追偿。而债务加入人清偿债务后,是否可以向债务人追偿,取决于其在债务加入时与债务人之间的具体约定。对于新的债权债务,债务人已经脱离了原债务关系,无须债权人作出免除债务人债务的意思表示,也无须债务加入人与债务人具体约定,新的债务加入人对债务人不享有追偿权。

基于上述因素考量,结合具体案情,在主债务履行期限届满后继续"保证"的性质认定上,笔者更倾向于将其认定为新的债权债务关系。具体而言,"担保关系说"虽然满足现有法律框架,且现行法律、法规未禁止对到期债务提供保证,但其本质上突破了主合同对应的基础法律关系中的时效抗辩。"债务加入说"虽否认担保属性,认可债权债务属性,但债务加入赋予承担连带清偿责任后的"保证人"追偿权,这与法律赋予主债务人的时效抗辩权相悖,无法形成逻辑自洽。已过诉讼时效时"保证人"对债权人作出的承担连带保证责任的承诺,实际上是对到期债务承担偿还责任的承诺,而非一般意义上的提供担保,在主债务人不同意或不知情的情况下作出的独立的意思表示,其法律效果并不当然及于主债务人,"保证人"不享有法定担保赋予的追偿权,其本质是新的债权债务关系的产生,应据此适用诉讼时效的相关规定维护债权人的合法权益。

三、拓展:穿透思维厘清名为保证合同的法律适用

法定的保证期间应当从主债务履行期间届满后计算,在主债务履行期间届满前,保证人并未参与款项的清偿,对于尚欠的数额不一定知悉,保证人的义务处于不确定的状态,至履行期间届满,保证人应当承担的责任才得以确定,并由此计算保证期间。但主债务履行期间届满后,若保证人提供保证担保的期间仍从主债务履行期间届满开始计算,将缩短债权人应有的保证期间,是对债权人利益的侵害,亦不符合双方订立合同的意思表示,故此类情形中保证人提供保证的行为宜被认定为新的保证担保合同的成立,并适用保证期间的规定。在新的保证合同中,保证期间有约定的从约定;没有约定的,保证期间应为自保证人作出承诺或自合同成立之日起6个月。但若案件中保证人继续保证的行为被认定为债务加入或新的债权债务,其应当适用诉讼时效的规定。此时,"保证人"与债权人建立了债权债务关系,诉讼时效应自新债务履行期限届满之日起算3年。

在司法实践中,如何正确适用保证期间和诉讼时效,如何认定诉讼时效期间届满后订立的名为保证合同的性质,"保证人"订立新的保证合同后应作为保证人承担连带保证责任,还是债务人承担还款责任,需要运用穿透思维,结合当事人意思表示、主债务诉讼时效、债务人是否同意以及具体案情综合认定。

债权人未在诉讼时效期间内向债务人行使权利,其本身债权虽未消灭,但债务人据此获得时效抗辩权,债权人对该笔债权已丧失胜诉权。此时"保证人"与债权人订立新的"保证合同",系明知主债务已过诉讼时效、债务人获得时效抗辩权而自愿承担该笔债务的真实意思表示,即自愿承受具有实然性质的保证担保债权,这与一般情形下保证人对或然性担保债权的承担显著不同,已突破一般情形下保证担保的属性。根据《最高人民法院关于适用〈中华人民共和国民法典〉有关担保制度的解释》第35条之规定,保证人对已过诉讼时效的债务承担连带保证责任后,对债务人不享有追偿权,除非债务人放弃诉讼时效抗辩。据此可以看出,我国法律并未禁止"担保人"对已过诉讼时效的债务承担保证责任,但对其承担责任后的法律效果已作出明确的规制,其不享有担保制度中保证人应有的追偿权,其性质更偏向于新债务人对债权的自愿承受,系新的债权债务关

系，应适用诉讼时效的有关规定，即诉讼时效自新债务履行期限届满之日起算3年。但无论是保证担保、债的加入还是新的债权债务关系，这三者制度设定的本身都是对债权人、债务人、保证人三方利益的均衡。对“保证担保合同”性质的认定，也是对三方主体权利义务的综合考量，故对于此类案件应结合立法的本意，通过目的解释以及构成要件，运用穿透思维去审视已过诉讼时效的保证担保属性，进而发现当事人的真实意思表示，并对担保的性质作出认定。

委托抵押纠纷案件审判思路

杨　闻[*]　王　亮[**]　刘　娅[***]

案例摘要

《民法典》第394条第2款规定了债权人为抵押权人，提供担保的财产为抵押财产。而实践中登记的抵押权人并非实际债权人的情形并不少见，即实际债权人委托他人作为名义上的抵押权人就抵押物上设立抵押，此种情况下当事人之间签订的委托抵押协议是否有效亦有不同观点，谁才是真正的抵押权人不无争议。同时，即使认定委托抵押协议有效且实际债权人享有抵押权，委托抵押权人是否享有优先受偿权、其抵押权是否存在追及力，在合同约定的抵押担保范围与登记簿记载不一致时，应以何者为准亦有分歧。鉴于《民法典》及相关司法解释对于原《物权法》、原《担保法》及其司法解释有了较大改动，笔者以本案为引，通过对最新法律法规总结归纳、类案检索及学术观点罗列及对比，对委托抵押合同效力、实际债权人能否成为真正的抵押权人、抵押权的追及效力等问题进行详细分析。

【裁判观点】

1. 委托抵押协议未违反法律、行政法规的强制性规定，合法有效，委托人作为实际抵押权人享有优先受偿权。

2. 抵押人在抵押期间可以转让抵押物，委托人作为实际抵押权人，对于抵押

---

* 杨闻，北京市东城区人民法院法官助理。

** 王亮，北京市东城区人民法院员额法官。

*** 刘娅，原北京市东城区人民法院法官助理。

物享有追及效力。

3.合同约定的抵押范围与登记簿记载不一致时,原则上抵押范围以登记簿记载为准,但也需要考量各地登记簿设计的实际情况。

【关键词】

委托抵押　抵押权　追及效力　抵押范围

【类案综述】

笔者通过“法信”平台进行类案搜索,北京市法院涉及委托抵押纠纷案件共64件,其中2014年4件,2015年3件,2016年5件,2017年14件,2018年12件,2019年12件,2020年14件。案由包括确认合同效力纠纷、合伙协议纠纷、民间借贷纠纷、买卖合同纠纷、侵害作品信息网络传播权纠纷、金融借款合同纠纷、抵押合同纠纷、委托合同纠纷等。尽管纠纷发生原因及案由不同,但均涉及委托抵押问题,即登记抵押权人与实际债权人不一致,从而在债务人、实际债权人、登记抵押人之间产生纠纷,主要包括三方面的问题,即委托抵押协议效力认定,何为真正抵押权人;委托抵押权人对于抵押物是否具有追及效力;合同约定的抵押范围与登记簿记载不一致时抵押范围的确定。

关于委托抵押协议效力的问题。一种观点认为,委托抵押协议造成抵押权人名实分离,违反了《民法典》关于债权人为抵押权人的规定,协议应认定无效。另一种观点认为,委托抵押协议虽然造成抵押权争议,但其系物权争议,由此而签订的抵押协议属合同相关法律调整的范畴,没有违反法律、行政法规的强制性规定,合法有效。关于实际债权人和登记人谁享有抵押权的问题。实践中,一种观点认为,委托人与受托人之间属于委托关系,此种关系在性质上属于债的关系。因为,当抵押权登记在受托人名下时,委托人只能请求受托人办理转移登记,而不能直接请求确认其享有抵押权,否则,就与债的关系的性质不符了。另外,抵押尤其是不动产抵押实行登记生效主义,未经登记不能设立抵押权。因此,抵押权登记在受托人名下,受托人就享有抵押权,而委托人因为没有完成登记,所以不享有抵押权。另一种观点认为,应当根据当事人之间的实际权利义务关系确定抵押权归属,认定委托人为实际抵押权人。理由在于,首先,抵押权系债权的从权利,抵押权以有效债权为其存在前提;其次,法律并不禁止当事人之间就抵押权的登记与实际权利的享有进行约定；最后，所谓物权法定原则，是指物权的种类和内容由法律规定，不允许当事人自由创设，委托抵押情形下各方当事人未创设新的物权种类或内容，只是实际抵押权主体与登记簿记载不一致，但并不能因此否认实际债权人的抵押权。委托抵押权人在登记债权范围内享有优先受偿权，抵押人将抵押物转让后，其对抵押物仍享有追及效力，关于约定抵押范围与登记簿记载不一致以何为准问题，本文后面将根据法律规定的变化角度具体分析。

实务典型案例

基本案情

原告甲、乙、丙和十二被告均系癸担保有限公司发起成立基金的投资人。后因原、被告的投资未能如约兑付，2014 年 9 月 20 日，三原告和十二被告参加癸担保有限公司召开的投资人会议。经协商，癸担保有限公司的法定代表人庚同意将其个人名下的位于北京市朝阳区建国路 88 号内 4 号楼××层××××室（以下简称涉案房屋）抵押给参会投资人。

2014 年 9 月，原、被告（除被告丁）分别向被告丁出具《授权书》，委托被告丁代为办理涉案房屋抵押事宜。同时，《授权书》载明汇入本金金额：……甲 100 万元、乙 200 万元、丙 660 万元……同年 10 月 8 日，被告丁出具声明，称同意接受参会投资人的委托，作为参会投资人代表与庚一同去有关部门办理涉案房屋抵押登记的相关事宜。声明中附有参会人员名单及身份证号，包括本案原、被告 15 人和案外人壬。被告丁表示案外人壬没有给丁出具《授权书》。

2014 年 10 月 13 日，被告丁与庚就涉案房屋办理了抵押权登记，被担保主债权数额为 550 万元。2015 年 4 月 30 日，案外人己（涉案房屋的买受人）向被告戊支付购房定金 100 000 元。2015 年 5 月 18 日，庚向被告丁、戊出具授权委托书，就涉案房屋出售（出售价格只能为人民币 510 万元）特全权委托被告丁、戊，代为办理如下事项：1. 到相关房管局查阅与该房地产相关的一切档案资料；2. 待上述房产符合出售条件后，有权代为办理上述房屋的立契过户、权属登记的一切手续……10. 代为办理转让上述房地产过程中的其他事项并签署与转让上述房地产有关的文件。以上受托人中的任意一人均可单独办理上述委托事项，受托人因办理上述事宜,所签署的合同及相关文件,委托人均予承认并承担法律责任,委托期限自委托书签署之日起至2015年12月30日为止。并在北京市中信公证处对上述委托行为进行了公证。2015年5月21日,被告丁和庚就涉案房屋办理抵押权注销登记。

2015年6月1日,被告戊收到房款510万元。同月3日,被告戊向被告丁转款93.2万元。同日,被告戊向案外人辛转款416.8万元。同日,辛分别向其他十被告各付款20万元、40万元、40万元、40万元、34万元、34万元、34万元、34万元、34万元、38万元。同月9日,辛向被告戊付款68.8万元。

另外,原告甲、乙、丙曾向北京仲裁委员会提交申请书,申请将与癸担保有限公司签订的入伙协议引起的争议进行仲裁。2014年11月之后,北京仲裁委员会陆续出具了三份调解书,其中乙案件调解书确定癸担保有限公司支付投资款200万元及收益款;甲案件调解书确定癸担保有限公司支付投资款100万元及投资收益;丙案件调解书确定癸担保有限公司支付投资款660万元及投资收益。庭审中,三原告自认文书生效后癸担保有限公司偿还乙本金40万元、丙本金66万元、甲本金20万元。原告乙曾于2017年7月8日向北京市第一中级人民法院申请执行调解书确定的未偿还债权,后因癸担保有限公司无可供执行的财产,未能执行到位。

被告戊还向法院提交了一份由庚签名的确认书,用以证明庚同意将涉案房屋抵押给部分购买"中高"系列产品的投资人,用于偿还他们的部分投资本金。此部分投资人委托被告丁代为接受房产抵押,庚本人同意将该抵押房产进行出售,此售房款仅用于偿还在此名单中的12名投资人(丁、戊等十二被告),并不包括三原告。对此,三原告否认与本案的关联性并表示无法核实确认书的真实性。

另外,在本案之前,甲曾在本院以委托合同纠纷为由起诉戊、丁,一审判决认为,抵押房产出售后,戊和丁收到全部售房款,上述投资人的抵押权已经实现,两人完成了抵押人的委托,丁也完成了各位投资人的委托,一审判决驳回了李某某的诉讼请求。二审维持原判,二审还认为本案纠纷实为投资人之间对抵押的房产出售后售房款如何分配的问题,甲可就如何分配售房款事宜与上述投资合伙人另案解决。现该两份判决均已生效。

法院观点

为担保债务的履行,债务人或者第三人不转移财产的占有,将该财产抵押给债权人的,债务人不履行到期债务或者发生当事人约定的实现抵押权的情形,债权人有权就该财产优先受偿。受托人以自己的名义,在委托人的授权范围内与第三人订立的合同,第三人在订立合同时知道受托人与委托人之间的代理关系的,该合同直接约束委托人和第三人,但有确切证据证明该合同只约束受托人与第三人的除外。本案中,原、被告委托被告丁代为办理涉案房屋抵押事宜,抵押人庚知晓上述委托事宜,且无抵押合同只约束丁和庚的特殊约定,故原、被告在涉案房屋上抵押权实现时有权优先受偿。

抵押权作为担保物权,其法律效力主要体现在享有优先受偿权。优先的内容在于抵押物的价值,而非取得抵押物的所有权。担保期间,担保财产毁损、灭失或者被征收等,担保物权人可以就获得的保险金、赔偿金或者补偿金等优先受偿。被担保债权的履行期未届满的,也可以提存该保险金、赔偿金或者补偿金等。抵押期间,抵押人经抵押权人同意转让抵押财产的,应当将转让所得的价款向抵押权人提前清偿债务或者提存。本案中,原、被告同意解除抵押后出售涉案房屋,并非为放弃抵押权的意思表示,此时原、被告抵押权不再追及于涉案房屋,只能对买受人支付的购房款行使价金代位权。而房屋买受人已将全部购房款支付戊账户,该笔款项虽为种类物确已能够特定化,应视为抵押人向抵押权人用于清偿的价款。本案纠纷实为原、被告如何分配房款的问题。

同一财产向两个以上债权人抵押的,抵押权已登记的,按照登记的先后顺序清偿;顺序相同的,按照债权比例清偿。本案中,原、被告均未能举证就如何分配售房款曾达成一致意见。原、被告向被告丁出具的《授权书》中均明确委托办理抵押的债权,庭审中三原告自认仲裁后债权已获得部分清偿,但抵押权具有不可分性,即使债权部分清偿,抵押权仍为担保各部分债权或余存债权而存在。本案当事人均未能举证除三原告自认清偿部分债权外,其余投资人债权在抵押权实现时发生变化。故本院将按照抵押权实现时的具体债权比例确定应清偿金额。其中,被告戊、丁、龚某某、王某、游某某、檀某某、孙某、张某某、唐某某、王某某实际获得清偿金额均高于应清偿金额,故本院酌定上述被告按比例退还三原告部分款项。

裁判结果

法院判决十二被告按比例支付原告乙 26.54 万元,支付原告甲 13.3 万元,支付原告丙98.6万元。一审判决后各方当事人均未上诉。

【裁判思路与方法】

一、委托抵押协议的效力及抵押权人的确定

根据《民法典》第394条的规定,债权人为抵押权人。但是在实践中,登记的抵押权人并非实际债权人或是实际的抵押权人的情形并不少见,现实中主要体现在:因债权转让而形成的债权人与抵押权人的分离、因委托抵押而形成的登记抵押权人与实际债权人(或实际抵押权人)的分离。本文重点讨论后一种情况。委托抵押的基本模式是A借钱给B,A委托C与B办理抵押事宜,故B以其名下房产与A指定的C签署抵押合同,并办理抵押登记,最为典型的形式是企业委托银行贷款。B提供抵押,抵押权登记在C名下,从而出现登记抵押权人与实际债权人相分离的情况,抵押权人究竟是A还是C? A与C之间的委托抵押协议是否成立且有效? 我们认为,A与C之间的委托抵押协议如果不违反法律、行政法规的强制性规定,应该是合法有效的,应该根据当事人实际权利义务关系确定抵押权归属,即认定委托人A为抵押权人。

(一)抵押人不能以抵押权登记在受托人名下为由对抗委托人

在委托合同的法律关系中,抵押人明知委托人与受托人的委托关系,根据《民法典》第925条的规定,受托人以自己的名义,在委托人的授权范围内与第三人订立的合同,第三人在订立合同时知道受托人与委托人之间的代理关系的,该合同直接约束委托人和第三人。该合同直接约束抵押人,抵押人以抵押权登记在受托人名下为由进行抗辩没有依据。

(二)受托人不能以抵押权登记在其名下为由对抗委托人

首先,委托人是实际债权人,抵押权作为典型的担保物权,具有从属性和不可分性,而受托人与抵押人之间并没有债权债务关系。其次,就委托人与受托人的合同关系来说,属于委托合同,根据《民法典》第927条的规定,受托人处理委托事务取得的财产,应当转交给委托人。受托人依据委托合同取得的抵押权,理应归委托人,受托人以抵押权登记在其名下为由进行抗辩没有依据。

(三)委托合同不是导致物权变动的合同,不适用物权变动规则

所谓基于法律行为的物权变动,主要是法律行为原因导致物权变动,如因抵

押合同设立抵押权。而委托合同并不能直接导致物权变动,受托人基于委托人授权取得抵押权登记,本质上是权利归谁所有的问题,而非物权变动的问题。所以无论是从权利义务一致性,还是从抵押权与债权不可分角度,抑或是基于受托人应该将基于委托取得的财产交予委托人的规则,还是诚信、公平原则,都应该认定委托人是实际抵押权人。

从公示的性质来看,也许有人会说,其他债权人因为相信登记,从而相信抵押权人应为真正的权利人,法律应保护该信赖,这就涉及登记的性质和效力。所谓公示公信原则是指通过法定公示的权利状态,相对人有理由相信其为真实的权利状态,并与登记权利人进行交易,法律应保护此信赖,善意取得制度就是公示公信原则在物权法领域的具体体现。但是值得注意的是,在登记的抵押权人与实际债权人不一致时,抵押权具有从属性,不可能独立于主债权而存在,故实践中不可能存在因登记抵押权人无权处分而使相对人善意取得抵押权的情况。另外,即使登记的抵押权人与实际债权人不一致,登记的抵押权及抵押范围仍是存在的且处于公示状态,且债权人的变更原则上不影响担保的变动,登记抵押权人的变动也不会对后顺位登记抵押权人产生实质影响。而对其他一般债权人来说,其并非抵押权担保的债权人,也不是交易双方当事人,更谈不上合理信赖与交易安全保护问题。故将委托人即实际债权人认定为真正的抵押权人,并未与物权公示公信原则相冲突。

二、抵押财产转让规则与抵押权的追及效力

物权追及效力,是指物权设立后,不论标的物辗转流入何人之手,物权人都有权追及物之所在并直接支配该物的效力。[1] 抵押权的追及效力表现为,即使抵押人将抵押物进行转让,抵押权人仍有权向受让人主张抵押权,也可以说,受让人取得的是带抵押权负担的不动产。由此可知,抵押权的追及效力与抵押财产的转让规则是密不可分的。

(一)根据现有法律规定,抵押人在抵押期间可转让抵押物,抵押权人对于抵押物具有追及效力

我国对抵押财产转让规则的法律规定可谓一波三折,从最早的《最高人民

---

〔1〕 最高人民法院贯彻实施工作领导小组主编:《中华人民共和国民法典物权编理解与适用》(下),人民法院出版社 2020 年版,第 1091 页。

法院关于贯彻执行〈中华人民共和国民法通则〉若干问题的意见(试行)》第115条到《担保法》第49条,再到《最高人民法院关于适用〈中华人民共和国担保法〉若干问题的解释》第67条,抵押财产转让由严格限制变为通知告知生效,最后明确承认抵押权的追及效力,经历了从限制转让模式到自由转让模式的变化过程,被认为是回归传统民法理论的路径,而2007年颁布的《物权法》第119条回归限制转让模式。[1] 原《物权法》第191条第1款规定:"抵押期间,抵押人经抵押权人同意转让抵押财产的,应当将转让所得的价款向抵押权人提前清偿债务或者提存。转让的价款超过债权数额的部分归抵押人所有,不足部分由债务人清偿。"该条第2款规定:"抵押期间,抵押人未经抵押权人同意,不得转让抵押财产,但受让人代为清偿债务消灭抵押权的除外。"该规范意旨在于,通过严格限制抵押财产的转让,维护抵押财产受让人和抵押权人的利益。根据该规定,抵押财产的转让以其上抵押权注销为前提,受让人取得的是没有抵押权负担的财产,也就没有所谓抵押权追及效力的问题。该案判决时还处于《物权法》被废止之前,当事人也是为了转让抵押财产解除抵押登记,所以该案并未承认当事人对于涉案房屋抵押权的追及效力。

但值得注意的是,我国新颁布的《民法典》第406条明确规定,抵押期间,抵押人可以转让抵押财产。当事人另有约定的,按照其约定。抵押财产转让的,抵押权不受影响。由此可见,《民法典》明确确定了抵押权的追及效力。抵押权追及效力规则与限制抵押财产转让规则所要实现的价值目的大相径庭。与限制抵押财产转让规则相比,抵押权追及效力规则能更好地实现保障抵押权、促进物尽其用和平衡当事人间利益的价值目的。[2]

(二)委托抵押权人在登记债权范围内享有优先受偿权,抵押人将抵押物转让后,其对抵押物仍享有追及效力

从法理上看,抵押权是在所有权基础上设立的限定物权,支配抵押财产的交换价值,在抵押权的支配性和对世性理论基础上抵押权人享有优先受偿权,因此它在制度衔接上将抵押财产自由转让与抵押权的追及效力挂钩。而抵押权的追及效力以物权公示公信原则为基础,已经登记的抵押权根据公示效力具有对抗

---

〔1〕 王利明、尹飞、程啸:《中国物权法教程》,人民法院出版社2007年版,第479页。

〔2〕 高圣平、罗帅:《〈民法典〉不动产抵押权追及效力规则的解释论》,载《社会科学研究》2020年第5期。

其后抵押财产受让人的追及效力是顺理成章的。而在委托抵押的情况下，实际债权人并非登记的抵押权人，并未对实际债权人进行物权公示，实际债权人能否对抵押物拥有抵押权的追及效力呢？

根据前文所述，笔者认为委托抵押协议如果不违反法律、行政法规的强制性规定，应该是合法有效的，应认定实际债权人为抵押权人。从利益关系的角度来看，不动产抵押权设立的目的在于保护债权人的利益，在条件成就的情况下允许其对抗第三人并就抵押物优先受偿，登记则是为了合理警示第三人以避免其利益因抵押权的实现遭受到损害。在委托抵押的情况下，即使实际债权人并未实际登记抵押权，但是登记簿上存在受托人的抵押权登记，第三人至少知道抵押物上存在一个具体价值的抵押权，即使实际债权人不是登记抵押权人，登记簿上受托人的登记对于第三人来说已经构成合理提示，足以对抗第三人的主张，这里的"第三人"既包括抵押人的其他债权人，也包括抵押期间抵押物的受让方，故笔者认为委托抵押权人作为实际抵押权人，在登记的抵押范围内具有优先受偿权，抵押人将抵押物转让后，其对抵押物在登记的抵押范围内仍享有追及效力。

三、合同约定的抵押范围与登记簿记载不一致时，应以何者为准

关于约定抵押范围与登记簿记载不一致时以何为准的问题，从理论角度来看，一种观点认为，不动产登记簿是物权归属和内容的根据，因此，在当事人的约定与登记簿记载不一致的情况下，从优先保护相对人的合理信赖出发，应当以登记簿的记载为准。另一种观点认为，《民法典》规定担保物权的担保范围包括主债权及其利息、违约金、损害赔偿金、保管担保财产和实现担保物权的费用。且当前大多数地方不动产登记簿上未设置抵押范围，导致约定抵押范围与登记簿不一致，如果以登记簿为准，将对债权人不公平。鉴于该案判决时间早于《民法典》的颁布，且考虑到登记不一致的情况，责任不在当事人，该案采纳了第二种观点。但是目前法律规定已经有了较大变化，本文梳理了相关法律、行政法规。

自 2015 年 3 月 1 日起《不动产登记暂行条例》施行，根据《国土资源部关于启用不动产登记簿样式（试行）的通知》，"不动产登记信息"中记载"被担保主债权数额（最高债权数额）（万元）"。不动产登记簿和他项权利证书中的登记和记载信息都只有"被担保主债权数额"，担保范围无从记载，由此便导致登记的实际状况与当事人之间就不动产抵押权约定的抵押范围不一致，并进而引发不动

产抵押权担保范围在司法实践中的争议。

2019 年发布的《九民纪要》第 58 条对不同省、市的登记实践做了不同区分：如果该地区登记系统及登记规则未设置担保范围，人民法院应以合同约定认定担保物权的担保范围；如果一些省区市不动产登记系统设置与登记规则比较规范，担保物权登记范围与合同约定一致在该地区是常态或者普遍现象，人民法院应当以登记的担保范围为准。

与《民法典》配套实施的《最高人民法院关于适用〈中华人民共和国民法典〉有关担保制度的解释》第 47 条则改变了《九民纪要》第 58 条的规则，不再区分不同省、市的登记实践做裁判结果上的区分，明确规定“不动产登记簿就抵押财产、被担保的债权范围等所作的记载与抵押合同约定不一致的，人民法院应当根据登记簿的记载确定抵押财产、被担保的债权范围等事项”，即合同约定的抵押范围与登记簿记载不一致时，以登记簿记载为准。目前并未有明确规定《九民纪要》第 58 条不再适用，由此在一定程度上引发了法律适用方面的争议。

值得注意的是，2021 年 4 月 6 日，自然资源部发布《关于做好不动产抵押权登记工作的通知》，为贯彻落实《民法典》对于不动产抵押权的规定，就不动产抵押登记簿作出重要修订，包括登记簿增加“担保范围”一栏、“最高债权数额”修改为“最高债权额”并独立为一个栏目、登记簿增加“是否存在禁止或限制转让抵押不动产的约定”栏等重要内容，势必会对交易主体及司法裁判产生重大影响。

综上所述，委托抵押协议未违反法律、行政法规的强制性规定，合法有效，委托人作为实际抵押权人享有优先受偿权。抵押人在抵押期间可以转让抵押物，委托人作为实际抵押权人，对于抵押物享有追及效力。合同约定的抵押范围与登记簿记载不一致时，原则上抵押范围以登记簿记载为准，但也需要考量各地登记簿设计实际情况。

让与担保的构成要件与裁判规则

——让与担保案件的认定与裁判

张萌萌*

案例摘要

由于财产形式的多样性及个案的特殊性,加上当事人对“让与担保”的含义理解不同,实践中出现了“让与担保协议”签订的多种形式,要在纷繁复杂的案件中辨识出让与担保案件是让与担保案件裁判的前提。让与担保是担保的一种方式,其应当与担保物权下的抵押、质押等本质相同。目前,《最高人民法院关于适用〈中华人民共和国民法典〉有关担保制度的解释》第68条给法官裁判提供了依据。本文通过案例分析,从让与担保关键要素的识别出发,认为有借款的实质及担保的实质即构成让与担保法律关系的关键,通过与让与担保有关概念的辨析,得出让与担保与抵押权等传统担保物权的关系,比较了让与担保与财产权转让的不同,并对股权让与担保进行着重探讨,以期运用正确的裁判规则对相关类型的案件作出判决。

【裁判观点】

《最高人民法院关于适用〈中华人民共和国民法典〉有关担保制度的解释》第68条(以下简称第68条)对有关让与担保制度的裁判规则进行了规定。法官对让与担保案件的认定及裁判有了更加规范的指引。通过第68条可知,让与担保案件的认定和裁判规则需要把握三点:第一,债务人或第三人与债权人约定将

---

* 张萌萌,北京市东城区人民法院员额法官。

财产从形式上转移至债权人名下作为担保的意思表示;第二,需要完成财产权利变动公示;第三,当债务人不履行到期债务时,债权人有权参照《民法典》关于担保物权的规定对财产折价或者以拍卖、变卖所得的价款优先受偿。

而在不构成让与担保的案件中,法官可参考《最高人民法院关于审理民间借贷案件适用法律若干问题的规定》第23条(以下简称第23条)关于买卖合同作为民间借贷合同担保的相关规定做出裁判。第23条第2款规定,法官按照民间借贷法律关系审理并作出判决,判决生效后,借款人不履行生效判决确定的金钱债务,出借人可以申请拍卖买卖合同标的物,以偿还债务。就拍卖所得的价款与应偿还借款本息之间的差额,借款人或者出借人有权主张返还或者补偿。

【关键词】

让与担保　形式上转移所有权权利变动公示　财产权转让　担保物权

【类案综述】

让与担保案件裁判的关键是判定案件中涉及的法律关系是否构成让与担保的法律关系。在实践中,让与担保案件的识别是审理这一类型案件的难点。笔者将实践中与让与担保相关的常见形式进行了区分,主要有如下几种类型:

1. 狭义的让与担保

狭义的让与担保类似普通担保的形式,当事人为了确保债务的履行而签订让与担保协议,并且进行所有权变更登记。因此,狭义的让与担保伴随着借贷合同产生。以(2019)最高法民再304号曾某与湖南新国置业发展有限公司合同纠纷再审案为例。2014年1月,新国公司与曾某签订《借款协议》约定:曾某向新国公司提供借款300万元,为期半年,月利率4%,按季付息,本金到期付清。同日,新国公司与曾某签订《商品房买卖合同》约定:曾某购买新国公司开发房屋车位,曾某向新国公司转账300万元。因商品房处于建造中,尚未进行所有权登记,故双方办理了预购商品房预告登记。本案经最高人民法院再审认定,曾某与新国公司成立借贷法律关系后另行以《商品房买卖合同》办理预购商品房预告登记之行为,实质构成让与担保合同法律关系。上述案例中,双方以签订合同的形式缔结了民间借贷合同关系,又以签订买卖合同的方式为债权作担保,同时通过预告登记的行为确定转移房屋所有权,属于狭义的让与担保形式。

2. 卖渡担保

最高人民法院没有对卖渡担保的含义作进一步说明。日本学者我妻荣认为[1],卖渡担保也是一种非典型担保,通过移转标的物所有权来实现担保目的,与让与担保性质相同,只是不存在狭义让与担保法律关系中的借贷合同。[2]通过最高人民法院裁判文书,可知我国亦认可卖渡担保是让与担保的一种形式。卖渡担保,顾名思义,以买卖之名行担保之实。实践中,此类的卖渡担保通常是为了融资需要,以买方向卖方支付买卖合同中标的物对价(货款)的形式,为卖方提供借款融资。买卖双方通常会在协议中约定回购条款或解除条款。约定回购条款的双方,满足回购条款,则价款返还买方,买卖合同中标的物的所有权归还卖方。约定解除条款的双方,通常会约定在一定期限内由卖方解除合同,将这笔对价(货款)返还买方,则买卖合同中的标的物归还卖方,有的还会给付相应的费用补偿。反之,则买卖合同项下的标的物不再归卖方所有。但以上这两种方式均不是以买卖为目的的合同,而是以回购或者附期限附条件的解除权来达到为实现融资的目的的担保。

以(2013)民提字第135号广西嘉美房地产开发有限责任公司与杨某商品房销售合同纠纷为例。2007年,杨某与嘉美公司签订《商品房买卖合同》,合同中约定嘉美公司将商品房以340万元的价格出售给杨某。杨某付清了房款,并且办理了商品房买卖备案登记。现杨某因嘉美公司至今仍未交付房屋,违反了合同约定,故向法院起诉,请求确认《商品房买卖合同》有效。最高人民法院提审该案件,查明嘉美公司因与案外人的借款合同到期急需还款才向杨某借款,并指示杨某将钱款转入案外债权人账户中,且使用资金期间向杨某支付利息。因此,虽然双方未签订借款合同,但杨某给付钱款并收取利息的行为,可以认定双方存在的是债权债务关系。嘉美公司从杨某处取得340万元的真实意思是借款融资还债,签订商品房买卖合同的目的是担保债务的履行。上述案例中,双方当事人之间虽然形式上不存在借贷合同,但实质上是通过签订买卖合同并实质转让所有权的方式,为卖方提供借款融资做担保。

---

[1] [日]我妻栄:《"売渡担保"と"譲渡担保"という名称について》,载《民法研究(第四期)》,有斐阁1967年版,第121页。

[2] 徐千寻:《权利移转型担保的裁判法理》,载《北方法学》2019年第5期。

3. 后让与担保

后让与担保与让与担保的不同在于"后"字。让与担保系先行转让所有权，后让与担保则不然。在这类协议中，当事人会约定如债务人不能按期还款，则转让所有权。例如，在笔者所在法院审理的一个案件中，北京某物业管理有限公司与原告葛某签订借款合同，因资金周转需要，公司向葛某借款250万元，借款期限3个月。同时，公司、葛某与第三方签订担保协议，约定，若公司不能按期还款，第三方同意将其持有的公司100%股权转让给葛某作为增信条件。现借款到期，葛某起诉第三方要求承担保证责任。上述案件中股权转让的条件为债务人不能按期还款。一旦该条件具备，即将股权转让给债权人，转移所有权的行为在后。因此，这种未提前转移所有权的担保方式为后让与担保。

最高人民法院认为让与担保分为狭义和广义，广义上的让与担保包括狭义的让与担保和卖渡担保。目前只将前两种形式明确为让与担保。根据第68条的规定亦可印证最高人民法院的上述观点。而第三种后让与担保则不能适用让与担保相关的裁判规则。

实务典型案例

基本案情

2014年1月6日，原告甲与被告乙签订借款合同，约定被告乙向原告甲借款用于资金周转，借款金额300万元，期限自2014年1月7日至2015年1月6日。借款年息20%，每月6日支付。担保人丁对该债务进行担保。上述合同由原告甲、被告乙、案外人丁签字。2014年1月8日，被告乙向原告出具借据一张，确认收到借款300万元。

借款到期后，双方分别于2015年1月5日、2016年1月4日、2016年12月6日，多次签订借款协议及续借款协议，对300万元借款进行确认，借款期限确定截至2018年1月6日。

2016年12月7日，被告乙再次向原告甲借款1000万元，并向原告甲出具借据一份，约定利息20%，期限1年，到期本息一并归还。同年12月9日，原告甲委托案外人向被告乙转账共计1000万元。2017年12月5日，双方签署续借款协议,原告同意1300万元由被告乙继续使用,期限至2018年12月7日,按照年息20%计算,每月10日前支付5万元。其他本息到期一次支付。

2018年10月28日,原告甲(甲方)、案外人丁(乙方)、被告乙(丙方)再次签订备忘录一份,约定由于被告乙未能足额支付200万元利息,再次构成违约。截至2018年10月,被告乙全额支付了利息,未归还本金。合同各方达成共识,被告乙于2018年12月30日前归还甲方1000万元一年的利息200万元,或于该日期前归还1300万元,原告甲同意免除案外人丁的两年利息;被告乙依约于每月6日前向原告甲支付5万元作为300万元借款的利息,直至借款归还为止;被告乙协调被告丙将恒通公司股权70%转让给案外人丁作为质押;原告甲和案外人丁帮助被告乙拓展融资渠道……

2019年1月12日,被告丙(出让方)与原告甲、案外人丁(均为受让方)、被告乙(债务人)签订股权转让协议,约定被告丙将其持有的恒通公司股权的49%转让给原告甲,作为被告乙的债务保证。被告丙同意协助受让方办理股权转让过户手续。股权转让价款为20 738 727元。鉴于债务人欠付受让人债务,各方确认本次股权转让无须实际出资。任何一方违约的,违约金为本次股权转让总款的1%。

原告认为其与被告乙之间成立民间借贷法律关系,与被告丙之间成立让与担保的法律关系,故向法院提起诉讼,请求:1.被告乙偿还借款1300万元并按照年利率20%的标准支付利息至实际清偿之日止;2.被告丙将其持有的滕州市恒通燃气有限公司49%的股权转让给原告,作为被告乙对原告债务的担保,并支付违约金207 387元。原告有权对上述股权享有优先受偿的权利。

被告乙认可原告所述1300万元债务,但主张双方曾约定原告不再要求支付利息。故对于原告要求被告支付利息的诉讼请求,被告不予认可。股权转让协议的签署,是由于原告承诺不再计息,且同意协助被告丙以高价出售股权。因未能实现承诺,故股权转让协议未能履行。综上所述,不同意原告的诉讼请求。

被告丙认为,被告丙从未存在为被告乙担保的意思表示。双方所签担保既不成立也不生效。原告的诉讼请求并非同一法律关系,股权转让纠纷不应在本案中一并予以解决。亦不同意原告的诉讼请求。

法院观点

本案争议焦点在于:《股权转让协议》的性质如何认定;被告丙在本案中承担怎样的法律责任。

关于原告主张与被告丙成立让与担保法律关系,并要求被告丙办理股权变更登记并支付违约金的诉讼请求的问题。本院认为,让与担保应以合同约定的标的物实际转移或者登记公示为成立要件。原告与二被告签署的股权转让协议的目的虽是对被告乙向原告的债务提供担保,但双方并未办理股权转移登记。在此情形下,双方并不成立让与担保的法律关系。

关于被告丙的法律责任承担问题。因本案为民间借贷纠纷,原告要求被告丙继续履行该转让协议,并承担违约责任的诉讼请求,与本案不能一并处理。原告与被告丙之间的纠纷,可在本案判决生效后,借款人不履行判决确定的金钱债务后,另行解决。

裁判结果

被告乙于本判决生效后十日内偿还原告甲借款本金 13 000 000 元;被告乙于本判决生效后十日内向原告甲支付上述借款本金的借款利息(截至 2019 年 12 月 6 日的借款利息 6 400 000 元,自 2019 年 12 月 7 日开始至实际清偿之日止,以上述欠款本金为基数,按照年利率 20% 计算);驳回原告甲的其他诉讼请求。

【裁判思路与方法】

构成让与担保的案件应按照第 68 条规定依法处理,不构成让与担保的案件应按照其基础法律关系继续审理,同时向当事人予以释明。本案股权转让协议中虽明确表明担保的意思表示,但因没有完成股权变更,系不构成让与担保法律关系的情形。原告甲对股权并没有担保权,其要求将股权转让给原告并对股权拍卖、变卖、折价款项优先受偿的诉讼请求不具有法律依据。故本案按照民间借贷基础法律关系审理。

那么,在实践中,法官应当如何判定是否构成让与担保的法律关系并做出裁判,是实务中的一个重要问题。笔者认为,可以从让与担保法律关系构成的要素出发进行识别,通过与相关典型担保物权进行辨析,运用正确的裁判规则作出裁判。

一、识别——“关键要件”法

根据《九民纪要》第68条及第71条的规定，笔者认为，成立让与担保的必备要件有二：第一，存在债权债务关系；第二，存在以转移所有权为形式的担保。笔者通过研究司法实务中的案例及当事人签订“让与担保协议”的多种形式，从中提炼出多种变量，在变量中若有让与担保的关键要件，则对应案件为让与担保案件，若不具备，则不应当按照让与担保案件规则处理。此为“关键要件”法。通过对比分析，与让与担保案件有关的变量有4种。

变量1——是否有借款的实质：债权债务关系是否真实存在；

变量2——是否有借款的形式：是否有单独签订的借款协议；

变量3——是否有担保的实质：标的物所有权是否已经实际转移；

变量4——是否有担保的形式：是否签订了书面的担保协议。

在以上变量中，若具备变量1和变量3，便应当初步认定为是让与担保法律关系。笔者通过表1将实践中出现的多种“让与担保协议”识别如下：

表1　让与担保变量识别

	借款形式	借款实质	担保形式	担保实质
狭义的让与担保	有	有	有	有
卖渡担保	无	有	无	有
后让与担保	有	有	有	无

通过表1可以看出，只要有借款的实质和担保的实质，就构成了让与担保的关键。因为没有借款行为（融资）就不存在担保，没有所有权转移就不构成让与担保。因此，狭义的让与担保，有借款的实质也有所有权转移，属于让与担保的典型形式。卖渡担保，或通过约定解除权或通过约定回购，以转移所有权的方式实现融资，也属于实质的让与担保。后让与担保，因没有转移所有权，没有担保的实质，故不能认定为让与担保。

二、让与担保相关概念辨析

（一）与抵押权等典型担保物权——名不同而实相同

让与担保的关键是以转移标的物所有权的方式实现担保。这与《民法典》

物权编中规定的抵押权本质上是相同的。就一般的动产让与担保而言,交付即转让所有权,动产抵押亦是如此。因此,一般的动产让与担保和动产抵押之间,都是通过交付的方式实现担保的目的。虽然名不同,但实质是相同的。无论是让与担保还是动产抵押,交付产生的结果并非将所有权实际转移至债权人,均是作为担保,来确保债权的实现。对于不动产的让与担保和特殊的动产让与担保(如依法可以转让的股权),笔者认为其本质也是与不动产抵押或权利质押相同,具体表现如下:

1. 登记行为与让与担保转移所有权本质相同

这里要回归担保的本质。担保的本质是确保债权的顺利实现,担保的作用是使债权人对担保物获得排除第三方的权利。不动产抵押登记可以使被登记抵押合同的债权具有对抗第三人的效力,最终目的是确保被抵押不动产只对被登记的债权发生效力。权利质押的登记目的亦是如此。而不动产让与担保或股权让与担保中的转移所有权,虽然将所有权名义上登记至债权人名下,却也并不享有实际的所有权。以股权让与担保为例,判断登记至股东名册的股东是否是基于让与担保成为股东的重要标准就是其是否实际参与公司实际经营,参与利润分配等。若其实际参与公司经营管理,则其并不能构成让与担保。由此可知,让与担保权人也只是名义上的所有权人,让与担保是为了确保债权的实现而发生的行为。

因此,让与担保中的所有权转移及抵押或质押中的登记行为都只是起到了公示作用,是为了使债权获得对抗第三人的效力。若将来债权不能实现,债权人则有权对被登记财产或被转移所有权财产主张权利。

2. 担保实现的方式本质相同

担保的目的是确保债权的顺利实现。抵押权或质押权的实现方式为:若其所担保的债权得到清偿,则抵押物或质押权利归债务人所有,若其所担保的债权得不到清偿,抵押物或质物折价、拍卖或变卖实现清偿目的。

让与担保实现的方式亦是如此,即或变卖清算,或归属清算。若其所担保的债权得到清偿,则被转移所有权的担保物就要依约返还给债务人。若其所担保的债权没有得到清偿,债权人可以对财产拍卖、变卖、折价偿还债权。因此,让与担保实现的方式并不是直接获得所有权,让与并不是目的,而仅仅是一种担保的方式。

因此,让与担保的"让与"行为仅具有对外公示效力,让与担保中的所有权转移的登记行为或者交付行为都要起到公示的作用,都是为了使债权获得对抗第三人的效力。若将来债权不能实现,则债权人有权对被登记财产或被转移所有权财产主张权利。

（二）与财产权转让相区别——以股权让与担保为例

让与担保从形式上看往往表现为财产权转让,但二者又性质有别,不可混淆。一方面,从合同目的看,财产权转让是当事人出于转让财产权的目的而签订的协议,出卖人的主要义务是转让财产权,买受人的主要义务是支付转让款。而让与担保的主要目的是为主债务做担保,受让人无须支付对价,同时,对于受让的财产,未届债务清偿期前,受让人不得行使处分权。另一方面,让与担保合同属于从合同范畴,与此相对应的往往还有一个主合同。因此在判断协议是财产转让协议还是让与担保的一个识别要素为是否存在一个主合同,即前文所述的有真实的债权债务关系存在。

与动产、不动产的让与担保仅涉及财产权利不同,股权由于兼具财产权和成员权的双重属性,认定名义股东是债权人还是股东对当事人影响巨大。因为如果认定是股权让与担保,股权转让的行为仅仅是一个用股权做担保的行为,而如果认定为股权转让,那么被转让方就是公司股东,其既可以参与经营,享受分红等股东权利,又要承担股东应当承担的义务。虽然本案中,因股权没有实现所有权变更,没有认定为股权让与担保,但实践中股权让与担保行为的判定及让与担保权的实现均是法官裁判的难点。笔者从以下几个方面进行讨论:

1. 关于其他股东的优先购买权

根据我国《公司法》的规定,经股东同意转让的股权,在同等条件下,其他股东有优先购买权。股权让与担保涉及股权实际变更登记的行为,这就涉及股东是否需要放弃优先购买权的问题。如果转让人把让与担保的真实意思告诉了公司及其他股东,就不会涉及优先购买权的问题,因为股权并未实际转让,即使股东名册进行了变更,被登记股东也仅仅是名义股东,不得对抗公司及其他股东。如果是股权转让,就应当保障其他股东的优先购买权,若实际通知其他股东并保障了股东的优先购买权,对公司内部及其他股东来说,被转让方应当可以行使股东权利,包括财产权和成员权。对于一人公司来说,股权转让及股权让与担保行为更加难以区分。因一人公司不涉及其他股东权利,仅有一位股东,那么法官在判断时无法通过其他股东的意思表示判断,便只能通过转让方与受让方的意思表示,股东名册变更及公司实际运营管理等方面综合判定。

2. 关于股权让与担保权的实现问题

存在股权让与担保,就存在股权让与担保的实现问题。在上市公司中,股权具有市场价格,在一定程度上较容易确定,但是也面临股权价格可能在短时间内发生较大波动,股权清算时间点的确定问题。而在有限责任公司中,股权没有市场公开价格,若双方可以就股权价格达成合意,便可以将股权变现,实现股权让与担保权。但是如果双方不能就价格达成一致,就需要通过变卖、拍卖等方式确定股权的价格,在变卖或拍卖时又会涉及其他股东的优先购买权问题,所以股权让与担保的实现,较其他动产或不动产而言更为复杂。

(三)"主债务履行期限届满后的让与担保"与"实际清偿"

在主债务履行期限届满后签订的"让与担保协议"是担保还是实际清偿,是关系到这类案件如何处理的关键。实践中经常遇到类似情形,在主债务履行期限届满,债务人无法偿还债务时,又有债务人或者第三人与债权人签订让与担保协议,作为担保。若一概将其判断为实际清偿显然有失公允,尤其是涉及与第三人签订的让与担保协议的认定时,若认定为实际清偿,还会涉及债务加入的问题。因此,笔者认为对于这一问题的辨析还应从以下角度分析:

1. 当事人意思表示

在法律没有明文禁止主债务期限届满后提供保证的情况下,若提供让与担保方的意思表示只是愿意为债务提供担保,并非愿意接受债务实际清偿,债权人的真实意思表示也是为了增加对自身债权的保护而接受让与担保人的担保,并非同意用转移所有权的财产清偿,当事人担保的意思表示应被尊重。一般情形下,应视为债权人和债务人或第三人之间订立的是让与担保合同,是担保的意思表示。但法官也要充分考虑当事人是否作出了真实的意思表示。以股权让与担保为例,在签订协议时,债权人的意思表示很可能是实际清偿,但起诉时,由于股权价值下降,不足以清偿债务,债权人便坚持认为是让与担保合同关系,要求债务人承担责任。因此,法官还需要探究当事人的真实意思表示。

2. 主债务诉讼时效是否经过

这一点主要涉及第三人与债务人签订让与担保协议的情形。根据法律规定,在主债务履行期限届满但未经过诉讼时效的情况下,保证一方承担保证责任后可以向债务人追偿。此时,若第三人与债权人签订了让与担保协议,双方又有担保的意思表示,可以认定是让与担保的行为。但是当主债务履行期限届满并且超过诉讼时效时,保证人承担债务后无法行使追偿权。此时,若第三人还与债权人签订让与担保协议,则应当视为债务清偿。

综上所述,主债务履行期限届满,但尚未超过诉讼时效的,视为让与担保合同成立。主债务履行期限届满,但已经超过诉讼时效的,视为债务实际清偿。

三、关于让与担保案件的裁判规则

关于构成让与担保的案件,目前裁判可依据的法律规定有 2021 年 1 月 1 日起施行的《最高人民法院关于适用〈中华人民共和国民法典〉有关担保制度的解释》第 68 条,该条规定,债务人或者第三人与债权人约定将财产形式上转移至债权人名下,债务人不履行到期债务,债权人有权对财产折价或者以拍卖、变卖该财产所得价款偿还债务的,人民法院应当认定该约定有效。当事人已经完成财产权利变动的公示,债务人不履行到期债务,债权人请求参照民法典关于担保物权的有关规定就该财产优先受偿的,人民法院应予支持。

关于不构成让与担保的案件,目前可参考的是《最高人民法院关于审理民间借贷案件适用法律若干问题的规定》第 23 条关于买卖合同作为民间借贷合同担保的相关规定。该条规定明确法官应当按照基础法律关系审理,待作出的判决生效后,出借人可以申请拍卖买卖合同标的物以偿还债务。

公司及公司劳动争议类

补充赔偿责任产生时间及履行期限的认定

任　毅*

案例摘要

根据相关法律规定,债权转让中涉及的债务人基于其对原债权人享有的债权而向债权受让人提出抵销的主张欲成立,需满足债务人在收到债权转让通知时对原债权人享有债权、该债权不晚于原债权人所转让的债权到期这两个条件。因此,对于债务人收到债权转让通知时其对原债权人是否享有债权以及双方互享的两笔债权的履行期限的审查是此类案件的重点。通常情况下,上述两点在证据中应该有较清晰的体现,但当其中涉及因补充赔偿责任而产生的债权时,则补充赔偿责任之债何时产生、补充赔偿责任之债的履行期限如何认定则成为需要思考的问题。本案例即对上述两个问题进行了分析和解答,对上述两个问题的认定思路和标准给出了答案,为此类案件提供了参考。

【裁判观点】

股东对公司存在抽逃出资行为,且股东与公司对同一主体分别享有债权、负有债务,股东将其对该主体享有的债权对外转让后,该主体要求将其对股东负有的债务与公司对其所负有的债务进行抵销的,涉及对股东产生补充赔偿责任之债的时间与债权转让时间的先后的认定。应根据公司实际履行能力确认抽逃出资股东对该主体发生补充赔偿责任的时间。如有充分证据证明公司在债务履行期限届满前即无任何可供执行财产,则可认定公司于债务到期时不具备履行能

* 任毅,北京市东城区人民法院员额法官。

力。故而,股东于公司对该主体的债务到期时即对该主体发生补充赔偿责任之债,且债务履行期限应以公司对该主体所负原始之债的履行期限为准。

【关键词】

补充赔偿责任　股东抽逃出资　债务抵销　债权转让

【类案综述】

通过在中国裁判文书网上进行检索,虽有分别涉及股东因抽逃出资而承担补充赔偿责任、债权转让、债务抵销的相关案例,但上述三种情形混合在同一案件中的相似案例却罕见。上述三种情形在同一案件中并存,导致抽逃出资股东的补充赔偿责任之债的产生时间、履行期限成为处理案件时必须面对且解决的问题。审判实务中,针对补充赔偿责任之债并不属于独立之债,其系在特定情形下补充赔偿责任人对主责任人所负之债所需承担的责任这一点基本达成共识,但对于补充赔偿责任之债在何种情况下、在何时产生,已公开的裁判文书中则体现出不同观点。主要包括以下两种观点:第一,补充赔偿责任在主责任人的债务经人民法院强制执行程序确认无法清偿或无法完全清偿时产生。即只有主责任人的债务通过强制执行程序仍无法清偿或无法完全清偿,法院终止相应执行程序的情况下,才产生补充赔偿责任。第二,补充赔偿责任在可以认定该笔债务的主责任人无法确定或无能力清偿、无力完成清偿债务的情况下即产生,而主责任人无法确定或无能力清偿、无力完全清偿债务的认定不仅仅以主责任人该笔债务通过人民法院强制执行的情况作为依据,如果存在其他情形足以体现主责任人无能力清偿或无力完全清偿债务,则可以认定补充赔偿责任在该情形满足时即产生。

实务典型案例

基本案情

2013 年 9 月 27 日,乙、丙、丁、戊签订《还款协议书》,约定乙、丁确定乙向丁偿还各类款项 1606.525593 万元,丙对上述欠款中的 294 万元承担连带保证责任。丙于协议签订后3个工作日内向乙支付168.525593万元,乙应于取得拆迁款后3日内将606万元款项支付给丁。如两年内乙未取得租赁场地拆迁款,则乙应在自签订本协议之日起满两年后的3个工作日内向乙支付上述606万元。丙同意对于丙承担连带责任部分剩余的125.474407万元款项按如下方式支付:丙取得租赁场地拆迁款后3日内将上述款项支付给丁。如两年内丙未取得租赁场地拆迁款的,则丙应在自签订本协议之日起满两年后的3个工作日内向丁支付上述款项。

同日,上述主体签署《协议书》,约定乙、丁双方确认,截至2013年9月27日,戊应支付乙的租金及其他费用共计1712万元。戊应优先将增资款项用于偿还欠付乙的租金,并在取得增资后3个工作日内支付。如戊在两年内仍未取得增资款项,则戊应于本协议签订之日起满两年后3个工作日内向乙支付上述欠付租金。

2015年10月29日,己与丁签订《债权转让协议》,约定双方确认将丁对乙606万元到期债权及逾期利息、丁对丙的125.474407万元到期债权及逾期利息一并转让给己。

2015年11月10日,乙向丁邮寄《对债权转让通知书的回函》,针对上述债权转让事宜提出异议,称双方债权不明确,不能转让,且乙对戊享有债权,而戊与丁实为同一公司,因此双方互享债权,乙有权主张抵销。

2018年12月10日,己与甲签订《债权转让协议》,约定将上述债权及逾期利息转让给甲。

因乙、丙未履行付款义务,甲提起本案诉讼,要求乙、丙承担还款义务并赔偿逾期付款利息损失。

针对甲的诉请,乙主张:1.丁将债权转让给己系为逃避债务、转移财产,该恶意转让行为应为无效。2.乙对丁享有1712万元债权,并且早已向丁行使抵销权。3.乙于(2016)陕0103民初1679号案件中明确向己主张其对丁享有债权,应当予以抵销,己对此明知却将涉案债权转让给甲,属恶意转让。该转让债权行为无效且对乙无约束力。4.甲未因己转让债权的行为而合法取得债权,其诉请无任何依据。同时,丙主张:1.如乙所述,甲受让债权基础不存在,其诉讼请求不成立;2.丙系担保人,主债权不成立,则担保债权不成立。

2015年,乙作为原告向陕西省西安市中级人民法院对被告戊、第三人丙、第三人丁提起诉讼。该案判决中认定戊应于2015年9月30日前向乙支付欠付的租金及其他款项,判决戊向乙支付租金及其他费用共计1712万元。该判决生效后,乙申请强制执行。2016年5月25日,西安市中级人民法院做出(2016)陕01执×××号执行裁定,确认戊无财产可供执行,裁定终结本次执行程序。

2016年,己基于上述债权转让向乙、丙提起(2016)陕0103民初××××号诉讼,后该案追加丁、戊为第三人。该案庭审中,乙主张戊欠其1712万元,丁为戊股东,存在抽逃注册资金行为,应在抽逃注册资金范围内对戊债务承担连带责任,故丁与乙应将互负债务进行抵销。2018年10月19日,己撤诉。

本案中,乙主张其上述抵销主张涉及的债务范围包括其对丁1606.525593万元债务中的已到期债务,含606万元、125.474407万元及相应利息。

上述案件审理过程中,乙向陕西省西安市中级人民法院提起执行异议之诉,要求在(2016)陕01执×××号执行案件中追加丁为被执行人。该法院于2018年4月24日作出(2017)陕01民初×××号民事判决书,认定丁于2006年2月20日抽逃其对戊的出资,故判决:追加丁为(2016)陕01执×××号执行案件的被执行人;丁在抽逃出资7000万元人民币范围内对戊应支付乙的租金及其他费用共计1712万元承担补充赔偿责任。该判决作出后,丁提起上诉,陕西省高级人民法院于2018年11月30日作出民事判决,判决驳回上诉,维持原判。

甲自认其于受让涉案债权时对于己与乙、丙之间的诉讼情况以及乙提起执行异议之诉要求追加丁为被执行人均知情。

此外,中国裁判文书网上有多个以戊为被执行人的执行案件文书,其中包括2015年4月17日、2015年7月9日、2015年9月作出的多份执行裁定书,上述执行裁定书均因戊无可供执行财产而裁定本次执行程序终结。

法院观点

本案争议焦点在于:1. 涉案两次债权转让是否均无效;2. 乙对丁是否享有债权,是否已向丁、己主张债权抵销。

对于乙关于涉案两次债权转让均无效的主张,因其未提交足以证明上述主张的证据,故一审法院对其该项主张不予采信。

对于乙关于其已向丁主张债务抵销的主张,因乙于2015年11月1日收到丁邮寄的债权转让通知后,于2015年11月10日向已退出原债权债务关系的丁主张其有权行使抵销权,故一审法院认定乙上述行为并不能发生抵销效果。

原《合同法》第 83 条规定,"债务人接到债权转让通知时,债务人对让与人享有债权,并且债务人的债权先于转让的债权到期或者同时到期的,债务人可以向受让人主张抵销。"乙在(2016)陕 0103 民初××××号案件中主张其对丁享有 1712 万元债权并主张抵销,应视为向受让人己提出抵销主张,如在乙接到丁的债权转让通知时其主张的上述债权确实存在,且不晚于丁所转让的债权到期时间,则在其抵销主张到达己时应发生抵销效果。

根据已查明的事实,乙对丁负有的债务中已转让的两笔款项 606 万元、125.474407万元的履行期限与乙对戊享有的 1712 万元债权的履行期限均为 2015 年 9 月 30 日前。

经(2017)陕 01 民初×××号民事判决书确认,丁于 2006 年 2 月 20 日抽逃出资,故应在抽逃出资 7000 万元人民币范围内对戊应支付乙的共计 1712 万元承担补充赔偿责任。因此,丁应在其抽逃出资范围内对上述债务中戊不能清偿部分承担责任。

根据中国裁判文书网的查询结果,戊为多起案件被执行人,直至 2015 年 9 月,戊在其他执行案件中仍未被发现有任何可供执行的财产。据此,一审法院认为有理由认定戊在乙对其享有的 1712 万元债权到期时仍不具备任何履行能力,因此,可以认定上述债权到期时丁对上述债务即负有补充赔偿责任。丁与己相应债权转让通知于 2015 年 11 月 1 日到达乙,此时乙对丁享有 1712 万元债权,且该笔债权与己受让的丁对乙享有的 606 万元、125.474407 万元两笔债权同时到期,因此乙有权向己提出抵销。丙作为乙 125.474407 万元债务的连带责任保证人,在主债务已抵销的情况下自然亦不负有支付义务。因此,己于乙在(2016)陕 0103 民初××××号案件中行使抵销权后对乙、丙基于本案所涉债权转让行为不享有债权,进而甲亦不能通过本案所涉债权转让行为获得上述两笔债权。

裁判结果

一审法院判决驳回甲的诉讼请求。甲对一审判决提起上诉,二审法院判决驳回上诉,维持原判。

【裁判思路与方法】

公司及其股东对同一主体分别负有债务、享有债权,而该股东对公司存在抽逃出资行为,该股东将其对该主体享有的债权对外转让后,该主体向债权受让方提出抵销主张,要求将其对该公司所享有的债权与该股东已转让的对其享有的债权进行抵销。这其中涉及股东抽逃出资的法律责任问题及债权转让中的抵销权问题。

根据《最高人民法院关于适用〈中华人民共和国公司法〉若干问题的规定(三)》第 14 条第 2 款之规定,公司债权人请求抽逃出资的股东在抽逃出资本息范围内对公司债务不能清偿的部分承担补充赔偿责任的,人民法院应予支持。《民法典》第 549 条规定,“有下列情形之一的,债务人可以向受让人主张抵销:(一)债务人接到债权转让通知时,债务人对让与人享有债权,且债务人的债权先于转让的债权到期或者同时到期;(二)债务人的债权与转让的债权是基于同一合同产生。”因此,具体到本案中,关键问题在于乙接到丁的债权转让通知时其是否对丁享有债权,且该债权不晚于丁对其享有的债权到期。而对上述事项的判断则涉及以下两个重要问题:(1)股东因抽逃出资而对公司债务不能清偿部分应承担的补充赔偿之债产生时间如何确定;(2)抽逃出资股东对公司债权人因承担补充赔偿责任所负担之债的债务履行期限如何确定。

一、补充赔偿责任的立法沿革

很长时间以来,我国立法并无关于补充赔偿责任的规定,理论界对于补充赔偿责任也存在不同观点和争论,但正是学术界对于补充责任的研究和探讨,以及实务界对于补充责任的尝试性应用,逐步推动了补充责任制度在侵权法领域的确立。

2003 年《最高人民法院关于审理人身损害赔偿案件适用法律若干问题的解释》(法释〔2003〕20 号)第 6 条第 2 款规定:“因第三人侵权导致损害结果发生的,由实施侵权行为的第三人承担赔偿责任。安全保障义务人有过错的,应当在其能够防止或者制止损害的范围内承担相应的补充赔偿责任。安全保障义务人承担责任后,可以向第三人追偿。赔偿权利人起诉安全保障义务人的,应当将第三人作为共同被告,但第三人不能确定的除外。”第 7 条第 2 款规定:“第三人侵权致未成年人遭受人身损害的,应当承担赔偿责任。学校、幼儿园等教育机构有过错的,应当承担相应的补充赔偿责任。”这是我国首次将补充赔偿责任引入侵权法领域。自1994年1月1日开始施行的《消费者权益保护法》第38条关于展销、租赁柜台经营的损害赔偿责任的规定和自1993年9月1日开始施行的《产品质量法》第30条关于销售者不能指明缺陷产品的生产者也不能指明缺陷产品的供货者时的责任的规定虽有补充责任的萌芽,但仍适用连带责任解决了相关的问题。

自2010年7月1日开始施行的《侵权责任法》基本上沿用了上述司法解释的立法思想,对于补充赔偿责任这一责任形态进行了规定。其中第32条、第34条第2款、第37条、第40条分别规定了监护人、有过错的劳务派遣单位、未尽到安全保障义务的管理人或者组织者、未尽到管理职责的教育机构的补充责任。

同时,针对公司治理领域存在的侵权行为,2011年2月16日开始施行的《最高人民法院关于适用〈中华人民共和国公司法〉若干问题的规定(三)》第13条、第14条对于股东未履行或未履行出资义务、股东抽逃出资应承担的补充赔偿责任进行了明确规定。该司法解释后续虽经历了修正,但仍保留了上述关于补充赔偿责任的规定。

自2021年1月1日起《民法典》开始实施,《民法典》承继了原《侵权责任法》的相关规定,在侵权责任编中对于补充责任进行了规定。其中第1191条第2款、第1198条、第1201条分别对有过错的劳务派遣单位、未尽到安全保障义务的经营场所和公共场所的经营者和管理者或者群众性活动的组织者、未尽到管理职责的教育机构的补充赔偿责任进行了规定。

二、补充赔偿责任的基本特征

补充赔偿责任,是指在主责任人无法确定或不能承担全部赔偿责任时,对损害后果负有责任的当事人依法就主责任人不能偿付部分承担的间接责任。其特征包括以下几个方面:

(一)补充赔偿责任基于法定或约定产生

为了避免补充赔偿责任的滥用,只有在法律明确规定或者当事人有约定的情况下才能适用。如《民法典》第1191条第2款、第1198条、第1201条均是关于补充赔偿责任的规定。

(二)补充赔偿责任人并非主责任人

补充赔偿责任的债务是由主责任人产生,对外亦由主责任人先行承担责任。

只有当主责任人无法完全承担赔偿责任的情况下，权利人才有权要求补充赔偿责任人继续承担责任。

(三)补充赔偿责任并非独立责任

补充赔偿责任的存在以主责任的存在为前提，权利人对补充赔偿责任人不享有完全独立的请求权。在主责任人有能力自行承担责任的情况下，权利人不能直接主张由补充赔偿责任人承担责任。

(四)补充赔偿责任的承担有范围限制

补充赔偿责任并非一定对全部主责任均承担补充赔偿责任，在不同情形下，补充赔偿责任人可能只是在一定范围内承担责任。如抽逃出资股东只是在其抽逃出资本息范围内对公司债务承担补充赔偿责任。

三、股东因抽逃出资而对公司债务不能清偿部分应承担的补充赔偿责任产生时间如何确定

股东向公司出资后，其出资即归为公司财产，股东抽逃出资行为侵害公司财产权，减少公司对外履行债务的责任财产，进而损害公司债权人权益，该行为实质为一种一般侵权行为。股东因抽逃出资而对公司债务承担的补充赔偿责任即是因其一般侵权行为而产生的侵权责任。一般侵权行为侵权责任的构成要件包括侵权行为、损害后果、侵权行为与损害后果的因果关系及侵权人的主观过错。即只有满足上述构成要件，才构成一般侵权行为，进而产生一般侵权责任。股东补充赔偿责任的产生时间与上述构成要件的满足时间密切相关。

(一)一般侵权行为构成要件分析

1. 侵权行为

行为人承担一般侵权责任应当具备的一个条件是违法性侵害行为，所谓违法性侵害行为，是指行为人违反法律的规定而实施侵害他人权利的客观行为。[1] 任何一个损害后果都与特定的侵权行为相关。没有侵权行为，损害后果就无从发生。从表现形式上看，侵权行为包括作为和不作为，其中作为的形式居多。以不作为构成侵权行为的，一般以侵权人负有特定的义务为前提条件。

---

〔1〕 江平主编：《民法学》，中国政法大学出版社2011年版，第492页。

2. 有损害后果发生

损害后果,是指一定侵权行为对他人的财产或人身造成的不利影响。产生损害后果,是构成侵权行为的另一个要件。没有损害后果,则侵权和侵权责任便无从谈起。

损害后果依性质和内容,可分为财产损害和非财产损害,其中非财产损害包括人身伤害和精神损害。财产损害,主要是指侵权行为对受害人造成的经济损失,如损害他人物品等行为致权利人的经济利益受到损害。财产损害包括直接损害和间接损害,直接损害是既得利益的损害,如物品受损;间接损害是可得利益的损害,如因物品受损导致依赖该物品进行的营业受影响而产生的收入减少。人身伤害,是指侵权行为人对受害人造成的人身方面的损害,具体包括对自然人造成的生命、身体、健康损害。同时,对自然人的人身损害往往也会伴随对财产造成相应损害。如致人身体受伤导致其产生误工费、医疗费、护理费等损失。精神损害主要是指自然人因侵权行为而遭受的精神和心理方面的痛苦。《民法典》第1183条规定:"侵害自然人人身权益造成严重精神损害的,被侵权人有权请求精神损害赔偿。因故意或者重大过失侵害自然人具有人身意义的特定物造成严重精神损害的,被侵权人有权请求精神损害赔偿。"

3. 侵权行为与损害后果之间有因果关系

侵权行为与损害后果之间有因果关系,是构成一般侵权行为的又一要件。侵权行为只有在加害行为与损害后果之间存在因果关系时,才能构成。如果侵权人有侵权行为,他人民事权益也确存在受损害的事实,但二者毫不相干,则不构成侵权行为。就侵权行为法上的因果关系而言,主要是指损害后果系由侵权行为所引起的情形。例如,甲故意破坏乙的物品,直接造成乙的该物品损毁,则甲的侵权行为是造成乙物品毁损的原因,二者之间就存在因果关系。

《民法典》侵权责任编涉及的侵权行为与损害后果之间的因果关系有许多不同的表现形式。具体主要有:(1)一因一果,即一个加害行为导致一个损害结果;(2)一因多果,即一个加害行为导致多种损害结果;(3)多因一果,即多个加害行为导致一个损害结果。厘清因果关系,对认定侵权责任极为重要。

4. 侵权行为人主观上有过错

侵权行为人承担的一般侵权责任应当具备的另一个条件是过错,过错是侵权行为人事实行为时主观上对其行为后果具有故意或者过失的一种可归责的心理状态。[1] 只有在行为人具有主观上的过错时,一般侵权行为才能构成。侵权行为人是否有过错直接关系到对其行为性质的认定。民法上的过错包括故意和过失两种形式。

侵权行为人对自己的行为会对他人民事权利造成损害的后果系明知,并希望或放任该结果发生的,为故意。侵权行为人对自己的行为可能损害他人的民事权利应当有所预见,但因为疏忽大意而没有预见,或者虽然已经预见但轻信能够避免,导致他人的民事权利受到损害的,为过失。判断侵权行为人是否构成过失,应以其是否尽到注意义务而定。而对侵权行为人注意义务的界定,则应根据具体的时间、地点和条件等多种因素综合进行。

(二)抽逃出资股东对公司债务应承担之补充赔偿责任产生时间的认定规则

侵权责任应于前述一般侵权行为构成要件全部满足时产生。根据《最高人民法院关于适用〈中华人民共和国公司法〉若干问题的规定(三)》第14条第2款的规定,抽逃出资股东仅对公司不能清偿的债务承担补充赔偿责任。结合上述关于一般侵权行为构成要件的论述,对于公司债权人而言,公司股东抽逃出资行为导致的侵害其债权实现的后果发生时,即债权人到期债权无法以债务人财产足额清偿时,则是抽逃出资股东补充赔偿责任产生之时。该时间点的确认应根据债务人偿债能力的具体情形作具体判断。

需要厘清的是,债务人为被执行人的相应执行案件中人民法院出具终结本次执行程序的执行裁定书、债权人申请追加抽逃出资股东为被执行人的执行异议之诉民事判决书的作出时间,仅仅是司法层面对债务人无可供执行财产这一事实及抽逃出资股东应承担法律责任这一后果的确认时间,而非相应事实及法律责任的发生时间,因此,不应机械地以上述裁判文书作出时间认定抽逃出资股东责任产生时间。

具体到本案中,戊在其对乙所负债务到期前有多个执行案件,且均因无任何可供执行财产而被裁定中止本次执行程序。因此,可以认定戊在其对乙所负债务到期时不具备偿还能力。因此,上述债务到期时乙因丁抽逃对戊出资所受的损害结果即发生,因而,丁自此时起即对乙负有补充赔偿责任范围内的债务。

---

[1] 江平主编:《民法学》,中国政法大学出版社2011年版,第492页。

四、抽逃出资股东对公司债权人因承担补充赔偿责任所负担之债的债务履行期限如何确定

欲找出该问题的答案,则应厘清抽逃出资股东所应承担的补充赔偿责任的性质。根据《最高人民法院关于适用〈中华人民共和国公司法〉若干问题的规定(三)》第 14 条第 2 款的规定可知,在公司作为债务人无法通过其自身责任财产完全清偿到期债务时,抽逃出资股东在其抽逃出资本息范围内对公司不能清偿的部分承担赔偿责任。上述规定,即是抽逃出资股东对公司债务承担补充赔偿责任的法律依据。依据前述关于补充赔偿责任基本特征的描述,补充赔偿责任并非独立的责任,其存在以主责任的存在为前提,权利人对补充赔偿责任人不享有完全独立的请求权。因此,抽逃出资股东因承担补充赔偿责任而对公司债权人产生债务,实质是因作为债务人的公司无力足额清偿到期债务,导致抽逃出资股东因其侵权行为而依法被加入该公司债务中,抽逃出资股东因此所负之债并不是一个新产生的债务。因此,抽逃出资股东对公司债权人所负担的债务的履行期限应以其所加入的公司对债权人所负的原始之债的履行期限为准。

股东作为法定代表人与公司之间是否构成劳动关系的认定与裁判思路

游煜聪*　杨文起**

案例摘要

公司法定代表人与公司之间是否构成劳动关系是劳动争议案件中的难点和前沿问题。审理此类案件不仅需要符合劳动争议案件中确认劳动关系的“三要素”的裁判理念,还要考虑公司法领域规定的法定代表人的任职资格,属于民商事交叉的疑难复杂案件。本案是一起由股东担任法定代表人,由对公司有实际控制权到失去实际控制权而引发的关于确认是否与公司之间存在劳动关系及具体薪资标准的典型案例。案件审理过程中紧紧围绕着作为股东的法定代表人对公司实际控制权的兴起和衰落,兼顾原劳动和社会保障部《关于确立劳动关系有关事项的通知》中确立的主体适格、人格从属、业务从属这一裁判理念,从履职的共益性角度,诠释了股权关系与劳动关系并非互相排斥的法律关系这一裁判理念。

【裁判观点】

股权关系与劳动关系并非互相排斥的法律关系。对公司缺乏实际控制权的员工或股东担任法定代表人,并履行管理职责的,可以确认其与公司之间形成劳动关系。对用人单位有实际控制权的股东担任法定代表人时,因履职中为了实

* 游煜聪,北京市东城区人民法院员额法官。
** 杨文起,北京市东城区人民法院员额法官。

现公司利益或公司全体利益相关人的利益与个人利益高度重合，不符合构成劳动关系要素中的人格从属性，故不宜认定双方之间形成劳动关系。

【关键词】

法定代表人　劳动关系　股东　实际控制权　合意

【类案综述】

笔者以“法定代表人、劳动争议”以及“法定代表人、股东、劳动关系”为关键词在“法信”平台检索公开的劳动争议案件发现，共有6件劳动争议案件涉及公司法定代表人要求确认与公司之间存在劳动关系并要求基于劳动关系项下的工资、经济补偿等相应诉讼请求。经统计发现，关于公司法定代表人与公司之间是否存在劳动关系，上述6个案件中有3个案件并不否认公司法定代表人与公司之间存在劳动关系，另有3个案件否认公司法定代表人与公司之间构成劳动关系。

第一种观点认为，结合确认劳动关系的三要素，只要法定代表人与公司之间符合主体适格、人格从属、业务从属三方面，法定代表人参与公司日常管理，即便公司法定代表人持有一定数额的股份，也不影响法定代表人与公司之间形成劳动关系。此类案件中法定代表人的典型特点为对公司没有实际控制权的股东以及与公司签订书面劳动合同并由公司缴纳社会保险的职业经理人。典型案例是收录于《中国审判案例要览(2014年民事审判案例卷)》中的李某诉北京某公司劳动争议纠纷一案。[1] 该案中，生效法律文书从李某的工资流水、完税证明等角度采信了李某关于工资标准的主张，并认为李某的对外履职的行为系代表公司的行为，能够证明李某在诉争期间内仍为家有儿女公司工作，故支持了李某主张的工资差额诉讼请求。但该案仍认为，李某作为该公司的股东、董事会成员，在担任法定代表人及公司经理期间，主持公司的经营管理工作，具有拟订公司基本管理制度、制定公司具体规章制度的职权，其是公司的管理者，与处于被管理地位的普通劳动者不同。其作为经理，虽未与公司签订书面劳动合同，但作为公司的管理者、法定代表人，其对未签订书面劳动合同负有责任，应承担相应的法

〔1〕 一审：北京市西城区人民法院民事判决书，(2012)西民初字第17489号；二审：北京市第一中级人民法院民事判决书，(2013)一中民终字第4669号。

律后果,故对李某要求的未签订书面劳动合同享有二倍工资的诉讼请求不予支持。该案的主要观点在于股权关系与劳动关系并非互相排斥的法律关系。

第二种观点认为,法定代表人与公司之间的关系主要体现为代表及控制关系,原法定代表人与新法定代表人之间或与新控股股东之间产生争议,大多围绕公司控制权、股权移交、利益分配等问题,因上述争议应受我国《公司法》调整,并不属于劳动争议范畴;且从身份属性、产生方式和报酬性质等方面综合分析,法定代表人与普通劳动者亦存在显著区别,故不宜认定法定代表人与公司之间构成劳动关系并基于劳动关系视角处理双方之间的争议。此类案件中,裁判者主要考虑的因素为法定代表人对公司拥有实际控制权导致个人意志与公司意志高度混同;无法区分法定代表人履行股东职责与提供劳动之间的区别;法定代表人与公司之间缺乏建立劳动关系的合意;发放工资并不规律稳定,名为劳动报酬实为利益分配。

由上可知,当公司的法定代表人要求与公司确认存在劳动关系时,如何审查双方是否具备劳动关系的从属性及是否具备建立劳动关系的合意是司法实践中的难点,与法定代表人制度自身特点密切相关。

实务典型案例

基本案情

2014年9月1日,乙公司成立。甲原系乙公司最大股份持有人,并担任法定代表人、副董事长及首席运营官(CEO)。2015年4月开始,丙公司通过陆续购买股份,成为乙公司最大股份持有人。2016年11月17日,乙公司召开股东会,通过了由甲、丙公司等组成新的股东会决议及免去甲董事职务、选举甲为监事,变更章程等决议。2016年12月2日,乙公司变更法定代表人,甲不再担任被告法定代表人。2017年5月12日,乙公司要求甲返还账户密码及数据资料。2017年5月15日,甲更换乙公司储存在亚马逊云盘账户的密码。2017年5月24日,乙公司召开董事会,通过《关于更换总经理的议案》等决议,甲作为其他董事代表出席。2017年6月2日,乙公司以甲"不服从公司管理,拒绝接受公司的正常工作安排,擅自长期占有公司系统数据、权限以及其他相关资料或信息,并给公司造成严重损失”为由，解除甲的公司首席运营官职务，并解除劳动合同。

后甲申请劳动仲裁，要求乙公司支付工资差额、绩效工资以及违法解除劳动关系赔偿金等。区仲裁委作出如下裁决：1. 乙公司支付甲从 2017 年 3 月 1 日至 2017 年 5 月 31 日的工资差额 64 000 元；2. 驳回甲的其他申请请求。甲同意裁决第一项，不同意第二项，认为双方约定的工资标准有效，乙公司属于违法解除劳动合同，故请求判令乙公司：1. 支付违法解除劳动合同赔偿金 184 944 元；2. 支付 2016 年劳动合同约定发放的绩效工资 300 000 元；3. 诉讼费由乙公司承担。乙公司则认为，甲负责被告的经营管理时，欺瞒新投资人，以 26 000 元标准发放月工资；并利用职务之便与自己签订带有高额绩效工资的劳动合同，违反了《公司法》的相关规定。在乙公司完成变更法定代表人后，甲违反董事会决议拒不移交相关数据的账户密码，造成乙公司无法开展正常经营，故亦不同意仲裁裁决结果。

法院观点

法院经审理认为，甲在 2016 年 11 月之前系乙公司的股权比例最大的股东，担任被告法定代表人、副董事长及首席运营官。虽然甲作为乙公司的总经理，亦参与乙公司的日常经营管理，但该种管理行为明显不同于普通劳动者向用人单位提供的劳动。虽然甲与乙公司前后签订了多份劳动合同，但甲与乙公司在上述期间内并非劳动关系。在乙公司完成法定代表人变更手续、免去甲的董事和总经理职务、选举甲为监事后，甲虽然仍为股东，但由于股权及职务变化，其虽仍履行一定的管理职责，但对乙公司的管理控制显然不同于此前，故此后甲与乙公司之间形成劳动关系。自 2016 年 12 月 2 日，甲已不再担任公司法定代表人及公司副董事长，但仍然是公司的股东、首席运营官，应当服从乙公司的管理。现乙公司已举证证明甲拒绝服从公司的管理，故乙公司解除与甲的劳动关系，并无不当。

关于甲的工资标准。虽然甲与乙公司签订的劳动合同中约定了甲的月工资标准为 30 000 元及每年绩效工资 300 000 元，但甲未能提交合法有效证据证明其上述约定系经法定程序有权机关决议作出，故甲要求乙公司以月工资 30 000 元的标准补足工资差额并支付 300 000 元的绩效奖金，依据不足。依据乙公司已提交的工资台账以及甲提供的银行流水明细，法院认定甲每月应发工资为 26 000元。后乙公司于 2017 年 3 月单方将甲的工资降至 25 000 元，但并未作出合理解释,故法院支持甲主张的2017年3月的工资差额,并认为乙公司应就甲自2017年4月1日至5月31日的考勤情况及工资支付情况承担举证责任。

裁判结果

综上,法院判决:一、乙公司支付甲自2017年3月1日至2017年5月31日期间工资差额(税前)53 000元;二、驳回甲的其他诉讼请求。

【裁判思路与方法】

一、公司法定代表人制度的法律规定溯源

我国于1982年3月8日发布的《民事诉讼法(试行)》首先推出了"法定代表人"的术语,1986年《民法通则》沿用了这一术语,并再次明确"法定代表人"的产生系"依照法律或者法人组织章程规定";其行为在民法上产生的后果,由企业法人承受;如果法人的违法行为同时导致民事责任和刑事责任,法定代表人可能承担刑事责任。突出体现了法定代表人的法定性和唯一性。

2020年颁布的《民法典》第61条除个别文字表述的调整外,沿用了2009年《民法通则》第38条的规定,从法定代表人的产生和权力行使两方面明确了法定代表人的定义;在行为的效果归属方面,该条第2款修改了2009年《民法通则》第43条,将"经营活动"改为"以法人名义",廓清了法定代表人职务侵权行为的责任承担;通过参考、借鉴域外相关立法例,在承认法人能够通过章程、成员决议等方式限制法定代表人权限的前提下,第3款明确了法定代表人的越权行为效力,以保护交易安全、保护善意第三人的信赖利益。同时,随着我国《公司法》和《慈善法》对法定代表人的代表权限进行限制的法律规定的出台,以及更多的非营利法人立法进程的推进,我国"法定代表人"制度的内涵和外延在组织法和行为法两个维度不断得到了丰富和完善,并形成了一个不断增生的规范群体。

(一)营利法人与法定代表人之间的关系

我国《民法典》以法人的本质属性即经济属性作为基本划分依据,将法人分为营利法人、非营利法人和特别法人。囿于我国非营利法人的立法情况[1],笔者以

---

〔1〕 因现阶段,关于非营利法人的立法例仅有《慈善法》。

营利法人为例,就法定代表人与法人之间,特别是与公司之间的关系予以剖析。

从人选范围来看,我国《公司法》第 13 条"……由董事长、执行董事或者经理担任,并依法登记……"的规定相较从前,扩大了法定代表人的备选范围。现今,在大多数所有权、法人财产权和经营权分离的企业中,常常由以契约形式将经营职责与回报挂钩、将权利与奖惩透明化、以管理等专业知识获取超常报酬的职业经理人即首席运营官(CEO)或总经理担任公司法定代表人。

从选任过程来看,董事长、执行董事和经理的选任各不相同。其中,公司的董事长一般依据《公司法》和公司章程的规定,由董事会选举产生,经由董事会委任;在因股东人数较少或规模较小而不设董事会的有限责任公司,也可由股东会委任。执行董事通常出现在"不设董事会"的"股东人数较少或者规模较小的有限责任公司";执行董事可以兼任公司经理,其职权由公司章程规定。经理系设立于有限责任公司,对董事会负责,由董事会决定聘任或解聘。[1]

从职权范围来看,我国《企业法人登记管理条例施行细则》中的经典表述是"代表企业法人根据章程行使职权的签字人","代表企业行使职权的主要负责人"。以经理担任法定代表人为例,经理主要围绕公司章程,负责主持公司的日常生产经营管理,组织实施董事会决议、年度经营计划和投资方案,拟定公司内部管理机构设置方案和公司基本管理制度,制定具体规章,提请聘任或解聘公司的副经理、财务负责人以及除应由董事会决定聘任或解聘以外的负责管理人员等。

综上所述,营利法人与其法定代表人之间的关系突出表现为投资关系、代表关系和控制关系。上述特征与劳动者与公司之间所具有的身份隶属关系和劳动管理关系截然不同。

(二)"劳动关系"内涵与外延的模糊引发了法定代表人与公司之间是否构成劳动关系的争论

关于法定代表人与公司之间有无劳动关系的争论,根源于我国现行劳动立法对劳动关系的内涵一直没有明确规定,更未就高级管理人员与普通劳动者进行分层保护。

实践中,判断是否构成劳动关系的三大要素"主体适格""人格从属""业务从属"源自《劳动和社会保障部关于确立劳动关系有关事项的通知》。该通知第

---

〔1〕 上述规定散见于我国《公司法》第 40 条、第 46 条、第 49 条、第 50 条、第 109 条。

1 条规定,用人单位招用劳动者未订立书面劳动合同,但同时具备下列情形的,劳动关系成立:(1)用人单位和劳动者符合法律、法规规定的主体资格;(2)用人单位依法制定的各项劳动规章制度适用于劳动者,劳动者受用人单位的劳动关系,从事用人单位安排的有报酬的劳动;(3)劳动者提供的劳动是用人单位业务的组成部分。粗浅地看,公司的法定代表人与公司均有建立劳动关系的主体资格,法定代表人在公司经营中也负责具体的事项,公司的各项规章制度也可能同样对其适用,其工作内容也属于公司业务的组成部分。但法定代表人与公司之间是否当然构成劳动关系呢?笔者持保留意见。司法实践中,审查法定代表人参与公司经营决策、负责日常经营管理是否构成劳动法意义上的劳动,以及认定法定代表人与公司之间订立书面劳动合同是否意味着确立劳动关系的合意,是此类案件的审理难点和重点。

劳动关系作为劳动法的调整对象,其范围的宽窄决定着劳动法保护大门的开合。采用要素式的立法技术,能在一定程度上拓宽劳动法的适用范围,但随之而来的是不同部门探索的判断标准不尽一致,实践中的认定略显混乱。

二、确认作为股东的法定代表人与公司之间是否形成劳动关系的法理辨析

从前文所述的担任法定代表人的人选范围以及近年在营利法人中兴起的股权激励计划来看,实践中,担任法定代表人的自然人多与营利法人之间存在持股关系,只不过有的法定代表人仅有少量持股,有的法定代表人同时为营利法人的实际控制人。笔者结合构成劳动关系的三大要素,从人格隶属、建立劳动关系的过程以及法定代表人获得报酬的情况,即法定代表人与营利法人之间是否形成劳动关系进行分析。

(一)与公司之间形成劳动关系的法定代表人缺乏对公司的实际控制权

与法律规定的“股东(大)会、董事会与监事会”三机关分工制衡原则进行公司权力配置的法定控制权不同,公司实际控制权在性质上属于事实上的权力。公司实际控制权的产生除了与股份所有权和表决权的分离、人力资本优势、市场支配地位等因素有关之外,还有着深层的社会、经济和文化背景。控制事实的形成源自《公司法》所实行的资本多数决原则。经由《公司法》设计的公司组织架构和权力机制,控制了最高层级的股东会,也就间接控制了其以下层级的董事会、监事会直至最低层级的经理。就此而言,所有股权结构达到控股程度的公司

治理都只是控股股东实施的治理，所有的治理主体不过是控股股东按照法律规定组建的组织机构和分派的角色，所谓的分权制衡也只是控股股东控制之下的权力分配，而其能否实现以及实现的程度则取决于控股股东遵循法律的意愿。[1] 实践中，控制权并非单纯基于控制者的法律地位，而是依赖于通过以一定比例的所有权参与公司的经营，或者从对公司的行为产生重大影响的外部环境等所获得的战略地位。因此，当公司的法定代表人为公司的控股股东时，双方缺乏人格隶属性。

值得注意的是，劳动通常是指能够对外输出劳动量或劳动价值的人类运动。[2] 因此，法定代表人签发文件、参加日常经营管理与劳动法意义上的提供劳动并不一定对等，而要以法定代表人履职的共益性，即为了实现公司利益或公司全体利益相关人的利益，作为认定法定代表人与公司之间构成人格隶属的重要因素。

（二）法定代表人与公司之间需有建立劳动关系的合意

对劳动关系人格隶属性的认知是从客观上外在地透视劳动关系。从主观上内在地审视，劳动者出让劳动力使用权、获取作为对价的工资报酬，用人单位支付工资报酬、取得劳动力支配权，劳动合同就是双方就劳动与报酬交换达成的合意。有无建立劳动关系的合意，是判别劳动关系的重要因素。因此，确认法定代表人与公司之间存在劳动关系不仅需要法定代表人在客观上满足“人格从属性”，在主观上，法定代表人还要与公司之间就建立劳动关系达成合意，最直接的表现即为签订书面劳动合同。大多数法定代表人如同本案中的甲一般，掌握公司公章或具有使用公章的便利，在其卸任法定代表人之前，对公司拥有绝对的控制权。因此，如何考量甲与乙公司订立的数份劳动合同的效力成为本案审理的难点。笔者认为，确定法定代表人与公司之间是否具备建立劳动关系的合意，不仅仅要从客观上考察双方是否签订书面劳动合同；上述劳动合同，特别是关于法定代表人报酬的条款还需经公司董事会或股东会决议通过，符合我国《公司法》中关于法定代表人的选任规定，公司法定代表人应就存在相应的董事会决议或股东会决议承担举证责任。

---

〔1〕 参见赵旭东：《公司治理中的控股股东及其法律规制》，载《法学研究》2020 年第 4 期。

〔2〕 关于“劳动”的释义，载百度百科 2021 年 8 月 10 日，https://baike. baidu. com/item/% E5% 8A% B3% E5% 8A% A8/976265？ fr = aladdin。

(三)与公司之间形成劳动关系的法定代表人获得的报酬应当是连续且规律的,并区别于股权收益

股权激励机制的推行使包括法定代表人在内的公司员工持有公司股份的现象较为常见。根据我国《公司法》的规定,股东依法享有资产收益、参与重大决策和选择管理者等权利。因此,当股东担任法定代表人时,法定代表人获得的报酬不仅仅是带有一定保障色彩的劳动对价,更多的是根据公司的经营收益对其经营管理的激励。不可否认的是,持有公司股份不代表对公司拥有控制权,且股东所享受的公司收益分红等系基于其投资而产生的收益。我国《公司法》第116条亦规定,公司应当定期向股东披露董事、监事、高级管理人员从公司获得报酬的情况。故笔者认为,不应以股东作为法定代表人享受经营收益为由剥夺其作为劳动者实际提供劳动应获得劳动报酬、社会保险等相应权利。

值得注意的是,实践中,法定代表人要求确认与公司之间存在劳动关系并支付相应月份的工资的背后,大多隐藏着因公司经营利益分配不均导致的股东纠纷。因此,在考量法定代表人获得的报酬是否构成劳动法意义上的工资时,法定代表人需就自己的工资标准及工资发放情况承担举证责任。人民法院既要审查所获报酬是否连续,同时法定代表人获得的报酬还需符合一定的规律。符合上述条件后,公司否认法定代表人获得报酬为工资时,应承担相应的举证责任。

三、现有法律框架内确认法定代表人与营利法人之间存在劳动关系的裁判规则

既然现有劳动法领域并不否认法定代表人与营利法人之间有建立劳动关系的可能,股权关系与劳动关系亦并不冲突,由此笔者建议,人民法院在审理此类案件时,可从法定代表人是否持股(相应的持股比例)、选任过程以及工资流水情况三个方面依次递进审查。

(一)人民法院应查明法定代表人对公司股份的持有情况以及法定代表人的选任过程

随着职业经理人的兴起,大量的与公司签订了书面劳动合同并由公司代为缴纳社会保险的职业经理人亦成为公司的“法定代表人”,应将从属于商事主体、接受商事主体委任或雇佣,辅助其从事商事经营活动的职业经理人与因股权投资而担任法定代表人两者区别开来,依法保护职业经理人在劳动法领域上的权益。值

得注意的是，随着股权激励计划的兴起，一些职业经理人亦持有公司的少量股份。但笔者认为，股权关系与劳动关系并不必然冲突，关键在于法定代表人的来源，即系通过与公司达成合意、建立劳动关系还是通过持有股份、实施经营决策。

（二）当由股东担任法定代表人时，人民法院应根据股权来源及持股比例，区别认定是否构成劳动关系

当对公司缺乏实际控制权的股东担任法定代表人时，虽然法定代表人的建立过程中缺乏与公司形成劳动关系的合意，但该法定代表人亦承担了一定的日常管理职责，如该法定代表人获得的报酬是连续且规律的，且能够明显区别于利益分红，该法定代表人主张与公司之间形成劳动关系，应当予以支持。当对公司享有实际控制权的股东担任法定代表人时，因该法定代表人的个人意志与公司作为商事主体的意志高度混同，二者存在共益性，虽然参与一定的日常经营管理，但无法区别于控股股东履行股东义务，故因缺乏人格从属的特点，不宜认定此类法定代表人与公司之间形成劳动关系。双方之间围绕公司控制权、股权移交、利益分配等问题产生的纠纷应受我国《公司法》调整。

（三）人民法院应审慎审查法定代表人的工资流水情况

在大多数劳动争议案件中，如劳动者未能举证证明与用人单位之间签有书面劳动合同，一般将着重审查劳动者的工资流水情况。如劳动者的工资流水中能够体现用人单位规律地支付工资的情况，辅以其他证据，一般倾向于认定劳动者与用人单位之间形成劳动关系。但当作为股东的法定代表人主张与公司之间形成劳动关系时，由于其获得的报酬不能排除因持股而获取的利益分配，故应从发放对象、发放时间、钱款名称等多方面严格审慎审查银行流水情况。需要强调的是，劳动者起诉要求确认与用人单位之间存在劳动关系，应当遵循“谁主张，谁举证”的一般举证原则，由劳动者就其主张存在劳动关系承担举证责任。实践中，一般应由劳动者提交初步证据证明劳动关系存在。此时，如用人单位否认与劳动者存在劳动关系，应由用人单位承担主要举证责任。

针对实践中法定代表人普遍存在的“高薪”情况，除了考察是否与劳动合同中约定的工资标准相符外，还应要求法定代表人就其主张的工资标准符合公司有权机关作出的相关决议予以举证证明，必要时可以根据《公司法》第 116 条的规定，要求公司就董事、监事、高级管理人员从公司获得报酬的情况予以说明，以廓清法定代表人银行流水中的“工资”的性质。

企业欺诈注销后的劳动者权利救济

王　玫[*]　张亚婷[**]

案例摘要

企业注销虽然消灭了法人实体,但并不意味着原法人应当承担的义务归于消灭,尤其是当企业尚未履行法定义务,而以虚假清算报告骗取注销登记时,该给付义务理应由清算义务人承担。

本篇案例围绕实践中普遍存在的公司解散但不依法清算、侵害债权人利益的问题,结合《最高人民法院关于适用〈中华人民共和国公司法〉若干问题的规定(二)》进行法律要件和司法审查分析。首先,通过"欺诈注销"的责任构成要件、责任主体和相应赔偿责任的理解适用,对"注销承诺"的法律责任进行分析。其次,重点论述公司注销后劳动者权利的救济途径:第一,在程序启动阶段,应当确定公司的清算义务人作为义务继承者;且为保证仲裁、诉讼程序的连贯性,节约诉讼成本,应赋予劳动者申请追加或变更的权利,在一次程序中解决纠纷。第二,对于"欺诈注销"的审查,应当明确清算义务人有义务向裁审机关提供证据证明其注销过程不存在应由其承担民事赔偿责任的欺诈情形。最后,针对劳动争议司法实践中"法人格突破"的适用,笔者提出应围绕劳动关系是否存在、法人是否在争议发生前注销、注销时争议是否可预期、清算报告是否就注销后债务分担进行约定、是否存在以虚假清算报告骗取注销登记五个方面进行审查。

* 王玫,北京金融法院员额法官。

** 张亚婷,北京市东城区人民法院员额法官。

【裁判观点】

用人单位在发生劳动争议前注销的,如经审查存在欺诈注销的行为,则根据《公司法》的相关规定,用人单位的清算义务人应当承担相应的民事赔偿责任。劳动者可以突破"公司法人格"的限制,通过直接起诉该用人单位的清算义务人,在劳动争议的审理程序中获得救济。其审查应当着重关注劳动关系这一法律基础和被告的主体资格、"虚假的清算报告"、承诺注销的权利义务分担等问题。

【关键词】

欺诈注销　劳动权利救济　清算义务人责任

【类案综述】

通过在"法信"平台进行类案检索,对于未经依法清算以虚假的清算报告骗取工商登记机关办理了法人注销登记,注销后公司的债权人(包括劳动者)以注销前未实现的债权未得到清偿为由将公司股东起诉到法院的案件,审判实践中基本已达成共识,都会支持债权人的合法诉求,判令公司的股东对债务承担赔偿责任。

具体在劳动争议领域,该类情况主要涉及工伤保险待遇纠纷案件,多发生在公司与劳动者已有在先的劳动争议纠纷或工伤认定纠纷案件,劳动者尚未再次起诉公司要求支付工伤保险待遇的情形下,公司在两次纠纷的间隔期申请注销登记,且并未将明知的即将产生的工伤保险待遇支付问题作为潜在的公司债务列入清算报告中,也未通知劳动者申报债权,以公司无任何债务的虚假清算报告骗取工商登记机关为其办理法人注销登记,以期以此举逃避公司应承担的责任,最终经过诉讼,法院判决由公司股东承担相应赔偿责任。

关于赔偿责任应按股东比例承担还是由股东承担连带责任,通过类案检索搜索到有一、二审案例判决根据《公司法》关于有限责任公司以其出资额为限对公司承担责任的相关规定,判决公司股东在接受公司剩余财产范围内以其认缴的出资额比例承担赔偿责任,但该判决最终被提起再审,在再审案件中认定各股东应共同对劳动者承担赔偿责任,至于各股东之间各自应承担的赔偿责任的份额,因受其实际取得的公司剩余财产多少、过错大小因素影响,可另案解决。这一点在审判实践中也应多加关注。

实务典型案例

基本案情

2007年8月1日,劳动者甲受丙聘用,到原北京市崇文区某危改小区项目工地工作,负责绑钢筋架及水泥打夯工作,该危改小区项目的分包人为乙公司。同年12月,甲在施工过程中受伤。2008年1月9日,甲、丙与乙公司签订《协议书》,约定甲与乙公司和丙之间都不存在劳动或劳务雇佣关系,由乙公司向甲一次性支付在工地上受伤的各项补偿。2009年,甲向原崇文区劳动争议仲裁委员会(以下简称崇文仲裁委)提出仲裁申请,要求确认其与乙公司之间自2007年8月1日至2008年1月19日存在劳动关系,崇文仲裁委支持了甲的申请请求。乙公司不服,诉至原北京市崇文区人民法院,要求确认双方之间不存在劳动关系,后法院判决驳回乙公司的诉讼请求。乙公司又上诉至北京市第二中级人民法院,二审亦维持原判。

2010年7月1日,原崇文区人力资源和社会保障局向甲颁发工伤证,载明其伤情:腰1椎体压缩骨折;双下肢不全瘫;L4-5间盘脱出;左第十肋骨骨折。2011年1月10日,经劳动能力鉴定委员会鉴定,甲的伤情已达到职工工伤与职业病致残等级标准五级。

2011年,甲再次向北京市东城区劳动争议仲裁委员会(以下简称东城仲裁委)提出仲裁申请,要求撤销其曾与乙公司签订的《协议书》,并支付各项一次性工伤补偿和后续工伤医疗费、生活护理费。东城仲裁委经审理,裁决乙公司支付甲一次性工伤补偿金,驳回甲的其他仲裁请求。甲不服该裁决,起诉到北京市东城区人民法院(以下简称东城法院),后又申请撤回起诉,东城仲裁委的裁决随之生效。2012年3月,东城法院将该案移送至乙公司住所地请求协助执行,未得到执行完毕的反馈。

2017年,甲再次诉至东城法院,要求乙公司支付二次手术及康复费用,经法院查询国家企业信用信息公示系统显示,乙公司已于2017年8月4日注销,法人主体已不存在,故裁定驳回甲的起诉。随后,甲于2018年3月再次向东城仲裁委提出仲裁申请,以乙公司股东丁、戊为被申请人,要求支付工伤赔偿及后续治疗费用。2018 年 3 月,东城仲裁委认为该案被申请人主体不适格,出具了不予受理通知书。甲持该不予受理通知书,再次诉至东城法院,被告仍为乙公司股东丁和戊,诉讼请求为“要求二人支付二次手术费用及康复费用”。

为查明本案中乙公司的注销情况,法院依甲的申请调取了乙公司注销时的债权债务承担分配方案,及其他相关信息。工商登记档案显示:2005 年 6 月 27 日乙公司登记设立,2012 年 6 月 13 日,法定代表人由戊变更为丁。2017 年 5 月 20 日,该公司申请注销,6 月 20 日在当地省级报纸上刊登了注销公告。7 月 29 日,该公司召开股东会,就公司注销作出如下决议:一、同意公司注销。二、同意成立清算组,清算组成员为丁、己、戊,丁任清算组组长。三、同意将上述决定登报公告公司注销情况及告知公司债权债务人。四、向公司登记机关申请注销登记。该决议落款处有股东“丁、庚、戊、辛”四人签名。2017 年 7 月 31 日,档案中一份落款为“壬公司”的清算报告中关于债权债务清偿情况载明“清算费用 0.00 元。截至 2017 年 7 月 31 日,公司债权债务已清算完毕,剩余财产已分配完毕”,但该报告落款处加盖有乙公司的公章。2017 年 8 月 4 日,经当地工商行政管理局核准,乙公司办理了注销登记,此时该公司自然人股东分别为戊、辛、丁、庚,法定代表人为丁。经法院向当地户政大队查询各自然人股东的户籍信息,该地户籍系统中并无“庚”其人,工商档案中登记的庚证件号码并无对应的自然人信息;而丁系辛的曾用名,实为同一人。据此,法院依职权变更被告为戊、辛。

法院观点

《最高人民法院关于适用〈中华人民共和国公司法〉若干问题的规定(二)》第 11 条规定,公司清算时,清算组应当按照《公司法》第 185 条的规定,将公司解散清算事宜书面通知全体已知债权人,并根据公司规模和营业地域范围在全国或者公司注册登记地省级有影响的报纸上进行公告。清算组未按照前款规定履行通知和公告义务,导致债权人未及时申报债权而未获清偿,债权人主张清算组成员对因此造成的损失承担赔偿责任的,人民法院应依法予以支持。本案中,根据生效的法院判决书及劳动争议仲裁委员会裁决书,甲与乙公司之间存在劳动关系,乙公司自然人股东之一的戊明知在其担任法定代表人期间,公司与甲之间存在涉及工伤赔偿给付义务的劳动争议,乙公司并未按照生效裁决书的裁决结果向甲全额支付工伤赔偿,且甲尚余医治其所受工伤时植入的内固定需要取出,将产生二次手术及康复费用。但该公司在准备注销时,戊作为清算组成员,未向甲明确告知要求其申报债权;在清算过程中,乙公司清算组没有对甲工伤的后续手续和康复费用加以考虑,也没有在清算报告中载明公司注销后对公司存续时的债务责任承担方案,由此导致甲工伤医疗费的债权未能通过清算程序得以清偿。戊、辛作为清算义务人,对此后果的发生存在不当之处。

《最高人民法院关于适用〈中华人民共和国公司法〉若干问题的规定(二)》第19条规定,有限责任公司的股东、股份有限公司的董事和控股股东,以及公司的实际控制人在公司解散后,恶意处置公司财产给债权人造成损失,或者未经依法清算,以虚假的清算报告骗取公司登记机关办理法人注销登记,债权人主张其对公司债务承担相应赔偿责任的,人民法院应予支持。经法院调取工商注销登记档案核实,乙公司的4名自然人股东中,丁与辛为同一人,户籍登记信息中亦无庚的信息,但乙公司却向工商行政管理部门提供了有4名股东签字确认的、关于办理公司注销并成立清算组的股东会决议,显然有违常理。并且,工商登记档案中的清算报告落款处公司名称为"壬公司",却加盖有乙公司的公章,该份清算报告的真实性亦存疑。综上,乙公司清算组的行为应当属于提交虚假的办理注销及清算手续、骗取公司登记机关办理法人注销登记。乙公司的股东戊、辛作为清算义务人应当承担对甲的工伤赔偿债务的清偿责任。

综上所述,甲以乙公司自然人股东戊、辛为被告提起劳动争议诉讼符合法律规定,其要求戊、辛在乙公司注销后承担乙公司存续期间的公司债务,亦于法有据,应当予以支持。

裁判结果

判决被告戊、辛支付原告甲工伤二次手术即康复费用。判决后,被告戊、辛未提出上诉,该判决已生效。

【裁判思路与方法】

法人作为民商事主体活动,享有法律赋予其的拟制人格,始于成立,终于消灭。法人成立前以法人名义进行的民商事活动的效力及法律后果和法人消灭后可能产生的附随义务,亦为近年来民商法领域所重视,陆续以司法解释等形式作出规定。但在劳动法领域,作为劳动关系一方的法人,仅在其存续期间才有可能雇用自然人、与其建立劳动关系,并承担相应的权利义务。在目前的审判实践中,如作为用人单位的法人在仲裁、诉讼过程中注销,法院可直接依据《最高人民法院关于适用〈中华人民共和国公司法〉若干问题的规定(二)》的相关规定变更被注销公司股东为当事人继续进行审理。但本案遇到的问题是作为用人单位的法人,在与劳动者尚未产生劳动争议时即办理了注销登记,劳动者诉至法院时,是应当告知劳动者按照《公司法》的相关规定追究公司的清算注销责任,还是在劳动法框架内直接进行审理,涉及案件当事人资格审查的前提问题,也是劳动争议案件审理中确认原、被告之间是否存在劳动关系这一基础法律关系的基本问题。而当这种注销含有"恶意欺诈"的因素时,劳动者的权利救济又应当通过何种程序进行,也是审判实践中值得关注的问题。

一、《最高人民法院关于适用〈中华人民共和国公司法〉若干问题的规定(二)》关于欺诈注销相关规定的理解与适用

根据《公司法》的规定,公司在办理注销登记前,有限责任公司的股东、股份有限公司的董事和控股股东作为清算义务人,应依法进行清算,清算完毕方能登记注销,之后法人终止,法人人格灭失。但实践中,一些公司在出现解散事由时,或因其他原因想要结束公司运营、注销公司时,并未履行诚实信用原则,并未依法进行清算。《最高人民法院关于适用〈中华人民共和国公司法〉若干问题的规定(二)》第18~20条针对实践中普遍存在的公司解散但不依法清算,侵害债权人利益的问题做了规定。

(一)欺诈注销的责任构成要件

第一,公司未经依法清算。公司解散后未成立清算组进行清算,或形式上虽成立了清算组、经过清算,但该清算的程序或实体并不符合法律规定,实际上并未完成清算。

第二,提供虚假的清算报告。虚假的清算报告,包括清算报告在内容上不符合公司的实际情况,存在虚构事实,也包括在清算程序上存在虚构。在内容上存在虚构事实又包括:(1)主体虚假,即出具清算报告的主体存在不实的情形,例如,本案中清算报告落款处公司名称为"壬公司",却加盖乙公司的公章,就属于主体虚假的情况。(2)资产虚假,即在公司的清算报告中隐瞒公司真实资产,或

在股东未完全履行出资义务时，在清算报告中虚报公司资产。(3)债务虚假，即在公司的清算报告中隐瞒公司全部或部分债务情况。

在审查清算报告虚假性的问题上，还有必要区分一般瑕疵和重大虚假。如清算报告存在笔误、疏忽等一般性的差错或虚假成分，不足以影响公司注销后的债权债务分担，则不宜认定为是欺诈。

第三，已经办理注销登记。即因该公司的法人资格已经消灭，债权人已无法通过该公司实现债权，才需要作为侵权人的清算义务人承担民事赔偿责任。

第四，欺诈注销行为造成债权人利益受损。清算义务人的欺诈注销行为与债权人未能实现债权、利益受损之间存在因果关系。关于因果关系的证明责任，债权人仅需证明自己的债权尚未实现以及公司注销时清算义务人存在欺诈行为即可。

（二）对责任主体的理解

是应当由公司全体股东还是清算组成员来承担赔偿责任，涉及对清算义务人和清算人这两个概念的理解。清算义务人是指基于其与公司之间存在的特定法律关系而在公司解散时对公司负有依法组织清算义务，并在公司未及时清算给相关权利人造成损害时依法承担相应责任的民事主体[1]。清算人是指具体按照法律规定的程序实施具体清算行为的主体，也就是公司清算组的成员。

通过对二者概念的辨析，我们能看出《最高人民法院关于适用〈中华人民共和国公司法〉若干问题的规定（二）》第19条规定的责任主体应当为清算义务人，而不限于清算人。

（三）对相应赔偿责任的理解

对于《最高人民法院关于适用〈中华人民共和国公司法〉若干问题的规定（二）》第19条中表述的"相应赔偿责任"中的"相应"一词应当如何理解，尚存争议。有观点认为，"相应"的范围应由清算义务人负举证责任，即如果清算义务人能够举证证明公司解散时的财产数额，其应当在该财产范围内对债权人承担清偿责任，即便该财产不足以清偿全部债权，债权人也不能要求全部赔偿，因为即使依法清算，债权人所能获得的清偿也只能限定于该范围内，否则就有悖于公司有限责任的基本原则，如果清算义务人没有证据证明公司解散时的财产数额，

[1] 王益华、李延强：《公司清算义务人清算赔偿责任的几点思考》，载《山东审判》2011年第5期。

就要对债权人的债权承担赔偿责任[1]。也有观点认为,公司在依法清算终结前仍具备独立人格,应以其全部财产独立承担民事责任。如清算义务人为逃避债务,未依法清理公司债权债务就以虚假的清算报告骗取公司登记机关办理法人注销登记,意味着清算义务人利用清算程序故意损害债权人的合法权益,此时根据法人人格否定制度主张清算义务人对债权人直接承担连带赔偿责任是合法合理的,也就是应当由股东承担连带赔偿责任[2]。

笔者认为,对于《最高人民法院关于适用〈中华人民共和国公司法〉若干问题的规定(二)》第19条中表述的清算义务人承担“相应赔偿责任”中“相应”的理解,不同于作为法人的部分有限公司以其公司全部资产承担有限责任的法律规定,与办理注销登记时原法人的财产总额无关,亦与作为出资人的清算义务人(股东)的出资比例无关,而应以债权人尚未实现的债权额为限。本案例即判决由乙公司的自然人股东承担对甲债务的赔偿责任。

(四)注销承诺的法律责任

实践中,公司申请注销时通常会向工商登记机关提交书面的承诺书,承诺债权债务已清偿完毕,愿意承担由此产生的一切责任或承诺愿意对公司的债务承担偿还、负责处理等相应责任。

1. 承诺不能对抗债权人

公司申请注销时向工商登记机关提交的承诺书中无论表示债务已以全部清偿完毕还是表示由某些人员负责对公司债务承担清偿责任,这种承诺在债权人不知情的情况下,均不能对抗债权人。债权人通过提交生效的裁判文书或者其他能够证明债权债务关系的凭证,都可以主张赔偿责任。

2. 承诺并不免除清算义务人的责任

当作出承诺的主体与清算义务人的范围并不完全相同的时候,这种承诺是否能免除清算义务人的赔偿责任?答案是否定的,清算义务人的赔偿责任是法律明确规定的,不能因为向工商登记机关提交的承诺书的承诺主体不包括部分清算义务人就免除该部分清算义务人的赔偿责任。

---

[1] 余崇斌:《虚假清算注销公司股东应对公司债务承担清偿责任》,载《人民司法》2010年第12期。

[2] 应乐盈:《公司以虚假清算报告骗取注销损害债权人利益下的股东责任》,载《职工法律天地》2018年第12期。

二、清算义务人承担赔偿责任的立法沿革和法理分析

(一)立法沿革

关于清算组的责任,在现行《公司法》颁布前,1993 年《公司法》的第 197 条作出如下规定,清算组成员因故意或重大过失给公司或债权人造成损失的,应当承担赔偿责任。

2000 年,《上海市高级人民法院关于在民事诉讼中企业法人终止后诉讼主体和责任承担的若干问题的处理意见》规定,清算责任人占有、侵吞、藏匿、转移原企业财产对债权人造成损害的,应当在其侵占、藏匿、转移、处分的财产范围内承担赔偿责任。

2003 年,《广东省高级人民法院关于企业法人解散后的诉讼主体资格及其民事责任承担问题的指导意见》(已失效)就虚假注销作出了规定,其中第 13 条规定,清算义务人在向工商行政管理部门办理企业法人的注销登记手续时,虚构该企业法人的债权、债务已结清的事实,导致该企业法人被注销的,清算义务人应当在该企业法人注册资金范围内就该企业法人的债务向债权人承担赔偿责任。

同年,《江苏省高级人民法院关于审理适用公司法案件若干问题的意见(试行)》第 89 条也规定了清算主体未对公司债权债务进行清算,即以公司对外无债权债务等理由向公司登记机关申请办理公司注销登记的,或者公司清算主体在办理公司注销登记时向公司登记机关承诺公司债权债务已经清算完毕,有关公司未清算的债务均由其承担清偿责任的,应由该清算主体就公司债务向债权人承担清偿责任。

2004 年,《最高人民法院关于审理涉及企业法人解散案件若干问题的规定(送审稿)》第 15 条也规定了清算义务人未履行清算义务,以欺诈手段骗取工商行政管理机关办理企业法人注销登记的,清算义务人应当对企业法人的债务承担赔偿责任。

从以上规定综合来看,虽然各份文件用词并不完全一致,但均对清算义务人未正当履行公司清算义务导致的债权债务承担作出了相应的规定,其中亦不乏明确指出存在“虚构”清算报告、“以欺诈手段骗取”等行为时清算义务人的赔偿责任。

2005 年《公司法》出台时，关于公司清算责任被明确列明[1]，同时还增加了法人人格否认制度，为追究公司法人主体背后清算义务人的民事责任提供了法律依据。以此为基础，为了督促清算义务人依法履行清算义务，保障公司清算程序顺利进行，保护公司及债权人的权利，又以司法解释的形式对清算义务人侵权赔偿责任的具体情形及其责任形式和范围作出了明确规定[2]。

《民法典》第 70 条第 3 款规定，清算义务人未及时履行清算义务，造成损害的，应当承担民事责任。这更进一步明确了清算义务人承担民事赔偿责任的法律基础。

（二）法理分析

公平与效率，是民法与商法共同的价值追求。效率，是市场作为基本规律分配资源要实现的终极目标，以最少、最小的投入或最短的时间获得最大产出，是商法中优先的价值导向。而公平，在民法意义上，强调的则是权利和义务、利益和负担在相互关联的社会主体之间的合理分配和分担[3]。公司法作为商法的组织法，不仅规制企业法人，还涉及股东、公司债权人等普通民事主体，因此，处理好公平与效率的关系，也是公司法需要着重解决的问题。公司的清算义务人在公司解散后为了最大化追求结束公司经营业务与实体的完成效率，不履行或者不适当履行其清算义务，结果将损害公司及债权人的利益。对其课以民事赔偿责任，则正是法的公平价值的体现。

从法律起源的视角来观察商法，商法是民事主体在日常商事活动交往中形成的一系列规则、惯例的集合。作为法律中的一种，商法同样是阶级社会中维护统治阶级的统治秩序、进而实现其经济利益的重要制度功能体现。因此，商法还反映法的制度价值。关于公司清算程序的制度设计，除了维护公司股东、债权人和其他利害关系人的利益外，还承载着维护社会交易秩序的安全稳定、促进社会经济正常发展的职责使命。因此，对公司清算程序、清算义务人的义务和民事赔偿责任作法律上的明确规定，也是出于法律可预期性的需要，保障公司清算工作的顺利进行。

商业活动的一大基本原则就是诚实信用原则。民法中关于过错规则原则和

---

〔1〕《公司法》第 189～190 条。

〔2〕最高人民法院民事审判第二庭编著：《最高人民法院关于适用公司法司法解释（一）、（二）理解与适用》，人民法院出版社 2015 年版，第 425 页。

〔3〕赵万一：《民法的伦理分析》，法律出版社 2003 年版，第 82 页。

过失责任归责原则的规定，不仅要求民事主体在日常民事活动中因主观过错给相对方或第三人利益造成损害时应当承担赔偿责任，还要求民事主体对自己的行为尽到最大限度的注意义务，防止损害他人利益。诚实，要求人们在进行民事活动时实事求是，对他人以诚相待，不得为欺诈行为。信用，要求人们在进行民事活动时要讲究信誉，恪守诺言，严格履行自己承担的义务〔1〕。这就要求作为公司法定清算义务人的股东或董事，在清算过程中也应当遵守对公司的诚信义务，积极履行清算责任，了结公司债权债务，以实现公司股东和债权人的利益，否则就应承担相应法律责任。

三、公司注销后劳动者权利的救济途径

作为用人单位的法人，享有的法律意义上的人格权乃拟制的“人格”，在其存续期间享有，法人设立前或注销后则不存在。但作为法律上的“拟制人”，其行为效力却可影响至注销之后，因此有必要对企业注销后的权利义务如何负担进行规制。

（一）诉讼主体的确定

1.应当以公司的清算义务人作为义务继承者

注销是行政机关依职权作出的消灭企业法人资格的行政行为，亦属消灭企业法人资格的民事法律事实，是企业法人终止的结果而非原因。注销使企业法人资格归于消灭，企业法人自注销时起，其民事主体资格不复存在。根据我国《公司法》之规定，清算是公司终止的前置程序，公司未经清算不得办理注销登记。企业法人解散后，必须依法进行清算，清算结束后，清算组应当制作清算报告，报股东会、股东大会或者人民法院确认，并报送公司登记机关，申请注销公司登记，公告公司终止，这是企业法人终止的正常程序。

如因清算义务人未依法进行清算即注销了公司，导致劳动关系相对方消灭，并因此导致劳动者的合法权益得不到保护，劳动债权无法实现，清算义务人对劳动者负有不可推卸的责任，理应成为此时劳动争议案件的一方当事人。

2.清算义务人参与仲裁诉讼的方式

《最高人民法院关于审理劳动争议案件适用法律问题的解释（一）》第31条

〔1〕 江平：《民法学》，中国政法大学出版社2000年版，第66~67页。

规定的是诉讼中直接追加当事人的情形。虽然追加的当事人并未参加劳动争议仲裁前置程序，但因劳动者所诉劳动争议纠纷已经过仲裁，因此法院在诉讼过程中直接追加当事人，并不违反仲裁前置的规定。但与此不同的是，公司注销后，其法人实体已不存在，需要追加进入劳动争议纠纷程序的，并非其他案外人，而是继承公司权利义务的人。

(1)关于是否需要另行进入程序

公司是在劳动关系中与劳动者相对的一方，是在同一段劳动关系中固定存在的当事人，每一段劳动法律关系只有唯一的劳动者和用人单位。注销只是消灭了公司的法人资格，而非劳动关系的相对方发生了变化，因此，公司的注销并不必然导致已经过的劳动争议或诉讼程序失去法律效力。同时，劳动争议案件一裁两审的程序设计使得其走完全部法律程序的用时较其他民事案件略长，且按件收取案件受理费的法律规定，对于快速高效审结劳动争议案件、确保劳动者合法权益不受侵害，在效率上形成制约。

综上所述，没有必要在仅发生公司注销这一民事法律事实时，要求劳动者另行申请仲裁或诉讼，一方面有利于节约仲裁诉讼成本，另一方面也有利于仲裁诉讼过程的连贯性，便于仲裁员或承办法官作出最符合案情、最公正合理的判决。

(2)关于参加仲裁诉讼的原因

在劳动争议仲裁诉讼过程中办理注销登记的企业，明知该企业在司法或类司法程序中有未了结的争议，仍办理了注销登记，且并未将这一可能直接涉及权利义务负担、法律文书执行的变化情况告知仲裁委或法院，很显然存在主观故意。裁审机关可能仅在立案时、开庭前、宣判前对用人单位进行资格审查，但劳动者作为权利享有的主体，会比裁审机关更重视并了解用人单位的动态信息，因此，赋予劳动者追加或变更当事人的申请权利，将更有利于裁审过程的顺利进行和对劳动者的合法保护。

(3)关于参加仲裁诉讼的方式

根据《民法典》的规定，法人的民事权利能力和民事行为能力，从法人成立时产生，到法人终止时消灭。而清算结束并完成法人注销登记时，法人终止。终止后的法人实体即不存在，亦不可能存在民事诉讼能力。因此案件中不宜再将已注销企业列为当事人。而是应当以依申请或依职权变更当事人的方式，直接将负担欺诈注销的民事责任的清算义务人变更为案件当事人参与裁审，既保证了程序的连续性,又保障了实体的完整性。

(4)关于参加程序的清算义务人范围

在不同的案件中,企业性质不同,清算义务人的范围并不完全一致。一般情况下应以工商登记信息中提交的关于成立清算组的决议中载明的清算义务人为限。有的企业在办理注销登记时提交了承诺,承诺如存在未了结的债权债务,企业注销后由全体股东或其中部分股东承继原企业的权利义务。

笔者认为,劳动者有权申请全部清算义务人作为当事人参加诉讼,而不受该承诺的影响。概因对企业注销后原企业债务如何负担的协议属于公司股东之间的内部协议,对不知情债权人不发生法律效力。而裁审机关在判断负担债务的股东范围时,则可根据该内部协议的真实性及效力进行综合判断。

(二)欺诈注销的审查

1. 欺诈注销的举证责任

劳动者作为债权人,并非公司内部核心机构成员,并不一定对公司的清算注销过程了如指掌,亦不一定具备辨别清算报告真实与否的专业知识。因此,劳动者仅需证明双方劳动争议尚未终结,其仍享有或可能享有未实现债权,而用人单位则只需办理注销登记即可。

2. 欺诈注销的证明义务

作为清算义务人,有义务向裁审机关证明其注销过程不存在应由清算义务人承担民事赔偿责任的欺诈情形,如以虚假的清算报告骗取注销。本案中清算义务人并不出庭应诉,这可能是大多数此类案件面临的问题。因此,对清算义务人向工商登记机关提交的注销材料的审查就显得尤为重要。

首先,注销材料在形式上应当完备、合法。如股东会决议、公告、清算报告、注销登记申请、股东承诺等文件缺一不可。

其次,前述注销材料应符合公司法关于注销的相关程序性事项要求。如公司名称、股东姓名等前后一致。

最后,注销材料内容真实。如尚有未审结案件,但出具了不存在债权债务的清算报告,则必然属于虚假陈述。又如本案例中所显示,公司工商登记信息中显示的四个自然人股东只有二人真实存在,却有四人签名的股东会决议,则必然存在虚假陈述。

四、司法实践中"法人格突破"的审查标准

本案中的处理方式即为直接在劳动法框架下进行实体审理,但在采用该种意见、突破民法和公司法对于"注销法人拟制人格已消灭"这一基本限制、直接以公司股东为被告进行劳动争议案件审理时,应注意审查以下几个方面:

1. 劳动者与被注销法人是否存在劳动关系

劳动者与用人单位存在劳动法律关系,是所有劳动争议案件审理的基础,任何案件的进一步审理均以此为前提。劳动关系存在的最直接证据包括劳动合同、社保缴纳凭证、工资发放记录、个税缴纳记录等,此外还有已发生法律效力的判决书、调解书、裁决书等法律文件。如上述证据劳动者均无法提供,则需要根据审理一般确认劳动关系案件中适用的相关规定,来确定劳动者与被注销法人是否曾存在劳动关系,并进而确认劳动者直接起诉被注销法人的股东是否符合法律规定。

2. 该法人是否在双方发生劳动争议前即已注销

如劳动者提出劳动仲裁或提起诉讼时,作为用人单位的法人仍然存在,则仲裁委员会和法院应当以该法人为当事人立案,在仲裁或诉讼过程中法人实体因注销而消灭的,依职权变更其股东为诉讼主体。如法人在劳动仲裁阶段注销,仲裁委员会依职权变更当事人为法人股东并作出实体裁决后,劳动者不服的,可直接以股东为被告提起诉讼;裁决承担实体责任的法人股东不服的,亦可以其个人名义就仲裁裁决提起诉讼,但应与本案的处理方式相区别。

3. 劳动争议纠纷的发生在注销时是否可预期

因劳动争议的仲裁时效规定通常情况下长于公司注销程序所需时间,故公司股东在清算或办理注销登记时是否已知晓或应当知晓存在尚未进入仲裁或诉讼程序的劳动争议纠纷,就成为能否直接适用该办法进行处理的关键审查点之一。如本案中劳动者尚有工伤二次手术费用尚未支付,或其他劳动者存在医疗、失业等社会保险问题需要解决,或其他涉及工商、税务等行政部门主管范围内的纠纷尚未处理完毕的,则可视为存在可预期的劳动争议纠纷。

4. 清算报告中是否就注销后发生的债务分担作出约定

为了规制出资人对公司对外债务的恶意规避等行为,法律要求清算时应当对公司资产、债权债务分担等作出约定,并对未来可能出现的公司债权债务作出

安排。如公司股东在明知存在可预期劳动争议纠纷的情况下,清算报告中未对注销后的债权债务处理作出安排,则应视为清算组未按规定履行通知和公告义务,可直接在劳动争议案件中要求作为清算组成员的股东承担相应法律责任。

5. 是否存在以虚假清算报告骗取注销登记的行为

对于发生劳动争议时已注销的公司,调取其工商登记资料为必要工作。其中,需要着重审查的就是清算报告。如本案中某建筑劳务公司四名自然人股东的身份信息经法院核实存在不实之处,且清算报告落款公章名称与该公司名称不符,显然属于提交虚假的办理注销及清算手续、骗取公司登记机关办理法人注销登记的行为,作为公司股东理应承担相应责任。

涉商事主体知识产权争议类

区块链电子存证的司法认定

高　翡[*]　刘蔚雯[**]

案例摘要

本案系区块链电子存证司法适用规则的典型案例。较之传统的公证取证、可信时间戳取证等方式,基于第三方云平台进行网络取证的方式较为少见,其取证存证环境及方式的清洁性、真实性等往往难以判断。本文在第一部分先分析了本案法官对于区块链的证据能力、证明效力等问题的论证思路和方法,进一步分析了区块链电子存证对现有电子证据规则的挑战,然后从全面审查电子存证的形式真实性和实质真实性、创新电子存证证据的收集和举证方式、完善电子存证证据的举证责任和认证规则三个方面设计了区块链电子存证的司法审查路径。

【裁判观点】

本案从存证平台的资质、电子数据生成及储存方法的可靠性、保持电子数据完整性方法的可靠性等方面综合考察,明确了对于新型电子存证的审查判断方法,首次对云技术存证的电子数据法律效力予以司法确认。

【关键词】

区块链　电子存证　证据规则

---

* 高翡,原北京市东城区人民法院员额法官。

** 刘蔚雯,北京市东城区人民法院员额法官。

【类案综述】

知识产权审判实践中,常见的电子存证有以下三种:

第一种是"第三方电子存证平台存证 + 权威机构鉴证"。该种存证方式系存证公司开发出电子存证应用,通过与鉴定机构、公证处等权威机构合作,由权威机构对其存证过程进行全程鉴证,最终形成的电子存证的证据效力虽然依托于其自身的技术原理,但更多依赖于权威机构为其背书。在 H 公司诉 Q 公司等侵害商标权及不正当竞争纠纷一案中,原告通过存证云对被告在其网络宣传中就其鞋类产品的商品名称、品牌名称使用"啄木鸟"商标标识的行为进行证据保全,原告通过存证云提交 13 个网页存证申请,然后由存证云服务器对该网页进行即时证据固定。经福建中证司法鉴定中心鉴定,其从专用管理后台提取待检网页存证时的日志,日志中记录的存证文件生成时的 SHA－1 值与本次鉴定下载的文件 SHA－1 值一致,存证的文件为原始文件[1]。

第二种是"第三方电子存证平台存证 + 自行验证"。此种存证方式无须权威机构为其进行背书,完全依赖产品自身的技术原理证明存证的真实性,实践中应用最为广泛的是时间戳,较为常见的是通过其固定互联网上已经存在的侵权事实或是证明权利作品的知名度、影响力等。在原告 H 公司诉被告 B 公司侵害作品信息网络传播权纠纷一案中[2],原告主张被告未经许可在其新浪微博中使用了其享有著作权的图片,提交了新浪微博网页打印件、可信时间戳证书用以证明被控侵权事实存在。法院在判决中详细论证了可信时间戳证据的形成方式,最终认可了其证明效力。

第三种是"区块链"。区块链存证依靠分布式数据存储、共识机制等核心技术证明存证的真实性。目前司法实践中出现的案例多为综合运用第三方电子存证、区块链、云计算等多项前沿技术进行的存证。例如,原告 H 公司主张被告 S 公司未经其授权且未支付相应费用[3],擅自在其所有并经营的网站上刊登其享有信息网络传播权的涉案作品。原告通过"第三方'保全网'平台取证 + 区块链存证"的方式证明数据的完整性及其未被篡改。较之传统的公证取证、可信时间戳取证等方式,基于第三方云平台进行网络取证的方式较为罕见,其取证存证

---

[1] 详见浙江省高级人民法院民事判决书,(2018)浙民终 205 号。

[2] 详见北京知识产权法院民事判决书,(2016)京 73 民终 147 号。

[3] 详见杭州互联网法院民事判决书,(2018)浙 8601 民初 81 号。

环境及方式的清洁性、真实性等往往难以判断，证据的认定规则有待进一步完善。

实务典型案例

基本案情

原告经知名小说作家童亮授权，取得了其创作的《每个午夜都住着一个诡故事》《每个午夜都住着一个诡故事2》《每个午夜都住着一个诡故事4》《每个午夜都住着一个诡故事5》（以下简称涉案作品）共计四部文字作品的信息网络传播权专有使用权，并有权以自己的名义对侵犯上述权利的行为提起诉讼。2017年11月，原告发现被告未经许可，在其经营的某手机App中提供了包含前述作品的在线付费阅读。原告通过IP360全方位数据权益保护开放式平台（网址为https://www.ip360.net.cn）对被告未经许可传播上述作品的事实进行证据保全，并以上述行为侵犯其信息网络传播权为由，请求法院判令被告赔偿经济损失24万余元。被告则辩称，原告通过第三方存证平台"IP360"提供的证据存在瑕疵。存证机构为个人，缺乏公信力，同时文件创建时间与保全时间显示不一致，不能保证取证过程的真实性。

法院观点

本案中，原告主张被告通过涉案App向公众提供了涉案作品，提交了通过IP360系统固定地对App内容进行录屏的电子数据。要认定侵权行为确系发生，首先应对原告该种固证、存证的方式是否符合电子数据的规定进行认定。根据《最高人民法院关于适用〈中华人民共和国民事诉讼法〉的解释》《电子签名法》的规定，应从存证平台的资质、电子数据生成及储存方法的可靠性、保持电子数据完整性方法的可靠性等方面予以审查，对涉案电子数据的效力作出认定。

（一）关于存证平台的资质审查

本案中，第三方存证平台作为依法成立并独立于原、被告的民事主体，其运营的IP360数据权益保护平台通过了公安部安全与警用电子产品质量检测中心和国家安全防范报警系统产品质量监督检验中心（北京）的检验认证，具备作为第三方电子存证平台的资质。

(二)关于电子数据生成及储存方法可靠性的审查

本案中,固定证据的整个过程虽然由原告自行操作,且原告操作前未对取证环境的清洁性进行检查,但结合勘验过程、第三方存证平台出具的说明及相关《检验报告》《产品购销合同》等,用户登录 IP360 平台申请取证后,IP360 云服务器会将回收并重新初始化的服务器资源自动分配给用户使用,径直让用户进入 IP360 平台远程桌面进行操作,且服务器会自动启动录屏程序,对所有操作步骤、获取的内容予以记录,该过程还通过中国科学院国家授时中心的北斗卫星授时系统进行时间认证,保证了电子数据形成时间的准确性,避免了对本地系统预先清洁以保证取证环境真实性的问题。即便如此,原告在进入远程桌面开始操作前,依然对所用计算机及网络环境等进行了一系列标准化清洁性检查,此举最大限度地排除了因操作者不当介入、取证环境不真实等因素可能对取证结果造成的影响,保证了电子数据生成、储存方法的可靠性。

(三)关于保持电子数据完整性方法可靠性的审查

本案中,结合勘验过程、第三方存证平台出具的说明及《司法鉴定及数据保全技术合作协议》等,每个电子数据文件在完成取证后,会存储于 IP360 云系统中,自动生成一个唯一对应且进行加密的数字指纹(Hash 值),该指纹将通过区块链系统同步备份于已获得权威机构实验室认可证书的北京网络行业协会司法鉴定中心,并生成由其与真相数据保全中心联名签发的载有数字指纹、区块链保全 ID、取证时间等信息的数据保全证书,证明电子数据自申请时起已经存在且内容保持完整,未被篡改。此种方式通过密码技术及数字指纹异地同步,可以保证电子数据的完整性。结合上述因素,原告提交的电子数据在生成、储存方法以及保持内容完整性方法等方面均较为可靠,在无相反证据的情况下,其真实性应予以确认,可以作为认定事实的初步证据。被告虽主张证据保全过程中显示的存证机构为个人,缺乏公信力,且文件创建时间与保全时间不一致,不能保证取证过程的真实性,但根据在案证据,存证机构系申请取证的主体,而涉案 IP360 平台作为提供存证服务的主体通过了权威机关的检验认证,具有相应的资质,此外,保全及创建时间分别代表了取证开始时间及创建数据提取包的时间,该内容与数据保全证书及录屏内容能够互相印证,现被告未提供证据证明上述取证过程存在影响证据真实性的瑕疵,况且其认可在运营的涉案 App 中提供了涉案作品,故该抗辩理由不应予以采纳。

裁判结果

法院最终判令被告在其经营的涉案 App 中提供了四部涉案作品的在线阅读服务,侵犯了原告依法享有的信息网络传播权,应赔偿原告经济损失 11 万余元。

【裁判思路与方法】

本案涉及采用区块链技术存取证的新型电子数据作为证据使用的效力问题。与以往案件不同,涉案电子证据在国内首次使用云系统对手机 App 侵权内容进行固定,在综合运用区块链、云计算、移动端云取证等前沿技术的情况下,法院在严格保护诉讼双方合法权益的前提下,对于区块链新型电子证据的审查判定进行了严格细致的法律论证,明确了如何对区块链电子证据的效力予以认定,被誉为网络电子证据教科书式案例、北京法院区块链电子证据第一案及 2018 年知识产权十大热点案件之一,并被最高人民法院评为“2020 年中国法院 50 件典型知识产权案例”,在北京知识产权司法保护研究会主办的 2020 年知识产权十大典型司法案例评选活动中被评为“2020 年北京法院著作权十大典型司法案例”。

一、区块链电子存证证据的司法证成

法官在判决书中对于区块链的证据能力、证明效力等问题进行了以下详细的论证:

(一)还原存证证据的技术生成过程

庭审中,法官使用法院提供的经过清洁性检查的电脑,通过勘验还原了电子证据的生成过程,确认该证据可重复提取。

(二)区块链证据的司法审查

本案中,法官从“存证平台的资质审查”“取证手段即电子数据生成及储存方法的可靠性”“证据的完整性审查”等方面对区块链的证据能力及证明力进行了审查。

其一,审查存证平台的资质。法官通过国家授时中心的授时服务、公安部警

用与安全设备鉴定、数字签名服务器凭证等材料审查该平台的资质。该第三方平台已经通过了公安部安全与警用电子产品质量检测中心和国家安全防范报警系统产品质量监督检验中心(北京)的检验认证。无论是企业的经营范围、平台的技术原理,还是官方部门的认证,都具有一定的公信力和权威性。

其二,审查取证方法的可靠性。本案在取证过程中,当事人对取证电脑及取证环境进行了清洁性检查,使用了授时服务、云系统等前沿技术确定取证时间,确保取证环境清洁且不受取证主体控制。法院结合勘验过程及检验报告、技术原理说明等证据,对取证数据的真实性、取证方法的可靠性进行审查。

其三,审查电子数据的完整性。本案中,每个电子数据文件在完成取证后,都会存储于IP360云系统中,自动生成一个唯一对应且进行加密的数字指纹(Hash值),该指纹将通过区块链系统同步备份于已获得权威机构实验室认可证书的北京网络行业协会司法鉴定中心,并生成由其与真相数据保全中心联名签发的载有数字指纹、区块链保全ID、取证时间等信息的数据保全证书,证明电子数据自申请时起已经存在且内容保持完整,未被篡改,故法院确认了区块链证据的完整性。

(三)电子存证证据的司法认定

尽管被告对该证据提出诸多质疑,但仅为简单的否定性意见,未能提交相反证据。法院通过审查存证平台的资质,取证方法的可靠性,涉及技术被篡改的可能性,电子数据是否完整,是否可以明确、充分地证明原告所主张的侵权事实等因素来确认该证据的"三性"。

二、电子存证对我国电子证据规则的挑战和革新

(一)证据资格的认定

《最高人民法院关于互联网法院审理案件若干问题的规定》(以下简称《规定》)及《人民法院在线诉讼规则》明确肯定了时间戳、区块链等电子存证证据的证据资格,承认其已经具备了法律规定的合法性要件。知识产权审判实务中,当事人多应用时间戳、区块链来固定侵权事实,证明存在侵权事实,应当说满足证据的关联性要求。因此,审查证据资格,应着重审查其真实性,《规定》中亦明确了法院确认电子数据证据资格的前提是"能够证明其真实性"。依据《最高人民法院关于民事诉讼证据的若干规定》第94条之规定,电子数据由记录和保存电子数据的中立第三方平台提供或者确认的,人民法院可以确认其真实性,这在一

定程度上意味着第三方存证行业获得了国家层面的认可。

依据传统的证据法理论,证据真实性应该至少包含两个层面的含义:一是证据载体的真实性,即证据本身必须是客观上真实存在的,不能是伪造或变造的;二是证据内容的真实性,即证据所反映的信息必须是客观真实的,换言之,不仅要审查其形式真实性,还要审查其实质真实性。既要审查证据形式是否可以重复提取,是否具有同一性,又要审查存储的电子数据内容在形成、传输以及提取过程中是否存在被篡改的可能性以及可能性的大小。司法实践中,应用区块链取证的案件,其内容多是从侵权网站网页及源代码等直接生成,法院亦通过当庭勘验、询问专家证人等途径确认该内容应为原始数据,同时基于区块链具有的不可篡改性,综合认定当事人提交的区块链证据具有形式和内容的真实性,区块链所载的数据与原始数据具有一致性,司法逻辑类似于图尔敏模式,如图1所示。

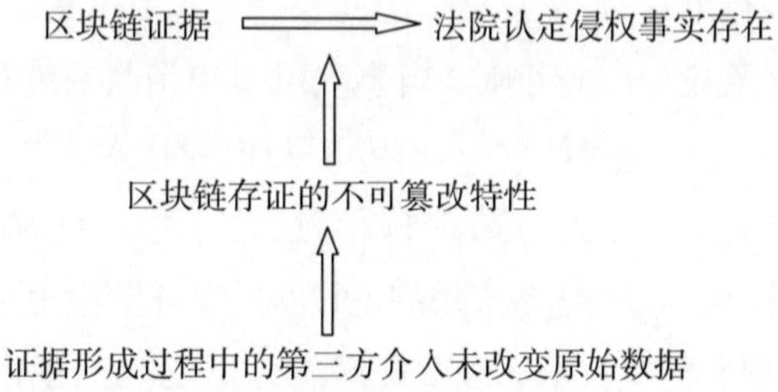

图1　区块链数据司法逻辑

(二)证明方式的变革

电子存证在我国现有的证据法体系中,属于电子证据的一种,相较于书证、物证等,电子证据的采信率相对较低,其证明力需在个案中进行审查认定。当前的司法实践中,对电子存证的证明效力仍持审慎态度,在杭州互联网法院区块链第一案中,当事人通过司法鉴定中心对"puppeteer"程序和"curl"程序的技术功能进行鉴定,增强电子存证证据的证明力,即通过第三方存证平台及区块链的技术原理进行技术自证,再加上司法鉴定为其背书,共同形成该证据的证明效力。在本案中,当事人也是综合运用了云计算、区块链等多项前沿技术进行取证。随着电子存证技术的革新和发展,其技术优势的认知度和认可度逐渐提高,证明方式也必然由"公证背书"逐步向"技术自证"进行转化。我们需要探讨的是如何通过更严谨、全面的证据规则,充分发挥电子存证证据的证明作用,同时充分保障当事人的诉讼权利和利益。

三、创新电子存证司法审查的路径设计

(一)进路一:全面审查电子存证的形式真实性和实质真实性

在当前的司法实践中,当事人对时间戳、区块链存证等电子存证的认可度普遍不高,结合实践中对方当事人对电子存证证据提出的抗辩意见,笔者认为,应采用以下方法进行全面审查:

1. 鉴证法

虽然司法实践中最常见的是司法鉴定,但其程序复杂、周期较长的不足也使法官望而却步。因而,无论是从必要性考量,还是从诉讼效率的角度出发,鉴证的范围都不应仅限于司法鉴定,相关领域的技术人员、取得专业资质的技术人员,都可以对电子存证证据的技术问题发表意见。司法实践中,法官在对区块链、时间戳等证据进行审查时,通常会采用勘验的方式来还原证据产生的过程及验证证据的真实性。《规定》中亦明确了当事人可以申请具有专门知识的人就电子数据技术问题提出意见。笔者认为,具有专门知识的技术人员可对电子存证证据的技术原理进行说明,提出自己的支持或反对意见。同时在程序上,当事人也可向法庭申请邀请相关技术专家参与法庭组织的勘验,提升勘验比对的专业性,帮助法官和当事人全面认识和把握技术原理及证据能力,增强法官的内心确信。

司法人员对于数学语言往往有一种天然的陌生感,如果通过勘验的方法仍然不能对一份证据或是一个技术问题得出结论或是得出不同的结果,就应当充分借助在相关领域具有丰富经验的技术调查官对鉴证的结果真伪出具意见。当前,知识产权审判领域在不断推行技术调查官辅助制度,但在实践中适用依然有限。如果通过上述方法对真实性仍无法确信,再通过技术鉴定程序来解决。实践中,广州市南沙区人民法院出台的《互联网电子数据证据举证、认证规程(试行)》对于电子证据真实性的采信作出了指引:对于通过公证、鉴证可以解决证据真实性认证问题的,引导当事人进行公证、鉴证;而对于没有进行公证、鉴证或者公证、鉴证内容尚不足以证实证据真实性的情况,主要通过电子数据证据中当事人的身份真实性、通信内容的完整性来对证据进行认证。

2. 印证法

从当前的审判实践来看,电子证据通常以证据组合的方式发挥作用,在一个

案件中,不同的证据包括传统证据和电子证据往往会互相依存构成一个整体,只有这些证据形成完整的证据链,才能成为定案的依据。裁判文书中行文措辞"相互印证""形成了较为完整的证据链"也是对一组证据或是全案证据作出"印证"的评判。一般来说,印证体系的证明方法具有以下特点:"证据的多数性""可重复检验的特性""客观性""稳定性"〔1〕。一案中的多个证据需满足两个标准才可以相互印证:一是定案的证据必须满足来自独立来源的要求;二是所有定案的证据必须具有一定的可信度。〔2〕 在上述应用区块链存证的案例中,法院最终的结论也是基于印证理念得出的。以杭州互联网法院审理的区块链第一案为例:法院认定原告提交的区块链存证上链前保全是否具有真实性可以分解成两个事实:一是第三方平台是否具备中立性和相应技术能力;二是上链前保全的电子数据未被篡改。关于第一项事实,需要排除原告与第三方平台具有利益关系的可能,法院主要考察了双方的股权交叉和义务竞争情况,第三方平台具备的经营资质和备案情况等;关于第二项事实,法院需排除存储内容被污染的可能,故综合考察了第三方平台是否具备电子数据存储的安全环境以及抓取程序是否具有相应的功能。这两组证据均构成独立的印证体系,可以相互印证,法院最终予以了肯定。

(二)进路二:创新电子存证证据的收集和举证方式

在知识产权诉讼中,举证难是导致当事人维权困难的重要原因之一,"谁主张,谁举证"的举证规则虽然符合诉讼证据的基本原理,也是司法程序公正效率要求下的必然选择,但这一原则的适用不应绝对化。目前,时间戳、区块链等电子存证技术已经相对成熟,法院在技术条件允许的情况下,可以进行深度尝试,与网络服务商如腾讯、阿里等共同建立融合取证、存证等功能的一体化电子证据认证平台,将该类证据的审查重点从载体的可信度更多地转移到载体承载内容的可信度上来。法院可以通过建设诉讼平台〔3〕,开放数据接口,摆脱被动的"坐堂办案"的传统模式,必要时接入相关电子商务平台经营者、网络服务提供

---

〔1〕 参见谢小剑:《我国刑事诉讼相互印证的证明模式》,载《现代法学》2004年第6期。

〔2〕 [美]艾伦等:《证据法:文本、问题和案例》,张保生等译,高等教育出版社2006年版,第279页。

〔3〕 《规定》第5条规定,互联网法院应当建设互联网诉讼平台(以下简称诉讼平台),作为法院办理案件和当事人及其他诉讼参与人实施诉讼行为的专用平台。通过诉讼平台作出的诉讼行为,具有法律效力。互联网法院审理案件所需涉案数据,电子商务平台经营者、网络服务提供商、相关国家机关应当提供,并有序接入诉讼平台,由互联网法院在线核实、实时固定、安全管理。诉讼平台对涉案数据的存储和使用,应当符合《中华人民共和国网络安全法》等法律法规的规定。

商等主体的涉案数据,主动搜集查明案件事实所必需的相关证据。例如,河南省郑州市中级人民法院与中国司法大数据研究院中经天平事业部合作正式上线了"郑州市中级人民法院电子证据平台",支持互联网取证、视频取证、OTT电视盒子取证、手机App应用等多种类型的取证;再如,北京互联网法院建立的天平链电子证据平台,积极联合司法鉴定中心、公证处、行业组织、大型央企、大型金融机构、大型互联网平台等作为天平链的节点,完成了24个互联网平台或第三方数据平台和存证平台之间的应用数据对接,有效解决了当事人收集电子数据证据存在的困难,节约了庭审举证、质证及认证的时间和经济成本。

对于当事人而言,可以自行搜集上传电子证据,如果当事人客观上确实无法找到相关证据,而该证据对于认定案件事实具有重要意义,且有初步证据证明该事实存在,则可以依法申请法院通过技术手段向涉案主体或是第三方平台获取证明案件事实所需的结构化信息,从而证明自己的主张。另外,当事人提交某种新兴的电子存证证据,应当辅助提交证明平台资质和技术能力的证明材料以及相关的技术说明,证明该平台的中立性以及使用的技术手段的可靠性等,否则不能视为其完成举证责任。

(三)进路三:完善电子存证证据的举证责任和认证规则

电子存证无论是从证据的表现形式,还是从证据的形成机制来说,都明显区别于传统的书证、物证等。相较于前者,电子证据更容易造假、失真,此外,相较于一般人,诸如社交平台、电商企业等,在存储、删除、修改后台数据上,拥有巨大的便利和优势。由此所引出的是举证责任的分配问题,如在一些网络服务商为当事人的案件中,举证责任应适当向网络服务商倾斜。另外,充分运用现行法律规定的举证妨碍制度、证据披露制度、优势证据原则等,适当降低当事人的举证难度。司法实践中,广州市南沙区人民法院出台的《互联网电子数据证据举证、认证规程(试行)》就很好地平衡了举证方和对方之间的举证责任,具体来说,如果当事人出示了电子证据原件,对方认可用户身份,但认为所展示的内容不真实或存在删减、篡改的,应当提供本方持有的电子证据原件作为相反证据,否则可以对原电子证据予以采信。如对方提供的相反证据能够反映当事人提供的原电子证据内容存在删减、篡改的,对原电子证据相应部分内容不予采信。

相应地,电子存证的认证规则也应有其特殊性。就目前而言,对电子存证真实性的审查,一般应从以下两个方面入手:一方面考察保存、传输、提取电子数据的主体是否适当,具体来说包括电子存证平台经营者的资质及技术能力,以及是否与证据提供方存在某种利害关系,以确认其中立性和权威性;另一方面考察该电子存证证据自身的形成、存储、改变及删除机制,坚持全面审查原则,综合认定是否具有形式和实质的真实性。例如,电子数据的生成、存储、传输所依赖的计算机系统的硬件、软件环境是否完整、可靠;所依赖的计算机系统的硬件、软件环境是否处于正常运行状态,或者不处于正常运行状态时对电子数据的生成、存储、传输是否有影响;所依赖的计算机系统的硬件、软件环境是否具备有效的防止出错的监测、核查手段;电子数据是否被完整地保存、传输、提取,保存、传输、提取的方法是否可靠;是否在正常的往来活动中形成和存储;是否存在影响电子数据完整性和可靠性的其他因素等。《规定》第 11 条亦明确列举了 6 项法院需审查的内容,用以确定电子数据生成、收集、存储、传输过程的真实性。上述规定均从正面详细列举了法院审查的内容,具有一定的可操作性,意即如果上述审核内容得到的答案均为肯定,则该电子证据的证明力可以得到确认,但也有例外情形。笔者认为,随着科技的发展,电子存证形式多样,种类繁多,不同类型的电子存证的证明力和认证规则也应有所区分,具体如下:其一,由第三方或者技术上具有安全保障的主体出具的电子证据,如具有防篡改技术的区块链,证明力应当高于一般的电子存证;其二,一般的电子存证如果附有公证、鉴定或者其他信用背书,则证明力应当高于没有信用背书的电子证据,但该证据技术自身足以证明其真实性的除外;其三,对于特定类型的电子证据,如由当事人提交或者保管的于己不利的电子数据,在正常业务活动中形成的,以档案管理方式保管的,或者以当事人约定的方式保存、传输、提取的等,如果没有相反证据,一般情况下应认定其真实性;其四,如果法院经过审查,已经初步认定电子存证证据的真实性和证明效力,而对方当事人对此提出质疑意见,则反驳方负有提供相反证据的举证义务。

跨境电商平台海外代购的商标侵权认定

高　翡*

案例摘要

知识产权具有地域性，商品在不同境域间流通，极易产生权利冲突问题。我国实行“商标注册主义”，商标权因注册产生。如何避免机械适用该原则可能造成的商标权人垄断商品流通环节的现象，最大限度地保障商标基本功能实现的同时，使处理结果符合公平正义，是本文的意义所在。

本案是一起跨境电商平台海外代购商标侵权的典型案例，亦涉及进口商品的国内总代理商与其他代购商的品牌争议，所涉法律问题新颖复杂。不同于传统的商标侵权案件，笔者从跨境电商平台的性质定位入手，充分考察国内商标权人（总代理商）、跨境代购平台、进口商品生产者三方主体对标识的使用意图及行为方式，将商标基本功能的实现作为贯穿始终的主线，按照“商标权归属于其识别作用所指向的对象”的裁判思路，对进口商品中文商标、固有标识的不同权利归属进行了认定；在此基础上，从是否“必要且合理使用”“正当取得且原样销售”角度，提出判定代购商品商标侵权的审查路径，在世界经济一体化的当下，该案为日后此类纠纷的处理提供了有益的借鉴。

【裁判观点】

“商标注册主义”不能机械适用，商标权应归属于其识别作用所指向的对象。跨境电商平台海外代购商品，如非因必要且合理使用国内代理商的中文商

---

* 高翡，原北京市东城区人民法院员额法官。

标作为商品名称进行销售推广，构成商标侵权；如通过正当途径购得在制造国并不侵权的商品并以原样再次销售，虽国内代理商已将商品固有标识注册为商标，但不构成商标侵权。

【关键词】

电商平台　海外代购　商标权归属　侵权认定

【类案综述】

笔者通过中国裁判文书网进行类案检索，发现实践中存在以下典型观点、裁判思路和方法。

第一种实务观点认为，经依法核准注册的商标，商标权归属于商标注册人。在该商标未被撤销或宣告无效的情况下，未经我国商标注册人许可，在相同或类似的进口商品上使用与其注册商标相同或近似的商标，将会损害商标权人的利益，构成商标侵权，应承担相应的法律责任。如在 A 诉 B 侵害商标权纠纷一案中，案外人 C 经 A 授权获得涉案商标在中国境内的排他使用权，且系 D 在中国境内的唯一授权进口经销商。对于 B 在进口的由 D 生产的啤酒包装上加贴中文标签使用涉案商标的行为，法院认为，虽然 B 在进口啤酒产品时按照相关法律规定应加贴有关商品名称等信息内容的中文标签，但涉案商标并非英文商标的唯一中文译法，B 也没有提供证据证明早在涉案商标注册之前中国境内就有该名称的产品在市场上流通，其在加贴的中文标签上使用涉案商标缺乏合理的理由，显然有“搭便车”的故意。B 在其产品上不当使用涉案商标，易使消费者误认为该产品来源于 C 或与 C 之间存在关联关系。考虑到 C 目前是涉案啤酒在中国唯一的授权经销商，消费者这种认识上的误差必然导致消费选择上的被误导，这在客观上显然会挤占 A 及 C 所应有的市场份额，损害 A 及 C 的利益。综上，B 在原始产品上进行二次贴附产品标识的行为构成对 A 涉案商标的侵害。

第二种实务观点认为，商标权归属应考虑商标在使用过程中所形成的客观实际，对于存在进出口代理关系的商品，代理人在进口商品上使用的中文商标虽未经被代理人指示，但当公众已将使用该商标的商品与被代理人建立起稳定的对应关系时，因该商标使用而产生的合法权益应归属于该被代理人。新代理人按照原有方式继续使用该商标的,视为被代理人的使用行为,不构成商标侵权。如在E诉F侵害商标权纠纷一案中,E、F分别为案外人G的产品在中国的原代理商和现代理商,法院认为,虽然涉案商标系由E自行创设并贴附在G进口到中国的儿童安全座椅商品上,该标志不是根据G的指示而选定并贴附在上述商品上,E在该标志的选定和使用过程中发挥了重要作用,但是商标权益的归属应当尊重商标在使用过程中所形成的客观实际,以该商标所指向的商品来源最终确定该商标的权利归属。在E申请注册涉案商标前,相关公众通过该标志识别、购买的商品均来源于G;E在实际使用过程中,也突出强调使用该标识的商品是“德国原装进口”,因此从商品来源识别作用发挥的角度看,与涉案商标建立对应关系的应当是G而非E。在G根据《商标法》第59条第3款的规定有权在原使用范围内继续使用该商标的情况下,F基于代理关系而在其销售的进口儿童安全座椅商品上使用涉案商标不属于侵害E注册商标专用权的行为。

实务典型案例

基本案情

原告甲系第8223466号、第8223462号“童年时光”商标及第10378186号“”商标注册人,上述商标分别于2011年、2013年获得核准,核定使用在第30类非医用营养液等商品、第5类医用营养品等商品上。丙独家授权原告作为ChildLife儿童营养品牌产品在中国的总代理,负责产品的进口销售及宣传推广活动,并授权其有权禁止第三方使用“”“童年时光”“CHILDLIFE”商标,包括禁止第三方进口、经销和推广ChildLife产品。该品牌产品由丙在美国生产,产品原包装正面及英文吊牌上印有“CHILDLIFE”商标及“”标识,原告进口至国内后在产品背面贴附的中文标签及防伪标签中印有“童年时光”及“”商标,并标有“中国总代理:甲”等内容。

2016年,被告在其经营的网站销售了多款进口ChildLife品牌儿童营养产品,除无中文标签及防伪标签外,产品包装上的其他内容与原包装一致。其中,产品包装正面及英文吊牌上印有“”标识,网站在介绍产品时使用了“童年时光”文字。原告主张,涉案产品与涉案商标核定使用的第 5 类商品“维生素制剂、医用营养品”属于同种商品,与第 30 类商品“非医用营养液”属于类似商品,被控侵权标识分别与涉案商标标识构成相同,被告的上述行为极大地冲击了其正品产品的销售,构成对其商标权的侵害,故要求被告承担停止侵权、赔偿损失等法律责任。

法院观点

关于原告主张被告使用“童年时光”文字侵犯了第 8223462 号、第 8223466 号商标专用权。第一,涉案产品与涉案商标核定使用的商品是否相同或类似。根据《类似商品和服务区分表》,第 5 类商品主要包括药品和其他医用制剂,尤其包括膳食补充剂,为正常饮食提供补充或为健康目的等。第 30 类商品主要包括日用或贮藏用的植物类食品,不包括婴儿食品、膳食补充剂。根据涉案网站中对产品成分、功效、使用方法等的介绍,涉案产品系含有多种矿物元素、维生素成分的膳食营养保健产品,其旨在增强婴幼儿抵抗力,故属于第 8223462 号商标核定使用的第 5 类商品,而非第 8223466 号商标核定使用的第 30 类商品。第二,被控侵权标识与涉案商标是否相同或近似。被控侵权的“童年时光”文字与第 8223462 号商标在读音、含义、字形及排列方式上相同。被告虽主张“童年时光”系对美国“ChildLife”品牌的中文直译,使用该文字意在向消费者描述介绍进口商品本身,但以该种醒目的方式进行产品销售推广的行为显然具有标示商品来源以达到使相关公众区分不同商品提供者的目的,“童年时光”并非英文“ChildLife”的唯一中文译法,现无证据证明被告在介绍“ChildLife”产品时使用“童年时光”文字具有合理依据,故其未经许可在网站突出使用“童年时光”,构成对第 8223462 号商标专用权的侵犯。

关于原告主张被告销售带有“”标识的涉案产品侵犯了第 10378186 号商标专用权。第一,涉案产品是否系丙生产。涉案产品的包装及标注内容与丙生产的正品一致,且根据防伪溯源码查询结果,涉案产品系从原产地美国洛杉矶进口,并显示检验检疫申报日期、单号等信息,上述内容能够相互印证,已达到高度盖然性的证明标准,应认定涉案产品系由丙生产。第二,涉案产品使用“”标识是否侵犯了第 10378186 号商标专用权。原告对第 10378186 号商标的使用方式仅为在其销售的进口 ChildLife 产品上使用,即从美国进口产品后,在产品背部加贴含有“”商标的防伪标签。从该使用方式来看,原告意在将“”商标与该产品建立起固定的联系,使该商标起到识别原告为产品中国总代理及独家授权经销商的作用。而丙在涉案产品上使用“”标识,意在使相关公众认识到该产品系其生产,非他人生产,其主观上不具有攀附原告商标的恶意,客观上亦不会切断原告与 ChildLife 产品的关联。况且,原告认可在其对 ChildLife 产品加贴中文标签及防伪贴前,其允许丙在产品包装上使用“”标识,故涉案产品使用“”标识不构成侵权。现被告并未对合法从丙处进口的产品包装及外观进行变更,也未对产品上贴附的商标进行变更,并未破坏商标与商品生产者丙的联系,不会导致消费者混淆商品的来源。综上,被告通过正当途径购得在制造国并不侵权的涉案产品并原样再次销售的行为,未侵犯原告第 10378186 号商标专用权。

裁判结果

法院最终判令被告立即停止涉案侵犯原告第 8223462 号注册商标专用权的行为,并赔偿原告经济损失及合理支出。

【裁判思路与方法】

在互联网经济繁荣的时代,因政策推动及消费需求驱动,跨境贸易快速兴起。除了传统的“人肉代购”、海外电商直邮外,通过国内电商平台海外代购的方式日渐兴盛。然而,知识产权具有地域属性,商品在不同境域间流通,极易发生权利冲突。本案即涉及跨境海外代购中的商标侵权问题。此类问题往往存在以下三种情形:一是进口商品在我国无商标权人,且与我国既有的其他商标不近似,不存在造成混淆误认的可能,该种情形当然不构成商标侵权。二是进口商品在我国的商标权人与出口国的商标权人为同一主体或存在授权许可关系,此种情形涉及平行进口,基于权利用尽原则,一般不认定构成商标侵权,但存在商品品质具有实质差异、商标使用行为损害商标权人的标识权益及公共利益等侵权的例外。三是进口商品在我国的商标权人与出口国的商标权人不一致,在此种情形下,商标权地域属性的特点使得进口商品在我国流通存在极大的侵权风险,但不可一概而论,需要针对不同情形具体分析。

如本案即属于上述第三种情形。值得注意的是,本案所涉商标系进口商品上的固有标识及中文商标,国内商标权人系进口商品的总代理商,法律问题尤其复杂。如何避免机械适用"商标注册主义"可能造成的商标权人垄断商品流通环节的现象,最大限度地保障商标基本功能的实现,使裁判结果符合公平正义,是本文的意义所在。

一、跨境电商平台的性质定位

跨境电子商务是指分属不同关境的交易主体,通过电商平台达成交易,进行支付结算,并通过跨境物流送达商品,完成交易的一种国际商业活动。[1] 通过国内电商平台海外代购即是跨境电商的一种。基于行文方便,本文将这种在国内专门从事海外代购业务的电商平台称为跨境电商平台。

通常而言,自营性跨境电商平台[2]采用的经营模式为:了解海外热门商品的特点及目标客户的喜好,在其经营的电商平台上对海外商品进行宣传推广,与此同时建立起相对固定的海外商品采购和供应体系,当用户青睐某种商品并在平台完成电子付款后,经营者将其订购的商品从境外采购后,通过国际物流配送至用户手中[3](消费者指示性模式),或是经营者通过批量采购,统一将商品集中储存在国内保税仓,用户通过平台下单后进行清关,通过物流直接从保税仓配送至客户手中(现货模式)。

这种采取"境外采购、境内销售"模式的电商平台属于生产商还是销售商?性质定位的不同,决定了法律责任承担的不同。一般来说,处于商品流通市场链始端的生产商,因直接积极地实施了将侵权商标与商品相联系的使用行为,其主观过错及行为后果更为严重,理应承担更大的法律责任。而处于商品流通市场链终端的销售商,其销售侵权商品的行为虽也对注册商标造成了损害,但其往往通过生产商的提供获得商品信息渠道,难免因获取信息不畅而在主观上容易相信生产商,并没有销售侵权商品的恶意,基于此,为了保护交易安全和交易秩序,

---

〔1〕 上海市工商局课题组:《我国跨境电子商务发展现状与监管对策研究》,载《中国市场监管研究》2017 年第 2 期。

〔2〕 跨境电商平台,按其提供的是网络平台服务还是平台内的商品,一般分为平台模式和自营模式。本文仅讨论自营模式。

〔3〕 祝建军:《跨境电子商务中的商标权保护》,载《人民司法》2016 年第 10 期。

合理均衡考量各方利益,我国《商标法》第64条第2款赋予善意销售者合法来源抗辩权。从这个意义上来说,如果认定平台经营者为生产商,一旦判定构成商标使用侵权,则必须承担停止侵权并进行民事赔偿的法律责任;如果认定平台经营者为销售商,则其有可能通过举证证明其销售的商品有合法来源,且是善意销售者,而被免除承担民事赔偿责任。[1]

有观点认为,从事跨境代购业务的进口商进口被控侵权产品至我国并在境内销售直接导致该产品在涉案商标受保护的法域内从无到有,其虽然未直接从事生产制造被控侵权产品行为,但实际上是在我国境内首先使用被控侵权产品的主体,从商标法保护的意义上,进口商的行为后果与生产者的行为后果是一致的。[2] 也有观点认为,我国专利法明确规定未经许可生产、销售、进口专利产品属于侵犯专利权人的专利权的行为,只有未经许可销售专利产品的销售商才可以主张合法来源抗辩,商标权保护的原理与此相同[3]。对此,笔者认为,一方面,专利法与商标法在立法宗旨、保护内容上存在本质的不同,在商标法未对商品进口作为独立的行为予以规制的情况下,不能作此类比;另一方面,跨境电商平台经营者仅实施了将贴附商标标识的商品进口至境内进行销售的行为,其未改变商品的物理属性,未实施将商标与商品相结合的使用行为,其使进口商品在受保护法域内的"从无到有"根本上不同于生产行为的"从无到有",这种行为本质上与从国内供货商处采购商品进行销售的行为无异,属于商品流通环节中为销售做准备的行为,应系商品销售行为的组成部分,因此跨境电商平台的经营者应定位为销售商。

二、跨境电商平台使用进口商品中文商标的侵权认定

(一)进口商品上中文商标的权利归属

由于语言差异、法规要求等原因,进口商品跨境进入他国市场后,通常会贴附使用当地语言文字的商标进行销售。但是,由于商标具有地域性,这种在进口商品上贴附的使用所在国语言文字标识而产生的商标权益,究竟归属进口商品的代理商还是国外的被代理商,往往存在争议。

---

[1] 祝建军:《跨境电子商务中的商标权保护》,载《人民司法》2016年第10期。

[2] 上海市第一中级人民法院民事判决书,(2014)沪一中民五(知)终字第78号。

[3] 祝建军、魏巍:《电商采购境外商品内销的商标法定性》,载《人民法院报》2015年7月16日,第7版。

我国采取“商标注册主义”,商标注册人享有的商标专用权受法律保护。相比追求文化多样性的著作权,商标权对他人经营活动中的行动自由妨碍作用更大,与消费者利益以及其他公共利益关系更为密切,采取注册主义作为权利发生要件,既便于考察商标标识的识别力,又便于考察商标标识的独占适格性,可以更好地平衡各种相互冲突的利益关系。[1] 当然,实践中不乏未注册商标或商标注册系恶意抢注等情形下的权利归属,对此还需具体分析。有观点认为,如作为进口商的代理人和国外的被代理人对此有明确约定,则从其约定;如无明确约定,即使进口商品上使用的中文商标未经被代理人同意,甚至不是被代理人选定的,被代理人没有使用该中文商标的使用意图,但当其客观上已经能够使相关公众将使用该商标的商品与被代理人建立起稳定的对应关系时,因该中文商标使用而产生的合法权益应当归属该被代理人。[2]

笔者赞同“商标权归属于其识别作用所指向对象”的裁判思路。一般来说,商标识别功能与“商标注册主义”所指向的权利主体通常是同一的,只有在例外情况下二者才可能发生分离。对于存在进出口代理关系的商品而言,商品自身品质是商标建立市场声誉的物质基础,而商标的具体使用方式更是判断其权利归属的重要考量因素。通常情况下,若以委托定牌加工等方式在他人生产的产品上使用自己的商标而不使用受托加工人的商标的,因不存在多个商标并存的情形,商品来源指代关系明确,相关公众一般会将该商标与商品的直接提供者建立联系;但在同一商品上原本已经存在既有商标的情况下,贴附新的商业标识的行为并不必然建立起该商标与商品直接提供者之间的联系,此时更多地应基于商品来源作用发挥的情况,结合商标的具体使用方式确定商标权益的归属。[3]

如本案原告在成为涉案进口产品中国总代理之前已经申请注册并使用了“童年时光”商标,此后其将产品率先引进中国市场,并在产品中文标签上使用该商标,虽然其并非进口商品的生产者,但作为商标权人,经过其对“童年时光”商标持续广泛的宣传推广及使用,该商标已具有一定的市场知名度和品牌影响

---

〔1〕 李扬:《商标法基本原理》,法律出版社 2018 年版,第 13 页。

〔2〕 周波:《商标在先使用抗辩之认定》,载杨柏勇主编:《中国知识产权审判年度典型案例评析》,中国法制出版社 2019 年版,第 127 页。

〔3〕 详见北京市高级人民法院民事裁定书,(2018)京民申 3688 号。

力,与其具有对应关系;结合我国消费者在选择进口儿童保健品时通常负有较高的注意义务,如欲了解产品的相关信息往往会关注产品包装上的中文标签内容,这种消费心理和习惯实际上促成了"童年时光"中文标识在商品本身自带商标的基础上发挥了巩固性的识别作用,与商品自带商标共同起到区别商品来源的标识性作用。因此,"童年时光"商标系与作为进口商品直接提供者的原告建立起了固定的联系,该商标的权利归属原告而非生产者。

(二)推广进口商品使用中文商标的侵权认定

一般来说,司法实践中针对侵权商品的生产行为适用的是《商标法》第 57 条第 1 项、第 2 项,针对销售行为则适用第 57 条第 3 项。《商标法》并未针对销售商在产品的推广宣传中使用商标的行为作出特殊规定。根据《商标法》第 48 条的规定,无论是将商标直接用于商品、商品包装或者容器,还是将商标用于广告宣传等商业活动中,只要能够起到识别商品来源的作用,均属于"商标的使用"。这种使用与《商标法》第 57 条前两项中的"使用"并无差别。因此,跨境电商平台作为销售商在产品的推广宣传中使用商标的行为,应适用《商标法》第 57 条第 1 项、第 2 项,而非第 57 条第 3 项。

在市场经济正常流转的体系中,销售商为了能在商品交换、流通、运营体系中获得利润,必然要对其销售产品进行推广与营销,若禁止在此种基本商业运行手段中对商标进行正当性的合理使用,显然违背了市场的基本运营规律,对已经付出相应交换价值的市场主体也显失公平。[1] 因此,倘若销售商在广告宣传中仅是为了指示其所销售的产品,在善意、合理的情况下使用商标,通常不认定构成商标侵权。如在销售某产品时在网站宣传中使用了该产品的商标,结合商标的使用方式(包括商标的大小、位置)以及页面布局,相关公众会认为该商标传达的是在售商品的广告,即指示其所销售商品的品牌信息,而不是传达经营者的商号、商标或经营风格,那么,商标直接指向的是商标权人的商品,而非指向销售者或网站经营者,因此不构成商标侵权。[2] 但如果这种使用行为不具有合理依据或超出合理范围,对商标权利人的合法权益造成了损害,则应认定构成商标侵权。如销售商在店招上单独使用他人商标,实质是指向店铺的经营者是商标权人或与商标权人存在许可使用等关联关系,会使相关公众对两者的关系产生

[1] 详见北京市高级人民法院民事判决书,(2013)高民终字第 3998 号。

[2] 详见北京知识产权法院民事判决书,(2017)京 73 民终 825 号。

误认。[1]

如本案被告在电商平台进行推广宣传时将“童年时光”作为进口产品的中文名称使用,该行为显然具有标示商品来源以达到使相关公众区分不同商品提供者的目的。然而,被告在此处使用“童年时光”文字不具有合理依据,“童年时光”并非英文品牌“ChildLife”的唯一中文译法,也没有证据证明早在“童年时光”商标注册之前中国境内就有该名称的产品在市场上流通。前文已提到,“童年时光”中文商标经过商标权人的宣传使用,已在相关消费者中具有一定的知名度,而被告作为从事母婴产品销售的同行业竞争者,对此不可能不知晓,该种使用“童年时光”标识行为并非必要且合理,其主观上显然具有“搭便车”的故意,不当地利用他人商标的市场声誉来获取商业机会,客观上会切断原告与“童年时光”商标之间的关联,挤占原告所应有的市场份额,损害原告对商标价值所作的实质性投入,因而构成对原告“童年时光”商标专用权的侵犯。综上,对于跨境电商平台而言,如非因必要且合理使用他人的中文商标作为进口商品的名称进行推广宣传,应认定构成商标侵权。

三、跨境电商平台使用进口商品固有标识的侵权认定

(一)进口商品上固有标识的权利归属

对于国内代理商将进口商品上的标识注册为商标,其可否据此禁止他人进口同品牌产品,亦存在较大争议。有观点认为,商标权具有地域性,一旦进口商品进入中国境内,未经我国商标权人许可,销售带有该商标商品的行为即构成侵权。也有观点认为,该商标系进口商品的固有标识,代理商系恶意抢注被代理商的商标,其注册商标意在通过商品的渠道管理获取垄断利益,该注册行为应属无效,无权禁止他人进口相同商品。上述主张体现了不同价值导向的选择问题,但因商品并非来源于国内商标权人便一概认定其他代购商侵权,未免过于武断,在国外被代理商对代理商注册商标的行为并无异议反而积极表示认同并配合的情况下,直言恶意抢注难免不妥。笔者认为,该问题的有效解决仍要回归商标权的本质,围绕权利归属这一基本问题的理解和把握,重在发掘看似繁杂的现象背后的有机联系,为裁判寻求正当化和合法化的根据。[2]

---

[1] 详见上海市高级人民法院民事判决书,(2017)沪73民终23号。

[2] 孔祥俊:《商标法适用的基本问题》,中国法制出版社2014年版,第13页。

商标作为典型的符号,由能指、所指和对象构成,分别对应商标标志、意义与所附着产品。[1] 符号的意义正体现在这三者之间的关系上,使商标在对象的意指上发挥出使消费者产生固定来源认知心理的作用,这种对固定来源的认知就是商标所发挥出来的识别功能。这种“识别”既包括对商品来源的识别,也包括对责任主体的识别。[2] 一般情况下,商标所识别的商品来源是商标权人,但基于商标的基本识别功能,商标权归属应当尊重商标在使用过程中所形成的客观实际,以该商标所指向的商品的来源最终确定其权利归属。

如本案“ ”标识系进口产品本身自带,以较大面积在产品包装上的显著位置突出使用,对消费者而言,该标识起到的是第一印象的识别作用,即明示该产品为美国原装进口保健品,消费者看到该标识会自然地将其与美国生产者建立联系。此后,虽然原告将该标识注册为商标,但其仍然从事该品牌商品的进口和销售,并未自行生产产品,也未对产品进行重新包装,其并未改变消费者对该标识既有的心理认知,因此,即便其在产品防伪标签上使用了“ ”标识,该行为也不会改变消费者对该标识既有的心理认知,仍会认为这属于商品固有的商标,而不会联想到商品的代理商,因此与该商标建立对应关系的应当是生产者而非原告。

(二)销售进口商品改变商品行为的侵权认定

司法实践中,跨境电商平台在进口正品商品后为了销售需要,可能会在不改变商标和商品本身的情况下,采取下列改装或改变行为,那么该种行为是否构成商标侵权,仍要围绕是否损害了商标基本的识别功能进行考量。

1. 改变商品的包装形式

即将进口产品的包装拆分或变更,重新包装后贴上商标权人的商标进行销售。如在不二家案中[3],被告在淘宝店铺销售不二家公司的糖果时,擅自将商品分装到不同包装盒,且这些包装盒与不二家公司对包装盒的要求有明显差异,这种重新包装后的转售行为不仅不能达到美化商品、提升商品价值的作用,反而会降低涉案商标所指向的商品的信誉,会使消费者误认为商品的生产者采用了新的包装,破坏了生产者与其商品之间的联系,损害了商标的识别来源功能,因此构成侵权。

---

〔1〕 李雨峰:《侵害商标权判定标准研究》,知识产权出版社 2016 年版,第 217 页。

〔2〕 刘佳欣:《从商标的功能价值看“海淘”中的商标侵权》,载“知产力”公众号,2019 年 10 月 17 日发布。

〔3〕 详见浙江省杭州市余杭区人民法院民事判决书,(2015)杭余知初字第 416 号。

2. 改变商品的信息

一般情况下，商标权人基于自身商标管理及对商品质量控制的需要会有选择地将相关信息附加到商品上。如在百龄坛案中[1]，被告将其销售的百龄坛酒产品上包括生产日期、批次、产地等特定信息在内的产品识别码磨掉，由于该识别码与商标相结合能方便相关公众更准确地区分商品的准确来源，包括产品质量、生产和销售来源等，而擅自改变商品中的该信息，影响了商标的识别功能，因此构成侵权。

3. 改变商品的销售环境

如在雅漾案中[2]，被告改变了雅漾产品在专柜销售的环境，在网站对该产品进行销售，但相关公众在专柜处与被告处购买到的产品并无实质差异，在被告未对产品本身进行任何改动的情况下，其利用网络对该产品进行再次销售的行为，并未妨碍商标功能的发挥，因此不构成对原告注册商标专用权的侵害。

如本案被诉产品系通过正当途径合法购得的原装进口产品，被告未对该产品的包装及外观进行变更，也未对产品上贴附的标识进行变更，其系以原样方式再次进行销售，该行为并未破坏商标与其识别作用所指向的商品生产者的联系，不会导致消费者混淆商品的来源。况且，涉案产品与原告作为代理商销售的产品在是否标有中文标签方面存在一定差异，消费者不会误认为涉案产品为原告进口至国内销售的产品，亦未损害原告作为中国总代理商的合理利益。因此，被告销售涉案产品的行为不构成侵权。综上，进口商在代理国外品牌商品过程中，如将所代理商品的固有标识在国内注册商标，注册后仍然销售原装进口商品，在国外品牌商未提出异议或者未提出宣告该商标无效的情况下，进口商注册的商标权行使应受到限制，即商标权人不能禁止他人进口同品牌商品并原样再次销售的行为，但可以禁止他人擅自假冒进口商所注册的商标。[3]

在世界经济一体化的当下，本案的处理未机械适用"商标注册主义"，在充分考察各方主体行为方式的基础上，将商标基本功能的损害作为判断侵权与否的落脚点，合理地进行了利益衡平，实现了法律效果与社会效果的统一，为日后此类纠纷的处理提供了有益的借鉴。

---

[1] 详见湖南省长沙市雨花区人民法院民事判决书，(2016)湘01民初1463号。

[2] 详见湖南省长沙市中级人民法院民事判决书，(2015)长中民五初字第00280号。

[3] 黎淑兰等：《跨国贸易中的商标权司法保护问题》，载《上海法治报》2017年4月26日版。

App应用程序标识商标侵权行为的证成

刘虹蕴[*]　潘　黛[**]

案例摘要

移动互联网的高速发展使知识产权的传播方式发生了根本性的变化，其催生的商业应用日新月异，业务模式层出不穷，利益关系更加复杂，给知识产权的运用带来了更多的商业机遇，同时也给知识产权的保护带来了日益严峻的冲击与挑战。“互联网＋”模式下的技术变革为商标的适用拓宽了新的领域，也为传统商标侵权认定规则在数字环境下的应用带来新的挑战。移动互联网对传统商标利用方式的改变较为明显地反映在App应用程序标识的商标使用上，故对该类案件的商标侵权行为的证成需要在遵循商标侵权一般判定标准的基础上，就侵权构成的具体要件进行考量与修正。本案例结合App应用程序兼具商品以及服务的双重特点，着重论述了App应用程序商标性使用的认定、近似商品或服务的判定以及混淆可能性的考量因素，提出App应用程序标识商标侵权判定的审理思路和裁判要点，以期为类型化案件的审理提供有益借鉴。

【裁判观点】

1. 在判定App应用程序标识是否构成商标侵权时，应遵循“商标性使用＋相似性＋混淆可能性”的商标侵权判定一般标准。

* 刘虹蕴，北京市东城区人民法院员额法官。

** 潘黛，原北京市东城区人民法院聘用制法官助理。

2. 在判定 App 应用程序标识所归属的商品或者服务类别与他人注册商标核定使用的商品或者服务是否构成相同或者近似时应结合 App 应用程序具体提供的服务的目的、内容、方式、对象等方面进行综合判定,不应想当然认定其与计算机软件商品或者互联网服务构成类似商品或者服务。

【关键词】

App　商标侵权　商标性使用　商品或服务近似　混淆可能性

【类案综述】

App 应用程序从具体用途来看可以分为两类:一类是软件企业向相关公众提供的计算机操作程序,用户下载、安装此类 App 的目的是通过使用其作为计算机程序所具有的功能性特征来解决某一方面的使用需求,如输入法、浏览器、图片编辑、文字处理等功能,此类 App 在商品类别上可归入第 9 类计算机操作程序;另一类则是企业向相关公众提供商品或服务的平台或工具,对于相关公众来说,其下载、安装、使用 App 的目的在于以 App 作为平台或媒介来接受相关经营者提供的商品或服务,是互联网环境下新的商业模式。因此,与传统商品或服务类别的区分不同,App 兼具商品和服务的双重属性。尤其是前述的第二类 App 的类别跨越了第 9 类计算机操作程序,同时又与其具体用途所提供的商品或服务的类别发生重合。

笔者通过法信平台进行类案检索,共发现 6 件相关案例。其中,将 App 应用程序标识所属商品类别认定为计算机软件的仅有 1 件案例,根据 App 应用程序具体提供服务的内容、目的、方式及对象来认定其所属类别的有 5 件案例。根据上述检索情况,笔者认为,实践中根据上文所述的用途分类来划分,对于认定 App 应用程序标识所属商品和服务的类别时,存在以下两种实务观点:

第一种实务观点认为,鉴于上述 App 应用程序所具备的第一类用途,App 应用程序系利用信息网络通过计算机软件向公众提供商品或者服务,鉴于其本质上是通过使用其作为计算机程序所具有的功能性特征来解决某一方面的使用需求,故应认定其与计算机软件商品构成类似商品或者服务。在北京知识产权法院审理的“大姨妈”App 应用软件著作权侵权案件中，法院即持上述观点。[1]

第二种实务观点认为，鉴于上述 App 应用程序所具备的第二类用途，划分 App 应用程序标识所属商品和服务类别，应结合应用软件具体提供服务的目的、内容、方式、对象等方面综合进行确定，不应想当然认定其与计算机软件商品或者互联网服务构成类似商品或者服务。在“参考消息”App 应用软件商标侵权案件中，福州市中级人民法院即持上述观点，此案件曾被评为 2016 年福建法院知识产权司法保护十大案例。此外，在北京市海淀区人民法院审理的“滴滴打车”案以及江苏省高级人民法院审理的“农管家”案中，上述法院均持此种观点。[2]

---

〔1〕 北京知识产权法院在(2018)京 73 民终 1001 号民事判决书中即认定“禹容公司开发的‘优谈大姨妈’或‘大姨妈’本身就是‘可下载的手机应用软件’，依照《类似商品和服务区分表》划分该商品属于第 9 类 0901 群组，与康智乐思公司注册商标核定使用商品‘可下载计算机软件’等商品属于相同或类似商品。禹容公司‘优谈大姨妈’或‘大姨妈’软件在各个应用平台上线，并以‘软件’命名，无论是禹容公司自身，还是相关公众、平台运营方均认可其为‘软件’。且从内容、功能上看，禹容公司‘优谈大姨妈’软件系完整的‘软件代码编写而成的商品’，该商品需要通过‘软件下载’，下载后能够独立发挥作用，不需要再借助其他内容。即‘优谈大姨妈’软件本身就是将‘生理周期’内容作为一个完整的闭环，其根据软件使用者输入的生理周期数据，独立发挥监测、预测功能。故禹容公司是将‘优谈大姨妈’或‘大姨妈’字样使用在软件商品上而非相关服务上。”

〔2〕 在“参考消息报社与福建博瑞网络科技有限公司侵害商标权纠纷”一案中，福州市中级人民法院认为，博瑞公司在其经营的网站中提供“参考消息”手机 App 应用程序下载服务，属商标性使用了涉案注册商标“参考消息”。博瑞公司通过提供软件下载服务，容易使相关公众认为该软件服务为参考消息报社提供或与其存在某种联系，故博瑞公司使用涉案商标所提供的服务与参考消息报社注册商标“参考消息”所核定使用的第 16 类商品“报纸”类似。该案例被评为 2016 年福建法院知识产权司法保护十大案例。在“滴滴打车”被诉商标侵权纠纷一案中，北京市海淀区人民法院认为，在划分 App 应用程序标识所属商品和服务类别时，不应仅因其形式上使用了基于互联网和移动通信业务产生的应用程序，就机械地将其归为此类服务，应从服务的整体进行综合性判断，不能将网络和通信服务的使用者与提供者混为一谈。江苏省高级人民法院在(2017)苏民终 1982 号民事判决书中即认定“好利维尔公司涉案注册商标核定使用的商品类别为第 9 类，即已录制的计算机操作程序；计算机软件(已录制)等。北京农管家公司的‘农管家’App 系创新农业供应链互联网服务平台，是为农民设计的农业技术推广 App，主要用于服务现代农业生产，把传统的农技服务与移动互联网结合起来，建立了种植户与专家对话的平台。由此可见，北京农管家公司虽然开发并在手机应用商店上架了‘Cityweekend’App，但其并未将 App 作为一种软件产品向用户出售，而是通过开发、运营该 App 向农民提供农业金融、农业技术咨询等方面服务。因此，不能仅因北京农管家公司使用了 App 移动应用程序这一平台或形式，就将其归入第 9 类商品。该 App 系北京农管家公司为农民提供农业金融、技术等相关服务的工具，其所提供的服务的类别与好利维尔公司涉案注册商标核定使用的商品类别具有明显区别，并不属于类似商品或服务。”

实务典型案例

基本案情

原告系第12264620号“Cityweekend”注册商标权利人，该商标核定使用在第9类商品项目上。原告同时还是第12264405号“Cityweekend”注册商标权利人，该商标核定使用在第35类服务项目上。被告分别开发了应用于安卓系统的名称为“City Weekend”的应用程序以及应用于IOS系统的名称为“City Weekend Mobile”的应用程序，上述应用程序的图标中均含有“City WEEKEND”字样，上述应用程序内含有大量为消费者提供商业信息和建议、替他人推销以及在线广告的信息；被告在其经营管理的网站首页中使用了“cityweekend”字样，该网站登载了大量信息，且该信息属于为消费者提供商业信息和建议、替他人推销的内容。被告的上述使用行为系在相同服务上使用了与原告第12264405号注册商标相同的标识，构成商标侵权。此外，被告开发的适用于安卓系统和IOS系统的上述应用程序属于可下载的计算机程序，且应用程序图标中均含有“City WEEKEND”字样，被告的上述使用行为系在相同商品上使用了与原告第12264620号注册商标相同的标识，构成商标侵权。原告因此诉至法院，请求判令被告停止侵权并赔偿损失。

被告认为，本案中原告主张的适用于安卓系统以及IOS系统的两款应用程序是被告开发，原告主张的涉案网站亦由被告运营管理。应用程序图标中含有“City Weekend”字样不构成侵权，原告主张的涉案网站中含有“cityweekend”字样的内容也不构成侵权。即使被告的行为构成侵权，原告主张的赔偿金额亦过高。综上，不同意原告的全部诉讼请求。

法院观点

原告系第12264405号、第12264620号“Cityweekend”商标的注册人，该商标现仍处于有效保护期内，原告依法享有的商标专用权应受到法律保护。商标的使用是将商标用于商品、商品包装或者容器以及商品交易文书上，或者为了商业目的将商标用于广告宣传、展览以及其他商业活动中，用于识别商品来源的行为。本案中，被告以较为醒目的方式在其经营的涉案网站及App图标上突出使用“cityweekend”标识,上述行为显然具有标示服务来源以达到使相关公众区分不同服务提供者的目的,构成《商标法》意义上的使用。

未经商标注册人许可,在同一种商品上使用与注册商标近似的商标,或者在类似商品上使用与其注册商标相同或近似的商标,容易导致混淆的,属于侵犯注册商标专用权的行为。本案中,被控侵权标识与涉案商标在读音、含义、排列方式上一致,仅在英文字母的大小写上存在细微差别,属于近似标识,故被控侵权服务与涉案商标核定使用的服务是否相同或类似,是否容易造成相关公众的混淆和误认,是判断侵权与否的关键。

关于被告提供的服务是否与涉案商标核定使用的第 35 类“为消费者提供商业信息和建议、替他人推销”服务相同或类似。本院认为,第 35 类服务类别为广告、商业经营、商业管理、办公事务,服务目的在于对商业企业的经营或管理进行帮助,对工商企业的业务活动或商业职能的管理进行帮助等,服务内容通常包括商业管理、营销方面的咨询、信息提供等。本案中,被告通过其经营的涉案网站及 App,公开发布包括美食、酒店、文娱、旅游、健康等各类资讯内容,并针对上述内容向网络用户进行推荐。该行为的本质一方面系通过互联网平台向消费者提供包含娱乐休闲、养生保健等在内的各类商业信息,另一方面也为从事上述产业的各商业企业进行宣传推广。上述行为必然会为消费者获取商业信息拓宽渠道、提供便利,同时也提高了相关企业的知名度,使其获得更多的交易机会,从而为各商业企业的营销提供帮助。因此,该行为属于涉案商标第 35 类核定服务项目中的“为消费者提供商业信息和建议、替他人推销”服务。

关于被告提供的商品是否与涉案商标核定使用的第 9 类“计算机程序(可下载软件)”等商品相同或类似。被告虽然开发并在安卓平台及 IOS 平台上架了“City Weekend”App,但其是通过开发、运营该 App 向广大消费者提供商业信息和建议以及为各商业企业的产品以及服务内容进行推销。因此,不能仅因被告使用了 App 移动应用程序这一平台或形式,就将其归入第 9 类商品,该 App 系被告为广大消费者提供商业信息和建议以及为各商业企业提供推销等相关服务的工具,其所提供的服务类别与原告涉案第 12264620 号“Cityweekend”注册商标核定使用的商品类别具有明显区别,并不属于类似商品或服务,故其行为并不侵害原告对第 12264620 号“Cityweekend”注册商标享有的专用权。

裁判结果

法院最终判定被告停止侵犯原告第12264405号注册商标专用权的行为，并赔偿原告经济损失及合理支出。

【裁判思路与方法】

在判定App应用程序标识是否构成商标侵权的情况下，应遵循商标侵权判定的一般思路，并充分考虑网络技术对传统商标利用方式的改变，对商标侵权行为的证成在具体要件的司法适用中进行考量与修正。

一、商标侵权判定的一般标准

商标的基本功能是区分商品或者服务的来源，是商标赖以存在的基础。没有发挥商标识别功能的使用行为，通常并不构成《商标法》意义上的商标使用行为，也就不具有法律上可受保护的价值，亦不是《商标法》予以规制的内容。因此，对于是否构成商标性使用的认定，是确定商标权保护范围的前提，也是进行商标侵权判定的首要考量因素。

2013年《商标法》第三次修改之前，《商标法》对商标侵权行为采用了相似性判断标准，即“商标相同或近似＋商品或服务相同或类似”。2013年《商标法》明确引入混淆可能性要件，将在相同或类似商品上使用相同或近似商标可能造成混淆的行为规定为商标侵权行为。[1] 随着我国《商标法》的历次修改，司法实践中对于商标侵权行为的认定标准也由单纯的“相似性”向“相似性＋混淆性”转变。正如前文所述，是否构成商标性使用的认定是进行商标侵权判定的首要考量因素，因此，结合现行《商标法》的规定，可以将判定商标侵权行为的审理思路归纳为以商标性使用为判断前提，就商标以及商品或服务类别的相似性进行判定，并以混淆可能性作为最终的判断要件。在传统商标侵权案件中，上述审理思路已被司法实践所广泛认定并采纳，但对于网络环境下的商标使用行为而言，其侵权行为的证成在侵权要件的认定上又有其自身的特点，需要重新考量并予以修正，笔者将在下文中进行重点研讨。

---

〔1〕 王太平：《商标侵权的判断标准：相似性与混淆可能性之关系》，载《法学研究》2014年第6期。

二、App 应用程序标识商标侵权的考量

App 应用程序随着“互联网 +”技术的不断发展应运而生,为迎合用户的视觉体验以及推销自身的商业经营模式,App 开发者在应用标识的选取上注重多样化和个性化,这就带来了商标侵权的风险。随着互联网技术对于传统商标使用方式的改变,法官在对于 App 应用程序标识的商标侵权判定上,除应遵循商标侵权认定的一般审理思路外,不能脱离商标载体的网络化对于商标侵权认定的影响,应合理界定网络环境下的商标性使用行为,并就其是否构成正当使用进行充分考量。在此基础上,结合 App 应用程序提供具体服务的目的、内容、方式、对象等,就 App 应用程序标识所属商标类别进行认定,就是否构成相同或近似服务作出判定。

(一)App 应用程序标识商标性使用的判定

根据我国《商标法》的规定,商标的使用是指将商标用于商品、商品包装或者容器以及商品交易文书上,或者将商标用于广告宣传、展览以及其他商业活动中,用于识别商品来源的行为。结合上述规定并充分考虑 App 应用程序作为计算机软件商品这一特性,笔者认为 App 应用程序标识商标性使用的判定应着重考察以下两方面因素:一是以较为醒目的方式将 App 应用程序标识贴附于 App 应用程序软件之上,构成商标性使用。App 应用程序是以应用程序图标的方式展现在手机、平板等移动端上,其作为前端展示标识与后端 App 应用程序软件这一商品密不可分。此时,App 应用程序标识显然具有标示服务来源以达到使相关公众区分不同服务提供者的目的,构成《商标法》意义上的使用,这也是与上述规定中载明的“将商标用于商品、商品包装或者容器上用于识别商品来源的行为”相吻合。二是 App 应用程序标识出现在安装、运行界面,构成商标性使用。App 应用程序作为一种计算机软件,必须安装在手机、平板等移动端系统上才能使用。因此,在安装、运行 App 应用程序软件时,手机、平板等移动端显示器所显示出的对话框、标题栏、图标以及版权页等界面上出现 App 应用程序标识以表明其所标示的商品区别于其他同类商品的来源的,亦应当认定构成商标性使用。

对于仅仅表明了 App 应用程序所提供产品或服务的通用名称、功能、用途的标识,因其不具备显著性以及识别性,不能起到识别商品或服务来源的作用,

故一般不会认定其构成商标性使用,开发者亦无法援引商标权对该标识予以保护。除此之外,需要特别注意的是,与传统商标侵权行为中对于商标的使用不同,App 应用程序标识在名称的选取上往往侧重于与网络用语相结合。而随着越来越多的网民对某一词语的频繁引用,会导致一些原本具备显著性以及识别性的词语逐步演化为网络环境下的通用表达。如果上述词语已被权利人注册为商标,又被他人选定作为 App 应用程序标识,就会涉及如何划分注册商标专用权的范围与商业自由表达的界限问题。[1] 如上文所述,商标专用权的法律保护首先应限定为商标性使用,网络环境下的商标权保护亦应遵循该项原则,不应对商标性使用做扩大解释。在判定是否构成网络环境下的商标性使用时,应以普通网民对于语言文字的一般认知为标准,在 App 应用名称明显属于对该款 App 软件的功能、用途以及适用人群进行描述的情况下,基于该种描述性使用所产生的第一含义当属社会公共资源,而非落入商标权保护的范畴。[2] 在该应用名称已经被他人注册为商标的情形下,只要对该应用名称的使用方式是善意、合理的,商标权利人就无权禁止。反之,若 App 应用名称虽是对其功能、用途以及受众的描述性使用,但该使用行为明显存在攀附在先知名商标抑或商品名称的主观恶意,则不宜认定其构成正当使用。[3]

（二）App 应用程序标识所属商标类别的认定

App 应用程序的开发过程集合了移动互联、网络通信、计算机程序开发等多种技术。与传统服务类别的区分不同,在判断 App 应用程序所属服务类别时,

---

〔1〕 例如,在北京市海淀区人民法院(2014)海民初字第 14715 号民事判决书中法院认为:"'拍客'一词经过市场相关公众广泛使用,已经成为通用词汇,指称一类人或一类技术工具,李叶飞、韩燕明虽在 2007 年申请注册了涉案商标,但由于其怠于使用及主张该商标权利,并由于大众对该词语的使用使其成为具有特定人群指向性的特殊词而进入公有领域之中,致使'拍客'一词逐步淡化为通用词汇,其指示商品或服务来源的功能降低,故商标权人对该商标的使用应当受到一定的限制,不能禁止他人对该词语正当的合理使用。"

〔2〕 张玲玲:《如何判断 APP 名称是否属于商标性使用——评李叶飞、韩燕明诉新浪公司侵犯注册商标专用权纠纷案》,载《中国知识产权报》2015 年 11 月 11 日,第 8 版。

〔3〕 例如,在北京市海淀区人民法院(2016)京 0108 民初 21562 号民事判决书中法院认为:"是否构成正当使用,在考虑使用行为属于描述性使用的前提下,尚需考虑被告是否具有使用的善意以及其使用方式是否合理,有无超过必要限度……即便客观上,被告对该词语的使用具备一定的描述性成分,但鉴于原告'QQ 炫舞'经其长期使用,已经使得该游戏名称中的显著识别部分'炫舞'二字具备了更强的显著性,在舞蹈游戏中被广为知悉,此时被告亦在舞蹈游戏中使用'炫舞'表示其游戏特点,难以说明其主观上仅善意使用'炫舞'一词的字面语义,而非借用'炫舞'用以指示其游戏来源。故被告对'炫舞'的使用非正当使用,仍属于商标性的使用行为。"

常会发生技术开发、中间环节、服务环节等多种服务类别的交叉与重合。从本质上说,任何一款 App 均为计算机软件,且其开发、运行均需要以计算机网络、电子通信等信息技术服务做支撑。但不可否认的是,App 应用程序的所有者开发并使用 App 并非为了推销 App,而是依托 App 的方式来为消费者提供商品或者服务。消费者下载和使用 App 也是为了获取依托于 App 而提供给其的商品或者服务,绝非是 App 这一计算机软件本身。因此,App 应用程序所兼具的这种商品和服务的双重属性特征,使得在认定 App 应用程序标识所属类别时,应充分考虑其提供服务的内容及对象,而不能简单粗暴地认定。

从 App 应用程序具体提供服务的内容及对象角度进行划分,现有的 App 应用程序基本可以囊括进以下两类:一类是单纯的以计算机操作程序展现出来的 App 应用程序。该类 App 系由完整的软件代码编写而成的计算机软件商品,用户下载、安装此类 App 的目的是通过使用其作为计算机程序所具有的功能性特征来解决某一方面的使用需求,此类 App 在商品类别上可归入第 9 类计算机程序。另一类则是经营者出于拓展销售渠道、创新销售手段以及整合销售资源的需要,表面上借助 App 这一媒介和工具,实质上是向消费者提供特定类型的商品或服务。用户下载、安装此类 App 的目的在于接受相关经营者提供的商品或服务,这也是互联网环境下新的商业模式。对于上述第二类 App 应用程序来说,其所有者系借助 App 应用程序这一工具向消费者提供特定商品或服务,其提供的商品或服务内容并非单纯基于特定的运算法则而实现图片编辑、文字处理、数据预测等功能性需求的计算机软件抑或互联网服务,而是通过整合一系列资讯内容及商业信息,向相关公众提供包含衣、食、住、行等各行各业在内的具体商品和服务。这就在服务方式、服务对象和服务内容上均与上述第一类 App 应用程序区别明显,不构成相同或类似。

综上,在对 App 应用程序所属商品或服务类别进行判定之时,不应当然认定其与计算机软件商品或者电子通信服务等构成类似商品或者服务,而应结合 App 应用程序具体提供服务的目的、内容、方式、对象等方面综合进行确定。正如在“滴滴打车”一案中,法院在判决中所述“在发展迅速的互联网经济下,传统行业开始借助移动互联和通信工具等开发移动应用程序,在此基础上对传统行业进行整合,发展不同于传统行业的新型产业模式。在这种背景下,划分商品和服务类别,不应仅因其形式上使用了基于互联网和移动通信业务产生的应用程序,就机械地将其归为此类服务,应从服务的整体进行综合性判断,不能将网络和通信服务的使用者与提供者混为一谈”。[1]

(三)App 应用程序标识混淆可能性的判定

商标识别功能的发挥决定了对于混淆可能性的判断是商标侵权判定的最终要件。在 App 应用程序标识是否构成混淆的判定上,应着重考察权利商标的显著性和知名度以及使用人的主观状态。

最高人民法院在(2003)民三他字第 4 号批复中明确指出,商标的显著性是指能够起到区别作用的特性的强弱,是商标侵权判断中确定商标专用权权利范围以及确认是否构成侵权的重要因素之一。知名度高、显著性强的商标,被“混淆”“借用”的可能性就大,而知名度低、显著性弱的商标,被“混淆”“借用”的可能性就小。由此可见,商标的显著性和知名度在商标近似的判断以及混淆可能性的判断中,均起到至关重要的作用。当下的司法实践中亦将权利商标知名度的大小作为判定注册商标保护范围及强度的重要考量因素。[2]

作为一种线上营销的全新商业模式,App 应用程序标识的选择和使用注重推陈出新,呈现出多种多样的表现形式,但亦不可避免地与传统线下商标使用行为有着千丝万缕的联系。在对 App 应用程序标识混淆可能性的判断上,既应坚持传统商标侵权认定中以相关公众的一般注意力作为评判的标准,又应充分考虑 App 应用程序互联网载体的特征,细化商标知名度对于判定 App 应用程序标识构成商标近似的影响。具体来说,应注重以下三个判断标准:一是请求保护的商标与被控侵权的 App 应用程序标识均不具有知名度,这种情形下判定商标是否近似时可以按照组成标识的音、形、义等自然因素进行整体的比对;二是请求保护的商标与被控侵权的 App 应用程序标识均具有较高的知名度,在进行商标是否近似的判断时就不应仅限于商标标识的构成因素,而应着重考虑各自的实际使用背景;三是请求保护的商标与被控侵权的 App 应用程序标识知名度相差悬殊,则可以直接比较主要部分,而无须采取整体比较的方式来认定是否近似。

---

〔1〕 参见北京市海淀区人民法院民事判决书,(2014)海民(知)初字第 21033 号。

〔2〕 例如,在江苏省高级人民法院(2017)苏民终 1982 号民事判决书中法院认为:“好利维尔公司一审期间提供的相关证据……可见,好利维尔公司的‘农管家’注册商标知名度较低……也无证据证明该注册商标已积累了较高的商誉。因此,好利维尔公司的‘农管家’注册商标所应受到保护的商品和服务的范围及强度应与其商标的知名度大小相适应。在此情况下,北京农管家公司在 App 上使用的‘农管家’标识与好利维尔公司的‘农管家’注册商标造成混淆的可能性极低。”

使用人的主观状态实际并不是认定侵权是否成立的必要条件，但如果证明被告确有恶意仿冒“搭车”的企图时，无疑会加重其产生混淆的推定。[1] 如果被诉侵权人在他人注册商标之后，抢先将商标作为应用名称进行使用，或虽然自身已有注册商标但仍在应用名称中突出使用他人知名度更高的商标，则可推断被诉侵权人存在混淆的主观故意。[2]

三、结语

“互联网+”模式下的技术变革为商标的适用拓宽了新的领域，也对传统商标侵权认定规则在数字环境下的应用带来新的挑战。及时跟进时代的变革和技术的发展，检视与重构网络环境下商标侵权认定的审判规则亦是司法亟须直面的问题。传统商标法法律规则并未因商标使用载体及环境的变化而产生新的变化，法官需要做的是秉持公平正义的价值取向，就网络环境下商标侵权的证成进行符合商标法立法目的和商标权本质属性的理论解读以及司法适用。诚如《人民日报》在点评“快播案”时所言“互联网的技术特性决定了，必须以价值理性修正工具理性，以法治之堤圈住奔腾四溢的技术之水”。[3] 愿以此与诸位法官共勉。

[1] 黄晖：《商标法》，法律出版社2016年版，第146页。

[2] 例如，在北京知识产权法院(2018)京73民终1001号民事判决书中法院认为：“本案中禹容公司作为康智乐思的同业竞争者，在其开发运营的手机客户端‘优谈大姨妈’或‘大姨妈’中，在自身享有注册商标‘优谈’的同时，还突出大量使用与康智乐思公司注册商标显著识别中文部分相同或近似的‘大姨妈’文字以及在部分界面使用与康智乐思公司注册商标图形部分‘女孩头像’近似的‘笑脸’图形，这种使用方式并无必要且存在恶意……消费者在看到这些突出使用‘大姨妈’的手机软件时，会误认为该软件商品由康智乐思公司所提供，或者会误认禹容公司与康智乐思公司存在某种关联关系……”

[3] 李斌：《守护技术创新的初心》，载《人民日报》2016年1月12日，第4版。

损害商标质量保障功能的平行进口构成商标侵权

闫永廉[*]　刘蔚雯[**]

案例摘要

本案同时涉及基于损害质量保障功能认定商标侵权的问题以及平行进口问题,是较为少见的典型案例。审理法院厘清了商标功能与商标侵权认定的关系,突破仅仅通过识别功能认定商标侵权的传统思路,并在此基础上剖析平行进口行为对于商标各项功能的影响,据此认定具体的平行进口行为是否构成侵权,而非将平行进口笼统地视为侵权或者不侵权。通过该案的裁判,进一步完善了平行进口以及各类商标使用行为中商标侵权认定的思路和标准,对于相关问题的处理具有很强的参考意义。

本文裁判思路与方法的第一部分,明确了商标在识别功能之外,还具备质量保障、广告宣传等功能,只要损害了商标功能的实现,即会构成对商标权的侵害;第二部分,从识别来源功能视角来看,平行进口商标侵权问题的实质是商标权用尽问题;第三部分,分析了商标权国际用尽的原理和依据,重申了在认可商标权国际用尽的基础上,平行进口不构成商标侵权的主流观点,同时提出了该观点的例外情况;第四部分,结合本案具体情况,提出了平行进口商标侵权认定思路的优化方案,即在考察识别来源功能之外,还要从商标的其他功能层面对被诉行为进行考察,以综合判定被诉行为是否构成侵权。

---

* 闫永廉,原北京市东城区人民法院法官。

** 刘蔚雯,北京市东城区人民法院员额法官。

【裁判观点】

平行进口的商品因其所使用的商标能够指向真正的来源，并未引起混淆误认，一般不被认定为商标侵权，但随着商品经济的发展，商标在识别商品来源功能之外，还具备了产品质量保障及广告宣传等功能，如果平行进口行为破坏了商标彰显商品质量和提供者信誉的作用，给注册商标造成其他损害时，仍会被认定为商标侵权。

【关键词】

平行进口　商标权利用尽　质量保障功能　侵害商标专用权

【类案综述】

通过在中国裁判文书网查询，近年来涉及平行进口及商标质量保障功能的商标侵权案件逐年增多，就相关行为的认定，理论界存在不同的观点，实务中也出现过不尽相同的裁判思路和方法。主要情况如下：

第一种实务观点认为，基于商标权的地域性，平行进口突破了商标的地域性，且违反商标权人使用意愿，因而应当认定侵害商标权，行为人应承担侵权责任。例如，在B公司诉W公司侵害商标权纠纷案[1]中，原告除指控被告在进口啤酒上使用“Coronita Extra”商标侵害原告商标权外，还主张被告将上述商标翻译为“科奥诺纳”使用在啤酒上，切断了上述英文商标与“科罗娜”商标的对应关系，损害了“科罗娜”的商标功能。法院审理认为，商标权人对商标的支配权同样不容他人侵害，被告使用“科奥诺纳”的行为，虽未割裂商品与权利人的对应关系，但影响了原告商标使用策略，妨碍了原告对商标权的支配，构成侵权。

第二种实务观点认为，在商品、服务跨境流通日益频繁的背景下，平行进口商品所使用的商标指向真正商标权人，未引起相关公众的混淆误认，不应认定侵害商标权。例如，在Q公司诉G公司侵害商标权一案[2]中，对于被告平行进口德国OBO浪涌保护器材料的行为，法院经审理认为，未损害商标基本功能，亦未扰乱市场经济秩序，不构成商标侵权。

---

〔1〕参见浙江省宁波市北仑区人民法院民事判决书，(2019)浙0206民初4638号。

〔2〕参见广州知识产权法院民事判决书，(2019)粤73民终6944号。在北京知识产权法院(2015)高民(知)终字第1931号案件中，法院亦持同样的观点。

第三种实务观点认为,平行进口商品所使用的商标指向真正商标权人,但如果平行进口商品破坏了商标的其他功能,同样应认定为侵害商标权。例如,在B公司诉Q公司侵害商标权一案[1]中,法院认为,若平行进口的商品进行重新包装,不仅不能达到美化商品、提升商品价值的作用,反而会降低相关公众对商标所指向的商誉的信任,损害商标的承载商誉功能,则构成商标侵权。

实务典型案例

基本案情

原告的关联公司是一家享誉全球的糖果生产、销售商,其生产的糖果在美国和全球深受消费者喜爱,"Jelly Belly"商标自20世纪80年代开始使用,获得了良好的市场声誉。B公司在20世纪90年代末进入中国市场,并在第30类糖果及相关产品上注册了第3652132号"Jelly Belly"及图组合商标和第12634046号"吉力贝"中文商标。原告甲经其关联公司授权,可在中国使用第3652132号"Jelly Belly"及图组合商标和第12634046号"吉力贝"中文商标(以下简称涉案权利商标)并有权以自身名义对商标侵权行为提起维权诉讼。被告乙及丙进口、销售了原告关联公司在美国销售的涉案糖果产品。涉案产品是按照美国食品标准生产的,该商品包含食品添加剂双乙酸钠,根据我国《食品安全国家标准 食品添加剂使用标准》(GB 2760—2014)的规定,双乙酸钠不属于糖果、巧克力的许可食品添加剂。原告认为二被告擅自进口、销售上述涉案商品,极有可能引起国内消费者对"Jelly Belly"和"吉力贝"糖果食品安全方面的担忧,导致原告关联公司及原告存在遭受食品监管部门处罚的风险,并影响涉案权利商标的市场美誉度,损害商标的质量保障功能,侵犯了原告关联公司及原告的注册商标专用权,应当承担停止侵权、赔偿经济损失的侵权责任。

二被告则认为,首先,涉案糖果商品均是商标权人B公司在美国生产、销售的正品,根据商标权利用尽原则,原告关联公司及原告在涉案商品于美国首次销售时已经将商标权用尽,无权禁止他人在中国市场再行销售;其次,涉案商品既

---

[1] 参见浙江省杭州市余杭区人民法院民事判决书,(2015)杭余知初字第416号。

没有重新包装,也没有对商标进行改变,不损害商标标识来源和表彰商誉的功能,不会导致消费者对涉案商品来源产生误认;最后,原告主张涉案产品不符合我国食品安全标准,缺乏依据,我国食品安全标准上虽然没有指明双乙酸钠可以用于糖果上,但是也并未明确禁止。

法院观点

商标是区分商品来源的标志,随着商品经济的发展,商标在具有识别商品来源功能的基础上,亦具有了保障商品质量和表明商品提供者信誉的作用。对于上述功能和作用的损害,均可能构成商标侵权。本案中,被控侵权商品上确实使用了与涉案权利商标外观基本相同的椭圆标识及"吉力贝"中文字样,但是该等商品具有相应的报关进口手续,原告亦认可其为权利商标注册人 B 公司的正品商品,故涉案商品上无论使用其本身印制的"Jelly Belly"椭圆标识还是后续贴附的"吉力贝"中文字样,均是指向其真正的来源,不会引起商品来源的混淆,并未损害涉案权利商标区分商品来源的功能。因此,判断本案中涉案商品的进口、销售行为是否侵害涉案权利商标注册商标专用权,关键在于是否损害了权利商标保证商品质量和表明商品提供者信誉的作用,是否会给权利商标及商标权利人的声誉带来不良的影响。

根据《食品安全法》第 34 条第 4 项的规定,禁止生产经营超范围、超限量使用食品添加剂的食品。该法第 92 条第 1 款规定,进口的食品、食品添加剂、食品相关产品应当符合我国食品安全国家标准。根据查明事实,涉案商品并不属于我国食品安全标准所规定的食品添加剂双乙酸钠允许添加的食品种类,故根据该标准规定,涉案商品属于超范围使用食品添加剂的食品,其虽为进口食品,在我国仍应遵守上述法律规定。从食品安全角度来看,食品的质量直接关乎食用者的生命健康,被控侵权商品不符合我国食品安全标准规定,可能存在食品安全隐患,在我国境内进口、销售该等商品,违反我国的强制性规定,属于违法行为,依法应予制止。由于被控侵权商品上使用了涉案权利商标,且确为 B 公司生产经营的正品商品,则就普通消费者的认识水平和注意程度而言,该等商品造成的食品安全问题或违法情形,所带来对商品的否定性评价均会通过标注在商品上的涉案商标而指向其商标权人。

裁判结果

被控侵权商品在我国境内的进口、销售已属违法,且可能存在食品安全隐患,破坏了权利商标保证商品质量和商品提供者信誉的作用,对注册人的商标专用权已造成损害。二被告进口、销售涉案商品的行为侵犯了涉案权利商标的注册商标专用权,应当承担停止侵权、赔偿经济损失的民事责任,最终法院判决被告停止涉案侵权行为,并赔偿原告经济损失 30 000 元及合理支出 2500 元。

【裁判思路与方法】

本案存在两方面特点,一是原告主张商标侵权的主要依据是被告行为损害了权利商标的产品质量保障功能,该种主张理由有别于以混淆为核心的商标侵权认定思路,所以本案的审判需要摆脱传统的商标侵权认定路径,厘清商标各项功能与侵害商标专用权之间的内在关系;二是涉及平行进口行为,涉案商品并非仿冒商品,确系商标权利人在国外生产并投入市场的正品,商品上使用的商标指向真正的权利人,并未引起商品来源的混淆。

一、功能变迁历程中的商标侵权认定标准

商标专用权形式上表现为商标权人对于特定商标标识的控制权,但其实质是保障商标权人独占享有商标所附着的商业信誉和竞争优势等利益,而绝非标识内容本身。简言之,其保障的关键最终在于"独占性"和"利益性"两个方面。要想实现对这两方面的保障,商标专用权至少应当辐射到两个层面:一个层面是赋予商标权人对于商标的独占使用权及与之相应的禁用权,这也是对于商标专用权内涵的一般理解,因为如果不能独占使用商标,那么独占享有商标上附着的利益就无从谈起;另一个层面是赋予商标权人保持其商标的市场声誉及竞争优势不受贬损的权利,因为如果商标附着的商誉和竞争优势本身受到贬损,即使商标权人能够独占使用,也无法获得其应有的商标利益,独占使用就丧失了意义。商标专用权包含的上述两个层面,均与商标本身的功能实现息息相关。

众所周知,识别商品来源是商标最基本的和首要的功能,商标专用权的上述第一个层面直接保障的正是识别商品来源功能,因为保证了商标权人对于商标的独占使用,也就保证了通过该商标可以准确地识别商品来源于商标权人而非他人。相反,当某一行为破坏了商标的识别来源功能,使得商品来源发生混淆误认时,商标权人显然无法享有该商标所附着的商业信誉和竞争优势,法律就会认定该行为构成对商标专用权的侵害,《商标法》第 57 条第 1 项、第 2 项规定的典型的侵害商标专用权的行为即属此列,这也是经典的商标侵权认定思路和标准,很多认定商标侵权的规则,包括上文谈到的商标权利用尽理论,均是针对该种功能而言的。

随着商品经济的发展,交易主体日渐增多,交易行为日益频繁,消费者渐渐开始相信,使用特定商标的商品或服务就会具有相应的质量,而不再关注商品或服务直接的生产者和提供者究竟是谁。也就是说,在标识来源之外,商标具备了保障商品质量和表明提供者信誉的功能,即指使用相同商标的商品或服务具有同样质量。这种功能就属于商标专用权上述第二个层面的保护范围,由于该种商标功能是随着商品经济发展而逐渐产生出来的,所以以混淆误认为核心的商标侵权认定思路并未将其纳入。但是,在商标已经发挥质量保障功能,且其价值和意义日渐凸显时,对该种功能的维护必然要置于商标侵权认定的视野之内。也就是说,损害商标的识别来源功能,导致商品来源混淆误认当然属于商标侵权,而贬损商标的商业信誉,破坏商标的质量保障功能,亦应认定为对商标专用权的侵害,唯有如此,对于商标权人的商标利益保护才能周延。《商标法》第 57 条第 7 项规定,为规制该种行为提供了现行法上的依据和可能。

可见,判定一项商标使用行为是否构成商标侵权,至少要从以上两个层面考察,不仅要考察其是否引起商品来源的混淆误认,如行为损害了商标的质量保障等功能,同样可被认定为侵害商标专用权。

二、识别来源视角下的平行进口商标侵权争议

平行进口,严格来说叫作"真品平行进口",是指未经商标权人授权的进口商,将由商标权人自己或经其同意在某一国家和地区投放市场的商品,向商标权人或独占被许可人另行注册和持有商标的其他国家和地区的进口。典型的平行进口具备以下几个特征:第一,平行进口的商品是经合法渠道获取的商标权人生产、销售的真品,而非仿冒品;第二,平行进口的商品所使用的商标在进口国已经获得注册和保护;第三,平行进口商在进口国销售相应商品未经商标权人或独占被许可人授权或同意。因其与商标权人许可的进口并列,故被称为平行进口。本案中,二被告未经原告关联公司及原告许可,进口原告关联公司在美国生产、

销售的涉案糖果商品并在我国销售，符合上述特征，属于平行进口。

因平行进口商销售的是真品而非仿冒品，因此平行进口与进口及销售仿冒商品是完全不同的。进口国对该进口商品的销售市场也被称为“灰色市场”。实践中，位于进口国的商标权人或独占被许可人会对平行进口商提出异议，甚至提起诉讼，主张平行进口商未经商标权人许可，擅自在进口国使用相应商标，侵害商标权人或独占被许可人在进口国享有的商标专用权。而平行进口商则往往会辩称其经营的是商标权人销售的正品，并未引起商品来源的混淆误认，商标权人在将商品初次投入市场时已将商标权用尽，无权禁止商品的转售和使用，故其进口行为不构成侵权。

上述双方的主张都是基于商标识别来源功能而言的，在此语境下就涉及商标权利用尽的问题。

三、国际商品服务流通背景下的商标权利用尽

（一）商标权利国际用尽

商标权利用尽，又称“商标权穷竭”，是指使用特定商标的商品如经包括商标注册人和被许可人在内的商标权主体以合法的方式销售或转让后，商标权主体对该特定商品上的商标权即告用尽，无权禁止他人在市场上再行销售或直接使用该商品。因为销售带有商标的商品属于商标法意义上的对商标的使用行为，需要得到商标权人的许可。因此，转卖带有商标的商品形式上就带来了商标权人与所有权人权利的冲突。但是，商标法之所以将销售商品规定为对商标的“使用”，意在阻止假冒商品的销售，防止引起消费者对于商品来源的混淆并保护商标权人的利益。在商标权人许可商品在市场公开流通后，如果再允许其对他人所有权和合法流通加以干涉，就会损害市场自由流通，与立法精神不符。因而，法律规定此时商品上的商标权“用尽”。该理论较好地解决了商品转售和使用过程中各方的利益平衡，得到全世界大多数国家的接受，尤其是对于国内贸易，各国已经普遍予以遵循。

比起国内贸易，国际贸易中的商标权利用尽问题更为复杂，主要是因为商品流通国际性与商标权利地域性之间的冲突。商标权的地域性决定了在一国获得保护的商标权，其法律效力仅延及该国领域内，对于领域外的其他国家和地区并不具有法律效力，即使对于一个外观相同的标识，商标权人在不同国家享有的也

是依各国商标法独立产生的多个商标权。那么,在商品国际流通的过程中,商标权人在其商品的初次投放国的销售行为,在其本国产生权利用尽的后果毋庸置疑,但是否会当然带来其在平行进口国商标权的权利用尽?这就是商标权利的国际用尽问题。对此国际条约没有明确规定,世界各国亦尚未达成普遍共识,均是基于自身法律政策和社会治理的需要而确定的。

在目前经济全球化的背景之下,我们认为,认可商标权利国际用尽,既符合商标标识来源的基本功能,也有利于促进对外贸易发展,增进消费者价格福利。遵循商标权利国际用尽,即承认商标权人在国外市场初次销售商品时即用尽了其国际范围内的商标权,那么平行进口系对于正品的正常转售行为,并不会引起商品来源的混淆误认,也就是说,基于识别商品来源功能的考察,平行进口一般不会被认定为商标侵权。

(二)商标权利用尽的例外

不过,商标权利国际用尽也并不意味着商标权人在将商品合法投入市场之后,就绝对失去了对该商品的控制。一般认为,如果带有商标的商品经商标权人许可销售后,状态发生了变化,如变更包装、损坏、变质等,在此情况下继续销售该商品将可能使消费者误以为商标权人的商品质量低劣,进而损害商标及商标权人的市场声誉,则商标权利用尽原则不再适用。

该种例外情形的法理依据,依然是前文所述的质量保障功能、宣传广告功能等,即消费者相信某一商标意味着一定的品质。对于商标的该种功能,亦存在一种误解,即将商标的质量保障功能误为产品质量法意义上的产品品质合格或者优良的保证,所标识的产品品质优良则被认为实现了商标的质量保障功能,所标识的产品质地平平则被认为损害了商标的质量保障功能。实际上,商标的质量保障功能重在保障相同商标的商品具有相同水平的品质,不使消费者对于商标所标识商品的品质产生误解。

该种例外同样适用于商品的平行进口,在采用商标权利国际用尽理论的国家和地区,平行进口同样存在被认定为商标侵权的例外情形,主要有以下几种情形:

1. 因不同国家和地区采用不同的产品质量标准而认定侵权

如果对于涉案进口商品,商标权人生产并投入市场的国家和地区,与平行进口商进口并销售该商品的国家和地区,采用不同的质量标准,则商标权人生产并投入市场时,该商品在当地属于合格商品,但是当其被进口并在上述进口国销售时,就成了不合格的违法商品,消费者可能会认为商标权人生产销售的商品本身就是不合格商品;如果该商品受到市场监管机构的查处,则该种负面影响还会投射到商标权人身上,影响相关商标及商标权人的市场声誉。

2. 对平行进口商品重新包装构成商标侵权

在市场营销过程中,商品的外包装除了发挥保护与盛载商品的基本功能外,还发挥着美化商品、宣传商品、提升商品竞争力等重要功能,有的平行进口商在进口并销售平行进口商品时,出于种种目的,会将平行进口商品原包装拆除,而换上自行设计、制作的外包装。如果在此过程中,平行进口商对原商标进行遮蔽、变更,从而引起混淆误认,那么其构成商标侵权毋庸置疑。但是,即使重新包装过程中,并未改动商标标识本身,也不会发生混淆误认,如果重新采用的包装不仅不能达到美化商品、提升视觉效果的作用,反而降低相关公众对涉案商标声誉的评价,仍然可被认定构成侵权。

3. 对平行进口商品本身进行实质性改变构成商标侵权

在平行进口过程中,出于销售目的的实现,销售商可能对商品本身进行改变,然后再投入市场进行销售,典型的有两种情形:一种是对产品部件、装潢等进行更换、修饰;另一种是对回收的二手商品进行清洗、翻新等。对于该种情况是否构成商标侵权,判断标准往往在于针对商品的上述操作是否使得商品产生实质性的差异,从而在一定意义上成为一件“新”的商品,使得消费者对于适用涉案商标的商品品质出现误解。

由于各国关于商品质量、经营规范等方面的法律规范往往存在差异,平行进口过程中尤其容易出现对商标的品质保障等功能的损害,因此该种认定思路对于平行进口行为的商标侵权具有重要适用意义。

四、平行进口商标侵权认定思路的完善

如前所述,从商品来源混淆误认及质量保障功能等层面考察认定商标侵权的思路同样适用于平行进口行为。对于涉及平行进口的商标侵权纠纷,至少可从以下两个层面对被告的涉案行为进行考察。

(一)从商标的识别来源功能层面考察

需认定涉案商品是否确系商标权利人或其授权方生产经营的,以确认商品

所使用的涉案商标是否指向了真正的来源。有的案件中,进口商品出产国的商标权利人与进口国的商标权利人并不相同,在进口国该商标指向的权利人并非商品真正来源,从而发生混淆误认,构成商标侵权。有的平行进口案件中,平行进口商并非仅仅忠实地将原始商标用于商品本身,同时还将商标标识单独使用在店铺招牌、橱窗等处,该种情况下商标的标识作用已经超出了平行进口商品本身,而辐射到进口商经销店铺本身及所涉及的众多商品上,可能发生混淆误认。如本案中,二被告进口、销售涉案糖果商品进口报关手续齐全,原告亦认可系其在国外生产销售,很显然属于"平行进口",其行为虽未获得原告关联公司及原告的授权许可,但被告使用在商品上的"Jelly Belly"和"吉力贝"商标均指向真正的权利人,并没有损害商标识别来源的功能,未引起商品来源的混淆,其行为不属于《商标法》第 57 条第 1 项、第 2 项及第 3 项所规定的情形,不应据此认定为商标侵权。

(二)从商标的质量保障等功能层面考察

应结合相关法律规定及行业规范,考察相应平行进口的商品本身及经营行为是否合法规范,是否会给涉案商标及权利人商业信誉带来负面影响。可从相关商品出产地质量标准与进口国质量标准是否一致,商标外包装是否进行变更以及变更是否引起对商品外观的不利影响,商品是否进行翻新、更换部件等操作进而使得本身品质发生实质变化这三个方面重点进行考察。如在本案中,根据查明事实,涉案商品违反我国食品安全标准,被告进口该商品并在我国市场销售已属违法,且存在食品安全隐患,该等商品可能受到执法机关查处以及在消费者中引起负面评价,均会产生对涉案商标市场声誉的贬损,损害其质量保障功能,并会将不良影响通过权利商标投射到原告关联公司及原告,故二被告行为仍构成对原告关联公司及原告商标专用权的侵害,应承担相应的侵权责任。

社会本位理念下《反不正当竞争法》第 2 条原则性条款的司法适用规则

闫永廉[*]　刘蔚雯[**]

案例摘要

本案系适用《反不正当竞争法》第 2 条原则性条款的典型案例。当前实务界对于《反不正当竞争法》第 2 条原则性条款的适用标准、适用条件、适用范围等问题尚未达成共识,争议较大。本案中对于原、被告是否具有竞争关系、原告是否享有竞争利益、被诉行为是否具有不正当性等问题进行了认定,强调在适用原则性条款对竞争行为正当性进行判定时,尤其要注重对社会公共利益的考察,应当从社会本位的理念出发,努力寻求个人利益与公共利益的契合点。

本文裁判思路与方法的第一部分,阐述了社会本位理念对于 20 世纪法律发展变革的重要意义,以及其在社会法、经济法部门中的基础地位;第二部分,分析在动态竞争环境下,不正当竞争法越来越回归其本质,主要着眼点不再限于保护个体的具体利益,而更在于制止不当行为,维护竞争秩序;第三部分,分析了《反不正当竞争法》原则性条款适用的两种常见路径,一种是将诚信原则及商业道德综合作为判定不正当性的标准,另一种是寻求商业道德的其他渊源并以此作为判断的根本标准;第四部分,阐明在《反不正当竞争法》的适用过程中,要关注其社会法属性,将个人利益与公共利益的协调平衡蕴含于个案裁判之中。

---

* 闫永廉,原北京市东城区人民法院法官。

** 刘蔚雯,北京市东城区人民法院员额法官。

【裁判观点】

不正当竞争民事纠纷的审理，自然要遵循民事法律的规则和精神，但亦应重视《反不正当竞争法》的经济法、社会法属性，适用原则性条款对竞争行为正当性进行判定时，尤应体现社会本位理念，协调个体利益与公共利益，着重从以下方面对被诉行为进行考察：一是应考量经营者所在的产业特点和竞争环境；二是要考察被诉行为的社会效果；三是需分析被诉行为对市场整体竞争环境可能造成的负面影响。

【关键词】

社会本位　经济法　竞争利益　公共利益

【类案综述】

在中国裁判文书网上，对于涉及《反不正当竞争法》第 2 条原则性条款的案件进行检索，数量达上千篇，但经分析，其中大部分系在适用《反不正当竞争法》具体条款的同时，提及了原则性条款，而非真正适用该条款的裁判。分析直接适用原则性条款的案件，主要存在以下两方面问题和争议。

（一）原则性条款适用的前提

我国《反不正当竞争法》的立法模式是在第二章罗列了混淆行为、虚假宣传行为、商业诋毁行为等具体的不正当竞争行为，同时在第 2 条又规定了关于不正当竞争行为基本属性的原则性条款。在司法裁判中，法院首先会适用第二章的具体条款来规制相应的不正当竞争行为，但是随着社会经济发展，各种新型竞争行为层出不穷，《反不正当竞争法》第二章规定的具体条款难以涵盖。对于该类竞争行为，法院能否直接适用第 2 条原则性条款进行规制，曾经存在争议，目前理论界和实务界已经基本达成共识，对此持肯定态度。

最高人民法院在“海带配额”不正当竞争案[1]中，列出了适用原则性条款认定构成不正当竞争行为的条件：一是法律对该种竞争行为未作出特别规定；二是其他经营者的合法权益确因该竞争行为受到实际损害；三是该种竞争行为确因违反诚实信用原则和公认的商业道德而具有不正当性。此后这一标准基本得

〔1〕 参见最高人民法院民事裁定书，(2019)民申字第 1065 号。

到各级法院判例的遵循。

(二)对于竞争行为不正当性的判断

《反不正当竞争法》第2条原则性条款规定的实质要素即诚实信用原则及商业道德,遵守法律则是对二者的最终约束,对于诚实信用原则和商业道德的认定成为该条款适用的核心问题,梳理在先判例,出现了两种惯常做法:

第一种做法:不严格区分诚实信用原则和商业道德,直接依据诚实信用原则,或者创设竞争规则,进而认定不正当竞争行为。例如,在汉涛公司诉爱帮科技公司不正当竞争案中,一审法院在认定爱帮科技公司构成违反商业道德时,主要是从诚信原则出发进行论证的,认为爱帮科技公司未付出成本,直接攫取汉涛公司在大众点评网上的评论等内容,有违诚信,构成不正当竞争。再如,在近年来一些颇具行业特征的互联网相关案件中,法院创设了"非公益必要不干扰原则"[1]"协商通知规则""最小特权规则"等规则,并据此认定不正当竞争行为。

第二种做法:区分诚实信用原则和商业道德,援引被行业普遍认可和遵循,或者已经明文规定的行业自律规范作为公认的商业道德内容,据此认定不正当竞争行为。例如,在T公司诉Q公司不正当竞争一案中,法院引用相关行业自律文件作为判决依据,最高人民法院指明,协会或组织肩负着依据行业特点及发展预期抽象归纳出整个行业运行规则标杆的职责。由此制定的行业性规范通常也代表了整个领域的商业道德高度,能够作为法官思考认定该类型竞争行为行业惯例的参照物。

实务典型案例

基本案情

经原告甲申请,被告乙于2013年12月2日认证并向原告颁发了吉尼斯世界纪录认证书,确认原告制造的奥妮超薄001天然橡胶乳胶避孕套为最薄的乳胶安全套,获得"最薄的乳胶避孕套"吉尼斯世界纪录,且至今仍无人打破该纪

[1] 参见北京市高级人民法院民事判决书,(2013)高民终字第2352号、最高人民法院民事裁定书,(2014)民申字第873号。

录。被告丙公司系被告乙在北京设立的关联公司,被告乙和被告丙于2015年出台了新的认证规则,规定产品类世界纪录有效期为一年,并单方宣布原告上述世界纪录无效。二被告以其内部出台的新规则倒退追溯,宣告原告在2013年已经取得的吉尼斯世界纪录无效,明显违反了1993年实施的《反不正当竞争法》第2条规定的平等、公平、诚实信用原则和公认的商业道德,直接损害了原告的合法权益。故诉至法院,请求判令二被告赔偿上述不正当竞争行为给原告造成的经济损失。

二被告则认为,首先,被告丙与原告签订的书面《认证协议》附件C中的第3.3条明确约定C公司有权在不通知原告的情况下,随时取消、废止任何GWR目录或纪录,取消、废止的理由应当包括原告内部政策的变化,所以被告有权宣告原告纪录无效。其次,产品纪录以前也没有期限,但是考虑到市场上产品更新换代非常快,如果出现了更优的产品,让前纪录保持者一直持有,可能会导致虚假宣传,所以被告宣告原告纪录无效具有合理理由。原告在与被告沟通中已经充分知晓,可以通过新的材料重新申请,原告怠于行使新申请的权利。最后,二被告也没有因此获利,因为申请是免费的,反倒损失了向原告许可使用商标的费用,因此被告行为不构成不正当竞争。

法院观点

法院生效裁判认为:第一,原告的竞争利益是否因被诉行为受到损害。

本案中,原告主张其竞争利益受到的损害即指由于涉案世界纪录无效,其无法获得相应的商标许可,且无法使用世界纪录相关的标识和信息进行产品的宣传推广。被告乙认证的产品类世界纪录持有者往往会积极与被告乙签订商标许可合同,获得相关商标使用许可,并将相关标识和信息用于商品的推广宣传中,涉案世界纪录申请认证后,原告也正是如此使用的。鉴于吉尼斯世界纪录在全球范围内享有的广泛影响力和较高的公信力,这种宣传推广势必会吸引公众的注意力,从而可能影响消费者对商品和服务的选择和判断,原告基于此确实会获得相较于其他竞争者的竞争优势。按照被告乙修改出台的产品世界纪录一年制认定规则,原告持有的涉案世界纪录到期归于无效,该种竞争优势将失去存在依据,即使原告按照新规则重新申请,也势必要面临时间、费用等方面的成本,相关竞争利益确实出现了减损。然而,基于市场竞争的开放性和不确定性,原告相关竞争利益并不是无限的，其遭受损害也并不意味着被诉行为必定构成不正当竞争。只有被诉行为违反诚实信用原则和公认的商业道德，不正当地攫取他人合理的竞争利益时，才应被《反不正当竞争法》所禁止。

第二，被诉行为是否违背了诚实信用原则和公认的商业道德。

首先，被告乙作为一家独立的第三方认证机构，在全世界范围内向申请者提供吉尼斯世界纪录认证的服务，虽然原、被告双方对于申请服务提供是否免费各执一词，原告认为所有吉尼斯世界纪录申请均需要支付费用，而二被告主张除了加速处理申请、纪录咨询服务、认证官出席活动认证以及商标许可服务外，单纯的吉尼斯世界纪录认证申请服务是无偿的，根据在案证据，至少可以认定包括原告所获得的涉案世界纪录在内的纪录本身并非基于对价购买而来，而是被告乙根据申请者提供的相关事实和证据，在客观的检验和判断基础上认定的，即使申请者支付一定费用，亦是针对认证服务的。可见，原告对于其获得的涉案世界纪录并不享有法律所规定的所有权等绝对权利，纪录本身也非被告乙对于申请人的具有法律约束力的承诺，被告乙作为该项认证服务的提供者，应有权对其制定的认证规则进行修改和解释。

其次，如前所述，吉尼斯世界纪录在全球范围内享有很强的影响力和公信力，产品类世界纪录的申请者一经认证，往往会积极取得被告乙相关商标的使用许可，并将相关商标和信息用于商品的推广宣传活动。因此，吉尼斯世界纪录，尤其是产品认证纪录与公共利益及市场竞争秩序息息相关，具有很强的公共属性。鉴于市场上产品的更新换代非常迅速，而并非所有的产品生产者均会积极申请认证相应的世界纪录，而且持有产品世界纪录的生产者，其产品品质亦难以保证始终如一，如允许申请者长期甚至无限期持有一项产品世界纪录，并用于广告宣传活动，反而会向公众传递不客观的信息，引起相关消费者的误解，从而扰乱市场竞争秩序。因此，被告乙通过修改认证规则将产品世界纪录有效期缩短限定为一年，每年更新检测结果，较之于长期有效，更为符合公共利益。

最后，被告乙相关认证规则适用于其全球范围内的世界纪录申请，所有的纪录申请者均需要遵循。同样地，其认证规则的此次修改亦系面向不特定的社会公众，作用于所有申请者，不会直接导致不同申请者之间市场竞争优势的差异，亦非为了攫取作为特定申请人的原告之竞争利益。

第三，被诉行为是否构成不正当竞争。

如上所述，原告对于涉案世界纪录的持有并不享有法律明确规定的民事权利，且鉴于吉尼斯世界纪录所具有的公共属性及产品吉尼斯纪录的惯常使用方式，被告乙修改并出台一年制新规则更有利于维护市场秩序、保障公共利益，被诉行为未违反诚实信用原则和公认的商业道德，不具有明显的不正当性。在此情况下，原告对于被告乙相应认证政策的调整应当予以容忍，如果对于被告乙认证规则的该种调整予以禁止，反而容易影响市场竞争，从而损害公共利益。

需要说明的是，吉尼斯世界纪录虽然是按照被告乙创设的认证规则，由被告乙负责认证产生，但纪录之所以能够认证，最终还是有赖于客观的事实和数据，对于产品类世界纪录来说，也就是依据产品本身的品质。按照被告乙新的认证规则，产品世界纪录到期前或到期后，包括其持有人在内的市场主体均可以再次申请认证，只要产品本身品质达到相应水平，则仍可以获得纪录的认证，如果产品品质未达到相应水平，自然无法获得纪录的认证，但是原因不在于认证规则本身。根据查明事实，在涉案世界纪录到期无效前后，原告大明公司亦并未依据被告乙一年制规则提起并完成新的纪录申请，故原告无法继续持有涉案世界纪录，从而不能再享有其所带来的竞争利益，并不能完全归咎于被告乙修改认证规则及宣告涉案世界纪录无效的行为。

裁判结果

被告乙修改其认证规则，并据此宣布涉案世界纪录无效的行为，未违背诚实信用原则和公认的商业道德，不具有明显的不正当性，不构成不正当竞争。一审法院判决驳回原告的诉讼请求。

一审判决后，原告提起上诉。二审法院经审理，驳回上诉，维持原判。

【裁判思路与方法】

一、现代法律变革下的经济法社会本位理念

自 20 世纪以来，“社会本位”一词在法学理论研究中属于高频词汇，意指以社会整体利益为出发点和核心，在个体和社会之间重新划分权利边界的一种法

律理念[1]。学者们通常认为,区别于民法的个人本位、行政法的国家本位,经济法究其宗旨和目的,应为社会本位法[2]。何为社会本位,其阐述的是个体与社会之间的关系,社会并非全部个体的简单相加,亦不仅仅是个体获取福利的手段,法律在确认个体具有独立法律地位的同时,亦承认社会和社会公共利益的独立地位。社会本位理念对传统私法中过分强调和尊重个体意志的做法进行了纠偏,使之更适应现代社会和经济发展的需要,又推动了法律领域的革新,催生了经济法等社会法的诞生,从而缓解了传统法面临的危机。

社会本位是区别于个人本位的一种全新的法律理念,它充满了对传统法律观念的颠覆和革新,体现了新的经济社会发展阶段人们对于正义和利益的理解和追求,因此,社会本位首先是一种价值选择。要想将这一理念变为指导社会生产生活的具体规则,法律手段无疑是有效的路径,那就必须使用法律上的方法和工具,以法律化形式承载和体现。不同于以某一特定社会事务为对象的立法进程,社会本位思想主导的法律变革,围绕全新的法律理念,广泛涉及社会生活的诸多方面,使得将其放在哪一部门法进行保护和体现成为问题。传统私法在个人主义理念下诞生,通常围绕个人权利和义务进行分工,在其中通过限制个人权利来保障公共利益,所受束缚较多,难以实现目标;然而,如在其中强力限制个人权利,则又会颠覆个人本位的基本理念,引起法律体系的混乱,背离立法初衷。宪法和行政法虽在一定程度上可以维护公共利益,但是其更多的是通过限制国家权力或行政权来保障个人权利。因此,社会公共利益只能从传统部门法之外寻找自己的栖息地,即经济法和其他社会法。

作为新兴的部门法,经济法仍在不断地发展和完善,但从现有的金融法、消费者权益保护法、反垄断法、资源和环境保护法等法律制度来看,无不集中体现着社会公共利益。这些法律规范形式上以义务规范为主,其设置义务的前提却是社会公共利益,体现出这些法律实质上仍以社会公共利益为本位。之所以采用该种立法范式,是因为相较于个人,社会作为权利主体是极其脆弱的,立法者只得通过给其他社会主体设置义务来实现对社会公共利益的维护。所以,经济法是社会本位理念完整而系统的法律形式,不仅确立了社会公共利益的重要地位,同时还为此设置了相应的义务,对于违反义务的主体科以法律责任,从而构

---

〔1〕 薛克鹏:《论经济法的社会本位理念及其实现》,载《现代法学》2006 年第 6 期。
〔2〕 陈敏光:《经济法社会本位论》,载《经济法学评论》2018 年第 2 期。

建了完整的“权利—义务—责任”法律逻辑体系。

竞争法属于经济法范畴，具有保护不特定第三人权益、维护社会经济秩序等社会性的立法价值取向，同时符合上述规范模式的特征，因此笔者认为，在相关执法和司法中亦应当体现社会本位这一基本理念。对不正当竞争民事纠纷的审理无疑应当遵循民事诉讼的程序和理念，但是在个案裁判中，尤其是对于一些涉及公共利益问题的案件，亦应当从社会本位的理念出发，努力寻求个人利益与公共利益的契合点。

二、动态竞争中《反不正当竞争法》的定位与转型

(一)《反不正当竞争法》适用起点转型：从法益保护到行为判断

随着现代竞争环境的发展和演变，传统的静态竞争观转变为以经济效率为目标的动态竞争观。《反不正当竞争法》的立法目标受此影响，不再特别寻求保护消费者和不再更多保护竞争者，更加注重和强调优胜劣汰法则，只要能以其产品优势赢得消费者就能够获得成功。动态竞争理念承认市场竞争的动态发展过程，认为市场竞争中的此消彼长和竞争性损害是常态，经营者之间并没有和平共处的义务。在动态竞争的视角下，非类型化的竞争行为不因对经营者的法益造成损害而必然具有不正当性，因而法益损害不再作为《反不正当竞争法》适用的逻辑起点，相应地转变为判断行为是否具有不正当性。

(二)不正当竞争行为认定范式的嬗变：从“保护竞争者”到“保护竞争”

《反不正当竞争法》最初源于侵权法，其作为侵权法的特别法而产生，旨在保护诚实企业的利益，防止他们受到不诚信的竞争对手的商业攻击，即采用“保护竞争者范式”，将经营者利益作为一种法益而加以保护。随着不正当竞争行为的日益多样化，现实经济环境中出现的不正当竞争行为逐步演变为对经营者、消费者、社会公众利益损害的交织，《反不正当竞争法》的立法机理逐步从“保护竞争者”转变为“保护竞争”，即在对竞争者、消费者和社会公众基于竞争获得的利益进行个别考量与整体权衡的基础上，判断经营者是否通过损害其他市场参与者竞争利益的方式不合理地获得了竞争优势。

质言之，现代《反不正当竞争法》以保护公平竞争为目的，立法宗旨在于构建公平合理的市场竞争秩序，其视角不仅限于保护个别经营者的竞争利益，还聚焦于保护消费者与其他社会公众的合法权益，通过多重利益衡量，以期形成完整

的保护体系。局限于个别经营者利益而忽视市场竞争秩序下的其他主体利益，不符合公平、高效的市场竞争秩序的应然要求。《反不正当竞争法》将“扰乱市场竞争秩序”放在保护个体权益之前，突出了维护竞争秩序和保护公共利益的意图，在认定不正当竞争行为时，竞争秩序和公共利益是首要的考量因素，这种保护或损害的利益结构的变化，使《反不正当竞争法》越来越向其经济法、社会法的属性回归，体现了其社会本位性质。

三、《反不正当竞争法》原则条款司法适用的通常路径

在《反不正当竞争法》的司法适用过程中，法院可以根据该法第二章列举的具体不正当竞争行为条款认定和规制被诉行为，在缺乏具体规定但被诉行为的确有违诚信原则和商业道德，破坏竞争秩序时，法院仍可以适用《反不正当竞争法》第 2 条的原则条款进行规制，对此理论界和实务界均已达成普遍共识。而适用原则条款的条件，经过一定争论和探索后，最高人民法院在海带配额不正当竞争案〔1〕中，提出适用原则性条款认定构成不正当竞争行为应同时具备以下条件：一是法律对该种竞争行为未作出特别规定；二是其他经营者的合法权益确因该竞争行为受到实际损害；三是该种竞争行为确因违反诚实信用原则和公认的商业道德而具有不正当性。上述前两项条件主要涉及事实的认定，而第三项条件的判定则属于法律适用和价值判断的问题。

《反不正当竞争法》第 2 条第 1 款规定：“经营者在生产经营活动中，应当遵循自愿、平等、公平、诚信的原则，遵守法律和商业道德。”〔2〕这一条款成了司法实践中评价竞争行为正当性的直接法律依据，其中的诚实信用原则和(公认的)商业道德也成为这一判断标准的两大基石，围绕二者的关系，出现了该条款的两种适用路径：

路径一：不严格区分二者，直接依据诚实信用原则，或者依据诚信原则创设竞争规则，进而认定不正当竞争行为。《反不正当竞争法》在 2017 年修订时，对于第 2 条原则性条款进行了一定调整，但是其中关于诚实信用原则的表述并无变化，其始终是不正当竞争行为判定的一项基本标准。概言之，所有的不正当竞

---

〔1〕 参见最高人民法院民事裁定书，(2019)民申字第 1065 号。

〔2〕 1993 年施行的《反不正当竞争法》第 2 条第 1 款规定：经营者在市场交易中，应当遵循自愿、平等、公平、诚实信用的原则，遵守公认的商业道德。

争行为实质上均有违诚实信用原则,包括类型化的"搭便车"的混淆行为、损害竞争对手商誉的商业诋毁行为以及引起消费者误解的虚假宣传行为,以及通过原则性条款认定的不正当竞争行为。所以,在无法依据规范化的行规、公约等证据认定具体行业竞争规则时,大量适用原则性条款认定不正当竞争行为的判例,均是通过论证被诉行为是否违反诚实信用原则,从而认定不正当竞争行为的构成,实质上就是直接将诚实信用原则视为商业道德或者其核心内容。在此过程中,相关案例也普遍注意到此处的商业道德不同于日常生活中的个人美好品德或者社会公德,而是追逐商业利益过程中应当遵循的商业伦理。

随着互联网等新兴行业的蓬勃发展,出现了大量富有行业特点的不正当竞争纠纷,法院在审理该类案件时,结合诚实信用的基本原则和行业特点及个案情况,创设了"非公益必要不干扰原则""协商通知规则""最小特权规则"等竞争规则,进行了有益探索〔1〕。由于互联网行为具有传播速度快,影响范围广等特点,上述规则均强调了经营者在竞争过程中,对于公共利益、既有秩序的谦抑义务。

路径二:认可二者的独立性,援引行业公约、惯例等作为商业道德内容,进而认定不正当竞争行为。近年来,部分判例对此进行了探索,援引一些被广泛认可或者已有成文规定的行业自律惯例来评价是否违背商业道德。最高人民法院审理的腾讯诉奇虎 QQ 保镖不正当竞争案就是典型代表,不断发展的互联网市场中,出现一些被各种主体反复遵循、普遍认可的行为准则,并且已经以行业自律公约、通用的技术规则以及商业合同条款等予以固定,在该案中当事人均提交了相关证据。最高人民法院经过审理,对于其中部分行业惯例予以认定,并据此作出了判决。北京市高级人民法院出台的《关于涉及网络知识产权案件的审理指南》第 34 条中也规定,对公认的商业道德进行认定时,可以综合参考特定领域的行业惯例或自律规范、技术规范等,也是相应观点的依据之一。

在此过程中,应予以关注的是,在强调商业道德相对于诚实信用原则具有独立性的同时,也要认识到两者的内在联系。诚实信用原则至少应当是公认商业道德的精神内核之一,在这个层面上,商业道德属于一种制度性事实,兼具事实性和规范性两种属性,法院在对其进行援引时,一方面通过客观证据认定相应规则已被广泛认可和遵循的事实,另一方面还要根据法律规定、公共利益等对其进

〔1〕 杜颖、魏婷:《互联网不正当竞争行为中的商业道德认定问题研究》,载宁立志编:《知识产权与市场竞争研究》(第 6 辑),社会科学文献出版社 2020 年版,第 69 页。

行合法性、合理性的审查,唯其符合两方面条件,才能援引作为裁判依据。

四、社会本位理念下《反不正当竞争法》原则条款适用方法的完善

如前所述,《反不正当竞争法》不断向其经济法、社会法属性回归,对被诉行为正当性的认定应平衡竞争行为所涉的各方主体利益,尤其要注重对于社会公共利益与个体利益的平衡协调,坚持利益衡量的认定思路,着重从以下三个方面考察:

第一,考量经营者所在的产业特点和竞争环境。对被诉行为正当性的分析应建立在了解其产业大环境的基础之上,分析被诉行为的出现是顺应产业发展的要求还是对现有产业基础的破坏。例如,在本案中,法院通过查明和分析吉尼斯纪录认证过程双方所签《认证协议》,对于吉尼斯纪录的法律属性及原告大明公司基于《认证协议》享有的权利,认定吉尼斯纪录并非原告购买获得,原告对其并不享有所有权等绝对权利,《认证协议》亦约定被告乙有权修改认证规则,因此,被告乙修改认证规则并宣告原告纪录无效,不会破坏各方遵循的行业运行状态,亦不会侵害原告享有的合同利益。

第二,考察被诉行为的社会效果。一方面,考察被诉行为对促进市场竞争和产业创新的意义,对行业和现有市场环境是否具有积极的意义,能否增加市场透明度,减少竞争壁垒,促进市场良性竞争;另一方面,考察被诉行为是否可以为消费者提供更加优质的商品或服务,从而提升用户体验,给消费者提供更多、更好的选择。这也是本案中法院论证的重点,法院结合被告乙的性质、吉尼斯世界纪录的公共属性等因素,推导出被告乙修改并出台一年制新规则更有利于维护市场秩序、保障公共利益,进而认定被诉行为未违反诚实信用原则和公认的商业道德,不具有明显的不正当性。

第三,分析被诉行为对市场整体竞争环境可能造成的负面影响。对被诉行为可能造成的损害与可能实现的收益进行平衡,综合考量其他经营者、消费者和市场竞争秩序受被诉行为的影响程度,判断被诉行为的正当性。重点分析被诉行为对公平竞争秩序的影响,考察该种行为的出现是否会冲击现有竞争秩序,是否可能影响市场激励机制,是否会破坏正常的产业生态。同时,还需考察被诉行为对消费者利益的损害,考察该行为是否侵害了消费者获取信息的自由,是否会导致消费者的误认和混淆。例如,本案中,法院亦分析认为,被告乙相关认证规

则包括此次修改适用于其全球范围内的世界纪录申请,所有的纪录申请者均需要遵循,并不会直接导致不同申请者之间市场竞争优势的差异和混乱。

综上所述,利益衡量的认定方法通过考察被诉行为所带来的社会效果,即给市场竞争秩序带来的影响以及给消费者提供服务及福利两方面。只有当被诉行为造成的损害明显大于其可能带来的收益和积极社会效果时,才应认定被诉行为具有不正当性。

建筑工程、商业用房租赁类

实际施工人对合同相对性的突破及限制

范欠歌[*]　陈　贝[**]　武景格[***]

案例摘要

建设工程合同纠纷案件由于专业技术性较强、涉及面广，不少法院和审判人员普遍感到存在极大的审理难度，主要原因在于建设工程合同的主体确认比较复杂。《建筑法》、原《合同法》均没有对发包人的资格作出禁止性规定，但对建设工程的实施主体实行许可制度，要求承建工程的承包人必须具备相应的资质条件。但实践中，存在很多借用或挂靠资质、非法转包、违法分包等情形。为了保护实际施工人，《最高人民法院关于审理建设工程施工合同纠纷案件适用法律问题的解释》第43条作出规定，实际施工人以转包人、违法分包人为被告起诉的，人民法院应当依法受理。实际施工人以发包人为被告主张权利的，人民法院可以追加转包人或者违法分包人为本案当事人，发包人只在欠付工程价款范围内对实际施工人承担责任。该条确认实际施工人对合同相对性的突破，但实践中该突破存在限制。该限制既有承包人会否属于实际施工人的限制，也有对实际施工人的相关权益的限制等，本文主要对此进行分析探讨。

【裁判观点】

1. 确定承包人是否为实际施工人。实际施工人指无效建设施工合同的承包人，且最终实际投入人力、物力、财力等完成施工任务的单位或个人。

---

* 范欠歌，北京市东城区人民法院员额法官。

** 陈贝，北京市东城区人民法院员额法官。

*** 武景格，北京市东城区法官助理。

2. 确定适格的被告的主体范围。属于实际施工人的承包人可以起诉其双方合同相对方,也可以直接起诉合同相对方的上手发包人。实际施工人直接起诉相对方的上手发包人,未起诉合同相对方的,法院应当追加合同相对方作为被告参加诉讼。不属于实际施工人的承包人只能起诉其双方合同相对方,不起诉相对方。直接起诉相对方的上手发包人的,法院可不予受理;已经受理的,应当裁定驳回起诉。

【关键词】

实际施工人　合同相对性　突破和限制

【类案综述】

笔者从“法信”平台进行类案搜索,全国法院共办理涉及实际施工人案件126件,其中支持原告全部诉讼请求的有6件,支付原告部分诉讼请求的有11件,驳回原告诉讼请求的有4件。二审案件维持原判的有49件,二审改判的有21件,再审维持原判的有6件。

审判实务中,基本都认可实际施工人可以突破合同相对性,直接向发包人主张工程款,但对这种突破范围及限制条件存在不同的观点;另外,实际施工人通过突破合同相对性获得权利保护,同样也可因对合同相对性的突破而承担义务。实务中观点总结如下:(1)实际施工人借用资质的,有权直接向发包人主张工程款。如朱某诉四川中顶公司建设工程施工合同纠纷案件。(2)发包人在施工工程中出借公司名称及施工资质对违法转包的无效行为存在过错,作为实际施工人突破合同相对性的条件。如李某诉福建金鼎公司建设工程施工合同纠纷案。(3)以承包人怠于行使诉权作为实际施工人可以突破合同相对性直接起诉承包人、发包人的限制条件。(4)实际施工人和被挂靠人共同对工程质量问题产生的损失承担责任。如乌鲁木齐市永良公司诉刘某等建设工程施工合同纠纷案。(5)实际施工人以发包人为被告主张权利的,应当将转包人、违法分包人也列为案件当事人。(6)发包人只在欠付工程款范围内对实际施工人承担责任。如孙某诉潘某建施工程分包合同纠纷案。(7)实际施工人条件的实质认定:承包方与发包方签订合同后又以内部承包合同形式将应由其履行的承建义务转包给当事人,其行为应认定为转包性质,当事人符合实际施工人条件。

笔者认为，对于实际施工人对合同相对性的突破和限制的理解，应当尊重立法本意。既然采取以突破方式保护实际施工人，那这里我们一定要注意保护的是"实际施工人"，并非施工人，也非发包人。实际施工人和施工人范围界定对适用法律有重要的意义：只有确定当事人属于实际施工人范围，当事人才具有突破合同相对性的权利。

实务典型案例

基本案情

第三人丁与被告乙签订《北京市房屋建筑修缮及装修工程施工合同》，第三人丁将位于北京市东城区某厂三至十条，包括某厂九条×号等74个院落的修缮工程发包给被告乙施工，承包方式为包工包料，合同暂估价款为1799.5320万元。

2007年12月12日，第三人丁（委托人）与被告丙（受托人）签订《委托代建协议书》，该协议书约定第三人丁作为某厂三至十条修缮工程的实施主体，将该工程委托被告丙代理建设。项目名称为"某厂三至十条修缮工程"，项目总投资额人民币2.5亿元，建设地点为某厂三至十条及周边地区，资金拨付程序为：受托人将"付款审批单"报委托人审核、签字确认，由委托人将资金直接拨付到相关合同单位。

第三人戊从被告乙处分包了其中的20个院落，原告甲从第三人戊处分包了其中的6个院落。原告甲及其施工队无施工资质，与第三人戊及被告乙未签订书面分包合同。原告甲于2008年上半年入场进行施工。施工过程中，因发生纠纷，原告甲在完成大部分施工内容的情况下被清退出施工现场。原告甲已完工的工程量相关各方没有进行工程量确认。施工过程中，第三人戊就其从被告乙分包的20个院落按工程进度向被告乙请款，原告甲就其从第三人戊处承包的6个院落按照施工进度向第三人戊请款。原告甲施工队施工过程中，自备简单工具，原告甲垫资购买砖、水泥、沙子等土木工程材料进行施工。原告甲施工过程中，也从第三人戊处领取部分工程材料。

2008年12月31日，原告甲签署保证书，内容为：今有我在某厂地区施工院落剩余100人的全部工资总计598 940元,已在项目部监督下全部发放,我保证所报人员工资及人工全部属实。如有漏发、漏报由我本人负责。

2009年12月17日,被告乙与第三人戊签订《前门草场东区风貌保护项目修缮工程结算协议》。该协议约定,就第三人戊分包的院落,全部修缮工程已经施工完毕,根据现场核定的工程量并参考2005年修缮定额进行结算,双方共同确认结算总价为7 517 477.99元,被告乙让利1 127 621.70元,工程结算总额为8 645 099.69元。第三人戊承诺自签字之日起不再对结算提出任何异议,不组织民工采取任何方式集体讨薪。上述结算协议,双方均称已经履行完毕。

庭审中,原告认为,其是实际施工人,从第三人戊处承接涉案6个院落的工程,第三人戊是被告乙的项目经理,原告甲与被告乙之间是分包合同关系,大前门公司是发包人,所以原告甲向被告乙、大前门公司主张未付工程款。

被告乙认为,第三人戊不是被告乙的项目经理,被告乙将被告乙承包的70多个院落中的20个院落分包给第三人戊,第三人戊将其分包的20个院落中的6个院落分包给原告甲,故被告乙与第三人戊之间是分包合同关系,被告乙与原告甲之间不存在分包合同关系。被告乙与第三人戊就上述工程已结算完毕,并付清工程款,故不同意原告甲的诉讼请求。

被告丙与第三人丁认为,第三人丁是发包人,被告丙仅是代建单位,发包工程的权利义务由第三人丁承担,被告丙不承担权利义务。

第三人戊认为,第三人戊不是被告乙的项目经理,第三人戊从被告乙处分包20个院落,将其中的6个院落分包给原告甲,第三人戊与原告甲之间是扩大劳务分包合同关系,原告甲与被告乙之间无合同关系。

法院观点

一审法院认为,本案涉诉工程为政府投资建设的风貌保护工程。根据本案查明的事实,本案的法律关系为:政府将工程确定由东城区第三人丁作为发包人发包,由大前门投资公司负责代建,建设资金由东城区第三人丁负责发放。后东城区第三人丁分别与案外人房修一公司及被告乙签订承包合同,由上述两单位负责承建相关院落。本案仅涉及被告乙承包的院落。被告乙将承包的部分院落分包给第三人戊承建,第三人戊又将其中的6个院落分包给原告承建。虽第三人戊与原告均系个人,没有建设工程的经营资格和资质,但涉案工程为平房院落的修缮工程，属于小型建筑工程，故依法应认定层层分包合同有效。因此，原告与被告乙不具有合同关系，其应当向其合同相对方第三人戊主张工程款。现原告甲向被告乙及大前门公司主张工程款，于法无据。据此，一审法院判决驳回原告甲的诉讼请求。

原告甲不服一审判决，提起上诉。

二审法院认为，当事人二审中均没有提交新证据，故对一审法院查明的事实予以确认。二审中，双方的争议焦点为：(1)原告甲与被告乙、被告丙之间是否存在建设工程施工合同关系的问题；(2)原告甲能否以实际施工人的身份要求发包人被告乙、被告丙给付工程款的问题。关于原告甲与被告乙、被告丙之间是否存在建设工程施工合同的问题，根据已查明的事实，北京前门东区风貌保护项目工程的发包人为第三人丁，被告丙为代建单位，被告乙为涉案工程的承包人。本案现有证据证明，被告乙在承接上述工程后，将部分院落施工工程转包给了第三人戊。原告甲与被告乙、被告丙未签订书面施工合同，其提供的证据亦不能证明双方存在事实上的施工合同关系。故原告甲主张其与被告乙、被告丙存在施工合同关系，缺乏事实及法律依据。关于原告甲能否以实际施工人的身份要求被告乙、被告丙给付工程款的问题，诉讼中，原告甲明确其依据《最高人民法院关于审理建设工程施工合同纠纷案件适用法律问题的解释》的规定，要求被告乙、被告丙给付工程款。根据司法解释相关条款的规定，当事人应依据合同相对性有序提起诉讼，只有在特殊情形下才可对没有合同关系的当事人提起诉讼。本案中，原告甲在一审中未向第三人戊提出诉讼请求，也未提供本案存在特殊情形的证据，故其要求被告乙、被告丙直接给付工程款，不符合司法解释的规定。

裁判结果

综上，原告甲的起诉，不符合法律规定的条件，应予驳回。一审判决驳回原告甲的诉讼请求不当，应当裁定驳回原告甲的起诉。二审法院撤销原一审判决，裁定驳回原告甲的起诉。

【裁判思路与方法】

随着我国社会经济的高速发展，民众对住房、公共设施等需求日益高涨，建筑业作为国民经济的支柱产业之一，在促进就业和维护社会稳定方面发挥了不可替代的作用。但由于建筑业实行严格的建筑业企业资质管理，以及以买方市场为中心，造成建筑市场供大于求。施工企业竞争激烈，高资质、规模大的施工企业为获取高额利润，低资质、小规模甚至无资质的施工企业及个人为求生存，就出现大量非法转包、违法分包、借用或挂靠资质等情形。在这种情况下，为保护实际干活的施工人，2004 年最高人民法院制定了《最高人民法院关于审理建设工程施工合同纠纷案件适用法律问题的解释》(已失效)。其中第 26 条规定，实际施工人以转包人、违法分包人为被告起诉的，人民法院应当依法受理。实际施工人以发包人为被告主张权利的，人民法院可以追加转包人或者违法分包人为本案当事人，发包人只在欠付工程价款范围内对实际施工人承担责任。自此，建筑行业出现了“实际施工人”的概念。最高人民法院的上述解释已失效，但新颁布的《关于审理建设工程施工合同纠纷案件适用法律问题的解释(一)》第 43 条吸收了上述解释第 26 条的规定，并将“可以追加转包人或违法分包人为本案当事人”更改为“应当追加转包人或违法分包人为本案第三人”。

一、实际施工人的界定

严格来说，实际施工人并不是一个专业法律术语，但根据相关司法解释的规定，以及经过法律事务的不断实践，已经有了约定俗成的含义。实际施工人指无效合同的承包人，如非法转包的承包人、违法分包的承包人、没有资质或借用资质并与他人签订建设工程施工合同的承包人等。通俗一点讲，即最终实际完成施工任务的无效施工合同的承包人。实际施工人可能是法人、非法人团体、个人合伙、自然人等。

实际施工人的认定有两个关键点。其一，所签订的建设施工合同为无效合同。根据《最高人民法院关于审理建设工程施工合同纠纷案件适用法律问题的解释(一)》第 1 条之规定，没有资质的实际施工人借用有资质的建筑施工企业的名义的建设工程施工合同应当依据《民法典》第 153 条第 1 款的规定认定无效；承包人因转包、违法分包建设工程与他人签订的建设工程施工合同，应当依据《民法典》第 153 条第 1 款及第 791 条第 2 款、第 3 款的规定认定无效。即是当事人所签订建设工程施工合同中是否存在非法转包、违法分包、挂靠分包等情形。其二，实际完成施工任务。从施工人是否组建现场项目管理团队对施工现场进行施工管理，是否支付工人工资、支付材料款项，是否依据合同向对方交纳管理费等综合判断是否对工程进行资金方面的投入，是否编制、签字确认、报送相关竣工结算资料等文件。简单地说，就是是否实际投入人力、物力、财力等完成施工任务。《北京市高级人民法院关于审理建设工程施工合同纠纷案件若干疑难问题的解答》（京高法发〔2012〕245 号）第 18 条对实际施工人的范围如何确定也有明确的意见。

二、实际施工人的表现形式

1. 借用资质或挂靠

实际施工人在承接工程的过程中，经常因为资质不够或没有资质，通过借用符合资质条件的施工单位的资质进行招投标、签订施工合同等行为，约定向挂靠单位交纳一定比例的管理费，然后自行组织施工，出借资质方一般不进行任何经济、技术、管理的支出。

2. 非法转包

承包单位承包工程后，通过将整个工程肢解，分别转包给实际施工人，或者将工程整体转卖给他人，收取一定的费用，而其自身并不实际参与施工管理，不参与履行合同约定的义务。

3. 违法分包

除非总包和发包方在合同中约定由发包方进行专业分包，或者总包进行专业分包的必须征得发包方的同意，总承包单位可以将工程的部分工程分包给有专业资质的分包单位，但是工程的主体结构必须由总包单位完成。禁止将工程发包给不具有专业资质的单位；也禁止分包单位将工程再行发包，在这种法律关系中，违法分包人是实际施工人的表现形式之一。

三、实际施工人依法享有的权利义务

1. 实际施工人有权以违法分包人、转包人为被告要求支付工程款。在此种情况下，法院不能依法追加发包人为被告。

2. 实际施工人有权以发包人为被告要求支付工程款，发包人在欠付违法分包人、转包人工程款范围内承担连带责任。当实际施工人可以发包人为被告要求支付工程款时，法院须追加违法分包人或转包人作为共同被告参加诉讼。发包人以其与实际施工人之间不存在合同关系抗辩的,实践中难以得到法院支持。发包人以未欠付工程款为由提出抗辩的,应当承担举证责任。《北京市高级人民法院关于审理建设工程施工合同纠纷案件若干疑难问题的解答》第19条对此有规定。

3. 实际施工人有权要求参照建设工程施工合同的约定支付工程价款。实际施工人签订的建设工程施工合同虽无效,但工程经竣工验收合格的,实际施工人有权要求参照合同约定支付工程折价补偿款。《最高人民法院关于审理建设工程施工合同纠纷案件适用法律问题的解释(一)》第24条对此有规定。

4. 实际施工人有权要求支付利息损失。实际施工人有权要求发包人按照中国人民银行贷款利率支付欠付工程款利息。

5. 发包人不得以合同无效为由,要求扣除工程折价款补偿款中所含的利润。《北京市高级人民法院关于审理建设工程施工合同纠纷案件若干疑难问题的解答》第17条对此有规定。

6. 不具有资质的实际施工人挂靠有资质的建筑施工企业(被挂靠人),并以该企业的名义签订建设工程施工合同,被挂靠人怠于主张工程款的,挂靠人有权以自己名义起诉要求发包人支付工程款。此种情况,法院原则上应当追加被挂靠人为诉讼当事人,发包人在欠付工程款范围内承担给付责任。因履行施工合同产生的债务,被挂靠人与实际施工人应当承担连带责任。《北京市高级人民法院关于审理建设工程施工合同纠纷案件若干疑难问题的解答》第20条对此有规定。

7. 实际施工人享有建设工程价款优先受偿权,且该优先受偿权优于抵押权和其他债权。根据《民法典》第807条的规定,发包人未按照约定支付价款的,承包人可以催告发包人在合理期限内支付价款。发包人逾期不支付的,除按照建设工程的性质不宜折价、拍卖的以外,承包人可以与发包人协议将该工程折价,也可以申请人民法院将该工程依法拍卖,建设工程的价款就该工程折价款或拍卖的价款优先受偿。《最高人民法院关于审理建设工程施工合同纠纷案件适用法律问题的解释(一)》第39条规定,未竣工的建设工程质量合同,承包人请求其承建工程的价款就其承建工程部分折价或者拍卖的价款优先受偿的,人民法院应当支持。根据上述条款规定,当承包人属于实际施工人范畴时,实际施工人自然享有建设工程价款优先受偿权。根据《最高人民法院关于审理建设工程施工合同纠纷案件适用法律问题的解释(一)》第 36 条的规定,承包人根据《民法典》第 807 条规定享有的建设工程价款优先受偿权优于抵押权和其他债权。

8. 实际施工人对工程质量承担责任。《最高人民法院关于审理建设工程施工合同纠纷案件适用法律问题的解释(一)》第 7 条规定,缺乏资质的单位或个人借用有资质的建筑施工企业名义签订建设工程施工合同,发包人请求出借人与借用人对建设工程质量不合格等因出借资质造成的损失承担连带赔偿责任的,人民法院应予支持。第 15 条规定,因建设工程质量发生争议的,发包人可以以总承包人、分包人和实际施工人为共同被告提起诉讼。

四、实际施工人权利保护对合同相对性的突破及限制

合同相对性原则是合同法的基本原则之一,是指只有合同当事人一方能基于合同向与其有合同关系的另一方提出请求或提起诉讼,而不能向与其无合同关系的第三人提出合同上的请求,也不能擅自为第三人设定合同上的义务。该相对性理论在我国的立法依据为《民法典》第 460 条,依法成立的合同,仅对当事人具有法律约束力,但是法律另有规定的除外。

合同相对性原则是合同立法的基本原则,合同相对性理论是在实行完全的市场经济模式下所适用的基本规则。但我国建筑领域实行严格资质管理,增加了部分低资质、无资质却有资源的施工企业参与建筑领域竞争的难度,再加上相关行政部门监管的不力,使得工程非法转包、违法分包等情形成为建筑工程领域非常常见的违法情形,进而就出现了实际施工人。但从实际情况看,有的承包人将工程转包收取一定的管理费用后,没有进行工程结算或对工程结算不主张权利。由于实际施工人与发包人之间没有合同关系,这样导致实际施工人没有办法取得工程款,实际施工人不能得到工程款则直接影响到农民工工资发放,因此,严格按照合同的相对性原则,不允许实际施工人向发包人主张权利,不利于农民工利益的保护。因此,最高人民法院出台了《关于审理建设工程施工合同纠纷案件适用法律问题的解释(一)》,其中第 43 条规定许可实际施工人向发包人主张权利。该条规定实际施工人可以突破合同的相对性原则起诉发包人。

但从《最高人民法院关于审理建设工程施工合同纠纷案件适用法律问题的解释(一)》第 43 条规定的内容看,第 1 款规定,实际施工人以转包人、违法分包人为被告起诉的,人民法院应当依法受理。第 2 款规定,实际施工人对发包人提

起诉讼的，人民法院应当追加转包人、违法分包人为本案第三人，在查明发包人欠付转包人或者违法分包人建设工程价款的数额后，判决发包人在欠付建设工程价款范围内对实际施工人承担责任。这可以看出，虽然实际施工人可以突破合同的相对性起诉发包人，未起诉转包人及违法分包人的，法院仍应追加为本案第三人，此可以看出，即便实际施工人可以突破合同相对性起诉发包人，但也应当按照合同相对性原则有序诉讼，且发包人对实际施工人承担的责任也未突破发包人所签订合同价款范围。

同时，实际施工人对合同相对性的突破也是有限的。虽然实际施工人可以起诉发包人，但发包人并非对实际施工人的全部未付工程款承担责任，发包人仅在未支付转包人、违法分包人工程款的范围内对实际施工人承担责任。这也是《最高人民法院关于审理建设工程施工合同纠纷案件适用法律问题的解释（一）》合理的司法设计，突破合同的相对性，并没有损害其他人的权利。建筑行业中，除了合同为无效合同的实际施工人外，还有合同为有效合同的施工人，此类施工人不具有突破合同的相对性直接起诉发包人的权利。此类施工人直接起诉发包人的，法院不予受理，已经受理的应当驳回起诉。《北京市高级人民法院关于审理建设工程施工合同纠纷案件若干疑难问题的解答》第 18 条对此有明确规定。

五、本案原告甲是否属于实际施工人的范畴

本案原告甲是否属于实际施工人，从以下方面加以判断：

其一，从是否实际投入人力、物力、财力等完成施工任务来讲，原告甲组织施工队，为最后一手实际干活人，对此，第三人戊、被告乙均未提出异议。

其二，原告甲为施工合同一方当事人的合同是否有效。该问题要从原告甲是否与被告乙存在合同关系，第三人戊是否与被告乙存在分包关系，原告甲与第三人戊之间是否存在分包关系，被告乙与第三人戊的分包合同、原告甲与第三人戊之间的分包合同是否无效这些问题展开。原告甲认为其与被告乙之间存在分包关系，因其未与被告乙签订施工合同，被告乙亦不认可与原告甲之间存在分包合同关系，故原告甲对其主张未提供充足的证据加以证明，无法认定其与被告乙之间不存在分包合同关系。被告乙与第三人戊均认可他们是分包合同关系，加之双方对分包工程款进行了结算的事实，可以认定他们之间存在分包合同关系。

原告甲与第三人戊之间虽未签订建设工程分包合同，但原告甲从第三人戊处承接涉案工程，第三人戊也认可其将承包的部分工程分包给原告甲，故原告甲与第三人戊之间存在事实的直接分包合同关系。

本案涉案的工程是北京市市区内平房的修缮工程，属于小型建筑工程，该类工程不要求施工人必须具有相应的资质。根据《北京市高级人民法院关于审理建设工程施工合同纠纷案件若干疑难问题的解答》第6条之规定，施工人签订合同承建小型建筑工程或两层以下（含两层）农民住宅，或进行家庭住宅室内装饰装修，当事人仅以施工人缺乏相应资质为由，主张合同无效的，一般不予支持。对于当事人确实违反企业资质管理规定承揽工程的，可以建议有关行政主管部门予以处理。根据该条规定，第三人戊与被告乙之间的分包合同、原告甲与第三人戊之间的分包合同，因承建的工程为小型建筑修缮工程，上述分包合同为有效合同，因此，原告甲不属于实际施工人的范畴。

既然原告甲不属于实际施工人的范畴，其自然不享有实际施工人向发包人主张工程款的权利。对于不属于实际施工人的当事人，依据原《最高人民法院关于审理建设工程施工合同纠纷案件适用法律问题的解释》第26条的规定，以发包人为被告主张欠付工程款的，应当不予受理；已经受理的，应当裁定驳回起诉。

装饰装修合同纠纷案件审判思路

龙　琨[*]　刘倩茹[**]

案例摘要

装饰装修合同是控制装修工程建设进度、质量、结算、管理的主要依据，也是市场经济条件下协调发包方与承包方之间权利义务关系的主要根据与手段。装饰装修工程本身的特点与性质，决定了工程项目建设是一项复杂、风险因素众多的行为，易导致合同双方不能按照预期目标顺利履行完成合同内容，引起相应纠纷产生。装饰装修合同案件是民商事案件审理中专业性较强、事实认定较为复杂、审理期限较长、矛盾化解难度较大的一种案件类型。笔者以案例为引，通过对个别案例进行实证分析，剖析此类纠纷的发生规律，确定案件审理难点，对装饰装修企业资质及合同效力问题、工程质量问题、工期问题、设计和预算变更问题、装修款结算等问题进行探讨，以期对司法实践中对装饰装修合同案件的审理有所裨益。

【裁判观点】

1. 建设工程施工合同无效的原因主要包括：不具备相应建筑施工企业资质；违反招投标法律规定，建设工程必须进行招标而未招标或者中标无效的；非法转包与违法分包；未取得有关建设审批手续。但施工人签订合同承建小型建筑工程或两层以下农民住宅，或进行家庭住宅室内装饰装修，当事人仅以施工人缺乏

---

* 龙琨，北京市东城区人民法院员额法官。

** 刘倩茹，北京市东城区人民法院法官助理。

相应资质为由,主张合同无效的,一般不予支持。

2. 工程质量合格与否不能片面理解为是否具备工程竣工验收报告或是否符合合同约定,合同约定的质量标准首先应符合国家标准,即《建筑工程施工质量验收统一标准》,也应参考各地、各级行业协会制定的行业标准。即便合同无效后已建成部分质量不合格,在承包方承担维修义务并经维修后验收合格的,承包方仍可以主张已建成工程价款。如双方已结算,则该结算可作为依据;如未结算,可在诉讼程序中经司法鉴定确认。

3. 对于装饰装修合同纠纷的审理,除了考虑合同本身约定外,在事实认定上涉及专门性、技术性问题,还需要借助司法鉴定对工程造价、工期质量、修复费用等问题予以确定,厘清装饰装修合同项下的要件事实,准确分配各方当事人的举证责任,合理认定各方的违约责任。

【关键词】

违约责任　工程款支付义务　先履行抗辩权

【类案综述】

笔者通过北京法院数据分析智能检索平台进行类案搜索,在装饰装修需求不断增长的情况下,相应的装饰装修合同纠纷案件也呈现逐渐增长并日趋复杂化的特点。案件数量情况为:2012 年有 923 件,2013 年有 1050 件,2014 年有 1100 件,2015 年有 1309 件,2016 年有 1344 件,2017 年有 1607 件,2018 年有 2236 件,2019 年有 3583 件,2020 年有 2935 件。

装饰装修合同是最为常见的一类建设工程施工合同。实务中,由于装修施工过程中涉及环节繁复、主体多元、施工标准、要求动态化等因素,合同履行过程中容易出现各类问题,而这些问题也容易传导至合同层面,导致合同中的规定难以得到贯彻落实,抑或相应合同责任难以充分履行,容易产生纠纷。

装饰装修合同纠纷案件审理主要有以下几个基本特点:(1)部分合同存在无效情形,合同无效的原因主要包括不具备相应建筑施工企业资质、违反招投标法律规定、非法转包与违法分包、未取得有关建设审批手续等。(2)违约现象频频发生,由于有的装饰装修案件施工时间跨度大、涉及环节多、合同双方沟通不及时,任一中间过程的不注意都会引发违约风险。实践中装饰装修合同纠纷案件均是围绕违约责任而展开，包括发包人违约、承包人违约和双方违约。具体违约情形包括逾期付款、克扣保证金、延期开工、擅自分包、不履行合同约定的协助义务等，其中以欠付工程款纠纷为主。承包人提出支付工程款请求时，发包人往往以逾期竣工、质量不合格为抗辩或提起反诉。(3)案件专业性较强，涉及很多工程专业知识，对于工程造价、工程质量、工期顺延、修复费用等的判断都需要借助鉴定人、专家辅助人等专业人士，对审判人员的专业要求越来越高。工程鉴定较为普遍，往往需要借助工程鉴定对工程造价、工期、质量、修复费用等予以确定。

实务典型案例

基本案情

2019年2月12日，案外人丙与丁公司、戊公司签订《北京市房屋租赁合同》，丙将涉案房屋出租给丁公司使用。免租期自2019年2月13日起至2019年3月31日止。租赁期自2019年4月1日起至2024年3月31日止，月租金为24 506元。租金包括物业管理费、取暖费。递增方式为第三年至第五年租金单价为5.50元/(m^2·d)。

2019年3月7日，原告(发包方、甲方)与被告(承包方、乙方)签订《施工合同》，工程地址为涉案房屋，工程内容为电路改造、新建隔断、顶面喷漆、墙面刷漆、地面铺砖。施工范围为电路工程、装饰工程，承包方式为乙方包工，包部分料。工程造价为62 000元整。甲方协助乙方办理物业相关手续，临时水电及垂直运输，提供建筑图纸及有关隐蔽障碍物的资料。工程总施工期为16天，暂定开工日期为2019年3月21日(以物业核发的进场施工许可证的时间为起始时间)，暂定竣工日期为2019年4月5日(以物业核发的进场施工许可证的时间为起始时间)。工程所需的材料、设备由乙方提供。合同签订后2日内，甲方支付31 000元(合同总价的50%)。隐蔽工程验收通过后2日内，甲方支付21 700元(合同总价的35%)。工程竣工验收完毕后2日内，甲方支付6200元(合同总价的10%)。竣工后1个月，为质保期，无任何问题，甲方支付3100元(合同总价的5%)。如甲方拖欠工程款或尾款，应向乙方支付拖欠金额日3%的违约金。

如乙方拖延工期，应向甲方支付装修总金额日3%的违约金。工程竣工验收签字后甲方方可使用；如工程未经甲乙双方验收，甲方提前使用或擅自动用，则视为验收合格。乙方验收通知书送达甲方3日内，不进行验收，则双方视为验收合格。工程竣工验收合格，甲方对结算资料在7日内进行审核确认，按合同约定，向乙方支付工程尾款，同时甲乙双方办理工程交接手续。

现原告主张物业公司下发装修许可证注明于2019年3月20日开工，按合同约定，被告应于2019年4月4日竣工，但被告逾期未竣工，原告只能另行委托他人完成装修，给原告造成巨大损失，故原告诉至法院，要求被告向原告支付自2019年4月5日起至2019年6月25日止的违约金150 660元，另要求被告向原告支付自2019年6月26日起至物业验收之日的违约金（按装修总金额62 000元的日3%计算）。被告则认为"两会"期间耽误了工期，灯具等应由原告采购后交被告安装，但因未及时交付，也造成了工期延长。经过与原告协商，工程延期至2019年5月5日。现涉案工程于2019年5月5日完工并交付给原告使用，因涉案工程量很小，故没有进行书面验收，但已经将钥匙交付原告，被告已经履行了合同的全部义务，并未违约，且原告至今未向被告支付工程尾款9300元，故被告提起反诉，要求原告向被告支付工程尾款9300元，并向被告支付自2019年6月6日起至实际付款之日的逾期付款违约金（按日3%计算）。针对被告的反诉，原告不认可开工受"两会"影响，且认为其及时交付了灯具，系被告未及时安装造成工期拖延。原告不认可工程延期至2019年5月5日，亦不认可被告于2019年5月5日交付房屋。原告虽认可有9300元尾款未支付，但其认为根据合同约定尾款应于竣工完成后支付，现并未满足支付尾款的条件，故不同意支付。

根据工程编制方案，被告负责轻钢龙骨纸面石膏板隔音墙（双面单层），工艺中包括中间需填充岩棉；室内顶面喷刷乳胶漆，工艺中包括原顶面清除灰尘，乳胶漆三遍；供应及安装木制踢脚线。原告解释称安装地板及地砖的金属扣条未体现在编制方案中，施工过程中在玻璃门与瓷砖中间增加地坪胶是变更事项，因此未体现在编制方案中。对此被告不予认可，称安装扣条及增加地坪胶不属于合同约定的义务，被告能帮助完成的尽量帮助完成。

2019年3月7日，丁公司向被告支付24 800元装修款。2019年3月11日，原告向被告支付6200元装修款。2019年4月3日，原告向被告支付21 700元装修款。2019年3月19日，物业公司出具对涉案房屋的施工许可证，施工时间为22:00～次日早晨7:00,有效期为2019年3月20日至2019年4月20日。就被告装修施工具体时间问题,原告出示群聊天记录证明被告曾承诺2019年4月8日即能完工,但截至5月23日尚未完工。经质证,被告认可聊天记录的真实性,但称双方已经协商一致将工期延期至5月5日,因此即使在4月29日尚未完工也属正常;原告也存在迟交灯具的情况。对此其出示2019年4月19日向物业公司备案的《装修延期审批表》,载明装修公司负责人姓名为吕某。申请延期原因为定制玻璃及灯具,申请延期至2019年5月5日,延期期间施工项目为玻璃及灯具安装。业主/租户处显示有"丙"签字,装修公司负责人处显示有"吕某"签字。经质证,原告否认其真实性,认为这是被告擅自向物业申请办理延期。后本院询问北京某物业公司工作人员,工作人员称系原告向物业公司申请装修延期备案。对此,原告不予认可,并称被告工作人员在施工过程中与物业人员有利害关系,且《装修延期审批表》并无原告签字,该证据即使真实也仅能证明办理延期的事实,但不能证明经原告同意。被告就原告迟交灯具一节,未提交其他证据予以佐证。

就被告是否完成施工项目一节,原告出示视频录像及照片,证明被告未按照约定时间完工,后原告另找其他公司解决遗留问题。上述证据显示玻璃门与地砖之间尚有空隙、踢脚线未完全安装完毕、木地板未安装扣条、顶部喷漆有皲裂痕迹,隔断墙未加装隔音棉。后原告另找其他人对地坪胶进行施工,花费400元,并花费30元购买扣条。经质证,被告虽认可是施工现场,但否认证据的真实性,对此其未能提交反证,被告认为其已经在5月5日完成竣工,上述证据无法证明该日未达到施工标准;虽认可部分墙体未加装隔音棉,但认为未加装部分系不需要加装。被告否认原告另找他人完工证据的真实性。就原告于4月29日提出的尚未完工的事项被告在其后是否完工,被告称没有证据证明已经完工,但以5月5日交付来佐证已经完工。其出示微信聊天记录,显示5月6日时原告表示涉案房屋内只有两个木梯子和一堆方管,要求被告工作人员来取走,否则被告因没有钥匙无法再进入涉案房屋。经质证,原告认可真实性,但否认证明目的,称上述证据不能证明已经完成了竣工验收,进行了交接,因物业管理比较严格,所以让被告人员将放在玻璃墙内的施工材料取走。经询,原告称自2019年6月初即无法联系到被告,认可2019年6月25日已经开始使用涉案房屋。

法院观点

依法成立的合同受法律保护。当事人应当按照约定全面履行自己的义务。当事人一方不履行合同义务或者履行合同义务不符合约定的,应当承担继续履行、采取补救措施或者赔偿损失等违约责任。原、被告签订的《施工合同》应属有效,双方均应据此履行。根据合同约定,被告对涉案房屋按照合同约定的期限进行装饰装修。根据物业公司批准的施工许可证载明的进场时间,被告应当在2019年3月20日进场施工,于4月4日完成竣工。现被告虽然辩称双方已协商一致变更了竣工日期,但其并未提交充分的证据予以证明。综上,本院认定被告确实存在拖延工期的违约行为,其未按约定向原告送达验收通知书,亦未申请对工程进行竣工验收,原告有权向被告主张违约金。2019年4月5日至6月25日的违约金,考虑到原告诉称工程未完工项部分不属于工程编制方案内容,并结合总工程量、工程约定工期,认定发包方亦应根据合同约定的具体内容负有一定的止损义务等情况,违约金金额应予以酌定。6月25日原告已另找他人进行整改并实际利用涉案房屋,因此其主张此后的违约金,理由不足。工程竣工验收后原告应向被告支付工程尾款。虽涉案工程由于被告的原因并未进行竣工验收,但鉴于原告已经实际利用涉案房屋,因此本院认定支付工程尾款的条件已经成就,工程尾款的具体数额,考虑到被告未完成全部工程量,工程款数额应予以调整。

裁判结果

一、被告(反诉原告)于本判决生效之日起七日内给付原告(反诉被告)违约金25 000元;二、原告(反诉被告)于本判决生效之日起七日内给付被告(反诉原告)剩余工程款5000元;三、驳回原告(反诉被告)其他诉讼请求;四、驳回被告(反诉原告)其他反诉请求。

【裁判思路与方法】

就装饰装修合同审判而言,案件审判需要立足装修业实际,确立符合中国装修市场特性的审理原则和裁判规则,妥当平衡装修市场主体间的利益关系,致力于构建规范有序的装修市场秩序。具体应该从以下几个方面进行审查:

一、关于合同效力的审查

装饰装修合同是一种具有其专属特性的合同,除了应当遵循《民法典》关于合同效力的具体规定外,同时还应当严格遵照《建筑法》《建设工程质量管理条例》等法律、行政法规的效力性、强制性规定。实践中建设工程施工合同无效的原因主要包括四个方面:一是不具备相应的建筑施工企业资质。《最高人民法院关于审理建设工程施工合同纠纷案件适用法律问题的解释(一)》第1条规定承包人未取得建筑施工企业资质或者超越资质等级的没有资质的实际施工人借用有资质的建筑施工企业名义的,建设工程施工合同应认定无效。二是违反招投标法律规定。建设工程必须进行招标而未招标或者中标无效的,建设工程施工合同应认定无效。三是非法转包与违法分包,承包人因转包、违法分包建设工程与他人签订的建设工程施工合同应认定无效。四是未取得有关建设审批手续。根据《最高人民法院关于审理建设工程施工合同纠纷案件适用法律问题的解释(一)》第3条之规定,当事人以发包人未取得建设工程规划许可证等规划审批手续为由,请求确认建设工程施工合同无效的,人民法院应予支持,但发包人在起诉前取得建设工程规划许可证等规划审批手续的除外。发包人能够办理审批手续而未办理,并以未办理审批手续为由请求确认建设工程施工合同无效的,人民法院不予支持。但值得注意的是,根据《北京市高级人民法院关于审理建设工程施工合同纠纷案件若干疑难问题的解答》,施工人签订合同承建小型建筑工程或两层以下(含两层)农民住宅,或者进行家庭住宅室内装饰装修,当事人仅以施工人缺乏相应资质为由,主张合同无效的,一般不予支持。对于当事人确实违反企业资质管理规定承揽工程的,可以建议有关行政主管部门予以处理。前述合同对质量标准有约定的,依照其约定;没有约定的,依照通常标准或符合合同目的的特定标准予以确定。上述案例中,原告承租涉案房屋用于办公,并对该办公用房进行小型建筑工程装饰装修,原、被告签订的《施工合同》系双方当事人的真实意思表示,且未违反法律法规的强制性规定,应属有效。

二、关于装饰装修工程的工程质量审查及工期认定

工程质量纠纷在司法实践中有各种不同的表现,从质量问题发生的工程进度看,有的争议发生在施工过程中,有的争议则发生在建筑物交付后;质量缺陷是否发生在隐蔽部位,其法律后果也显然不同。从工程质量案件当事人的过错责任来看,有的案件只有一方责任人;有的则属于当事人负有混合过错责任,要按过错大小来分担。总体来说,合同约定的质量标准首先应符合国家标准《建

筑工程施工质量验收统一标准》，也应参考各地、各级行业协会制定的行业标准。判断工程质量合格与否的标准不能片面理解为是否具备工程竣工验收报告，因为工程竣工验收合格不代表该建设工程在质保期内不存在质量问题；特别是出现验收不规范情形时，承包方对其后发生的因工程质量问题造成的损失，仍应承担赔偿责任。《最高人民法院关于审理建设工程施工合同纠纷案件适用法律问题的解释(一)》第 14 条规定："建设工程未经竣工验收，发包人擅自使用后，又以使用部分质量不符合约定为由主张权利的，人民法院不予支持；但是承包人应当在建设工程的合理使用寿命内对地基基础工程和主体结构质量承担民事责任。"就上述典型案例，原告在起诉前确实已经实际入住并使用涉案房屋，是否能因此认定其擅自使用房屋而推定工程验收合格？关键在于如何理解法律规定中的"擅自"。原告出示的证据显示，被告未按照约定时间完工，且存在未完成部分施工项目问题，后原告不得不另找其他公司解决遗留问题，应认定系不可归责于原告的事由致使原告使用了未完工的建设工程，而非原告"擅自"使用，因此不应适用上述司法解释的规定推定工程质量合格。同时，《建设工程质量管理条例》《建筑工程施工质量验收统一标准》明确规定了"施工单位提交竣工验收报告后，建设单位方可组织竣工验收"，现被告并未提请竣工验收，原告亦无法组织竣工验收，原告使用涉案房屋亦是为了避免损失的扩大，这种情形下再由原告承担使用部分工程质量责任有失公平。

装饰装修是一个动态发展的过程，可能会发生多种多样的突发情况，导致工期不能如期完工。对于突发情况责任的界定往往是审判过程中原、被告相持不下的焦点问题。开工日期的认定对认定承包人是否存在工期延误并承担违约责任起到关键作用。当事人认为实际开工时间与开工令、开工报告记载的时间不符的，应当承担举证责任。在开工通知载明日期与合同约定的开工日期不一致时，应当如何认定开工日期，笔者认为，在无开工通知载明开工日期时，通常以合同约定的开工日期为准；在开工通知载明的日期与合同约定的开工日期不一致时，因开工通知载明的日期实际上表明发包人改变合同约定的开工日期，承包人可主张开工通知载明的日期为开工日。如承包人在合同约定的时间已经准备好人员、器械进场施工，但因发包人的原因造成承包人不能进场施工的，承包人可依据相关证据主张人工、机械等窝工损失；合同约定其他违约责任的，发包人还应当按照合同约定承担违约责任。发包人主张承包人工期违约，承包人往往抗辩具有工期顺延的情形。对于符合何种条件才能顺延工期,应当根据合同的约定。合同没有规定或规定不明时,一般对于不可归责于承包人的事由、因气候因素并经建设主管部门认可的、固定假期等造成的延误可以不计入工期事项。就上述典型案例,原告与被告虽然以合同的方式约定了工期,根据物业公司批准的施工许可证载明的进场时间,被告应当在 2019 年 3 月 20 日进场施工,于 4 月 4 日完成竣工。被告虽然辩称双方已协商一致变更了竣工日期,但其并未提交充分的证据予以证明,《装修延期审批表》虽载明申请延期至 5 月 5 日,但上述审批表并无原告签字,落款处业主“丙”签字与《北京市房屋租赁合同》落款处“丙”签字明显不一致,难以认定经原告同意延长工期。被告应于 4 月 4 日完成所有工程施工项目。但根据原告提交的证据,截至 4 月 29 日尚有部分工程项目未全部完工,5 月 25 日被告仍在与原告沟通安装木门一事;被告虽辩称已经于 5 月 5 日完工,但未能提交证据,其仅以微信聊天记录证明该日交接钥匙,不足以证明已经竣工并交由原告验收合格。被告确实存在拖延工期的违约行为,其未按约定向原告送达验收通知书,亦未申请对工程进行竣工验收,原告有权向被告主张违约金。

三、对于装饰装修工程设计和预算变更问题的审查及装修工程款的结算

建筑工程造价超预算的原因多种多样,如市场材料价格变动、原料成本上涨、工程设计有变更现象、工程量清单有误差、工期的不断延长、工程装修标准的不断提升等。设计变更形成的书面证据是确认设计变更成因、确定责任负担的重要基础事实,其上承载的有关设计变更的权源依据、形成原因、变更范围等事实状态直接影响设计费用的核算与承担比例的确定。

工程款的结算是发包人、承包人履行建设工程合同义务的重要部分,也是合同双方确定债权、债务的主要依据。在订立合同时,即会明确具体的定价方式(如综合单价、固定总价等)。如果材料、人工费用的波动已经被明确约定在定价之内,则对于材料、人工涨价的调补要求较难得到支持;但如果材料、人工的涨价属于约定的风险范围之外,则对于该等涨价的调补要求获得支持的可能性较大。因此,对于合同的定价约定,一定要尽可能细致,将可能的风险尽量在合同中约定清楚,避免因政策、市场的风险导致损失。另外,对于合同效力是否影响工程款结算的问题,《最高人民法院关于审理建设工程施工合同纠纷案件适用

法律问题的解释(一)》第 24 条规定:“当事人就同一建设工程订立的数份建设工程施工合同均无效,但建设工程质量合格,一方当事人请求参照实际履行的合同关于工程价款的约定折价补偿承包人的,人民法院应予支持。实际履行的合同难以确定,当事人请求参照最后签订的合同关于工程价款的约定折价补偿承包人的,人民法院应予支持。”综上,即使施工合同被认定为无效,但只要工程质量合格,法律上是支持承包方主张结算价款的。同时,《最高人民法院关于审理建设工程施工合同纠纷案件适用法律问题的解释(一)》第 6 条规定:“建设工程施工合同无效,一方当事人请求对方赔偿损失的,应当就对方过错、损失大小、过错与损失之间的因果关系承担举证责任。损失大小无法确定,一方当事人请求参照合同约定的质量标准、建设工期、工程价款支付时间等内容确定损失大小的,人民法院可以结合双方过错程度、过错与损失之间的因果关系等因素作出裁判。”如双方已经结算,则该等结算可作为依据;如未结算,则可在诉讼程序中参照合同约定进行司法鉴定确认。

四、关于违约责任的认定

违约责任的认定是装饰装修合同案件的核心;发包人违约主要表现为拖延结算、逾期支付工程款等,承包人违约主要表现为工期违约、工程质量违约等。对于因发包人拖欠预付款、进度款、迟延提供施工图纸、场地、原材料、变更设计等行为导致工期延误的,可以根据施工过程中形成的签证确认。承包人未取得工程顺延的签证确认,但提供的工程联系单、工期延长报审表等证据证明其在合同约定的办理期限内向发包人主张过工期延期,或者发包人的上述行为确实影响施工进度的,法院可以合理支持工期顺延的请求。另外,对违约金比例的酌定,首先应尊重当事人的合同约定,但同时也要综合考量实际损失、违约原因、工程延期天数、工程总造价等因素。本案中被告提出双方约定的违约金过高,申请法院予以调整。考虑到 2019 年 6 月 25 日原告已另找他人进行整改并实际利用涉案房屋,因此法院未支持其主张此后的违约金。对于原告主张的自 2019 年 4 月 5 日起至 6 月 25 日止的违约金,因被告装修未完工确实造成原告租金等损失,被告应承担相应的违约责任。但考虑本案工程量较小,工程约定的工期也较短,仅有短短的 16 天,但原告在合同约定的竣工日后将近 3 个月的时间才采取止损措施,有放任损失扩大之嫌;同时,原告诉称工程未完工项部分不属于工程编制方案内容,超出了合同约定的施工范围,因此本院以原告的实际损失为基础,参考以上因素酌定违约金数额。

关于质量瑕疵违约责任与工程款支付义务的先履行抗辩关系问题,承包人完成的工程有瑕疵时,发包人可以主张质量瑕疵违约责任;但发包人可否以工程有瑕疵为由拒绝支付工程款,尚存疑义。对此有两种观点。否定说认为,在承包人未履行完毕合同义务的情况下,发包人并不享有拒付工程款的先履行抗辩权。肯定说认为,在承包人完成的建筑具有瑕疵而瑕疵可归责于承包人之事由所致时,承包人应负不完全给付的债务不履行的责任;此项责任与发包人的报酬支付义务构成对待给付,发包人得以承包人于瑕疵修理前乃尚未完成给付为由,而拒绝给付报酬。《民法典》第 526 条规定:“当事人互负债务,有先后履行顺序,应当先履行债务一方未履行的,后履行一方有权拒绝其履行请求”。这更符合肯定说的观点。承包人存在质量瑕疵违约责任时,发包人有权拒绝支付工程款,符合行使先履行抗辩权的构成要件。但上述典型案例的特殊之处在于原告已经另寻他途解决装修质量瑕疵问题,也已经实际利用了涉案房屋,本案被告没有继续修复瑕疵的可能性,此时若再允许原告行使先履行抗辩权,将导致被告工程尾款请求权成为无本之木,因此本院认定原告支付工程尾款的条件已成就,根据被告完成的工程量对工程尾款数额进行酌定。而对于被告要求原告支付逾期付款违约金的反诉请求,鉴于原告先前未支付工程款尾款系因被告未提请竣工验收导致,彼时原告有权以质量瑕疵为由,主张先履行抗辩权。

关于保修责任与质保金,承包人负有依约完成无瑕疵工程的义务,装修工程存在瑕疵的,发包人有权根据保修条款的约定要求承包人承担瑕疵担保责任,只有在承包人拒绝修复或修复不能的情况下发包人才能主张损害赔偿。但在实践中,如果承发包双方矛盾已经非常激化,发包人多次通知承包人进行整改,承包人一直没有整改到位,承包人继续履行修复责任已不可能,此时应允许发包人自行修复,可向承包人主张修复赔偿,而非必须继续由承包人整改。关于保修质量保证金,就其本质而言是承包人承诺完成合同条款的保证,依其功能区分,种类包括履约保证金、工期保证金、质量保证金等。除合同有特别约定外,质量保证金应认定为保修责任的预留款,而非定金或违约金。合同对质保金预留未有约定的,发包人不得扣留,只能向施工方另行主张修复责任。

商业用房租赁合同终止后营业执照迁出及赔偿标准探析

闫 薇[*] 刘 杰[**]

案例摘要

在商事活动中,商业用房的租赁和营业执照的迁入、迁出是多数商业主体均需面对的问题。随着社会经济发展,在商业用房租赁合同终止后,因营业执照的迁出问题引发的纠纷数量日益增长,对于承租方拒不将营业执照自承租房屋中迁出或注销,实践中的裁判标准并不统一。本文对审判中遇到的营业执照迁出及赔偿的常见问题和焦点进行了梳理。从营业执照迁出或注销的审批条件、管理部门以及判决执行的角度,探讨了为何不宜通过判决迁出或注销营业执照;同时,指明了虽不宜通过判决迁出或注销营业执照,但出租人的权利可通过主张违约金或者损失赔偿加以实现;通过审查要点,明确了司法裁判应遵循的"四原则",即公平原则、弥补损失原则、督促履行原则、适当原则。笔者继而建议放宽商事房屋使用限制,逐步推动"一址多照""一照多址"商事登记制度改革,亦建议参照户籍"公共户"政策,设立营业执照"公共户"。

【裁判观点】

商业用房租赁合同终止后,若承租人拒不将营业执照从承租房屋迁出,鉴于营业执照的迁入迁出属于行政管理职责,故不属于人民法院的调整范围,但是出

---

* 闫薇,北京市东城区人民法院员额法官。

** 刘杰,北京市东城区人民法院员额法官。

租人可以向拒不迁出的承租方主张违约金或者要求赔偿损失。

【关键词】

商业用房　房屋租赁合同　营业执照　拒不迁出

【类案综述】

商业用房租赁合同与住房租赁合同相比,虽同为房屋租赁合同,却有其显著特点。承租人承租商业用房后,一般用于办公或商业经营,具有营利属性,不可避免地要涉及营业执照的办理或者迁入。如果商业用房租赁合同终止后,承租人拒不将营业执照从承租房屋迁出或注销,可能会影响房屋的再次出租;若该承租人与他人产生诉讼或纠纷,亦可能影响出租人或后承租人的生产经营,也不利于经济秩序的建立。

如今,随着经济发展,因工商登记的迁出或注销问题引发的纠纷日益增长。该纠纷的争议焦点主要有二:

争议焦点一:商业用房房屋租赁合同终止后,承租人拒不将营业执照从承租房屋迁出或者注销,出租人能否请求法院判决承租方将营业执照从承租房屋中迁出或注销。

观点一:商业用房房屋租赁合同终止后,应判决承租方将营业执照从承租房屋中迁出或注销。根据为《民法典》第509条中的"当事人应当按照约定全面履行自己的义务。当事人应当遵循诚信原则,根据合同的性质、目的和交易习惯履行通知、协助、保密等义务"和《民法典》第577条:"当事人一方不履行合同义务或者履行合同义务不符合约定的,应当承担继续履行、采取补救措施或者赔偿损失等违约责任"。故,当事人不履行合同义务,法院应直接判决将营业执照迁出或注销。

观点二:根据《企业法人登记管理条例》,申请企业法人登记、变更、注销,需经登记主管机关审核,具有特定的条件,而登记主管机关是国家工商行政管理局和地方各级工商行政管理局。故,工商登记的迁出和注销属于行政管理职责,人民法院无法直接判决承租人将营业执照从承租房屋中迁出或者注销。笔者亦持该观点,认为营业执照的迁移和注销应满足行政主管部门的条件后方可执行,不宜由法院直接判决。

争议焦点二:承租人拒不将营业执照从承租房屋迁出或者注销,给出租人造成损失的,出租人是否能够主张承租人承担违约责任或者赔偿损失,赔偿的标准是什么。

观点一:对于拒不迁出或注销的,出租人可以按租金标准主张违约金或损失。根据为《民法典》第577条之规定:"当事人一方不履行合同义务或者履行合同义务不符合约定的,应当承担继续履行、采取补救措施或者赔偿损失等违约责任"。

观点二:根据《民法典》第591条第1款"当事人一方违约后,对方应当采取适当措施防止损失的扩大;没有采取适当措施致使损失扩大的,不得就扩大的损失请求赔偿"的规定,营业执照的迁出并不必然影响房屋的使用价值,故违约金或者损失赔偿的数额不应过高。

例如,在原告甲诉被告乙房屋租赁合同纠纷案中,合同终止后,因被告乙一直未将公司工商登记注册迁出或撤销,一审法院判决被告乙按照租金标准向原告甲赔偿损失。被告乙不服,提起上诉。二审法院经审理认为,当事人一方不履行合同义务或者履行合同义务不符合约定,给对方造成损失的,损失赔偿额应当相当于因违约所造成的损失,原告甲应当采取适当的方式减少自己的损失,如适当降低价格将房屋进行出租等,而不应将房屋空置到一审判决作出之时。原告甲没有采取适当措施致使损失扩大,不得就扩大的损失要求赔偿。另外,能否办理营业执照仅为该房屋出租时收益权能的一部分对价,房屋主要对价还是承租人对房屋的占有和使用,故二审法院进行了改判,降低了被告乙的赔偿数额。

笔者认为,营业执照的迁出和注销属于行政管理职责,且有其特定的条件,人民法院无法直接判决承租人将营业执照从承租房屋中迁出或者注销。但是不将营业执照迁出或注销会影响出租人的权益,对此,承租方应承担违约责任或者赔偿损失;为督促承租方尽快主动履行该义务,损失的赔偿应按日计算。但出租人房屋收益权能的主要对价还是房屋的使用,出租方应当采取适当措施防止损失的扩大(如适当降低价格将房屋进行出租等,而不应将房屋一直空置),故赔偿标准不应过高。

实务典型案例

甲公司、乙公司于2017年7月17日签订了商业用房《房屋租赁合同》,约定乙公司承租甲公司房屋,合同期限5年,自2017年7月17日起至2022年7月16日止,其中免租期自2017年7月17日起至2017年8月26日止,租金计费起始日为2017年8月27日,月租金为15万元。押金及租金采取"押三付一"的方式。合同同时约定,乙公司在本租赁房屋注册的工商登记,需在合同终止后及时办理工商地址的迁出手续,无论该租赁合同因何种原因终止,乙公司应于合同终止后30日内办理工商地址的迁出手续,否则每逾期一日,按照日租金标准向甲公司支付违约金;在承租期内甲公司有权进入承租区域对公共设施进行检查和维修,对于乙公司装修、改善和增设的设备设施,甲方不负责修缮;如果乙公司在约定的交纳租金日没有正常缴纳租金超过10日的,甲公司有权即时解除合同,并停水、停电、收回承租的房屋;乙公司在经营期间,须向一家保险公司购买其承租区域内的保险,包括水损导致的财产损失,如乙公司未投保,相应责任由乙公司承担;因任何一方违约给守约方造成的损失,守约方有权要求违约方承担违约责任并赔偿,违约方向守约方支付相当于3个月的租金作为违约金。因乙公司原因造成合同解除的,甲公司有权要求乙公司按首期租金标准补足免租期内的房屋租金和物业管理费。

合同签订后,甲公司于2017年7月17日将房屋交付给乙公司。后自2019年1月起,乙公司开始拖欠房租。甲公司于2019年1月至2月发出《催缴通知书》《违约通知书》《解除房屋租赁合同通知书》《房屋清空腾退通知书》等,但截至2019年3月2日,乙公司仍未清空房屋。故甲公司诉至法院,要求确认双方合同解除,要求乙公司支付租金、滞纳金、免租期租金及因其违约行为导致解除合同的违约金等,并要求乙公司7日内将其注册在该地址的营业执照从涉案房屋迁出,并支付甲公司自2019年3月24日起至实际将工商地址迁出之日止的违约金,每日按照租金标准计算。

乙公司认为,甲公司无权解除合同,存在违约行为的是甲公司。2019年1月,甲公司、乙公司就缓交租金事宜进行了交涉,因为临近过年,资金比较紧张,甲公司同意乙公司缓交租金。2019年2月,涉案房屋消防喷淋爆裂,给乙公司造成巨大损失，双方就该损失进行交涉，因分歧较大，暂无法达成一致意见，此事发生后，乙公司具有不安抗辩权，有权缓交租金。消防喷淋爆裂事件后，甲公司逃避责任，不积极解决问题，并在2019年2月强制断电、封门，要求乙公司搬离，将涉案房屋租赁给其他第三方。乙公司不同意7日内将注册在涉案房屋地址的营业执照迁出，亦不同意支付甲公司自2019年3月24日起至实际将工商地址迁出之日止的违约金，因合同尚在诉讼中，对于是否解除没有定论，在法院最终确定双方合同解除前，甲公司无权要求乙公司将注册地址迁出。同时乙公司向法院提起反诉，要求甲公司赔偿财产损失及退还押金等。

通过双方提交的录音证据，可以认定双方曾协商在2019年2月15日前交纳自2019年1月27日起至2019年2月26日止的租金。但2019年2月15日后，乙公司仍未交纳房租，且2019年2月12日乙公司应交纳自2019年2月27日起至2019年3月26日止的租金，乙公司亦未按时缴纳，并无证据显示双方曾就该笔费用进行过延迟支付的协商，乙公司表示系因2019年2月9日涉案房屋消防喷淋爆裂，但双方对赔偿并未达成一致意见。2019年3月甲公司将涉案房屋内的乙公司物品另找地方存放，将涉案房屋收回，并于当日将涉案房屋另行出租。双方于2019年5月24日在法院的主持下对房屋内物品进行了交接。

审理过程中，一审法院当庭就工商登记迁出问题向乙公司进行释明：甲公司已经将涉案房屋另行出租并明确表示要求乙公司迁出，双方合同已经无法继续履行，乙公司应履行合同义务将营业执照自涉案房屋中迁出，否则扩大损失由乙公司承担，并给予乙公司一定的期限。乙公司向法院明确表示已经知晓，会尽快迁出，但直至判决之日仍未迁出。

关于本案中涉及的营业执照的迁出问题，一审法院认为，甲公司要求乙公司迁出注册地址的诉讼请求，不属于人民法院民事诉讼的调整范围，法院对此不予处理。关于乙公司未将营业执照迁出的违约金，乙公司认为合同是否解除尚需判决定论，故认为其无须向甲公司支付违约金。一审法院认为，法院已明确向乙公司释明，甲公司已将涉案房屋另行出租，双方合同已经不具备继续履行的条件，乙公司应履行合同义务将营业执照自涉案房屋中迁出，否则扩大损失由乙公司承担，乙公司亦对此明确表示知晓，并表示会尽快迁出，但是乙公司仍怠于履行自己的义务，故应承担相应的违约责任；鉴于双方之前就合同是否已经解除确有争议，但自法院释明之日起一个月内，系乙公司迁出的合理期限，但乙公司并未迁出，故乙公司应从释明之日起一个月后向甲公司支付违约金。乙公司在庭审中表示，甲公司主张的违约金过高，要求法院予以调整。一审法院认为，迁出工商注册地址系租赁合同的附随义务，房屋的使用和收益属性仍旧在甲公司处，且甲公司已经将房屋另行出租，甲公司要求按照租金标准每日支付违约金确系过高，依法酌情予以调整。最终法院判决乙公司按照每日 300 元的标准向甲公司支付违约金，直至迁出之日止。

后甲公司及乙公司均提起上诉，二审法院经审理后驳回上诉，维持原判。

【裁判思路与方法】

一、迁出或注销营业执照的行政管理属性

(一)营业执照的迁出或注销，有其法定的行政主管部门和特定的审批条件

《企业法人登记管理条例》(已废止)第 3 条第 1 款规定："申请企业法人登记，经企业法人登记主管机关审核，准予登记注册的，领取《企业法人营业执照》，取得法人资格，其合法权益受国家法律保护。"第 4 条规定："企业法人登记主管机关(以下简称登记主管机关)是国家市场监督管理总局和地方各级市场监督管理部门。各级登记主管机关在上级登记主管机关的领导下，依法履行职责，不受非法干预。"故营业执照的迁移或注销不属于人民法院职责调整范围，而应当由行政主管部门依据相关规定进行处理。另外，《企业法人登记管理条例》第 18 条规定："企业法人申请变更登记，应当在主管部门或者审批机关批准后 30 日内，向登记主管机关申请办理变更登记。"第 19 条规定："企业法人分立、合并、迁移，应当在主管部门或者审批机关批准后 30 日内，向登记主管机关申请办理变更登记、开业登记或者注销登记。"第 21 条规定："企业法人办理注销登记，应当提交法定代表人签署的申请注销登记报告、主管部门或者审批机关的批准文件、清理债务完结的证明或者清算组织负责清理债权债务的文件。经登记主管机关核准后，收缴《企业法人营业执照》、《企业法人营业执照》副本，收缴公章，并将注销登记情况告知其开户银行。"可见，营业执照的迁移和注销是有特定条件的，应经主管部门或者审批机关批准后方可施行。如果由法院直接判决，会造成司法职能和行政职能的混淆。法院和行政机关是两类性质不同的国家机构，有着各自的功能定位、工作目的、工作程序。司

法权与行政权相互独立，行政机关须尊重并服从法院的生效判决，而法院要尽可能提高裁判的可接受性[1]。故，营业执照的迁移和注销应满足行政主管部门的条件后方可执行，不宜由法院直接判决。

（二）法院判决营业执照迁出或注销，会导致判决难以执行

如果判决营业执照迁出，需要有具体的迁出地点，否则判决难以执行。目前，我国各地区多采用的仍是"一址一照"政策，没有公共地址可以接收这些被动迁出的营业执照；而营业执照如果要迁出原注册地址，必须有新的接收地址，否则会导致该企业法人成为没有住所地的商事主体，违反法律规定。即便是部分地区允许"一址多照"，其实际经营地若不出具相关材料以接收营业执照登记，也会造成执行难。

况且，营业执照的迁移和注销有其特定的条件；尤其是营业执照注销，还涉及债权债务的清理。迁移和注销营业执照，行政管理部门均有其特定审批要求；是否符合迁移和注销条件，需要经过行政主管部门认定。如果当事人不主动履行，难以强制执行。而判决如果不能履行，势必有损司法公信力，不利于树立司法权威。

二、出租人主张违约金或损害赔偿的依据

如果合同中对于合同终止后迁出或者注销营业执照有约定，而承租人拒不迁出或注销的，出租人可以主张违约金；然而，实务中当事人往往忽略了这一细节，合同中对此并无约定。那么，出租人是否可以主张赔偿损失呢？

笔者认为，商业用房租赁合同终止后，迁出或注销营业执照是承租人的"附随义务"，是依诚实信用原则，根据合同性质、目的和交易习惯确定。关于"附随义务"，实质上是诚实信用原则的应用。早在罗马法时期，已产生了诚信契约与诉讼[2]，后德国逐步提出这一理论。我国法律对此没有明确定义。王利明教授认为，它附随于主义务之上，是依据交易习惯和诚信原则而形成的，其具体类型主要包括当事人之间的协助、保密和通知等[3]。

原《合同法》第 60 条第 2 款规定："当事人应当遵循诚实信用原则，根据合同的性质、目的和交易习惯履行通知、协助、保密等义务。"这通常视为针对附随

---

〔1〕 参见张坤世：《司法权与行政权：中国法治语境下的关系定位》，载《社科纵横》2020 年第 7 期。

〔2〕 参见周枏：《罗马法原论》（下），商务印书馆 1996 年版，第 885 页。

〔3〕 参见王利明：《合同法研究》（第二卷），中国人民大学出版社 2003 年版，第 15 页。

义务所提出。现行的《民法典》第509条第2款也作了同样的规定。所以,即使合同中没有约定,但基于诚实信用原则,根据合同的性质、目的和交易习惯,当事人应履行通知、协助和保密等义务。

商业用房租赁合同,标的物本身系商业用房。商业用房有其经营性质的特殊属性,承租人一般都是将房屋作为经营场所办理营业执照等经营证照。营业执照既是确立企业法律地位的合法依据,也是企业从事生产经营活动的合法证件和凭据;企业只有在营业执照核准的范围内从事生产经营活动,才能受法律保护。[1] 由此可见,营业执照是企业合法身份的证明,是企业从事合法经营活动的凭证,没有营业执照的经营是非法经营。[2]

《公司登记管理条例》(已废止)第9条规定:“公司的登记事项包括:(一)名称;(二)住所;(三)法定代表人姓名;(四)注册资本;(五)公司类型;(六)经营范围;(七)营业期限;(八)有限责任公司股东或者股份有限公司发起人的姓名或者名称。”第12条规定:“公司的住所是公司主要办事机构所在地。经公司登记机关登记的公司的住所只能有一个。公司的住所应当在其公司登记机关辖区内。”故,工商登记中的住所地,应当是其主要办事机构所在地,且有其特殊的法律意义。如果房屋租赁合同已经终止,承租人已经搬离,主要办事机构所在地势必已不在承租房屋内;而该房屋因其经营属性,也会被出租人出租给下一位承租人,并在该处注册营业执照或者迁入营业执照。如果前承租人不将营业执照注销或者迁出,可能会引起一系列的后果。例如,企业涉及诉讼事项的,由住所地法院管辖,法律文书将送达该住所地址,随意变更住所地址又未进行变更登记,可能导致无法收到法院文书而失去出庭答辩的机会;在只允许“一址一照”的地方,新承租人可能无法在该承租房屋内注册登记或者将营业执照迁入该房屋,又将导致新的承租人无法取得营业执照或者实际经营地址和注册地址不一致的情况,等等。

所以,在商业用房房屋租赁合同终止后,承租人不仅应当履行结清租金、交还房屋的义务,还应该按照诚实信用原则,将其在承租房屋中的享有的权利全部清除。故无论合同中对于将营业执照迁出或者注销是否有约定,承租人均有此

〔1〕 参见曾庆敏:《法学大辞典》,上海辞书出版社1998年版,第1540页。

〔2〕 参见王妍、王威:《营业执照制度的实践检视与法理分析——以工商登记制度改革为背景》,载《北方法学》2020年第6期。

义务。但正如之前所述,法院无法直接判决承租人履行该项义务,故出租人为保障自身权益,可依据合同要求违约金或依据损失情况主张承租人赔偿损失,从而督促承租人履行该项义务。

三、违约金或损害赔偿的标准衡量

关于违约金标准或者赔偿损失的标准,笔者认为履行附随义务瑕疵不构成合同根本违约,不应适用过高的违约金赔偿标准[1],应显著低于租金,且不应一次性给付,应按日支付至营业执照实际迁出或注销之日。调整违约金时主要遵循以下原则:

(一)公平原则

房屋收益权的主要来源应为其使用属性。营业执照的未迁出或者未注销会对房屋再次出租有一定影响,但是并未影响其使用属性,在法院审理案件中,也确实存在很多类似情况,涉案房屋已经再次出租,故由此引起的违约金不应过高。

(二)损失弥补原则

承租人已经履行完交还房屋等主要合同义务,如果还按照租金标准交纳违约金或者赔偿损失,容易造成权利和义务的不平衡。《民法典》第 585 条规定:"当事人可以约定一方违约时应当根据违约情况向对方支付一定数额的违约金,也可以约定因违约产生的损失赔偿额的计算方法。约定的违约金低于造成的损失的,人民法院或者仲裁机构可以根据当事人的请求予以增加;约定的违约金过分高于造成的损失的,人民法院或者仲裁机构可以根据当事人的请求予以适当减少……"故,违约金主要还是用于弥补当事人的损失。因为房屋的使用权、收益权均还是掌握在出租方手中,对于未及时迁出或注销营业执照所造成的损失,一般会根据实际情况,酌情予以支持,但不应过高,更不会达到租金标准;否则不仅造成权利义务不平衡,还可能导致出租人不积极另行寻租,放任损失扩大。

(三)督促履行原则

违约金或者损失的赔偿,一是在一定程度上弥补出租方损失,二是督促承租人尽快主动将营业执照迁出或注销,故违约金的赔偿尽量不要采取一次性方式,

[1] 罗霄悍、谭炼:《履行附随义务有瑕疵时的违约金调整》,载《人民司法》2018 年第 5 期。

而是在标准适当的基础上按日计算较为合理。

(四)适当原则

违约金数额的调整,还要考虑当地经济水平、当事人收入水平等因素,既弥补守约方损失,又督促违约方履行附随义务。因此,各地在判决该问题的违约金数量时,要考虑当地经济水平等综合因素。

四、类案审查要点

鉴于此类问题产生的争议日渐增多,案件审理中,应着重从以下几个方面进行审查和衡量:

(一)合同中是否约定

案件中要审查双方在合同中是否约定具体的迁出或注销条款,是否明确迁出或注销营业执照的时间点,该时间点对于出租人在房屋租赁合同终止后要求承租人自觉履行迁出或注销义务、主张违约金或赔偿损失具有重要作用。如果合同中没有约定,那么法官应根据合同的履行情况,确定一个合理的履行期限。

(二)违约金主张是否合理

违约金的主张,是否可以弥补原告损失,是否超出合理限制,是否督促承租人自觉履行迁出或注销营业执照义务,不应超出合理限度。

(三)是否避免损失扩大

出租人要及时寻找租户,实现房屋使用权和收益权,以减少损失。实践中,即使原承租人营业执照未迁出,但出租人已经另行出租的情况比比皆是,故出租人不应放任等待,而应尽快出租,减少损失。

(四)拒不迁出的理由审查

承租人在合同终止后,无论合同中是否有约定,均应及时迁出或者注销在承租的商业用房中注册的营业执照,其拒不迁出的具体理由也是法官要审查的问题。

五、司法建议:以经济秩序为核心

商业用房房屋租赁合同终止后,营业执照的迁出和注销问题引发的纠纷日益增多。违约金和赔偿损失虽然对出租人的损失有所弥补,但如果承租人最终未主动迁出或注销营业执照,在一定程度上会影响经济秩序及营商环境。故该问题不仅是法院在诉讼中要解决的问题，也涉及商事登记制度改革。笔者有以下建议：

（一）放宽商业用房使用限制，逐步推动“一址多照”

2015 年 6 月 11 日，国务院以国发〔2015〕32 号文件印发《关于大力推进大众创业万众创新若干政策措施的意见》，其中深化商事制度改革部分提到“支持各地结合实际放宽新注册企业场所登记条件限制，推动‘一址多照’、集群注册等住所登记改革，为创业创新提供便利的工商登记服务”。2020 年 4 月 1 日，北京市人民代表大会常务委员会发布《北京市优化营商环境条例》，其中第 12 条第 4 项指出“多个市场主体可以使用同一地址作为登记住所”，第 5 项指出“市场主体可以在登记住所以外的场所开展生产经营活动，但是应当通过企业信用信息系统自行公示实际生产经营场所的地址”，将“一址多照”“一照多址”予以确定。2020 年 9 月 16 日，国办发〔2020〕32 号《国务院办公厅关于以新业态新模式引领新型消费加快发展的意见》中提到简化优化证照办理，进一步优化零售新业态新模式营商环境，探索实行“一照多址”。可见我国正在逐步推动“一址多照”“一照多址”商事登记制度改革。随着越来越多的地区开始尝试“一址多照”“一照多址”的商事登记政策，承租人未迁出营业执照对于出租人的影响会逐步减少。

（二）参照户籍“公共户”政策，设立营业执照“公共户”

即使推行“一址多照”，出租人亦不愿自己房屋注册有他人营业执照；故要从根本上解决问题，还是应该让承租方的营业执照有处可迁，这样判决“迁出”也具有实际意义。具体可以参考北京市施行的户籍“公共户”政策。2021 年 6 月 1 日，《北京市公安局户籍派出所设立公共户工作规定（试行）》开始执行，全市每个户籍派出所设立一个非农业“公共户”，接收暂不具备市内迁移条件的本辖区非农业户口人员落户，有效解决了暂不具备市内迁移条件的本市户籍人员落户问题。该政策执行后，之前在房屋买卖合同等案件中，对于自家房屋内的其他人的户籍，如果没有可以接收户籍的地址，处理方式也仅能判决支付一定的违约金的情况，在该规定执行后，房屋所有权人或公有住房承租人甚至可以不用经过诉讼，只需向房屋所在地派出所提交申请，如果符合条件，可以将本房滞留户口人员迁入“公共户”。所以，对于“营业执照”的迁出问题，可以参考上述规定，推行“公共户”政策，进一步规范市场秩序，从根本上解决问题。

其他商事纠纷类

金融机构违反适当性原则侵权责任的司法认定

陈　贝*　刘连康**

案例摘要

本案判决最大的意义在于重申和明确了在侵权法律关系下适当性原则的含义及具体应用，并进一步对如何正确适用适当性原则进行了阐释。明确了在购买金融产品而引发的侵权民事纠纷中，应坚持“卖者尽责，买者自负”的原则，将金融机构是否尽到审慎义务，做到了解客户、了解金融产品、将客户与金融产品适度匹配来作为应当查明的案件基本事实，有利于保护金融消费者的合法权益，规范卖方机构经营行为，推动形成公平、公开、公正的市场环境和市场秩序。

【裁判规则】

当金融消费者购买金融产品受损后，在侵权法律关系项下，法院应审查金融机构是否尽到适当性义务，即将合适的产品或服务推荐给合适的消费者。

【关键词】

金融消费者　适当性原则　诚实信用原则

---

* 陈贝，北京市东城区人民法院员额法官。

** 刘连康，北京市东城区人民法院法官助理。

【类案综述】

通过法信类案检索分析权威案例可知,实践中对金融公司是否尽到适当性义务审查标准存在差异化。

第一种观点对金融机构是否尽到适当性义务,课以较低的标准,认为适当性义务的制度目的在于矫正普通金融消费者在信息获取、风险承担、缔约能力上的弱势地位,从而实现金融消费者的自主决定和实质的契约正义。但是,高风险投资理财的本质在于以风险自担为原则进而获得高收益、高回报。而投资成败的决定性因素往往具有不确定性,故而坚持投资风险自担的原则具有合理性,如武汉市中级人民法院审理的刘某诉光大银行委托理财合同纠纷案。

第二种观点对金融机构是否尽到适当性义务,课以较高的标准,认为若没有尽到录音录像义务,或没有其他充分有效证据证实该机构已充分了解投资者的基本情况、财产状况、金融资产状况、投资知识和经验、专业能力等相关信息,并以言辞或书面以及其他信息化的方式详尽合理地向金融消费者如实说明了金融产品和服务的重要内容,应当承担举证不能的法律后果,如北京市第二中级人民法院审理的王某诉工商银行财产损害赔偿纠纷案。

实务典型案例

基本案情

2015年5月5日,原告甲从被告乙金融机构处购买年利率6.1%的理财产品,被告乙金融机构工作人员保证该理财产品属于低风险理财,但必须购买100万元,而且是封闭型基金,期间为一年,不能随时支取。后被告乙金融机构工作人员没有按照银保监会的标准以及风险揭示书中合格投资者的标准对原告进行风险评估,而是直接代原告进行操作,评估其为合格投资者,可以购买该产品。被告乙金融机构工作人员没有向原告甲说明是金融机构代销产品,也未出示并说明风险揭示书、合同书,更没有对产品的名称、投资方式进行介绍。2016年5月5日,原告甲去被告乙金融机构处支取该款“海通海蓝宝银”理财产品时,原告甲才得知该款产品为代销产品,是高风险产品,与原告甲的承受能力不匹配,现本金已亏损15%。原告甲认为,被告乙金融机构作为信用中介机构,为了盈利不惜虚假陈述，欺骗金融消费者，严重侵害了原告的合法权益，故诉至法院请求：(1)判令被告乙金融机构赔偿原告甲本金损失 227 515.32 元及利息损失 155 000 元；(2)判令被告乙金融机构三倍赔偿原告甲人民币 682 545.32 元。

被告乙金融机构认为，原告甲购买理财产品系其真实意思表示，其对该产品的风险等级以及自身的风险承受能力均是明知的。被告乙金融机构已经向原告甲尽到了详尽地说明及风险提示义务，在原告甲办理购买及赎回该理财产品的业务凭证中，其已经做到了风险提示，并就相应的产品合同、风险提示书向原告甲进行了详尽的说明，充分提示了产品风险。原告甲除购买作为中等风险等级的海通海蓝理财产品外，还购买了风险等级更高的华安媒体互联网混合基金 70 万元，该产品超过了原告甲的风险承受能力，但原告甲依然签字确认购买。被告乙金融机构没有实施侵犯原告甲财产权益的行为，原告甲没有证据证明被告乙金融机构客户经理在营销过程中有虚假宣传承诺，故不同意原告的诉讼请求。

一审法院经审理查明：2015 年 5 月 5 日，原告甲在被告乙金融机构处签订了《代理推广证券公司集合资产管理计划业务申请书》（以下简称《涉案产品申请书》）和《个人基金业务申请书》，分别申请并购买名为“海通海蓝宝银”的集合资产管理计划产品（代码 850010，金额为 100 万元，以下简称涉案产品）和名为“华安媒体互联网混合基金”的基金产品。《涉案产品申请书》上方载明：“您投资的集合资产管理计划不是银行存款，也不是我行发行的理财产品。您投资的集合资产管理计划可能产生风险，无法实现预期的投资收益，甚至投资本金也可能产生损失。产品的投资风险由您自行承担……被告乙金融机构作为代理推广机构，不以任何方式对投资者资产本金不受损失或取得最低收益作出承诺……”同日，被告乙金融机构为原告甲出具的代理业务购买凭证显示，原告甲的风险承受能力为平衡型，原告购买的涉案产品风险级别为低风险，购买的华安媒体互联网混合基金为高风险，华安媒体互联网混合基金风险级别高于原告甲的风险承受能力，被告乙金融机构根据原告甲的要求购买了上述基金产品，原告甲已签署了电子风险揭示书。2015 年 6 月 13 日，原告甲收取涉案产品分红收益共计 49 340.71 元。2017 年 12 月 4 日，原告甲申请将涉案产品赎回，赎回份额为 956 754.69 份，金额为 772 483.74 元。故一审法院驳回了原告的诉讼请求。二审中，原告甲提交三份录音证据以证明被告乙金融机构工作人员在销售案涉产品时存在虚假宣传及欺诈行为。被告乙金融机构提交在“新一代个人客户营销管理系统”中原告甲购买案涉产品签署电子合同的流程打印件以及原告甲所作风险评估截屏打印件，评估时间为2017年3月29日，证明原告甲的风险承受能力一直为平衡型，且已对原告甲尽到了提示告知义务。

法院观点

本案争议的焦点即被告乙金融机构是否应当赔偿原告甲因投资案涉理财产品亏损造成的相应财产损失。

首先，从基础法律关系来看，本案双方诉讼的基础法律关系系财产损害赔偿，即一般侵权纠纷。根据本案双方之间的合同性质类别，结合双方作为金融消费者与金融产品托管人的金融机构在投资金融产品中的地位，关键应辨析被告乙金融机构在原告甲购买案涉金融产品的过程中是否尽到了适当性义务。根据法律及司法解释规定之要义，以及人民法院在司法实践中形成的统一认识，适当性义务是指卖方机构在向金融消费者推介、销售银行理财产品、保险投资产品等高风险等级的金融产品，以及为金融消费者参与融资融券、新三板等高风险等级投资活动提供服务的过程中，必须履行了解客户、了解产品、将适当的产品（或者服务）销售（或者提供）给适合的金融消费者等义务。

其次，根据金融消费者自身财产状况、金融资产状况、投资知识和经验、专业能力等因素，作为投资者其亦可以分为普通投资者和专业投资者。本案中，根据原告甲提供的户口簿、家人的残疾人证及医院诊断证明、原告甲工资账户明细及其家庭成员的账户情况，原告甲收入尚未达到高于本市平均工资的较高水平，其本人及家庭成员账户亦未见经常性的大额消费支出，其此前所从事的投资理财亦无对高风险产品的熟练操作，且其家庭成员中还有身患残疾的子女，故其个人在投资方面显属前者。

再次，本案的举证责任分配不应仅以金融消费者一方的单向举证为主，而应综合双方主要证据对关键事实作出认定。人民法院应当根据产品、投资活动的风险和金融消费者的实际情况，综合理性人能够理解的客观标准和金融消费者能够理解的主观标准来确定卖方机构是否已经履行了告知说明义务。卖方机构简单地以金融消费者手写了诸如“本人明确知悉可能存在本金损失风险”等内容主张其已经履行了告知说明义务，不能提供其他相关证据的，人民法院对其抗辩理由不予支持。本案中，虽然在当事人提交的《案涉产品申请书》上载明了被告乙金融机构作为代理推广机构的一定提示内容，但本案中的银协发〔2009〕134号通知、客户风险承受能力评估问卷、基金产品风险等级和基金投资人风险承受能力匹配方法等均系被告乙金融机构所依循的规范性文件或自身制定的格式合同，以及单方在交易文件中提供的内容，不足以作为其与原告甲双方就案涉金融产品相关情况充分沟通的凭证，且被告乙金融机构亦未证实该产品的购买与原告甲的自身情况及自身意愿达到充分适当匹配的程度。被告乙金融机构未能向一、二审法院提供其工作人员向原告甲推荐案涉金融产品时的监控录像或其他充分有效证据证实该行已充分了解投资者的基本情况、财产状况、金融资产状况、投资知识和经验、专业能力等相关信息，并以言辞或书面以及其他信息化的方式详尽合理地向原告甲如实说明了金融产品和服务的重要内容，应当承担举证不能的法律后果。

最后，原告甲主张因被告相关工作人员存在欺诈和虚假宣传，导致其并不知晓购买案涉产品所包含的投资风险，但亦未能就此提交充分有效证据予以证明。鉴于其此前亦有过投资理财经验，作为有一定投资认知水平的完全民事行为能力人，原告甲应当知晓签字确认行为之效力。结合上述因素，考虑到投资发生亏损的直接原因是金融市场的正常变化和波动，并非被告乙金融机构的代理行为，故本院认定原告甲亦应对自己投资之损失承担一定的责任。综合考虑双方当事人陈述及本案现有证据，本院认为被告乙金融机构在销售案涉产品过程中存在侵害原告甲财产权益之行为，故酌情确定其对原告甲所主张的本金之损失承担约30%的赔偿责任。

裁判结果

二审法院作出判决：一、撤销一审法院民事判决；二、被告乙金融机构于本判决生效后十五日内赔偿原告甲70 000元；三、驳回原告甲的其他诉讼请求。

【裁判思路与方法】

适当性原则发源于证券法领域，要求金融机构将适当的产品销售给适当的客户，以弥补投资者在金融市场上的自身知识、能力的局限。但在法治实践中，对于该原则的理解与适用存在偏差，多数法院坚持按照合同自由、买者风险自担的裁判思路；而随着投资性金融产品的极大丰富，投资者以金融机构违反适当性义务为由要求赔偿投资损失的诉讼也日益多发。因此,为了更加准确地理解和适用适当性义务,我们有必要对这一原则进行深刻剖析,并结合我国的司法实践加以把握。

一、本质探寻:如何理解适当性原则

(一)适当性原则之起源历史

适当性原则最早诞生于证券业,由证券业自律组织于19世纪30年代创设,是指“经纪商负有的仅向特定客户推荐适合其需要的证券产品的义务”[1]。随着金融市场的发展,适当性原则在适用上不断扩张。美国证券交易委员会作为监管机构以《1934年证券交易法》反欺诈条款10b为基础发展了10b-5规则,将适当性原则从道德标准提升为“半法律半道德”的业务准则[2],并不断地将适用范围扩大化,直至涵盖了大部分证券欺诈行为。

Renee Barnett教授曾撰文指出:“以下两种行为方式可视为经纪商对适当性原则的违反:一是经纪商作出了对任何客户来说都不适当的投资推荐,在这种情况下,适当性是从推荐本身来判断的;二是经纪商作出了对某特定客户不适当的投资推荐,这种情况下的不适当性是建立在经纪商对客户的资产状况、投资目标、年龄、从业经验以及其他个人特点的了解的基础上,此时对适当性的判断是从客户的角度出发,具体分析某个特定的推荐行为是否符合某个具体客户的情况和要求。”[3]

通过上述分析可知,在美国初期对适当性原则的运用上,基本上可以分为两个方面:一是要了解证券,即经纪商在向客户推荐证券投资产品之前要对证券投资产品进行审慎调查;二是了解客户,要对客户进行尽职调查,了解客户的投资嗜好、需求及其他个人情况。

(二)适当性原则之具体含义

我国金融市场引入适当性原则的时间并不长,但是在对适当性原则的理解

---

[1] Louis Loss & Joel Seligman, Fundamentals of Securities Regulation 9-C-3(2004).

[2] Lewis D. Lowenfels and Alan R. Bromberg, Suitability in Securities Transactions, Business Lawyer, Vol. 54, No. 4, August 1999, p. 1558.

[3] Renee Barnett, Comment: Online trading and the national association of securities dealers suitability rule: are online investors aequately protect American University Law Review, June, 2000 49 Am. U. L. Rev. 1089.

与适用上基本沿袭了美国金融市场对于适当性原则的内涵,并根据自己的国情进行了一定的改革与创新,使得适当性原则逐渐演变成可操作性较强的金融市场规则,主要是要求证券市场等中介机构尽到了解产品、了解客户的义务,并将产品与客户进行匹配,将适当的产品销售给适当的客户。

1. 了解客户

了解金融消费者并对其分类是指金融机构在向金融消费者推荐产品时要确保所推荐的产品符合该客户的个人状况及投资目的。适当性的概念反映了一个最为普通的道理,那就是投资决定的作出所依据的是作出投资决定的投资人自己的投资目的和投资需求。[1] 一个产品不可能适合所有的金融消费者,比如,适合投机者的金融产品并不一定适合稳健的消费者。另外,消费者的经验也应作为考量因素,当然消费者之前的投资经验并不必然保证其对所购金融产品有充分的了解,但金融公司可以将消费者的投资经验及消费者自身的身份、财产与收入状况、投资需求、风险偏好等信息综合起来进行衡量。

2. 了解产品或服务

了解产品或服务,是指金融机构在向消费者推荐产品或服务时就意味着其对金融产品有了相当的认识,有了详尽的调查,且有合理的依据才会向消费者进行推荐。主要是指要了解金融产品或者服务的特征以及风险等因素,例如,对金融产品的提供者、价款、费用构成以及去向、资金使用方式、履行期限、实际收益的计算方法、售后服务以及金融机构和金融消费者之间的权利义务关系、投资本金和收益可能产生的最大损失风险等情况,并在此基础上划分风险等级。

3. 将产品或服务与金融消费者进行适度匹配

金融机构在了解金融产品或服务以及了解金融消费者具体情况的基础上,所需要做的最关键的一步就是将合适的产品或服务推荐给合适的消费者,主要考量因素是将金融产品或服务的风险等级与投资者自身的风险承受能力、投资目的等按一定原则进行匹配,但也应当综合考虑投资者对流动性、投资期限等其他方面需求。

(三)适当性原则在我国管理制度体系之体现

目前,适当性原则在我国管理制度上主要由四个层次构成:

---

[1] Robet H. Mundheim, Professional Responsibilities of Broker-Dealers: The Suitability Doctrine, 1965 Duke L. J. 445 1965.

1. 法律层面

目前适当性原则在我国法律层面上主要存在于部门规章及规范性文件中。在法律层面上,主要集中在《证券投资基金法》第 98 条规定中。该条规定基金销售机构应当向投资人充分揭示投资风险,并根据投资人的风险承受能力销售不同风险等级的基金产品。另外,正在提交审议的《证券法草案》第 98 条规定,证券公司向投资者销售证券、提供服务时,应当按照规定充分了解投资者的基本情况、财产状况、金融资产状况、投资知识和经验、专业能力等相关信息;如实说明证券、服务的重要内容,充分揭示投资风险;销售、提供与投资者上述状况相匹配的证券、服务。投资者在购买证券或者接受服务时,应当按照证券公司明示的要求提供前款所列真实信息。拒绝提供或者未按照要求提供信息的,证券公司应当告知其后果,并按照规定拒绝向其销售证券、提供服务。证券公司违反第 1 款规定导致投资者损失的,应当承担相应的赔偿责任。

2. 行政法规

《证券公司监督管理条例》第 29 条规定,证券公司从事证券资产管理业务、融资融券业务、销售证券类金融产品,应当按照规定程序,了解客户身份、财产与收入状况、证券投资经验和风险偏好,并以书面和电子方式予以记载、保存……

3. 部门规章及规范性文件

部门规章及规范性文件主要集中在《证券期货投资者适当性管理办法》、《中国人民银行金融消费权益保护实施办法》、《商业银行个人理财业务管理暂行办法》、《中国银监会关于规范商业银行代理销售业务的通知》及 2018 年人民银行、银保监会、证监会、外汇管理局四部门联合发布的《关于规范金融机构资产管理业务的指导意见》等。

4. 自律性规范

自律性规范主要是各金融行业自律管理组织对本行业卖方机构制定的具体适当性管理制度,包括证券业协会发布的证券公司投资者适当性制度指引、证券公司客户资产管理业务规范、中国期货业协会发布的期货公司执行金融期货投资者适当性制度管理规则(试行)等。

从上述内容可知,由于金融市场的不稳定性、专业性、操作复杂性等特点,适当性原则主要存在于部门规章以及行业自律组织的相关规范中。但该原则直接影响投资者购买金融产品或服务受损时的赔偿问题,逐渐引起金融消费者的重视,进而迈入司法实践的视野,适当性原则也逐渐上升至行政法规及法律的层面上。本案既可以依据原《合同法》、《证券法》、《证券投资基金法》、《信托法》、《证券公司监督管理条例》等法律、法规来作为其请求依据,同时也可以相关部门规章及规范性文件作为参照。

二、理论探析:适当性原则之法理基础

(一)欧美法系

美国引入适当性原则的初衷主要是基于不对称性。这种不对称性主要表现在:一是交易前的信息不对称,大量重要的信息都是以合约外的形式存在,未在合约中得到充分披露;二是合约执行过程中的信息不对称,买卖双方的机会主义动机和社会信用制度的非健全,使得道德风险和信用风险可能产生,进而带来金融风险。[1] 基于这种不对称性,投资者在购买金融产品时往往对金融产品的推荐者具有极大的信任度并进而产生依赖感,因此美国金融市场适用适当性原则的法理基础主要是对于投资者对金融业者信赖利益的保护,此时即要求金融业者要适用适当性原则以保护投资者对其的信赖。

(二)大陆法系

而在具有成文法系的大陆法系国家,适当性原则的理论依据主要来源于诚实信用原则。[2] 诚实信用原则要求尊重他人利益,以对待自己事务之注意对待他人事务,保证法律关系的双方都能得到自己应得的利益。金融机构在向客户销售、推荐金融产品时应保持谨慎,竭尽所能使客户利益最大化,因此金融机构的适当性义务是诚实信用原则在金融产品销售领域的具体化。

三、实践探索:适当性原则在我国的适用

随着金融市场的发展,金融消费者在遭受投资损失之后,往往会以卖方机构未充分履行适当性义务为由提起诉讼,金融机构的适当性义务也由此逐渐迈入司法裁判的视野。

(一)典型案件分析

1. 程某作为广发银行黄寺支行人员推荐宋某购买“盆满钵盈”日日赢人民

---

〔1〕 李春风、李镇华:《证券市场产品适当性管理现状与改进建议》,载《证券市场导报》2010 年 7 月。

〔2〕 何颖:《比较视野:投资者适当性的基础与边界》,载《证券市场导报》2010 年 2 月。

币理财计划产品。程某作为广发银行黄寺支行的专属理财经理,在银行的营业时间向消费者推荐由广发北京分行托管的股权投资基金,且向其强调该项目系广发银行“托管”的,并且是“对公”的。在此案中,法院认为广发银行员工在向消费者推介时隐瞒银行与该项目无直接关联关系的事实,不断强调该项目是广发银行“托管”的,并且是“对公理财”,致使消费者误以为所购产品与广发银行存在特定关联,存在重大的推介过错,应当向消费者承担侵权责任。〔1〕

2. 申某担任华夏银行公主坟支行客户经理期间,销售该行理财产品“××基金”的方式与其私自销售非该行理财产品“资亿基金”的方式基本相同,由此造成两种类型产品区别度降低,客观上为申某销售非该行理财产品“资亿基金”提供了条件。据此,法院认为商业银行为客户提供的个人理财等金融服务,具有高度技术性、专门性和智力判断性,由此,客户与商业银行之间必须具有高度的信赖关系。此种信赖关系要求商业银行具有高度的职业道德与内部严格的自律机制,进而可以引导出商业银行负有与客户的信赖相符的为客户利益行动的多层次、多类型的义务。具体言之,商业银行及其分支机构应按照符合客户利益的方式行动。如果商业银行违反上述原则存在过错,应承担侵权责任。〔2〕

到目前为止,针对金融机构违反适当性原则纠纷问题的处理主要分为两种观点:一种观点认为,适当性义务原则属于先合同义务,因而引发的纠纷应该按照合同纠纷案由来确定;另一种观点认为,适当性义务属于金融机构的法定义务,违反该义务的民事责任属于侵权责任。通过上述案例可知,以侵权法律关系起诉已得到法院支持且审理难点为明确“过错”和“因果关系”两个要件,即如何来认定金融机构在销售的过程中存在过错以及如何来界定金融机构的行为与消费者的损害后果之间存在因果关系。

(二)以侵权法律关系为要件进行分析

1. 关于过错认定

“过错”是对行为人主观心理状态的描述。目前侵权法上主要是以“合理审慎义务”或“合理注意义务”来评判具有专门知识的人是否尽到了符合其专业、能力的审慎义务。此类纠纷中,金融机构作为专业机构,其有能力、有责任结合消费者个人的财务状况、投资目的、家庭状况等来向其推荐符合原告实际情况的

〔1〕 北京市第二中级人民法院民事判决书,〔2019〕京02民终11160号。

〔2〕 北京市第一中级人民法院民事判决书,〔2019〕京01民终1658号。

金融产品。本案中,被告乙金融机构未尽到合适的审慎义务,将风险等级较高的金融产品推荐给本案原告甲,导致原告甲在此次消费中财产受损,因此,综合理性人能够理解的客观标准和金融消费者能够理解的主观标准可以确定被告乙金融机构未尽到适当性义务,存在过错。

2. 关于因果关系认定

因果关系项下有单一因果关系及复数因果关系,复数因果关系是指多个原因与结果存在关联的情形。此类纠纷,就属于复数因果关系。购买金融理财产品或服务系金融消费者的自愿行为,其在享受收益的同时亦应承担相应的风险;同时,购买金融理财产品行为本身存在风险是公众皆知的事宜,其受到国家政策、市场波动等多方面的影响。因此,金融消费者在购买金融理财产品或服务后产生损失原因包含但不限于市场波动、买方应自行承担部分风险、金融机构未尽到适当性义务等方面。此类纠纷中,对于金融产品的专业性和金融消费者购买的适当性,金融机构均可依相关规定及其专业知识与能力以及其信息的充分性而提供评估并作出合理性建议,因此应由其对是否履行了适当性义务承担举证证明责任。同时法院应当根据产品、投资活动的风险和金融消费者的实际情况,综合理性人能够理解的客观标准和金融消费者能够理解的主观标准来确定卖方机构是否已经履行了告知说明义务;卖方机构简单地以金融消费者手写了诸如"本人明确知悉可能存在本金损失风险"等内容主张其已经履行了告知说明义务,不能提供其他相关证据的,不应支持。本案中,被告乙金融机构仅提交了格式合同,未能提交其他证据证明其在销售理财产品的过程中履行了适当性义务,因此不应予以支持。

3. 侵权行为

行为是指受意思支配而表现出来的活动。[1] 行为依其表现形态不同,可分为"作为"和"不作为":作为是指行为人积极的举止动作,即有所为;而不作为是指不做某件事情,即有所不为。通常情况下法律会在那些负有特定关系的人之间规定一方负有作为的义务,或给特殊职业的人施加作为的义务。本案应当以原《合同法》、《证券法》、《证券投资基金法》、《信托法》等法律规定的基本原则和国务院发布的规范性文件作为主要依据。《证券投资基金法》和《证券公司监

〔1〕 中国社会科学院语言研究所词典编辑室编:《现代汉语词典》(第5版),商务印书馆2005年版,第1524页。

督管理条例》已经将适当性义务作为金融机构的法定义务作出明文规定,故若金融机构未尽到适当性义务则可以认定其实施了侵权行为。

4. 损害后果

"损害"是所有民事赔偿责任的必备构成要件。没有损害,就没有赔偿。在侵权赔偿诉讼中,应由受害人对其遭受的财产性损害的范围及数额等承担举证责任。本案原告甲于 2015 年 5 月购买了 100 万元的"海通海蓝宝银"的集合资产管理计划产品,2017 年 12 月赎回时剩余金额 772 483. 74 元,可以证明其财产利益受到了损害。

穿透个案交易结构探求“名股实债”案件之法律关系

郝　笛[*]　赵思宇[**]

案例摘要

信托公司在资金信托成立后，以募集的信托资金受让特定资产或者特定资产收益权，属于信托公司在资金依法募集后的资金运用行为，由此引发的纠纷不应当认定为营业信托纠纷。如果合同中约定由转让方或者其指定的第三方在一定期间后以交易本金加上溢价款等固定价款无条件回购的，无论转让方所转让的标的物是否真实存在、是否实际交付或者过户，只要合同不存在法定无效事由，对信托公司提出的由转让方或者其指定的第三方按约定承担责任的诉讼请求，人民法院依法予以支持。本案系基于“穿透式”审判思维，探求当事人真实意思表示，并考虑到商事外观主义原则及交易稳定性等方面，厘清对内及对外两种法律关系，最终分析确认案涉“名股实债”协议中的双方权利义务关系。

【裁判观点】

信托公司以募集的信托资金专项受让目标公司及向目标公司增资，目标公司的股东在回购期限内以投资本金加固定收益回购目标公司股权，对于该种交易模式应探求当事人真实意思表示，穿透本质法律关系，若各方关于股权回购之约定及股权变更登记的履行并非旨在通过股权合作共同经营目标公司，而是旨

---

* 郝笛，北京市东城区人民法院员额法官。

** 赵思宇，原北京市东城区人民法院法官助理。

在通过股权让与担保的方式保证投资公司回收本金,及时实现固定债权收益,案涉交易应认定名为股权投资,实为债权融资。

【关键词】

名股实债　股权信托　交易结构　金融借款

【类案综述】

第一种实务观点认为,投资人通过增资协议或股权转让协议等取得目标公司股权,登记为公司股东,其应作为目标公司的股东,享有股东权利,同时承担相应义务,即“股权投资肯定说”。

第二种实务观点认为,投资人虽然通过增资扩股等方式取得了目标公司的股权,但同时约定了其他股东以固定收益回购该股权,投资人的目的并不在于取得目标公司的股权,而是为了获取固定收益,当事人之间关于增资扩股、股权回购等约定是虚伪意思表示,当事人隐藏的真实意思表示是借款,即“股权投资否定说”或者“债权投资说”。

第三种实务观点认为,应当区分公司与股东之间的内部关系以及公司与债权人之间的外部关系,对于内部关系,投资人的目的是获取固定收益,而不是取得股权,投资人与公司之间是借款法律关系,投资人取得的是债权。对于外部关系,因投资人经工商登记成为目标公司股东,应遵循商事外观主义原则,公司债权人基于对外公示的股权结构、工商登记信息等产生的信赖利益应予以保护,即“内外区分说”。

实务典型案例

基本案情

2013年10月,甲、乙、丙、丁四公司先后签署《合作协议》《股权转让协议》《增资协议》。约定甲公司拟在A市B进行房地产项目的开发建设,乙公司成立“甲集合资金信托计划”,将信托计划所募集的资金用于受让甲公司股权并对其进行增资,甲公司将该笔款项专项用于C房地产项目的开发建设。信托计划预计发行37 620万份信托单位，由优先级委托人和次级委托人共同认购。其中，优先级委托人认购优先级信托单位25 000万份，由乙公司向符合法律、法规的合格投资者募集，募集优先级信托资金25 000万元；由次级委托人认购次级信托单位12 620万份，募集次级信托资金12 620万元。乙公司受让甲公司97.1%的股权，股权转让价款为12 620万元，剩余的2.9%股权由甲公司的股东丙房地产公司继续持有。办理完毕该股权变更的工商变更登记手续，信托计划成立且次级委托人丙公司、丁公司交付次级信托资金后，乙公司将25 000万元的优先级和次级信托资金用于向项目公司进行增资。增资完成后，乙公司将持有甲公司99%的股权。乙公司授权丙公司共同组建经营管理团队进行日常经营管理。信托计划成立满12个月或满18个月之前的30日内，丙公司享有选择购买乙公司持有的项目公司99%股权的权利，但要向乙公司分期支付股权购买选择权的维持费。丙公司行使股权购买选择权的，股权融资成本为优先级信托资金总额×18%×信托计划的实际存续天数/360天。

2013年10月，乙公司、甲公司与戊评估公司签订《监管服务协议》，约定由戊评估公司对该项目提供专业的房地产信托投资的监管咨询服务。其中对监管资金中4500万元股权购买选择权维持费表述为“利息”。

上述协议签订后，各方依照约定完成了股权转让及增资事宜。2013年12月，甲公司对内变更了股东名册，对外变更了股权工商登记，乙公司持有甲公司99%的股权，丙公司持有甲公司1%的股权。

2013年12月26日、2014年1月14日、2014年10月13日、2014年12月1日，甲公司分别向乙公司在《合作协议》约定的收取股权购买选择权维持费的账户中汇款支付1200万元、650万元、2712.5万元、300万元，共计转账4862.5万元。乙公司出具了相应的收款凭证，载明收款事由为“股权购买选择权维持费。”庭审中，双方当事人均认可本案诉争款项即为2014年12月1日甲公司实际向乙公司转交付的300万元。

2015年《合作协议》约定的回购期限届满后，丙公司因资金原因未能依约回购股权，各方均认可乙公司将其持有的甲公司全部股权转让给案外第三方。

基于上述事实，甲公司认为乙公司的投资行为本质是“名股实债”，即如果是股权投资便不应该依仗自身在公司中的优势股东地位，要求甲公司承担股权投资款的利息，故甲公司提诉讼请求判令乙公司返还甲公司已支付的利息300

万元并承担案件诉讼费。

乙公司不同意甲公司的诉讼请求,认为甲公司要求返还其于2014年12月1日支付的300万元已经超过诉讼时效;甲公司与乙公司之间不存在信托关系,本案不是营业信托纠纷;案涉款项实为甲公司代其股东丙公司支付的最后一笔股权购买选择权维持费,符合各方签署的《合作协议》《监管服务协议》的约定以及各方交易惯例,甲公司无权要求返还案涉款项;若甲公司不认可其代付行为,则丙公司构成违约。根据《合作协议》的约定应承担连带责任。

法院观点

法院经审理后认为案件的争议焦点为:甲公司、丙公司与乙公司之间的交易性质;甲公司是否有权主张返还案涉款项;本案诉讼时效期间是否已届满。

其一,关于案涉交易的性质。乙公司与甲公司、丙公司、丁公司分别签订的《合作协议》《股权转让协议》《增资协议》《监管协议》等系各方真实意思表示,内容不违反法律、行政法规的强制性规定,合法有效,上述协议内容构成整体交易安排。乙公司以募集的信托资金专项用于受让目标公司即甲公司股权及向目标公司增资,目标公司的股东丙公司在回购期限内以投资本金加年利率18%收益的固定价格回购股权,且甲公司的日常经营管理实际由丙公司负责。就内部关系而言,各方关于股权回购之约定及股权变更登记的履行,并非旨在通过股权合作共同经营甲公司,而是旨在通过股权让与担保的方式保证乙公司回收本金加固定债权收益的实现,案涉交易的本质应为债权融资。双方之间并非营业信托合同抑或股权投资关系,应认定为成立金融借款合同关系。甲公司从监管资金中支付案涉款项系根据《合作协议》的相关约定,履行合同项下支付利息的义务。

就外部关系而言,案涉交易的结果为乙公司并未回购目标公司股权,而是通过处分登记在其名下的甲公司股权而退出交易,且已完成了股权内外登记,各方对此并无争议,故本案基于内部关系对案涉交易本质之认定与乙公司对外处分股权之效力无涉。

其二,甲公司是否有权主张返还案涉款项。本案中甲公司一方面主张案涉交易为“名股实债”,另一方面又主张股权合作不应支付利息而要求乙公司予以返还,其诉讼请求与事实理由存在矛盾之处。《合作协议》《监管协议》《监管报告》中虽然对案涉款项出现了股权购买选择权维持费、利息、费用等不同表述，但不同名称的表象均指向债权融资成本这一共同本质，即甲公司代丙公司按照年利率18%的标准向乙公司支付的股权购买选择权维持费实为支付金融借款利息，且利息标准不违反相关规定，甲公司作为合同约定的连带偿付义务人，自愿支付案涉款项后又主张返还于法无据。

其三，本案诉讼时效期间是否已届满。仲裁裁决书中并未对案涉款项性质作出认定，甲公司已于2014年12月1日自愿向乙公司支付案涉款项，亦未提交其曾向乙公司主张返还的相应证据，因在原《民法总则》施行前，诉争款项适用原《民法通则》规定的二年时效期间已经届满，故该院对乙公司辩称诉讼时效已于2016年12月1日届满的抗辩意见予以采信。

综上，甲公司已向乙公司支付的案涉款项为履行合同项下的合法债务，且主张返还已超过诉讼时效，故丙房地产公司主张返还案涉款项缺乏事实及法律依据，不予支持。

裁判结果

驳回原告甲公司的诉讼请求。一审判决作出后，双方均未上诉。

【裁判思路与方法】

涉“名股实债”类交易产品广泛存在于信托、私募、PPP等各个领域。近年来，司法实务界对涉“名股实债”类案件，根据个案的协议内容、股权取得方式、回购条款、履行情况等作出了或是股权投资交易或是债权投资交易的不同判断。2019年第九次全国法院民商事审判工作会议提出要树立“穿透式”审判思维，在准确揭示交易模式的基础上，探究当事人真实交易目的，根据真实权利义务关系认定交易的性质与效力，为该类案件明确了审判思路。

一、“名股实债”交易模式的基本特征

“名股实债”作为兼具股权投资表象和债权投资本质的混合投融资模式，是指名义上是投资人将资金以收购股权的方式投入目标公司的“股权投资”，而实质上约定在一定期限届满或者一定条件下收回投资本金和获得固定的利益回报并附有担保的保本保收益的“债权投资”模式。

“名股实债”的交易产品主要涉及以下交易环节:一是股权投资,即投资方通过增资入股或从其他股东处受让股权的方式取得目标公司的股权。二是约定固定收益。固定收益分为一次性支付和分期支付两种。一次性支付指在回购股权时一次性支付溢价作为固定收益回报;分期支付指在投资方持股期间定期收取一定价款作为回报。三是股权回购。投资方通过股权回购的方式保证投资方的资金不受损失。名股实债融资方式对于融资方、投资方及资金管理方的利益需求均有所涉及。具体而言,“名股实债”交易模式具有以下特征:

一是投资方通常是工商管理部门登记备案的股东。通常情况下,投资方与目标公司签订“股权投资协议”,表明要进行股权投资,并实际进行董事会会议等,成为目标公司的股东,进而按照《公司法》的相关规定,前往工商管理部门办理相应份额股权的变更登记及备案手续。

二是投资方享有固定收益。投资方虽以股权形式进行投资,但其获得的收益并不与目标公司的经营业绩相关,投资方的目的不是获取目标公司通过长期生产经营获取的不确定性的分红,而是获得固定的收益回报,该回报约定分期支付或要求在股权回购时一次性支付溢价作为固定收益回报,具有“保本保收益”的性质。

三是融资方负有股权回购义务。协议中通常约定融资方对投资方受让的目标公司股权附有回购义务,在融资方承诺远期回购股权的情况下,双方在此基础上亦有增加对回购的连带担保,或由较高信用等级主体对本金回购支付金额与预期收益的差额履行补足承诺、股权质押、不动产抵押等增信措施。

四是投资方的经营管理权受限。虽然根据我国《公司法》的相关规定,公司的股东可以作为监督管理者,有权参与公司事务的选择权、知情权、收益权、分红权等股东权利。但在“名股实债”交易模式下,投资方作为股东,通常会与目标公司约定投资方不参与目标公司的日常经营管理及分红,而是由融资方经营管理团队继续实际负责公司日常运营、管理。投资方不具有享有目标公司资产收益、参与重大决策和选择管理者等股东权利的交易目的,亦不关联目标公司的经营债务。

二、“名股实债”交易模式的现实需求及隐含风险

“名股实债”常见的交易模式有股权投资模式、信托计划投资模式、私募股

权基金投资模式、多层嵌套模式等。该交易模式之所以被资本市场追捧，在多重监管之下仍然强势发展，主要基于两方面现实需求，一方面可以降低融资方资产负债率。“名股实债”融资方式的外在交易模式表现为股权融资，融资方在获得融资的同时隐藏了实际所负债务，融资企业的资产负债率不增反降，优化了融资企业的财务报表，增强了企业信用，为融资方获得再融资创造了便利。另一方面可以规避贷款融资的模糊定性风险。司法实践中，对于不具备贷款资质的企业从事长期性、经营性质贷款行为，面临被认定无效的风险。采用股权投资方式来放贷则具有一定的掩饰作用。“名股实债”交易模式中，融资方与投资方签订的股权转让的相关协议中会约定融资方股权回购义务及投资方享有固定收益等内容，投资方成为目标公司的股东并办理股权变更登记手续。投资方利用掌握目标公司股权的方式，可以在融资方或目标公司实际经营者作出不利于企业发展的行为时进行一定程度的限制，通过对风险的控制，进一步保障收回融资款及固定收益。

对于投资方而言，其采取“名股实债”投资模式，通常存在以下几种风险：一是目标公司经营管理失控的风险。该种投资模式下，投资方往往并不参与目标企业的实际经营管理，对目标企业缺乏有效管控，目标企业容易发生经营管理风险，导致投资方无法实现顺利退出。二是固定收益丧失的风险。该交易模式是介于“股权投资”与“债权投资”之间的一种模糊状态，如将其认定为股权投资，则投资方将无法主张还本付息，其本金及固定收益都不能得到有效保障。如将其认定为债权投资，则约定的收益有可能会被认为不属于利息，人民法院有可能会认为双方未约定利息或者约定不明，投资人或者无法主张收益，或者由法院根据实际情况酌定一个相对较低的利息标准。即使约定的收益被法院认定为利息，但是超过法定最高利率标准的部分，将无法获得支持，投资人将无法得到预期收益。三是负有股权回购义务相对人怠于履行的风险。回购是“名股实债”交易模式的核心环节，是投资方的核心利益。如果项目公司经营失败甚至破产，或者回购主体违约拒绝回购股权或无力回购股权，都将导致回购不能，投资方无法实现顺利退出。四是破产情形下债权人地位否定风险。一旦目标公司经营不善进入破产程序，将由承担清算职能的管理人全面接管，并对企业资产、负债进行清理，企业股东及管理层丧失了控制权。基于商事外观主义原则的认定标准，在外部法律关系适用中，投资方的投资将被认定为股权投资，其受偿顺序要劣后于目标公司的普通债权。投资方作为目标公司股东,要承受作为股东丧失资本金的风险。

三、运用穿透式审判思维认定“名股实债”法律关系路径的思考

在第九次全国法院民商事审判工作会议召开以前,司法实务领域对“名股实债”协议的性质认定存在不同观点,例如,认为投资人通过增资协议或股权转让协议等取得目标公司股权,登记为公司股东,其应作为目标公司的股东,享有股东权利,同时承担相应义务的“股权投资肯定说”;认为投资人虽然通过增资扩股等方式取得了目标公司的股权,但同时约定了其他股东以固定收益回购该股权,投资人的目的并不在于取得目标公司的股权,而是为了获取固定收益,当事人之间关于增资扩股、股权回购等约定是虚伪意思表示,当事人隐藏的真实意思表示是借款的“股权投资否定说”或者“债权投资说”;认为应当区分公司与股东之间的内部关系以及公司与债权人之间的外部关系,对于内部关系,投资人与公司之间是借款法律关系,投资人取得的是债权。对于外部关系,应遵循商事外观主义原则,公司债权人基于对外公示的股权结构、工商登记信息等产生的信赖利益应予以保护的“内外区分说”。

《全国法院民商事审判工作会议纪要》第七章关于营业信托纠纷案件的审理部分,其中第 89 条“资产或资产收益权转让及回购”一节中对信托公司所开展的特定资产/资产收益权收购和回购业务中相关法律关系的认定规定如下:“信托公司在资金信托成立后,以募集的信托资金受让特定资产或者特定资产收益权,属于信托公司在资金依法募集后的资金运用行为,由此引发的纠纷不应当认定为营业信托纠纷。如果合同中约定由转让方或者其指定的第三方在一定期间后以交易本金加上溢价款等固定价款无条件回购的,无论转让方所转让的标的物是否真实存在、是否实际交付或者过户,只要合同不存在法定无效事由,对信托公司提出的由转让方或者其指定的第三方按约定承担责任的诉讼请求,人民法院依法予以支持。”该纪要的相关规定统一了该类案件的宏观审判思路。就具体个案而言,在“名股实债”案件审理过程中要区别内部关系和外部关系。对于投资方与融资方之间订立的合同性质的认定,不能仅依据书面协议的名称以及形式内容进行判定,而应以“穿透式审判思维”为路径,在准确揭示交易模式的基础上,结合当事人的缔约过程、各方权利义务安排、合同条款所反映的当

事人的真实意思,并结合其签订合同的真实目的以及实际履行情况等因素,进行综合判断,探究当事人真实交易目的,根据真实权利义务关系认定交易的性质与效力,在判断过程中要采取"重实质、轻形式"原则。对于投资方与公司债权人之间产生的纠纷,则应从遵循商事外观主义原则,保护善意相对人基于目标公司对外公示的权利外观产生的合理信赖利益,尤其在目标公司破产或解散的情况下,应优先保护其他债权人的合法利益。对于名股实债协议的效力认定问题,经梳理相关案例,大多数目标公司的答辩包含投资人关于增资扩股、股权回购的约定,属于虚伪意思表示,应当依法认定为无效的意见。纪要亦对此类名股实债协议的效力问题作出明确规定,对于此类协议效力的判断应当是审查相关协议是否具有原《合同法》第 52 条规定的无效情形。目前,各地法院对于涉及名股实债协议效力的判决也基本是采取了此种审判思路。

被告乙公司以募集的信托资金专项用于受让目标公司即原告甲公司股权及向目标公司增资,目标公司的股东丙公司在回购期限内以投资本金加年利率 18% 收益的固定价格回购股权,且甲公司的日常经营管理实际由盛业房地产公司负责。就内部关系而言,各方关于股权回购之约定及股权变更登记的履行,并非旨在通过股权合作共同经营目标公司,而是旨在通过股权让与担保的方式保证乙信托公司回收本金加固定债权收益的实现,案涉交易模式符合"名股实债"的基本特征,交易本质为债权融资而非股权投资。

另外,原告甲公司是在整个交易模式全部完成 3 年之后要求返还已支付的利息,基于商事外观主义原则及交易稳定性的考虑,本案裁判文书说理部分明确了对于双方系债权融资而非股权投资认定仅涉及内部双方当事人,对于乙信托公司对外处分股权的法律行为,因涉及案外主体,且与本案并非同一法律关系,在本案中对其法律效力不予认定。综上所述,穿透交易模式表象,探求当事人真实意思表示,并厘清对内及对外两种法律关系,系分析"名股实债"案件权利义务关系应当遵循的基本思路。

销售者欺诈行为的认定及赔偿准则

刘　静[*]　赵思宇[**]

案例摘要

在买卖合同纠纷案件中,销售者以次充好、以旧充新、产品标注(如产地、配料)与商品实际情况不符等销售情况屡见不鲜。消费者基于销售者的欺诈行为订立了合同,购买了相关的产品或服务,则欺诈行为已完成,消费者可以按照《消费者权益保护法》的规定主张三倍赔偿。在此类案件中,销售者是否构成欺诈、消费者能否主张三倍赔偿成为案件审理的焦点。需要注意的是,实践中,存在"职业打假人"起诉消费者欺诈的案例,对于职业打假人是否适用《消费者权益保护法》的规定,实践中存在两种观点。我国《民法典》《消费者权益保护法》均没有对欺诈作出明确的规定。本文试图通过欺诈行为主观要件、客观要件的分析,构建对买卖合同中销售者欺诈行为的认定标准及裁判规则。

【裁判观点】

当销售者存在故意告知对方虚假情况或者故意隐瞒真实情况,销售者提供的虚假信息足以导致对方作出错误的意思表示的,即可构成欺诈。不论销售者出于故意或过失,按照《消费者权益保护法》的相关规定,销售者均应承担民事责任。

---

* 刘静,北京市东城区人民法院法官助理。

** 赵思宇,原北京市东城区人民法院法官助理。

【关键词】

诚实信用原则　欺诈　赔偿责任

【类案综述】

一种实务观点认为，职业打假人不是《消费者权益保护法》中的消费者，因为在其身上欺诈的行为没有完成。欺诈行为是以发生欺诈的损害后果为构成要件，即必须以受害人发生错误认识并基于此错误认识与销售者进行交易，才构成《消费者权益保护法》上规定的欺诈行为[1]。职业打假人不会因为销售者的欺诈陷于错误的认识，从而做出错误的意思表示；另外，职业打假人意图通过惩罚性赔偿为自身牟利，违反诚信原则，故不是真正的消费者。销售者的欺诈行为实际上并没有完成，职业打假人不能认定为《消费者权益保护法》中的消费者。对职业打假人进行必要的限制，并不是对售假行为的纵容，而是为了更好地保护营商环境，建立有序规范的市场秩序[2]。

另一种实务观点认为，职业打假人亦应作为消费者看待，从保护不特定的消费者的整体利益的角度来看，对于职业打假人不适用《消费者权益保护法》保护等于倡导每个人只需要关注自己的利益就好，只要自己不受欺诈，销售者对于其他消费者的损害不用考虑，这样不利于对欺诈的惩罚；从充分发挥惩罚性赔偿责任的角度来看，不利于对欺诈行为的惩戒。欺诈行为是违法行为，不论其是否给消费者带来实际损害与否，其行为均应受到制裁与惩处，如职业打假人的购买行为不适用《消费者权益保护法》的保护，不利于发挥该惩罚机制[3]。

---

〔1〕 参见曾宪《对〈消费者权益保护法〉第 49 条的思考》，载中国知网 2021 年 8 月 8 日，https://kns.cnki.net/kcms/detail/detail.aspx? dbcode = CMFD&dbname = CMFD2007&filename = 2006187794.nh&uniplatform = NZKPT&v = HmCDijhJAB9tA92Ol7E4SKDxmSnXvoCqc949ItJP98z41uTAz7OOvMCedNQAmeJg。

〔2〕 参见重庆市渝中区人民法院民事判决书，(2015)中区法民初字第 01593 号；重庆市第五中级人民法院民事判决书，(2015)渝五中法民终字第 05228 号。

〔3〕 参见北京市朝阳区人民法院民事判决书，(2013)朝民初字第 3450 号；北京市第二中级人民法院民事判决书，(2013)二中民终字第 14088 号。

实务典型案例

基本案情

2019 年 8 月 25 日，甲在乙处购买一支智芯，该智芯为 Z2 型号自行车跟踪器。该产品定价为 398 元，因甲同时购买了一辆自行车，故乙对价款打折，甲为购买该智芯实际支出的价款为 358 元。因乙向甲出售的智芯上存在明显划痕，系二手商品，甲依据《消费者权益保护法》的相关规定要求乙向甲支付三倍赔偿金并承担案件受理费。乙认为案涉智芯出售给甲是首次出售，不存在甲所述案涉智芯已经被使用、属于二手商品的情况。乙不存在欺诈消费者行为，不应赔付三倍赔偿金。故乙不同意甲的全部诉讼请求。

法院观点

法院经审理认为，甲虽未当场对商品进行检验，但结合甲提交的与乙销售人员的通话录音可以确认其向甲销售的案涉商品系二次销售，且出售的案涉商品存在划痕。乙作为经营者，向消费者提供商品或者服务，应当恪守社会公德，诚信经营，保障消费者的合法权益。现乙将二手商品以全新商品名义出售给甲，其行为构成欺诈，应当按照原《合同法》、《消费者权益保护法》的规定承担相应的法律责任。

裁判结果

法院判决乙向甲支付三倍的赔偿金。判决后，乙不服，提起上诉，二审维持了一审判决。

【裁判思路与方法】

一、诚实信用原则在民商事行为中的地位与作用

在民商法中，诚实信用原则是最为关键、最为基本的原则，其不仅是维系市场经理有序增长的道德理念，同时还是我国巩固法治社会地位的核心法规制度。[1]

〔1〕 陈婉婉：《诚实信用原则在民商法中的展现》，载《法制博览》2021 年第 1 期。

我国的民商法在经过多年的完善和发展之后,已经取得了较好的实施效果,对市场经济中很多问题发挥了自己的作用。诚实信用原则是民商法中最具有继承性的内容,在民商法的确立和实际操作中都具有非常重要的作用。民商法不仅会对社会经济的发展产生一定的约束和发展,还会为人们的日常生活提供有效的保障,尤其是在面对全新的市场经济运行中,诚实信用原则的地位更是得到了凸显,已经与市场中的很多行业领域的内容进行了良好的融合。从法律的角度来说,民商法中的诚实信用原则具有重要的约束和规范作用。

(一)诚实信用原则具有规范当事人行为的功能

我国《民法典》已经将诚实信用原则作为一项公民均应遵守的基本原则加以规定,《民法典》第 7 条规定,民事主体从事民事活动,应当遵守诚信原则,秉持诚实、恪守承诺。诚信原则要求民事主体在从事民事活动、行使民事权利、履行民事义务时,应以善意、诚实的态度为之,不弄虚作假,不欺诈,进行正当竞争,不以损害他人和社会利益的方式来获取私利。在合同关系中,民事主体应信守诺言,不擅自毁约,严格按照法律规定和当事人的约定来履行义务,兼顾各方利益。当事人约定不明确或约定后客观情形发生重大改变时,应以诚实信用的要求确定当事人的权利和义务。诚实信用原则能够对民事活动主体的行为起到较强的约束作用,诚实信用也成为民事活动主题的基本行为规则[1]。

(二)诚实信用原则有利于克服成文法的局限性,有助于弥补法律条文规定的不足

法律具有滞后性、局限性,不可能将生活中所有问题规定得面面俱到。在法律不完备或者欠缺的情况下,合同当事人依据诚实信用原则行使权利、履行义务是对法律最好的解读与遵守。实践中在处理民事纠纷时,当无法找到可使用的具体法律规定时,就需要依据诚实信用原则引导解决问题。诚实信用原则授予了法官自由裁量权,法官可以依据公平正义的原则进行创造性的司法活动,从而弥补立法的缺陷与不足;在法律规定不明或者没有现规定时,阐明法律旨意,对法律进行漏洞补充;避免机械地适用法律,实现个案正义。

(三)诚实信用原则具有平衡双方当事人利益及与社会利益的功能

诚实信用原则是一项重要的衡平法原则,其要求平衡当事人之间的各种利

---

〔1〕 梁慧星:《民法总论》,法律出版社 2001 年版,第 290 页。

益冲突和矛盾。平等主体之间的交易关系，都是各个交易主体因追求各自的经济利益而产生的，而各方当事人之间的利益常常会发生各种冲突或矛盾，当法律规定不能完全调整时，就需要借助诚实信用原则来加以平衡。例如，一方交货在数量上轻微不足且未致对方明显损害，则可以使出卖人承担支付违约金等责任，但不应导致合同的解除，否则对出卖人是不公平的。诚实信用原则不仅要求平衡当事人之间的利益，而且要求当事人在从事民事活动中，要充分尊重他人和社会的利益，不得滥用权利，损害国家、集体和第三人的利益。

二、“欺诈”的认定——内涵与外延

我国《民法典》和原《合同法》及《消费者权益保护法》均对欺诈行为作出了规定，但对什么是欺诈，均未规定。为了明确欺诈的定义，便于审判实践中把握欺诈认定的标准，最高人民法院曾在《关于贯彻执行〈中华人民共和国民法通则〉若干问题的意见（试行）》第68条中规定了欺诈的定义：一方当事人故意告知对方虚假情况，或者故意隐瞒真实情况，诱使对方当事人作出错误意思表示的，可以认定为欺诈行为。这是我国法律司法解释对欺诈的唯一定义，审判实践中也是按照该定义处理欺诈案件的，可见，民法上欺诈的构成要件应当包括以下几个：

（一）欺诈方主观上具有欺诈的故意

所谓欺诈的故意，是指欺诈一方明知自己告知对方的情况是虚假的且会使对方陷入错误认识，却希望或放任这种结果的发生，即欺诈人主观上有欺诈的恶意。在多数情况下，欺诈人主观上的故意是十分明显的，也易于认定。但是，在少数情况下，特别是行为人在出售假冒伪劣产品时，如果一方向他方陈述某种事实时，对于其陈述的事实的真伪性不能作出准确的判断，但仍向他人作出陈述，以至于因陈述的虚假事实而导致他方陷入错误，行为人主观上是否具有欺诈的故意呢？笔者认为此种情况也可以认为陈述的一方具有欺诈的故意。因为陈述人不能判定其陈述的事实是否真实，但是仍作为真实情况陈述给他人。在陈述时，陈述人应当知道该事实若属虚假，会使他人陷入错误认识，而陈述人仍以不真实的事实向他人陈述，显然可认定陈述人具有欺诈他人的故意。

本案例中，乙在销售涉案智芯时，知晓该智芯系二次销售，且该智芯存在划痕，但未将该信息告知甲，主观上具有以旧充新的明显的故意。

在审判实践中,汽车销售行业中以旧充新的案件亦时有发生。销售者将已经使用过的行驶里程甚至达到几千千米的二手车作为新车出售;在电子产品销售行业中也存在类似情况。还存在某些销售者扩大产品功能等虚假宣传的案例,以上行为均认定为销售者的欺诈行为。另外还有一种情形,就是销售者以打折的方式出售过期商品,并在店堂告示中明确告知购买者:打折商品不退换。消费者购买后发现是过期产品,便以销售者销售过期产品构成欺诈为由,要求退货并赔偿。销售者以其已在告示中明确告知购买者打折商品不退换为由作为抗辩。有的观点认为,打折商品之所以打折,就是因为在质量等方面与非打折商品存在差别,否则不会打折销售。既然销售者已明示打折商品不退换,消费者仍然购买,表明消费者自愿承担某种风险,销售者的行为不构成欺诈。笔者认为这种观点是没有法律依据的,销售者出售任何商品,不论打折与否,均必须保证商品的质量,包括不得出售过期商品。这是销售者必须承担的法定义务,而不是对消费者承担的合同义务。对于其不得出售不合格商品的法定义务,销售者不得以任何方式予以免除。有的销售者认为,商品的保质期均有标注,销售者并没有对保质期做任何修改,消费者购买时不可能不注意到商品的保质期,因此,销售者没有作出欺诈行为。消费者购买过期商品,是自己疏于注意义务没有看到保质期而购买,或者是明知商品已过保质期而故意购买,进而向销售者索赔以谋取不当利益,故销售者不构成欺诈。笔者认为这种观点是错误的,不得销售过期商品是销售者的法定义务,多部法律对此均有明确规定。销售者只要从事经营就必须履行该法定义务,换言之,只要是过期商品,销售者就不得销售。销售者在商品出售前,负有检查商品是否过期再行销售的义务,在商品已经过期而商场仍然公开销售的情况下,按照一般的交易惯例,应当认定销售者知道商品过期的事实,而如果销售者主张确实不知商品过期,应承担举证责任。事实上,销售者的这种举证从法律意义上讲是根本不可能的,因此,销售者出售过期商品,必然构成欺诈。法律并没有规定销售者购买商品时必须履行注意义务,必须检查商品的保质期。既然法律给消费者设定此项义务,则消费者的注意义务不是法定义务。消费者未履行此项义务,不承担相应的法律后果。

(二)欺诈方实施了欺诈行为

欺诈在法律上分为积极欺诈与消极欺诈两种情形。积极欺诈,是指欺诈者以积极的言辞,提供虚假情况,陷对方于错误的意思表示之中,如故意夸大商品的性能等。消极欺诈,是指行为人具有告知的义务,但其故意不告知或隐瞒,致使对方作出错误的意思表示,如商品所有人故意隐瞒商品的缺陷或瑕疵等。欺诈的具体表现形式很多,如以假充真、以次充好、虚构产地、虚构成分、夸大功能,等等。

《消费者权益保护法》第 20 条规定:"经营者向消费者提供有关商品或者服务的质量、性能、用途、有效期限等信息,应当真实、全面,不得作虚假或者引人误解的宣传。经营者对消费者就其提供的商品或者服务的质量和使用方法等问题提出的询问,应当作出真实、明确的答复……"销售者负有向消费者如实告知有关商品真实信息的义务,这种义务是法定义务,销售者必须履行。例如,本文的案例中,消费者购买产品时默认销售者出卖的产品为全新产品,除非是专门在二手市场或专门购买二手产品的网站购买,但是销售者却故意隐瞒了真实信息,其违反了销售者如实告知的法定义务,实施了诈骗行为。

(三)被欺诈一方因欺诈而陷入错误认识,并因错误认识而作出了意思表示

所谓错误认识,是指对合同内容及其他重要信息的认识有误解。被欺诈一方的意思表示和欺诈方的欺诈行为之间存在因果关系。如果被欺诈一方订立合同,那么必须是欺诈一方提供的虚假情况及信息与合同内容密切相关,被欺诈一方基于欺诈一方提供的虚假信息对合同内容发生了错误认识。

在本文涉及的案例中,甲的本意是购买全新智芯,并无购买二手智芯的意图。乙故意隐瞒了涉案智芯系二手的信息且以全新智芯的价格将其进行出售,如果乙将涉案智芯系二手的信息告知甲,甲不会同意以现价格购买该智芯。正由于乙的欺诈行为导致甲以为自己购买的是全新智芯并以全新智芯的价格购买了二手智芯,由此可见,乙的欺诈行为是甲不真实的意思表示发生的原因,和甲的意思表示之间存在因果关系。

但是,对于《消费者权益保护法》中的欺诈是否要求购买商品或服务的一方系因销售者的欺诈行为作出意思表示,实践中存在两种观点。也就是前面提到的职业打假人是否可以被认定为消费者的争论。职业打假人购买商品或服务并非因为错误认识而为之,故其购买行为与销售者的欺诈行为之间不存在因果关系,这种情况下能否构成欺诈,目前两种观点仍持续存在。

三、销售者实施欺诈行为的法律后果

根据《民法典》第 148 条及第 157 条之规定,一方以欺诈手段使对方在违背

真实意思的情况下实施的民事法律行为,受欺诈方有权请求人民法院或者仲裁机构予以撤销。民事法律行为无效、被撤销或者确定不发生效力后,行为人因该行为取得的财产,应当予以返还;不能返还或者没有必要返还的,应当折价补偿。有过错的一方应当赔偿对方由此所受的损失;各方都有过错的,应当各自承担相应的责任。法律另有规定的依照其规定。关于销售者欺诈行为的法律后果,《消费者权益保护法》第55条第1款规定,经营者提供商品或者服务有欺诈行为的,应当按照消费者的要求增加赔偿其受到的损失,增加赔偿的金额为消费者购买商品的价款或者接受服务的费用的三倍;增加赔偿的金额不足500元的,为500元。法律另有规定的,依照其规定。

值得关注的是"二手商品",该词显然是最近几年的社会热点词汇。随着互联网的发展,尤其是"闲鱼""转转"等二手商品交易平台的搭建,个人之间发生的闲置物品二次流转的交易活动越来越频繁。如果个人是在上述二手商品交易平台向他人购买二手商品时受到欺诈,是否有权依据《消费者权益保护法》第55条的规定主张三倍赔偿呢?经过查阅、分析各地法院对涉及二手商品交易的网络购物合同纠纷案件作出的民事判决,目前,审判实践中对于此类案件主要有以下两种审判路径:

一是在大多数情况下,根据民法相关规定,以合同目的不能实现为依据,判决解除双方之间的买卖合同,买受人退还商品,出卖人退还价款并赔偿买受人因诉讼而产生的诉讼费、鉴定费等损失。二手商品的基本特征之一就是必然存在已经发现或者尚未发现的瑕疵,二手商品的交易是基于合同双方对标的物存在瑕疵或折旧的共同认识的基础上达成的一致意思表示。如果出卖人在对二手商品进行描述时不存在故意告知虚假情况或隐瞒真实情况,或者相关情况已经超出出卖人的认知范围的情况,此时,买卖双方之间的二手商品交易只是普通消费者之间进行的闲置物品的二次流转,买方以商品瑕疵、买方欺诈为由主张三倍赔偿,有违二手商品交易的本质属性,亦有损出卖方的合法权益。因此,在这类案件中,解除双方之间的买卖合同,相互返还商品和价款,各自填平损失则更为公平。

二是在特殊情况下,根据《消费者权益保护法》的相关规定,判决出卖人承担三倍赔偿的惩罚性赔偿责任。根据《电子商务法》的相关规定,电子商务经营者,是指通过互联网等信息网络从事销售商品或者提供服务的经营活动的自然人、法人和非法人组织。若出卖人在一定时间内在二手交易平台发布了多条出售物品的信息，行为具有经常性，则符合经营行为的特征，如果二手商品的交易价格高于商品原值，出卖人在交易时获取了溢价、有所盈利，此时出卖人的身份就不再是纯粹的、处置闲置物品的普通消费者，而是具有了职业卖家的性质，应当认定为是经营者。在此种情况下，如果出卖人在销售二手商品时故意隐瞒真实情况或故意告知虚假情况，则应当按照《消费者权益保护法》的相关规定向买受人承担三倍赔偿。

另外，实践中，人们对三倍赔偿中增加赔偿的部分的确定认识不同，特别是对价值较大的商品的增加赔偿的部分的确定分歧极大。审判实践中此类案例已多有发生，例如，某消费者购买了一套面积为 60 平方米的商品房。搬完家后一量，实际面积为 57 平方米，差距为 3 平方米，房价为每平方米 1 万元，该消费者因房屋缩水的经济损失为 3 万元，消费者要求开发商退还多收的 3 万元，如果该消费者还要求开发商按照《消费者权益保护法》第 55 条的规定，增加赔偿其受到的损失，则开发商是否应该按照全部购房款的三倍也就是 180 万元进行赔偿呢？增加赔偿的部分应当如何确定？有两种不同的观点：一种观点认为，增加额度应为被“缩水”部分所购价款的三倍；另一种观点则认为，增加额度应为整个商品房购买价款的三倍。笔者认为，对增加赔偿的部分，目前，只能依照《消费者权益保护法》第 55 条之规定，对其作字面解释，即，增加赔偿的金额为消费者购买商品的价款或者接受的服务的费用的三倍。增加赔偿的金额只能是购买商品的价款，而不是短缺部分的价款。

当然，应当看到，前几年，由于生活水平不高，消费者购买的多是价值较小的商品，经营者即便实施了欺诈行为，三倍赔偿的数额也比较小，因此，人们对三倍赔偿的意见也基本一致。近年来，由于人们购买的商品的价值越来越大，购买商品房、汽车等贵重物品的人越来越多，三倍赔偿的数额也就越来越大。人们对《消费者权益保护法》第 55 条规定的三倍赔偿原则也提出了不同的看法。有人认为，如果按照《消费者权益保护法》第 55 条规定的标准确定增加赔偿的赔偿额，将使消费者获得超值利益，对欺诈者的惩罚过于严苛。这种观点有一定的道理，《消费者权益保护法》第 55 条，未区分欺诈的具体情节、程度轻重，笼统地规定只要商家实施了欺诈行为，就要承担三倍赔偿的责任，不免使当事人双方的利益失衡。不可否认，商家实施欺诈，对该行为予以必要的惩罚也是必要的，但这种惩罚是否必须以全部价款的三倍赔偿为准，值得探讨。

带有公益效果的私益诉讼之价值判断裁判方法

龙　琨*

案例摘要

通过将个案精准划型，分析带有公益效果的私益诉讼与传统民事诉讼的区别，针对该类诉讼的特点，引入价值分析的裁判方法——“实质判断 + 法律依据”，与传统审判思维路径形成碰撞。以该个案为样本，具体分析“合价值性”判断的考量因素，强调裁判结果合客观规律、价值优位选择及动态化衡量方法，以此完成“实质判断”，得出初步结论。在寻找“法律依据”阶段，同样以价值判断为指引，通过构建的“合意度—均衡度”谱系划分法律介入私权的范围，推导出案例中的格式条款不存在效力瑕疵，可作为“法律依据”实现与“实质判断”的耦合，得出基于价值衡量与法律论证的最终结论。最终以逆向思维评估裁判结果，验证结论是否具备积极导向，实现法律效果与社会效果的统一。

【裁判观点】

1. 带有公益效果的私益诉讼采用价值判断裁判方法，遵循价值优位选择、价值符合客观规律、价值动态考量的逻辑思维路径。在价值判断的统摄下，寻找规则适用，进行法律论证，实现“价值判断”的“合法性”。

2. 以意思自治与公平合理两个维度判断私权行为的效力受法律否定性评价范围，得出“存在合理对价前提下的限制对方主要权利之格式条款可以认定为

---

* 龙琨，北京市东城区人民法院员额法官。

有效”的结论。

【关键词】

带有公益效果的私益诉讼　裁判方法　价值判断　格式条款效力

【类案综述】

带有公益效果的私益诉讼，是指在平等民事主体之间产生的私益诉讼，其案件审理结果却将产生直接或间接的公益效果。法官在审理此类案件时，鉴于其仍然属于私益诉讼，因此审理思路不同于纯粹的“公益诉讼”，但由于该类案件的处理结果将产生公益效果，决定了法官的裁判思路也将有别于传统的民事案件。考察以下“带有公益效果的私益诉讼”的相关类案，不难发现法官在审理此类案件时以价值判断统领规则适用的裁判思路。

在郝某诉某铁路运输法院侵权纠纷案中，郝某认为通过电话订票后至售票点取票的方式将增加旅客的购票成本，因此要求被告赔偿相应的交通费。法院经审理认为，火车票代售点是根据居民分布和客流情况来设置的，“方便”与“就近”具有一定相对性，不能以某个旅客的“方便”作为衡量“就近”的标准，在权衡了代售点设置合社会现实性价值与旅客的便捷服务价值后，以郝某与某铁路运输法院不存在侵权法律关系驳回了原告的起诉。[1]

在张某诉某迪士尼乐园侵权纠纷案中，张某认为《迪士尼乐园游客须知》中禁止携带食品等条款侵犯了张某的自主选择权、公平交易权，属无效条款，要求某迪士尼乐园修改游客须知，赔偿用餐增加的损失等。法院考量了商业主体订立合同的自治范围以及游客自主选择的可能性，认为原告提起的诉讼请求不属于民事案件的受理范围而裁定驳回起诉。[2]

在李某诉中国铁路局某集团有限公司要求普速列车禁止吸烟案中，李某认为列车的经营者负有禁止吸烟以保证乘客不被烟草危害、保证安全旅行的义务，普速列车设置吸烟区构成违约，因此要求被告赔偿票款、取消吸烟区。法院审理该案时衡量了非吸烟旅客涉及的公共利益、身体健康权与吸烟旅客自由受到抑

〔1〕《侵权结果与侵权行为要具有因果关系才承担侵权责任》，载法信网 2021 年 8 月 6 日，http://192.0.100.105:82/lib/cpal/AlyzContent.aspx?isAlyz=1&gid=C1325440&libid=0201。

〔2〕上海市第一中级人民法院民事裁定书，(2019)沪 01 民终 3442 号。

制的冲突,最终判决中国铁路局某集团有限公司取消该次列车的吸烟区标识及烟具。[1]

综上所述,"带有公益效果的私益诉讼"裁判思维路径,源于其公益性的特点,首先应自价值判断切入,但鉴于其私益诉讼的本质,仍然要在价值判断的统领下回归法律技术适用,追求法律价值与社会价值的统一。

实务典型案例

基本案情

2003年7月2日,原告与被告建立电信服务合同关系。根据《北京市移动电话入网合同》约定,乙方(被告)在其移动电话网络覆盖范围内,向甲方(原告)提供网络服务、用户服务及甲方申请开通的各项通信服务。乙方应按国家标准或行业标准为甲方提供迅速、准确、安全、方便的网络服务。在乙方的网络覆盖范围内,甲方向乙方申告服务障碍的,乙方应自接到申告之时起24小时内修复或者调通;如不能如期修复或者调通的,应及时通知甲方,并免收障碍期间的基本月租费及其他月功能费,但属于甲方或第三方原因造成服务障碍的除外。自2018年9月始原告因通信信号不稳定问题屡次向被告投诉,2019年9月21日,被告经测试为原告家中加装4G信号放大器,后原告自认通信质量有明显改善。现原告认为根据双方之间的合同约定,被告应在通信信号产生问题时第一时间进行解决,如未能解决应予以赔偿,故原告起诉要求被告退还自2018年8月起至2020年7月止障碍期间的基本月租费及其他月功能费共计3481.66元。被告则认为原告所居住"城中村"建筑密集,信号阻挡严重,根据约定被告应免责,被告曾试图在该地区投建大型移动信号基站,但因相关部门未批准,故被告只能在住宅建筑物或路灯上搭建高度相对较低、覆盖范围有限的基站。现被告为原告加装4G放大器,已有效解决信号不稳定问题,故被告不同意原告的诉请。

诉讼中,被告提交原告居住地航拍图,根据图片显示并结合原告指认,原告居住的平房位于农田及公路(某阳路)夹角地带,东侧沿某章村路分别有一处高

---

〔1〕 北京铁路运输法院民事判决书,(2017)京7101民初875号。

楼群。原告居住地周围安装有6个4G基站,距离原告家较近的有两个基站,其中一个较近距离的4G基站位于某章路东侧地块,临某阳路,为大型基站(约35米高,覆盖范围400~500米),另一个基站位于某章路路线之上,距离原告家约400米,为小型基站(3~5米高,覆盖范围200~250米)。被告称因村中间不允许投建大型基站,所以投建了以路灯或民房屋顶为建设基础的小型4G基站。

法院观点

根据已查明情况,在被告为原告家中加装4G放大器之前,原告手机通信信号确实存在不稳定情况,本案争议焦点为被告在此期间提供信号不稳定的通信服务是否构成违约,抑或属于可接受的服务瑕疵。

第一,关于是否违反合同义务问题。根据《北京市移动电话入网合同》(以下简称《入网合同》)的约定,被告为原告等用户提供迅速、准确、安全、方便的网络服务存在三个限制条件:一是在移动电话网络覆盖范围内提供服务;二是按国家标准或行业标准提供服务;三是属于用户或第三方原因导致服务障碍的,被告免责。目前,我国尚没有国家标准或行业标准要求移动通信信号实现全域、全时覆盖。[1] 本案中,导致原告手机通信信号不稳定的原因在于其居住地位于两个基站中间位置,属于信号覆盖范围边缘,边缘信号的强度受限于无线电波随辐射范围增大而递增衰减,且易受干扰的固有特点,也受限于目标位置周边地形地貌、建筑物阻碍、单位区域内用户数量等外部因素的制约。被告提交的涉案区域航拍图显示,原告居住于用户数量密集的城中村,居住位置本就位于信号覆盖范围边缘,加之周边更有高大建筑物阻挡,符合由于第三方原因导致服务障碍的免责条款,因此被告虽提供了信号不稳定的通信服务,但不构成违约。

第二,关于合同条款有效性问题。虽然合同格式条款是否有效应被优先审查,但根据裁判逻辑思维惯性,该问题一般处于线性思维的回路阶段。[2] 众所周知,电信服务合同范本由运营商提供,是典型的格式条款。根据原《合同法》

---

〔1〕《电信服务规范》要求电信业务经营者应向社会公布其无线网络覆盖范围,并分别以可接入率、接通率、通话中断率、无线信道拥塞率作为数字蜂窝移动通信业务服务质量的部分考量指标进行了规定。

〔2〕即裁判者一般会以合同格式条款作为"大前提"审视案情这一"小前提",在确定满足格式条款适用条件后,审视该条款是否构成格式条款的无效情形。

规定,免除己方责任、排除对方主要权利的格式条款无效。[1] 考量前述被告提供服务的限制条件是否属于应被认定无效的格式条款:其一,电信服务合同有别于其他传统民事合同,服务提供者的服务内容与程度更多地受到通信技术发展水平的限制,因此认定“免除己方责任”或“排除对方主要权利”的背景,应建立在现阶段通常科技水平的基础上。而限制条款中的覆盖条款或标准条款,无不体现着科技发展的客观属性,非格式条款提供方主观控制范围。其二,移动电话网络覆盖范围很大程度上取决于基站的设立,但是根据《电信条例》之规定,基础电信建设项目应当纳入地方各级人民政府城市建设总体规划和村镇、集镇建设总体规划。因此基站的选址、设立并非运营商可自行决定范畴,《入网合同》中强调在移动电话网络覆盖范围内提供服务不属于“排除对方主要权利”条款。综上分析,《入网合同》中载明的电信服务限制条件不属于无效的格式条款。

第三,关于判决结果与科技进步正向导向问题。从合同条款入手,考虑无线电波传输特点、涉案区域地貌特征并结合被告为原告解决问题的方法,推演出原告诉称的信号不稳定属于由于技术限制导致的服务瑕疵,原告的诉讼请求无法得到支持。反观原告提出的本案诉请,虽然体现为退还通信费,但却有带有公益色彩,对公共服务提供者提出服务质量挑战。为了使本案否定性判决结果产生正向力量,法院认为被告负有更多增加民众福祉的义务,因此被告应更加积极地主动采取措施,尽快突破技术限制,提供更优质的通信服务。

裁判结果

法院判决驳回原告的诉讼请求。

【裁判思路与方法】

本案争议焦点在于运营商提供的通信服务信号不稳定是否构成违约,从表面上看是适用法律问题,实质上存在法律问题、技术问题、社会问题的交织,更涉及带有公益性质的私益诉讼的裁判方法问题,涵盖多方主体利益冲撞。人民法院审理此类案件时,既要遵循法律逻辑与论证规则,更要将各种价值冲突考量在论证过程中,最终实现规则适用与价值追求的有机统一。

---

〔1〕《民法典》将该条款修改为“有下列情形之一的,该格式条款无效:提供格式条款一方不合理地免除或者减轻其责任、加重对方责任、限制对方主要权利;提供格式条款一方排除对方主要权利。”

一、精准归类:带有公益效果的私益诉讼

从1996年"中国公益诉讼第一人"丘某东状告某电信部门开始[1],到2017年李某诉中国铁路局某集团有限公司要求普速列车禁止吸烟案[2]等,再到近年来的"一元官司",都体现出社会对于公益诉讼的期待。《民事诉讼法》第55条虽然规定了公益诉讼制度,但仅将起诉主体限定在"法律规定的机关和有关组织",无疑难以满足现实社会对于公益诉讼的渴求。公民个人提起私益诉讼,但裁判结果却带有公益色彩,这类诉讼已走入司法实践及学界的视野,被称为"非纯粹的民事公益诉讼"[3]、"自益形式的公益诉讼"[4]或"带有公益色彩的私益诉讼"[5]。区别于纯粹的公益诉讼,该类诉讼的外在模式表现为公民提起保护私益的诉讼;区别于纯粹的私益诉讼,该类诉讼的裁判结果对不特定公共利益产生法律效果。就产生法律效果的方式不同,带有公益效果的私益诉讼又可以进一步区分为复合型公益效果的私益诉讼和扩散型公益效果的私益诉讼[6]。前者如李某诉中国铁路局某集团有限公司要求普速列车禁止吸烟案,法院最终判决取消该次列车的吸烟区标识及烟具,该诉讼结果将直接对不特定社会公众产生影响;后者如张某诉安徽省某人事局录用公务员拒绝乙肝病毒携带者案,虽然其诉讼结果仅针对原告个人私益,却产生了超越个案的波及效力,对未来"个人同类型利益"诉讼产生援引力影响。回归到本案,原告起诉电信运营商,其诉讼目的及效果不但表现为通信不畅期间的话费赔偿,产生未来援引力影响,也同时直接影响电信运营商未来提供服务的质量,对公众产生直接影响,因此本案可归类为"复合型兼扩散型带有公益效果的私益诉讼"。

就裁判方法而言,与传统诉讼相比,带有公益效果的私益诉讼均表现为个案对未来、对公共利益的影响,因此裁判时大多需要用最先进的科学知识和专业知识对案件事实进行分析和认定,对法律要件事实与法律结果的判断与推理也异

---

〔1〕"一块二"官司开先河,载网易新闻2021年7月21日,http://news.163.com/09/1126/08/5P1JDNR9000120GR.html。

〔2〕北京铁路运输法院民事判决书,(2017)京7101民初875号。

〔3〕肖建国、刘东:《公民个人提起民事公益诉讼的原告资格辨析》,载《学习论坛》2014年第3期。

〔4〕林莉红:《法社会学视野下的中国公益诉讼》,载《学习与探索》2008年第1期。

〔5〕袁军、朱秋菱:《带有公益色彩的民事权益诉讼初探》,载《法律适用》2007年第4期。

〔6〕杜闻:《公民提起民事公益诉讼的学理分析及制度构想》,载《中国政法大学学报》2021年第2期。

常复杂，其间充斥着各种利益的冲突与博弈。基于此，法官审理此类案件需要运用不同于传统民事诉讼的裁判方法，以取得个案效果及案件既判力、效果力的有机统一。

二、裁判方法：价值追求统领下的思维逻辑

在研究法官裁判方法的论著中，常常强调大陆法系法官与英美法系法官在思维方式上的区别，前者一般遵循大前提—小前提的“以法律套用事实”过程，后者则在陪审团作出结果判断后由法官“寻找法律依据”。其实，在实践裁判过程中，大陆法系法官也同样存在“实质判断 + 法律依据”的思维逻辑过程，这正是20世纪60年代兴起的“利益衡量”法律适用方法的体现，即法官审理案件时，在案情事实查清后，不急于寻找应适用的法律规则，而是综合把握案件的实质，结合社会环境、经济状况、价值观念等，对双方当事人的利害关系做比较衡量，作出哪一方当事人应当受到保护的判断，以此作为实质判断，再根据该实质判断寻找法律上的根据。只不过多数案件，依据法律规定作出的判决结果与“实质判断 + 法律依据”得出的结论相一致，因此该逻辑思维过程常被人们忽略。[1]

如前所述，带有公益效果的私益诉讼，表现为对未来的影响，因此法律对此一般疏于精准规定，存在一定的滞后性，且该类诉讼涉及公共利益，因此需要解决多种价值冲突的平衡。基于此，法官在审理该类型案件时，更应采用在价值追求的统领下适用“实质判断 + 法律依据”的逻辑思维方法。回归到本案，如何追求裁判结果的合价值性？一是价值符合客观规律。法律是一门社会科学，需要建立在自然科学基石之上。科技水平、技术条件的客观属性决定了法律适用需符合客观规律。具体到本案的裁判规则适用，逻辑思维起点需要建立在无线电波的传播特质、技术难题及现有科技水平客服技术难题发展现状这一现实基础之上，一味苛求当事人订立无法企及的条款，无异于将法律束之高阁，将合同义务幻化为“海市蜃楼”。二是价值优位选择。电信服务作为公共服务的一类，合同条款的设定考量了多重价值冲突。从《电信条例》分析，电信设施的建设根据位置、规模的不同需要经过不同级别、多方管理机关审批通过，并需纳入地方各

[1] 梁慧星：《裁判的方法》，法律出版社2003年版，第186~187页。

级人民政府城乡总体规划,体现了宏观规划价值追求;而类似本案中有关部门不允许在村中间投放大型基站建设的情况,则隐含了拟投建基站选址论证时对周边特定群体人身权、财产权予以保护的价值。法院若支持原告的诉讼请求,将使本属于原告的私益发生扩张,运营商在现有技术条件下为减少败诉成本的累加[1],可能加大基站投建力度,这将与其他多重价值相碰撞产生冲突。在目前技术水平无法突破的情况下,通信服务价值无疑应在一定程度上让位于人身权、财产权价值及社会宏观规划价值的保护。三是价值动态考量。上述价值优位选择结果并非一成不变,否则将阻碍运营商追求服务优质化。在科技水平发展到可以实现全域网络覆盖的情况下,在运营商可采用替代性方案突破技术限制的情况下,电信用户追求优质服务的利益将不再受抑制。《电信条例》及《电信服务规范》要求电信运营商建立健全内部服务质量管理制度,并鼓励制定并公布施行高于国家规定的电信服务标准的企业标准,为价值动态化考量提供依据。

三、规则适用:价值判断引导下的法律论证

“实质判断”后的合法化问题,在无法直接寻找到“法律依据”时变得格外复杂,并体现出法官的裁判智慧。本案中,综观该案应适用的原《合同法》及新实施的《民法典》,均强调当事人应当按照约定全面履行自己的义务。《电信条例》亦规定电信业务经营者应当为电信用户提供迅速、准确、安全、方便和价格合理的电信服务。因此不难发现,法官无法从上述法律规定中直接推导出已经作出的“实质判断”。反观作为履约主体间“法律依据”的入网合同,对运营商提供服务设置了三个限制条件:一是在移动电话网络覆盖范围内提供服务;二是按国家标准或行业准提供服务;三是属于用户或第三方原因导致服务障碍的,运营商免责。如果欲以该条款作为依据论证“实质判断”的合法化,首先要解决的是上述格式条款的有效性问题。

《民法典》规定,提供格式条款一方不合理地免除或者减轻其责任、加重对

[1] 该案的波及效应将使不特定社会公众将通信瑕疵作为运营商的违约行为向法院提起大量诉讼。

方责任、限制对方主要权利的格式条款无效。[1] 从民法解释学角度分析，上述条款中的“不合理”“主要权利”均构成不确定的法律概念，需要法官在具体裁判过程中进行补充。作为电信服务合同的主体，接受迅速、准确、安全、方便的电信服务，无疑是电信用户的主要权利，相应地，运营商提供上述标准的电信服务，无疑是其应有之责任。而本案中，运营商在入网合同将提供迅速、准确通信服务的义务限定在“在网络覆盖范围内”并强调第三方导致服务障碍免责，恰恰构成了运营商限制电信用户主要权利，减轻运营商的相关义务。那么这种限制与减轻是否构成“不合理”的限制与减轻？这就涉及在市场经济机制下，法律应如何介入合同条款并对其效力予以评价的问题。有学者以合同条款的“合意度—均衡度”谱系来具体剖析法律应在何种限度内干预市场主体的私权利范围，该理论对考察本案格式条款是否属于“不合理”限制对方主要权利而需以法律手段否定其效力颇有助益。

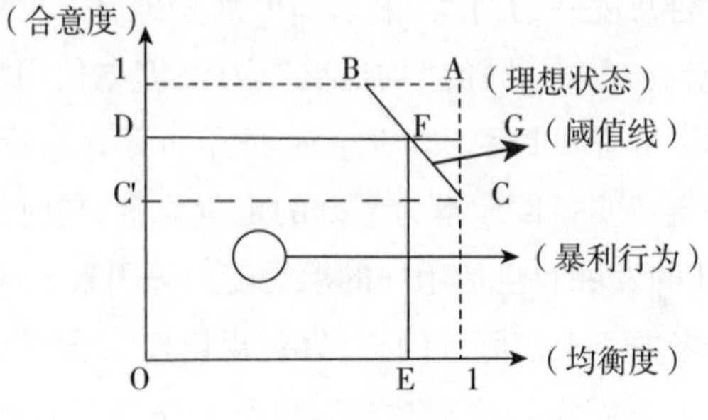

图1 “合意度—均衡度”谱系[2]

上述坐标系用“合意度”和“均衡度”这样的表述来分别代表合同法上两大基本原则——意思自治原则与公平合理原则在具体合同中的充足程度。“合意度”非形式上考察当事人是否达成合意，而是在实质上判断真实的自由意志与所达成的合意所表示出来的意思之间可能存在的差距，因此，它是一个程度值。

---

[1] 相比原《合同法》关于格式条款无效的规定，《民法典》增加了格式条款无效的情形，将无效的前提限定为“不合理”地免除或者减轻其责任、加重对方责任、限制对方主要权利的格式条款无效，一方面对格式合同有效情形进行了“放宽”，即增加了“不合理”这个前提，尊重了商业规律，给予市场主体更多意思自治空间；另一方面对有效情形进行了“收紧”，增加了“减轻己方责任”“限制对方主要权利”的情形。本案中的格式条款，更符合新实施的《民法典》关于“限制对方主要权利”的格式条款这一情形，因此裁判思路解析以《民法典》的相关规定切入。

[2] 本图源自解亘：《格式条款内容规制的规范体系》，载《法学研究》2013 年第 2 期。

“均衡度”指合同双方当事人各自的给付在客观上的对等程度。当合意度和均衡度的数值都为“1”时,达到最为理想的交易状态(A点)。但若要求所有的交易都必须达到这一理想状态,现实世界的交易将难以为继。为此,法律秩序不得不作一定的让步:只要现实的交易接近这个理想状态(合意度与均衡度的交点落在ABC区域内),便承认其效力。而当考察合意度与均衡度充足值总和低于一定的阈值(位于附图中斜线BC的左下方区域)时,就表明该合同在法律上的正当性将遭受质疑,合同的规制规范由此被触发。[1] 即法律将以相应的制度介入合同内容,矫正私权行为。

当某一合同的“合意度”坐标值处于阈值以下,如存在“欺诈”“胁迫”“通谋虚伪”“重大误解”等时,法律行为无效或撤销制度将被触发;而当某一合同的“均衡度”坐标值处于阈值以下,如存在“乘人之危”“显失公平”“情势变更”等,同样也会触发合同的撤销、免责等制度。同理,格式条款无效制度亦属于上述规制方法之一,运用“合意度—均衡度”谱系即可判断出该制度的触发点。反观本案中的格式条款,首先观察合同的“均衡度”坐标,即电信用户向运营商支付通讯资费与运营商提供带有限制条件的通信服务是否存在对价上的合理性。《电信条例》规定,电信资费实行以成本为基础的定价原则,同时考虑国民经济与社会发展要求、电信业的发展和电信用户的承受能力等因素。从该规定不难看出,电信资费定价时已考虑了电信服务的合“客观规律性”、合“优位选择性”的价值取向,在市场调节价、政府指导价和政府定价交互作用下的电信行业,入网合同的“均衡度”坐标值近似于“1”。进而观察该合同的“合意度”坐标值,只要该数值不低于C′点,那么法律就不应该对其进行否定性评价。虽然通信运营商带有一定程度的垄断性,合同条款的“合意度”坐标值并不完美,但鉴于通信运营商并非唯一,电信用户有可能在一定范围内挑选提供服务主体,并对比合同条款作出理性判断,故在市场经济规律尚发生作用的背景下,在电信行业监管机构持续以行政手段限制运营商垄断优势的情况下,“合意度”坐标值虽有些许不足,但并非严重失衡到C′点以下。也就是说,综观《入网合同》的“合意度—均衡度”谱系,通信服务的限制条款并不属于无效的格式条款,法官可以以上述条款作为裁判思维的“法律依据”,实现“实质判断”的合法化。应当指出,“合意度—均衡

---

〔1〕 解亘:《格式条款内容规制的规范体系》,载《法学研究》2013年第2期。

度”谱系的阈值线如何划定对于厘清法律介入私权领域的程度至关重要,但阈值线的把握并非精确的数学演算,它同样需要法官在个案中运用价值判断和经验法则进行权衡。在某种程度上,“合意度—均衡度”谱系仅向我们展现了一种法律论证的思维方法。

四、效果评估:逆向思维的社会效果导向

实现法律效果与社会效果相统一是衡量裁判结果正当与否的一把标尺,而带有公益色彩的私益诉讼,因涉及利益的公共化,更应从社会效果入手逆向思维,推演其合法性与合理性。本案中,若法院判决支持原告的诉讼请求,前提是认定被告提供信号不稳定的通信服务构成服务缺陷,属违约行为。这使得该判决既判力相对性原则受到冲击,对涉案区域同样接受网络覆盖边缘服务的不特定群体产生效力,导致大量因同一事由引起的诉讼涌入法院,即便如此,在现有技术条件下,被告仍无法解决该服务缺陷,法院将陷入裁判僵局,这便是“复合型带有公益效果私益诉讼”中直接效力的体现。而受制于电信科技发展水平,目前移动通信并无法实现全域覆盖,部分山区、林地、乡村、高速公路、铁路沿线,甚至地铁轨道交通等区域,均存在信号不稳定情况,假使在上述区域受到通信影响的电信用户均参照上述判例进行维权,无疑会将法院及电信运营商拖入诉讼泥潭,亦即体现了“扩散型带有公益效果的私益诉讼”中的波及效力。通过以上逆向分析可以推演出,将本案运营商未提供稳定通信服务认定为服务瑕疵而非违约行为,符合法律效果与社会效果的统一。与此同时,法院也应洞察电信运营商作为公共服务提供主体的社会责任,因此在裁判文书中指出运营商未来的努力方向,电信用户对于服务瑕疵的容忍义务需要在社会发展中动态考量,以此体现了该裁判文书的积极导向。

拍卖预展中购得拍品的合同性质、主体及瑕疵担保责任剖析

荣　慧*

案例摘要

我国《拍卖法》第 61 条第 2 款规定，拍卖人、委托人在拍卖前声明不能保证拍卖标的真伪或者品质的，不承担瑕疵担保责任。这一条款成为许多拍卖合同纠纷的主要裁判依据，也在拍卖行业形成了“拍卖不保真”的主流观念。但随着拍卖投资市场的日益火爆以及拍卖形式的不断多样化，因拍卖而衍生的各种纠纷也日益增多，其中比较典型的一种即为：拍卖竞买人在拍卖公司对拍品进行预展时即预定了拍品并支付价款，有些甚至于进行了“书面竞拍”，本案例则从拍卖活动的方式、特点出发，与一般意义上的买卖合同进行对比，对拍卖预展中购得拍品所形成的合同主体、性质以及瑕疵担保责任进行剖析。

【裁判观点】

对于在拍卖预展中即支付价款，确定拍品所有权以及未出现在拍卖现场，但通过补充拍卖手续而获得拍品所形成的形式意义上的“拍卖合同”，裁判时应从以下方面考虑：

1. 此种购买形式因不具备拍卖公开竞价的特殊特征，故不应适用《拍卖法》特别法的规定，而应认定为一般意义上的买卖合同，“免责条款”在此种情形下也就不能成为拍卖机构逃避责任的说辞。

---

* 荣慧，北京市东城区人民法院员额法官。

2. 如拍卖机构披露了委托人，则合同约束购买人与委托人，如拍卖机构不能披露委托人，则合同应直接约束购买人和拍卖机构。

3. 此种情形下责任承担是否适用《消费者权益保护法》的三倍赔偿原则，应从主体、标的等方面综合考虑。

【关键词】

拍卖预展　赝品　瑕疵担保

【类案综述】

鉴于此种情形下的"拍卖"并非常见形式，目前审判实务中缺乏可参考案例，故在审判实践中无判例可以借鉴，但征询不同法官意见，目前存在几种审判思路：

第一种审判思路认为，一般在拍卖预展时拍卖人已经印发了《拍卖图录》《拍卖须知》《拍卖规则》等告知材料，竞买人亦应清楚知晓其购买渠道来源于拍卖机构，故双方之间成立拍卖合同关系，如拍卖人已经尽到了相应的告知义务，则应当适用《拍卖法》的免责条款，免除其瑕疵担保责任。

第二种审判思路认为，根据《拍卖法》第 4 条的规定，拍卖活动应当遵守有关法律、行政法规，遵循公开、公平、公正、诚实信用的原则，在拍卖预展时即对拍品进行所有权转移，违反了《拍卖法》的相关规定，故合同应当认定为无效。合同被确认无效后，因该合同取得的财产，应当予以返还，故不管拍品真伪，竞买人退货、拍卖人退还价款及佣金。

实务典型案例

基本案情

原告甲公司的法定代表人喜欢收藏书法作品。2017 年 10 月 14 日，被告乙公司举办书画作品拍卖的预展。在预展中，甲公司的法定代表人看中了一幅标记刘炳森的作品，便直接向乙公司支付定金 10 000 元。2017 年 10 月 16 日，乙公司向甲公司开具拍品、佣金发票两张，分别为 75 000 元、93 000 元，合计

168 000 元。同时,乙公司出具承诺书,载明“本公司承诺,您所拥有的一件刘炳森作品(作品名:黄知秋诗,尺寸 122 厘米×81 厘米),将于本公司 2017 年秋季拍卖会后三个工作日向您移交”,甲公司遂支付了剩余价款。2017 年 11 月 29 日拍卖会当日,甲公司并未参与拍卖过程,乙公司便将交款单、拍卖号牌、画册及所购作品交予甲公司。后甲公司发现所购作品并非刘炳森所作,故起诉乙公司要求退货退款,并三倍赔偿。

乙公司表示,甲公司所称的预展其实是乙公司举办的小型拍卖会,当时乙公司已经明确告知过甲公司涉案作品要参加 2017 年 11 月 29 日的秋季拍卖会,最终以秋季拍卖会上的价高者得,甲公司也表示同意并于 2017 年 11 月 29 日参加了秋季拍卖,获得拍品,故双方并非买卖合同关系,而系拍卖合同关系,双方之间也不适用《消费者权益保护法》,而应适用特别法《拍卖法》;乙公司已穷尽手段向甲公司进行瑕疵担保责任的免责声明,甲公司应当知晓拍卖人对拍卖物不承担瑕疵担保责任的内容;乙公司并非适格被告,涉案作品的实际委托人为丙,应由其承担责任,而并非乙公司。

另外,乙公司在诉讼过程中披露涉案作品委托人为被告丙,且在甲公司支付价款后,乙公司也和丙进行了价款的结算。乙公司披露丙后,甲公司遂追加丙为共同被告并要求丙与乙公司共同承担责任。

后经法院委托鉴定,这幅标为“刘炳森”所作的书法作品为伪作。

法院观点

此案件争议焦点在于合同的性质。根据《拍卖法》的规定,拍卖是指以公开竞价的形式,将特定物品或者财产权利转让给最高应价者的买卖方式。甲公司称涉案作品系在 2017 年 10 月 16 日拍品展示时从乙公司处购得,乙公司却称当时系小型拍卖会,但乙公司作为专业的拍卖公司,却无法提交小型拍卖会的拍卖公告、拍卖笔录或者甲公司针对此次小型拍卖会的拍卖手续,其提供的其他证据亦不足以证明甲公司系在拍卖会上以最高价拍得涉案作品,故涉案合同不具有拍卖合同的性质。甲公司与乙公司虽未签订正式的买卖合同,但甲公司支付了价款,乙公司出具了承诺书确认了所有权的转移,故涉案合同的性质应为一般的买卖合同。

关于买卖合同的主体。鉴于甲公司认可系通过拍卖公司的预展取得涉案作品,其在购得涉案作品之前,应当知晓拍卖公司的预展拍品应为委托人所有或者依法可以处分的物品或者财产权利,所有权归属并非拍卖公司。现乙公司已经在诉讼过程中披露了涉案作品的委托人为丙并提交了相应证据,甲公司对此并未提出异议,亦要求丙承担责任,代表其认可了丙委托人的身份,故涉案买卖合同直接约束甲公司和丙。

根据法律规定,出卖人应当按照约定的质量要求交付的标的物。质量不符合约定的,应当按照当事人的约定承担违约责任,对于违约责任没有约定或者约定不明确的,依照原《合同法》第 61 条的规定仍不能确定的,受损害方根据标的的性质以及损失的大小,可以合理选择要求对方承担修理、更换、退货、减少价款或者报酬等违约责任。丙出具的委托拍卖合同及乙公司出具的承诺书中均明确注明涉案作品为刘炳森的书法作品,诉讼过程中,经鉴定该作品为伪作,故甲公司有权要求退货退款。对于退款数额,因乙公司表示 168 000 元中有 18 000 元系其收取的佣金,亦未交付丙,故丙仅对 150 000 元作品价款有退款义务。对于 18 000 元佣金,鉴于涉案作品并非经过拍卖程序而系经过买卖进行的所有权转移,故乙公司无权收取佣金,应由其予以退还。

因《消费者权益保护法》中明确规定消费者系为生活消费需要购买、使用商品或者接受服务,经营者系为消费者提供其生产、销售的商品或者提供服务,甲公司已明确说明其购买涉案作品系为法定代表人所购,且甲公司提供的证据也不足以证明丙系经营者,故法院并未支持甲公司三倍赔偿的请求。

裁判结果

法院经审理判决:一、丙于判决生效十日内退还甲公司价款 150 000 元;二、甲公司在收到上述第一项给付款项后三日内返还丙标注为“2002 刘炳森黄知秋诗”书法作品一幅;三、乙公司于判决生效后十日内退还甲公司佣金 18 000 元;四、驳回甲公司的其他诉讼请求。

【裁判思路与方法】

拍卖行为隶属于买卖行为,一般来说双方当事人通过拍卖的方式订立的买卖合同都被称为买卖合同,但是依据我国《拍卖法》的相关规定,只有参与专门的拍卖法人组织的拍卖活动并签订的买卖合同才是《拍卖法》语境下的拍卖合同,才能按照特别法优于一般法的原则,适用《拍卖法》的特别规定。对于在预展中出售的拍品或者“书面竞拍”情形,拍卖机构是否可以适用《拍卖法》第61条第2款的规定免除瑕疵担保责任,应从是否满足拍卖活动的客观特征判断合同性质,进而确定适用法律以及厘清责任。

一、合同性质的判定

(一)判断是否符合拍卖活动的特征

根据我国《拍卖法》的规定,拍卖是指以公开竞价的形式,将特定物品或者财产权利转让给最高应价者的买卖方式。拍卖活动存在以下特殊特征:第一,拍卖中的买方是不确定的,是通过公开竞价从竞价者中产生的,但是一般的商品交易中的交易双方则是特定的。第二,拍卖作为一种特殊的交易方式,具有更大的风险,必须遵守某些特定的交易规则的程序。而一般的买卖合同只要双方协商一致即可订立,通常不需要经过特定的程序。第三,在拍卖结束之前,被拍卖的财产或财产权利并不能完全确定,被拍卖的物品或财产权利的交易价格是由竞买人的出价决定的,而不是拍卖物的内在价值,但在普通的商品交易中合同标的物的价格是明确的或者可以确定的。第四,在委托拍卖的情况下,只有通过拍卖人的中介服务才能完成交易,但普通的商品交易合同可以由双方自由签订而无须中介机构或其他个人的干预。[1]

拍卖合同与普通的买卖合同最大的区别,也是与本案判决有关的,是出卖人对买卖标的瑕疵担保责任的不同。首先,在普通的买卖合同中,出卖人对标的负有瑕疵担保责任,即出卖人负有向买受人保证其交付的标的与其在买卖合同中约定的标的的品质相同的义务。其次,从拍卖合同角度看,委托人、拍卖人对拍卖标的不负有瑕疵担保责任(前提是委托人、拍卖人事先明示其不承担保真责任)。与普通的买卖合同相似也具有两方面但完全相反的法律意义:一方面,委托人、拍卖人对拍卖标的的任何说明不具有承诺的法律意义。也即委托人、拍卖人交付的标的与其事前对标的的说明不符的,买受人也无权向委托人、拍卖人追究法律责任。另一方面,买受人对标的的检验义务发生在其竞拍之前,其应根据其自己的检验情况自主决定是否竞拍,若已竞拍成功,则其对标的品质的检验就

〔1〕 刘欣:《拍卖合同中重大误解的判定》,载《人民司法》2014年第2期。

已失去意义。

拍卖合同法律关系属于特殊的买卖合同关系。根据《民法典》第645条关于"拍卖的当事人的权利和义务以及拍卖程序等,依照有关法律、行政法规的规定"之规定,符合拍卖行为构成要件的合同应当优先适用《拍卖法》调整。但是对于拍卖当事人的一般性权利、义务和责任等不能完全排除《民法典》合同编规定的适用。不能满足拍卖行为构成要件的合同仍应适用《民法典》合同编中民事基本法律的规定。

(二)探究双方之间真实的交易目的

拍卖活动中的竞买人一般是对收藏品比较感兴趣,竞拍主要是个人收藏。但目前,一些拍卖机构在开拍前甚至在拍品预展中即按照保留价或低于保留价的形式与有意向的竞买人签订关于所有权转移的声明,但并不办理拍品的实际交付,而由意向竞买人转身变成委托人,在正式拍卖时仍然参加上拍,如果竞拍成功,拍卖机构可以同时赚取两份佣金,而意向竞买人也赚取了拍卖投资的收益。这种形式不仅缺乏真实的拍卖目的,也扰乱了正常的拍卖市场秩序。

在本案例中,乙公司对购得拍品的过程前后说法不一,开始说是在预展,之后又说是在小型拍卖会,但其作为专业的拍卖公司,却无法提交小型拍卖会的拍卖公告、拍卖笔录或者甲公司针对此次小型拍卖会的拍卖手续,其提供的其他证据亦不足以证明甲公司系在拍卖会上以最高价拍得涉案作品,故涉案合同不具有拍卖合同的性质。交易行为发生的时间节点、价格的确认、取得所有权的形式都不符合拍卖活动的特点,也缺乏真实的拍卖交易目的。甲公司与乙公司虽未签订正式的买卖合同,但甲公司支付了价款,乙公司出具了承诺书确认了所有权的转移,双方之间的交易行为符合买卖合同的合意结果,故涉案合同的性质应视为一般的买卖合同。

二、合同主体的认定

(一)拍卖机构是否披露委托人

虽然前述类似纠纷应适用买卖合同的相关规定进行审理,但并非竞买人与拍卖机构之间当然成立买卖合同关系。根据《民法典》第925条的规定,受托人以自己的名义,在委托人的授权范围内与第三人订立的合同,第三人在订立合同时知道受托人与委托人之间的代理关系的,该合同直接约束委托人和第三人;但是,有确切证据证明该合同只约束受托人和第三人的除外。拍卖机构是否可以披露委托人,直接影响合同主体的认定,也是法院主动审查的部分。一般来说,这类纠纷中竞买人在起诉时只起诉了拍卖机构,但一旦拍卖机构披露了委托人,则程序上应当追加委托人。

另外,根据《民法典》第926条的规定,受托人因委托人的原因对第三人不履行义务,受托人应当向第三人披露委托人,第三人因此可以选择受托人或者委托人作为相对人主张权利,但是第三人不得变更选定的相对人。也就是说,竞买人与拍卖机构之间是成立买卖合同还是与委托人之间成立买卖合同,取决于拍卖机构是否可以披露委托人,披露后竞买人也有选择权,但一旦选定,竞买人不能再进行变更。

另外,本案中在法院已经释明的前提下,甲公司仍坚持要求乙公司与丙共同承担责任,但考虑到拍卖活动的特殊性,竞买人前往拍卖公司竞拍,应当知晓拍品并非拍卖机构所有,而应属于他人委托,这属于一般社会认知,在乙公司已披露委托人为丙的情况下,法院认定甲公司与丙之间成立合同关系。

(二)委托人未准许是否影响合同主体的确定

《民法典》第922条第1句规定,受托人应当按照委托人的指示处理委托事务。拍卖过程中,拍卖机构的角色只是委托人代理人的身份,其作出的各项决定都应按照委托人的指示进行。一旦诉讼中披露了委托人,委托人的抗辩意见主要为拍卖机构的行为未获得其准许。笔者认为,根据《民法典》第172条的规定,行为人没有代理权、超越代理权或者代理权终止后,仍然实施代理行为,相对人有理由相信行为人有代理权的,代理行为有效,故委托人是否准许拍卖机构在预展中或开拍前即将拍品出售或低于保留价出售,并不会影响合同主体的认定。委托人和拍卖机构之间的委托合同关系可以另行处理。

三、拍品瑕疵责任承担的考量因素

(一)拍卖机构免责声明的认定

根据《民法典》第497条的规定,提供格式条款的一方不合理地免除或者减轻其责任、加重对方责任、限制对方主要权利的,该格式条款无效。在买卖合同的前提下,本案拍卖机构制作的“免责声明”具有上述条款特征,应视为单方事先拟定好的格式合同条款,不能当然免除其责任。

另外，即使是在拍卖合同中，笔者认为，拍卖机构作为一个专门从事此项业务的机构，无论在人力、物力、财力、鉴定水平和经验等方面都远远优于竞买人，其收取了高额的佣金，故其责任不仅仅是“搬运工”的角色，不能在出现纠纷后仅以一句“免责声明”而游离在责任之外。在明确拍品瑕疵担保的责任上，拍卖机构应当承担必要且审慎的义务，在其应当意识到并且能够知道的范围内承担更多的责任。

（二）司法鉴定的必要性及证据认定

有观点认为，拍品瑕疵担保责任仅限于拍卖标的的品质，而不应当延伸到其真伪。其背后的理念是，拍品真伪很难判断，拍卖机构在经验、知识范围内无法做到对所有拍品真伪作出准确、客观的判断。诚然，真伪鉴定在实践中是个非常复杂的问题。甚至有些法院认为，无法对拍品进行真伪鉴定。

上述观点值得商榷。一方面，真伪鉴定有其必要性，鉴定结论与当事人的诉求直接相关。如果将该问题置之不理，会助长赝品泛滥，纵容造假行为。另一方面，事实真实与法律真实，是两个不同的问题。有些拍品由于年代久远，专业人员都难以辨别其真伪，更何况法官等非专业人士。但是，对法官而言，追求法律真实，却是可行的。换言之，法官的主要工作是，通过证据规则去认定艺术品的真伪。例如，法官可以委托专业人士进行鉴定，对于经过合法程序取得的鉴定结论，可以视为在法律上解决了真伪问题。[1]

因而笔者认为，真伪鉴定在类似本案例中有其必要性，鉴定人的结论与当事人的诉求直接相关。即使存在鉴定不能的情况，法官也可通过证据规则对拍品的真伪作出判断。

（三）拍卖机构或委托人对拍品的告知情况

根据《拍卖法》第61条的规定，拍卖人、委托人未说明拍卖标的的瑕疵，给买受人造成损害的，买受人有权向拍卖人赔偿；属于委托人责任的，拍卖人有权向委托人追偿。拍卖人、委托人在拍卖前声明不能保证拍卖标的的真伪或者品质的，不承担瑕疵担保责任。这条不保真条款设立的初衷是在一定程度上保护主观上善意的拍卖机构，成为拍卖机构的“免死金牌”，但同时行使“免死金牌”是有前提条件的，首先是在拍卖活动中，其次是拍卖机构已经将免责声明通过主

---

〔1〕 黄瑞耀、沈丹、毕慧：《艺术品拍卖中免责声明的效力研究以“许汉胜诉厦门经济特区拍卖行”案为视角》，载《法治研究》2011年第3期。

动提示的方式告知竞买人，这实质上是对拍卖机构执业要求的一种规范。

但就本案而言，如果未经过拍卖程序，则“不保真条款”不能再成为拍卖机构的“护身符”，拍卖机构或委托人是否尽到了如实告知义务则直接影响其责任的承担。另外，对一些虽未明确“保真”，但在拍品的展示过程中，拍卖机构印发的《拍卖图录》或其他拍品介绍，是否明确了拍品的来源、价值、流转信息，给竞买人造成强烈的“拍品为真”等印象，诱导他人参与竞拍。这种积极的作为，在买卖合同中无疑是一种对商品质量上的承诺，与其合同中所声明的“不保证拍卖标的真伪或者品质”形成鲜明的反差。笔者认为，这也是司法区分责任并最终判定归责必须综合权衡和考量的问题。

(四)瑕疵担保责任的范围

未经过拍卖程序的“拍卖”虽不符合拍卖活动的特征，而适用一般买卖合同的相关法律规定，那是否也应适用《消费者权益保护法》的规定，在责任的承担上扩展至三倍赔偿的范围呢？笔者认为，那就要严格审查此活动中各方主体以及买卖标的是否符合“消费者”“经营者”“消费品”的定义和要件。这里尤其值得注意的是，艺术品类是否属于“消费品”，笔者认为作为艺术品一方面是投资收藏品，另一方面也属于精神文化生活消费品，与购买图书、观看影片无异，不能因其价值高、保值能力强等投资收藏属性而机械地排除其作为文化生活消费品的属性。本案中，未能适用《消费者权益保护法》的原因在于丙并非以营利为目的从事商品经营活动的个人，并非一般意义上的经营者；且甲公司用于购买涉案作品也系为了送给法定代表人，并非用于其公司生产经营。

四、结论

不保真条款在实践中已发展成一系列条款组成的拍卖机构对于拍品真伪纷争的免责体系。拍卖机构为了保护自己的权益，会尽可能地利用该条款及其背后所架构的免责体系，以便规避拍品真伪纷争所带来的风险。对于拍卖行业，此举是理性的选择，合理合法。但是，伴随拍卖市场利益的驱动，一些不规范的拍卖活动涌现，非典型性案例也需要司法的认定，进而去规范市场主体的行为。商法的世界不是非黑即白，要结合各种因素加以分析。在处理此类纠纷时，需要全面、细致地审视商事行为的特征确定适用法律，厘清责任。

涉及房屋的一般取回权纠纷中债务人财产的认定

——甲诉乙公司一般取回权纠纷案

支延杰*

案例摘要

在涉及房地产企业的破产衍生诉讼司法案例中，存在一种较为特殊的情况，即消费者已经支付房屋的全部价款，但是房地产商未能为消费者办理过户，消费者能否行使《企业破产法》第38条赋予的取回权。实践中主要有两种观点，一种观点认为，该房屋属于债务人的破产财产，消费者应当申报债权而非行使取回权，另一种观点认为，该房屋不属于债务人的财产，依据《最高人民法院关于审理企业破产案件若干问题的规定》第71条之规定，因商品房买卖合同就房屋有明确约定，应当视为该条规定的特定物，与债务人财产区别开来。笔者在综合类案分析之后认为，应当对购买者的目的加以分析，如以生存消费为目的购买房屋的，为保护其生存权，应当支持购买者行使取回权。

【裁判观点】

在涉及房屋的一般取回权纠纷中，购房者已经支付全部价款但未办理过户的，如果其购买目的为生存居住，则应当认定该房屋不属于破产债务人财产，购房者得以行使取回权；如果购买目的系用于生产经营或其他原因，则应将争议房屋认定为破产债务人财产，购房者可以向管理人申报债权以保护自

---

* 支延杰，北京市东城区人民法院法官助理。

身权益。

【关键词】

一般取回权　债务人财产　已经支付全部价款　未办理过户

【类案综述】

第一种观点认为，认为已经支付全款但没有办理过户登记的房屋属于破产财产。[1]

应当以《最高人民法院关于适用〈中华人民共和国企业破产法〉若干问题的规定(二)》(以下简称《破产法司法解释二》)第2条为标准认定是否属于破产债务人财产。《最高人民法院关于审理企业破产案件若干问题的规定》(以下简称《破产案件若干问题规定》)第71条与《破产法司法解释二》第2条均就不属于破产债务人财产的范围作出了不同规定。《破产案件若干问题规定》系为正确适用《企业破产法(试行)》所制定的司法解释，而随着2007年6月1日《企业破产法》的施行，《企业破产法(试行)》已经废止，针对该部法律所制定的司法解释原则上应不再适用。即使在《破产案件若干问题规定》尚未明确废止的情况下，根据“新法优于旧法”的法律适用规则，本案亦应适用《破产法司法解释二》认定案涉房产是否属于破产债务人财产。

《破产法司法解释二》第2条规定：“下列财产不应认定为债务人财产：(一)债务人基于仓储、保管、承揽、代销、借用、寄存、租赁等合同或者其他法律关系占有、使用的他人财产；(二)债务人在所有权保留买卖中尚未取得所有权的财产；(三)所有权专属于国家且不得转让的财产；(四)其他依照法律、行政法规不属于债务人的财产。”已经支付全款但没有办理过户登记的房屋不在该条款列明的范围内，所以应当依法确认该房屋为破产财产。

同时，根据《民法典》物权编的相关规定，动产所有权的取得以交付为准，不动产所有权的取得以办理物权登记为准，因未进行变更登记，此时诉争房屋仍属于破产债务人财产，债权人应当进行债权申报而非行使取回权。

---

[1] 参考案例：最高人民法院(2017)最高法民申3088号，再审申请人安顺市川惠投资股份有限公司与被申请人贵州省安顺市鼎城房地产开发有限公司商品房预售合同纠纷一案。

第二种观点认为，已经支付全款但没有办理过户登记的房屋不属于破产财产。[1]

《破产案件若干问题规定》并未被明确废止，仍可以适用其第 71 条之规定进行判断。在订立的合同合法有效的前提下，若诉争房屋已经交付，则适用第 71 条第 6 项之规定，认定其不属于破产债务人财产；若诉争房屋尚未交付，且购买人已经支付全部价款的，由于商品房买卖合同就房屋地址、楼层、门牌号、面积、户型等要素已经进行了明确约定，足以与其他房屋相区分，应当视为特定物，适用第 71 条第 5 项之规定，认定其不属于破产债务人财产。

实务典型案例[2]

基本案情

2008 年 9 月 23 日，甲作为购房者与作为出卖人的乙公司签订了《北京市商品房预售合同》，约定乙公司将坐落于东城区新中街×号院×号楼×层×房的房屋出售给甲，总价款 1 685 074 元。乙公司应于 2008 年 12 月 28 日前向甲交付该房屋。之后，甲向乙公司付清购房款，并实际占有涉案房屋至今。2017 年 6 月 27 日北京市东城区人民法院裁定受理丙对乙公司的破产申请，并指定丁律师事务所担任乙公司管理人。

现甲以其与乙公司订立了《北京市商品房预售合同》，欲购买坐落于北京市东城区新中街×号院×号楼×层×房并支付了全部房款，但乙公司以至今仅交付房屋未办理房屋所有权证为由，要求行使一般取回权，请求法院判令确认北京市东城区新中街×号院×号楼×层×房归甲所有，乙公司配合办理过户手续。甲为证明其主张提交了如下证据：证据 1. 购房合同，证明双方合同关系；证据 2. 刷卡收据两张、发票一张，证明甲支付了首付款 845 074 元；证据 3. 房款结算单、房屋建筑面积差结算协议，证明房款总价；证据 4. 中国民生银行借款凭单，证明甲通过贷款支付剩余房款；证据 5. 入住协议、物业费收据，证明房屋已经入住并交付

---

〔1〕参考案例：最高人民法院(2017)最高法民申 1429 号，再审申请人宁波住宅建设集团股份有限公司与被申请人沃凯宏、宁波东来日盛置业有限公司第三人撤销之诉一案。

〔2〕北京市东城区人民法院(2019)京 0101 民初××号，甲诉乙公司一案。

了相关费用；证据6.两份北京市房屋租赁合同，证明甲实际占用并将房屋出租。乙公司对甲提供的全部证据的真实性均予以确认，但是认为甲仅提供了发票和收据，没有提供明细，仅有银行借款凭单也无法证明银行实际放款，并主张如果甲与乙公司确实存在真实的涉案房产交易，同意配合办理相关手续。

法院观点

该案系破产案件衍生诉讼中的一般取回权纠纷，《企业破产法》第38条规定，人民法院受理破产申请后，债务人占有的不属于债务人的财产，该财产的权利人可以通过管理人取回。但是，本法另有规定的除外。因此，本案争议的焦点为案涉房屋是否属于甲的财产。结合查明的事实，北京市东城区人民法院主要判断理由为：

甲与乙公司签订的《北京市商品房预售合同》系双方的真实意思表示，不违反法律、行政法规的强制性规定，应属合法有效。在购房者履行付款义务后，乙公司负有将涉案房屋交付并过户到甲名下的义务；甲已经将全部购房款支付给乙公司，履行了全部的合同义务；甲已经实际占有、使用该房屋；甲无法取得涉案房屋产权证，是乙公司自身原因导致，与甲无关。

综上，涉案房屋应当为甲的财产，不属于乙公司的破产财产。

裁判结果

依照《企业破产法》第38条之规定，北京市东城区人民法院最终判决结果为：坐落于北京市东城区新中街×号院×号楼×层×房的房屋归甲所有；乙公司配合甲行使取回权，于本判决生效之日起七日内配合甲将北京市东城区新中街×号院×号楼×层×房的房屋所有权过户到甲名下。

【裁判思路与方法】

该案涉及的是破产衍生诉讼中的一般取回权纠纷，法律依据的是《企业破产法》第38条。该案反映出了一个在破产实务中较为特殊的情况，即陷入破产危机的房地产企业与购房者签订了商品房买卖合同，购房者已经支付了全部价款，但是该企业未依约办理过户登记手续，该企业破产申请受理后，购房者能否行使取回权要求管理人办理过户登记手续。这在实务中存在不同观点。

一、取回权制度的理论基础

首先,我们需要对"取回权理论制度"加以分析。在房地产企业进入破产程序后,存在多方主体之间的利益冲突,各方互相进行博弈,购房者、施工方、银行等贷款机构、其他债权人等各相关方维护自身利益最大化,人民法院和管理人须兼顾各方利益,稳妥解决可能存在的冲突。其中,与普通老百姓的日常生活有重大关联的就是商品房购房者在破产清算案件中能否行使取回权的问题。房地产市场是一种较为特殊的市场,既包括了典型的以买卖合同为主体的消费市场,又包括了信用贷款等金融产品。通常情况下,除房地产企业自有资金外,还有房地产商的银行贷款、期房预售定金和首付款、购房者的银行贷款、施工方的工程款等融资途径。其中,设立土地使用权抵押、在建工程抵押和预售房屋等是房地产企业的主融资途径。近年来,因房价持续上涨,众多房地产企业在全国范围内涌现。后又因国家的宏观经济调控政策,房地产企业多遭遇资金链断裂风波,而陷入经营困境,出现多种经济纠纷;这些纠纷波及筹建、在建房地产项目,项目查封、资金冻结等使房地产企业遭遇雪上加霜、资不抵债的经营困境,以至于房地产企业破产案件不断出现。房地产企业破产案件常涉及各利益相关方,法律关系错综复杂,是破产法实践领域的重大疑难案件。也因住房与民生问题关系密切,妥善保障购房者在房地产企业破产案件中的合法权益,成为此类案件的工作重心之一。[1]

取回权制度是在特定财产权利人与债务人、全体债权人之间发挥利益平衡作用并倾向于保护财产权利人的制度。就实体角度而言,"这种制度安排的依据,首先在于遵守'不得以别人的财产清偿自己的债务'这一公平原则;其次是因为所有权和他物权制度是社会经济生活中最基本的法律秩序之一;破坏这一基本秩序会破坏人们对于社会经济秩序最基本的预期,导致交易无法进行"。就程序角度而言,取回权制度是为了纠正管理人管理的财产与债务人财产范围之间的不一致现象而设立的制度。破产程序是对债务人财产的概括执行程序,管理人在接管债务人财产之前,并未对财产的权属进行查明,为防止非债务人财产被划入破产财产的范围,财产取回制度应运而生。

---

〔1〕 付雅洁:《房地产企业破产案件中购房者取回权相关问题探究》,载《法制博览》2017 年第 3 期。

二、《最高人民法院关于建设工程价款优先受偿权问题的批复》(法释〔2002〕16号)价值理论分析

虽然《最高人民法院关于建设工程价款优先受偿权问题的批复》(法释〔2002〕16号)已经被废止,但是该批复中关于工程价款优先受偿权优先于抵押权和其他债权,但不得对抗已付全部或大部分购房款的"消费者"购房者的法理考量仍有一定的参考意义。

其一是物权期待权。物权期待权为从债权法律关系所引申出来的,债权人享有的针对债务人的物权请求权。〔1〕购房者权利类似于物权期待权,预告登记可被认为是购房者物权期待的特殊表现形式,以未来出现的不动产物权变动保全请求权为目标提前登记,只不过特殊之处在于,因为受限于时间因素,此类期待不完全是已经实现的,也不完全是未实现的,而往往是介于二者之间的形式。当产生预告登记后,便有了对抗第三人物权效力,可确保此债权请求权发生期待法律结果。

其二是个体生存权。从本质上讲,购房债权属于普通债权的一种形式,之所以加以特殊保护是因为生存权属于基本权利,它是符合我国法律规定原则的,也就是所有人均应当享有维持自我及家属生活水平的权利,此基本权利是其他一切权利存在的前提条件。

需要指出的是,由于购房款债权不具有公示效力和对抗第三人的效力,如果仅仅以抽象的生存权理论赋予购房款债权优先权的效力,必将严重影响外部债权人的可预测性和交易安全,缺乏实体法明文规定。但是,与此同时,不可否认的是,与房地产企业、享有工程价款债权人的承包商以及金融机构等抵押权人相比较,由于购房消费者缺乏不动产交易知识和经验而在签订合同过程中往往处于弱势地位,并且也没有有效的担保措施。〔2〕因此在实体法缺位的情况之下,最高人民法院以司法解释的"准立法"形式弥补这一法律空白,对于在实践中保护处于弱势地位的购房者具有一定的意义。

〔1〕 金春:《论房地产企业破产中购房消费者的权利保护》,载《法律适用》2016年第4期。
〔2〕 金春:《论房地产企业破产中购房消费者的权利保护》,载《法律适用》2016年第4期。

三、房地产企业破产案件中对于购房者权利的保护具有必要性

第一，保护购房者的根本利益。在房价日益高涨的大环境之下，为购买城市住房尤其是一二线城市的商品房，购房者需要支付的款项往往动辄上百万元甚至上千万元，几乎是举全家之力掏空“六个钱包”而得以凑齐一套房子的购房款，是一个家庭两代人的辛苦汗水，寄托着购房者全家对美好生活的追求和希望。如果这些购房款和房屋都存在部分或者全部灭失的风险，对于购房者的打击将是毁灭性的。因此，有必要对购房者因购房而产生的债权加以特别保护。

第二，基于对公平正义的追求。购房者基于客观原因，其自身无论是经济实力还是专业知识，在房地产企业破产案件中各方角逐博弈时处于绝对弱势地位。房地产企业破产时，往往还有其他类型的债权人，如享有建设工程价款优先权的承包人、已办抵押登记的抵押权人、手持借款合同的一般债权人等，作为债务人的破产企业时常因资不抵债，难以满足全部的债权请求。购房者的债权在这些债权人的债权面前，尤其是享有担保物权的优先债权的面前往往处于不利地位，极有可能导致大部分债权无法得到清偿，因此基于对公平正义的追求，须对购房者的债权加以特别保护。

第三，维护社会公共利益和稳定发展。住房问题是和教育、医疗、就业等并存的重大民生问题，关乎全社会的利益，任何一个家庭和个人都是潜在的购房者。因此对于购房者在房地产企业破产案件中的利益保护，是社会公众和媒体舆论长期关注的热点问题，切实牵动着广大人民群众的神经，再加之近年来，全国范围内有关商品房买卖合同发生纠纷并诉诸法院的案件呈大幅增长、高位运行之基本态势。人民法院有必要对这一问题进行审慎、严肃、妥善的处理，也是维护社会公众利益和稳定发展的必要举措。

四、购房者能否行使取回权裁判规则探析

笔者认为，由于《破产案件若干问题规定》并未明确废止，且其第 71 条与《破产法司法解释二》第 2 条并不矛盾，因为后者第 4 项规定了“其他依照法律、行政法规不属于债务人的财产”的兜底性条款，存在解释的空间。但也并非因此可以一概认定此种情况均符合购房者可以取回房屋，实务中应当区分购房者之购房目的系用于生活消费还是用于生产经营。

参考《最高人民法院关于建设工程价款优先受偿权问题的批复》(法释〔2002〕16号)第2条"消费者交付购买商品房的全部或者大部分款项后,承包人就该商品房享有的工程价款优先受偿权不得对抗买受人"之精神,可以看出该条旨在对消费者的生存利益加以特殊之保护,是基于生存生活利益大于生产经营利益的社会政策价值导向,为保护消费者的居住权而设置的特殊规定,在适用中应对其范围予以严格限制,不宜做扩大解释。在认定购房者是否享有房屋所有权时应当审查其购房目的是满足生活居住需要,而非生产经营或其他。

综上所述,在涉及房屋的一般取回权纠纷中,购房者已经支付全部价款但未办理过户时,如果其购买目的为生存居住则应当认定该房屋不属于破产债务人财产,购房者得以行使取回权;如果购买目的系用于生产经营或其他,则应将争议房屋认定为破产债务人财产,购房者可以向管理人申报债权以保护自身权益。

同时,笔者认为,上述规则可以作为该类案件的一般性裁判规则,但是法官在处理个案时必须具体案件具体分析,以确保个案的实体公平。具体而言:

(一)考虑适用上述规则的主体范围

应当区分购房者的主体类型,对于自然人和法人、非法人组织应当区别对待。自然人作为个体,通常情况下可以适用上述规则。诸如个体工商户等特殊的组织行使,如果是出于满足日常生产经营需要,不予以保护将严重危及其正常生活的,也可以有条件地列入优先保护范围。但是对于法人和非法人组织,尤其是以营利为目的的法人和非法人组织,应当排除在保护范围之外,因为其购买商品房的基本目的,更多是出于生产经营需要,而非生存居住。

(二)考虑适用上述规则的个体状况

即使在购房者自称是出于生存居住为目的而购买商品房的情况下,也应当继续查明购房者是否存在其他可以推定其并非出于生存居住为目的的情形,诸如,购房者及其家庭成员名下所拥有的不动产数量、在特定时间段内办理不动产变更登记的频率等,然后有针对性地加以判断和处理。如对于购房者及其家庭成员名下拥有的商品房数量明显超过基本需要,或者在特定时间段内频繁办理不动产变更登记,已经超过了正常限度的,应当推定其并非具有为生存居住而购房的目的,其购房而产生的债权应当按照普通债权处理。

(三)考虑适用上述规则的保护门槛

除判断购房者的主体性质、有无除外情形之外,还应当考虑购房者支付款项的具体情况。如果购房者未付款或者付款比例极低,几乎不存在优先保护之必要,毕竟其损失尚不足以干扰其正常生活。但"一刀切"地要求购房者必须支付全部款项也有不妥,这样会导致很多购房者的债权无法得到优先保护。

因此,应适当降低付款比例的判断标准,《最高人民法院关于人民法院办理执行异议和复议案件若干问题的规定》第 29 条第 3 项确定的"已支付的价款超过合同约定总价款的百分之五十"的比例规定可以作为参考基准,同时在个案中参照购房者自身状况作出例外性处理。

五、结语

破产法及其理论旨在调整债权人和债务人之间的利益分配。破产法通过直接调整的方式,保障债务关系在债务人丧失清偿能力时有序、公平地实现,维护全体债权人和债务人的合法权益,维护社会利益与经济秩序。同时,还有利于进一步完善房地产市场经济的优胜劣汰机制,实现社会资源的优化配置。在现代房地产市场之激烈竞争下,个别企业不可避免地会走向破产,这原本符合市场经济优胜劣汰的一般规律。房地产企业破产案件可能会涉及多方利益,而在其中的商品房预售环节,购房者利益受到侵害的情况比较常见,在供给侧结构性改革持续推动的大背景下,为化解产能过剩问题,这样的情况有增加的可能性,应当引起足够的重视。[1] 在破产处理法律实务过程中,应当运用基本法律原则如对生存权的重视等,并结合案件本身特点,在人民法院指导与监督之下,采取一系列公平、公正的策略顺利推动问题的解决,保障购房者合法权益,尽量减少其给市场其他主体带来的不利影响,特别是对那些在市场竞争当中处于弱势地位的购房者的不利冲击。法律应当对弱者予以特殊的保护。

---

〔1〕 柳明、郑东媚:《房地产企业破产时购房债权的保障及完善》,载《法制与社会》2020 年第 23 期。

商事诉讼类

以房抵债协议排除强制执行裁判规则之重构

黄莹荧*

案例摘要

以物抵债是债务清偿的一种方式,在债务人不能清偿到期的债权时,通过对自身享有的票据、动产、股权、不动产等以交付或转移变更所有权的方式达到抵销债务的目的。动产以交付占有为物权公示的方式,票据亦可通过背书的方式进行转让,但不动产、股权需经过登记机关办理相应变更手续才能实现权利变更。实践中,通过房屋抵销债权的情形大量存在,但因房屋的初始登记未能办理、限购政策以及抵押等情形的存在,以房抵债后债权人未能及时办理变更手续。在债务人因其他案件被人民法院查封财产时,案外人以权利外观与实体权利不一致为由,向人民法院提起案外人执行异议。本案例以探究"以物抵债"协议条文真实意思为切口,重构以物抵债协议对抗执行依据的裁判规则,在充分考虑主客观要件相符情形下的利益衡平后,获得房屋所有权与抵销债务之结果也可由一般债权请求权转化为物权期待权。

【裁判观点】

以房抵债协议要达到排除另案强制执行的审查要件的考量,应对以房抵债协议的实质从主观及客观情形上探究双方当事人的真实目的。不能仅以不符合《最高人民法院关于人民法院办理执行异议和复议案件若干问题的规定》(以下

* 黄莹荧,北京市东城区人民法院员额法官。

简称《执行异议和复议规定》)第28条的形式要件来否定善意债权人的物权期待权。获得房屋所有权与抵销债务之结果在主客观要件具备的情形下,可由一般债权请求权转化为物权期待权。

【关键词】

以房抵债　排除执行　物权期待权

【类案综述】

第一种实务观点认为,应当排除适用《执行异议和复议规定》第28条。抵债双方虽订立房屋买卖合同,但订立该协议的目的是消灭原金钱债权,而非单纯的房屋买卖,不能体现双方买卖的真实意思表示,在完成不动产变更登记之前,此协议并不优先于其他金钱债权的实现。[1]

第二种实务观点认为,应当等同适用《执行异议和复议规定》第28条。认为原债的法律关系已被以房抵债协议中的权利义务关系取代,债务人自愿将登记在其名下的涉案房屋出售给债权人,并将应收房款偿还旧债不违反法律规定,合法有效。债权人基于以房抵债协议的签订、履行、实际占有了涉案房屋,有权基于"房屋买受人的"身份主张物权期待权。[2]

第三种实务观点认为,应当有限适用《执行异议和复议规定》第28条。尊重当事人嗣后形成的变更法律关系性质的一致意思表示,是贯彻合同自由原则的应有之义。当事人之间达成协议以房抵债并无不当,但《执行异议和复议规定》第28条在一定程度上突破了债权平等原则和合同相对性原则,也增加了被执行人和执行案外人通过执行异议恶意串通逃避强制执行的道德风险。为了防止当事人恶意串通,损害申请执行人的合法权益,对于抵债的基础法律关系仍应严格审查,不能仅凭当事人自认确定基础债权的存在,在考虑原始债权的合法

〔1〕 可参见湖北省高级人民法院民事判决书,(2019)鄂民再220号;辽宁省高级人民法院民事判决书,(2019)辽民终1156号;山东省高级人民法院民事判决书,(2019)鲁民终2621号;新疆维吾尔自治区高级人民法院民事判决书,(2019)新民终129号。

〔2〕 可参见四川省高级人民法院民事判决书,(2019)川民再36号;云南省高级人民法院民事判决书,(2019)云民终355号。

性、确定性、与抵债物价值的适当性的基础上，需严格遵循法定要件。[1]

实务典型案例

基本案情

2016 年 6 月 21 日，甲以对乙、丙的两份生效民事判决书向北京市海淀区人民法院申请强制执行。执行程序中，甲与乙、丙于 2016 年 11 月 28 日签署执行和解协议，约定被执行人乙、丙共计欠甲本息合计 793 000 元；为了偿还借款，乙同意授权甲，代其履行位于北京市顺义区某小区的收房、房产证的办理、房产证的领取等手续；甲垫付费用办理产权证后，将代乙偿还其购买这套房屋的全部银行贷款，该房屋自动折抵给付某所有；折抵后甲与乙之间的借款纠纷全部履行完毕，与银行之间的贷款亦与乙无关，由甲负责偿还。待以上手续办理完成后，甲同意撤销乙、丙的借款法律手续并终结借款关系，债务全清。

2016 年 12 月 5 日，甲办理收房手续，通过其银行卡刷卡支付了取暖费、物业费，并获取房屋专项维修资金收据、印花税及契税税收完税证明。2017 年 1 月 3 日，甲向乙招商银行的账户转账 877 408 元。涉案房屋产权证于 2017 年 1 月 4 日登记在乙名下，房屋产权证登记用途为办公/办公用房，由甲领取房屋所有权证原件。2017 年 3 月 1 日，甲撤回对乙、丙的强制执行申请。2017 年 10 月 31 日，甲代乙与某房地产经纪有限公司签订房屋出租代理合同。甲将涉案房屋以每月 3300 元价格租赁给某房地产经纪有限公司，租赁期限自 2017 年 11 月 2 日起至 2020 年 11 月 1 日止。房屋出租代理合同中明确约定了支付租金计划表。甲亦提交其工商银行账户交易明细，显示自 2017 年 11 月 3 日至 2019 年 5 月 2 日，账户均有符合房屋出租代理合同支付租金计划表中约定的给付金额入账。

2017 年 1 月 3 日 16:02:17，甲向乙招商银行账户汇入 877 408 元，同日 16:02:22，招商银行北京分行亚运村支行从乙账户扣划个人逾期贷款利息 877 407.46 元。

2016 年 8 月 19 日，北京市东城区人民法院受理丁与乙金融借款合同纠纷一

---

〔1〕 可参见山东省高级人民法院民事判决书，(2019)鲁民终 2648 号；广东省高级人民法院民事裁定书，(2017)粤民申 10521 号；北京市高级人民法院民事判决书，(2019)京民再 93 号。

案，并于2016年12月26日作出民事判决书，判决乙偿还丁借款本金172 830.26元及相应利息、罚息、复利。2018年3月23日，丁向北京市东城区人民法院申请执行，涉案房屋于2018年4月19日被查封。

2017年3月26日，北京市住房和城乡建设委员会、北京市规划和国土资源管理委员会、北京市工商行政管理局、人民银行营业管理部、银监会北京监管局联合发布《关于进一步加强商业、办公类项目管理的公告》，公告中对商办类用房销售及购买资格进行限制。

法院观点

法院裁判认为：案外人执行异议之诉案件中，案外人应当就其对执行标的物享有所有权或者其他足以阻止执行标的物转让、交付的实体权利所依据的事实承担举证责任。甲以对涉案房屋享有所有权提起本诉，其因执行和解协议受让的涉案房屋是否能够排除强制执行是本案争议的焦点。

一、涉案执行和解协议是否属于合法有效的书面买卖合同

从执行和解协议的内容来看，不仅包括乙以名下房屋抵销乙、丙应当向甲履行的法律文书确定的义务，还包括甲应当向乙支付为购买涉案房屋乙所负的银行贷款、垫付收房办理房产证时的全部费用。

单纯以房抵债行为，其目的为债务人以房屋为标的向债权人抵销所负债务，以房抵债仅为债务清偿的履行方式。在办理变更过户之前，以房抵债协议的效力不享有优先于一般债权的利益，债权人在此法律关系中形成的是要求债务人交付房屋并办理变更登记的债权请求权。

本案中，甲与乙、丙的执行和解协议应当属于一种复合型法律关系，其中既有消灭执行标的的清偿债务的性质，又形成了新的房屋买卖的法律关系。首先，甲以对乙、丙的全部债权、涉案房屋全部银行贷款金额、收房办理房产证时的全部费用向赵某购买了涉案房屋，上述三部分金额总和已超过了甲与乙、丙原民间借贷法律关系下的债权数额。其次，双方虽未签订正式的房屋买卖合同，但执行和解协议的内容具有支付房屋价款、交付房屋、变更房屋登记等符合房屋买卖合同的实质性约定，甲在完成执行和解协议约定的支付银行贷款金额、办理收房手续后，甲与乙、丙的债务抵销，应视为甲向乙支付购买涉案房屋的全部价款，从而获得乙向其办理房屋变更登记的物权期待权。最后,执行和解协议的签署时间先于某银行获得据以执行的生效法律文书的时间,甲与乙亦不存在通过执行和解获得大幅超过房屋价值并恶意串通从而规避某银行与乙执行案件的行为。

二、甲是否在人民法院查封之前已合法占有涉案房屋

甲提交物业费收据、契税发票原件、房屋出租代理合同及银行交易记录以证明自收房后合法占有涉案房屋。丁认为物业费收据开具的对象系赵某,且收房后至房屋出租代理合同签订之前不能认定甲占有了涉案房屋。对此,甲能提交向物业公司交纳物业费的转账记录,物业费收据开具的对象虽为乙,但不能否认甲交纳物业费的事实。且房屋出租代理合同签订后,甲账户均有符合合同约定的租金金额入账。对涉案房屋的占有、使用可以由权利人自己居住,也可以对涉案房产进行处置,甲将房屋对外出租,并实际收取租金的行为可以认定,甲实际占有、使用涉案房屋。

三、甲是否已支付购房款

虽然甲并没有以现金或转账方式支付部分购房款,但以房抵债亦是支付购房款的一种形式。甲与乙约定,通过抵销债务、支付银行贷款、代垫收房费用的形式支付购买涉案房屋的全部价款,且甲已实际履行,撤销对乙、丙的执行申请、向乙账户转账 877 408 元、并支付收房费用,故甲已经履行作为买受人应当支付全部价款的给付义务。

四、涉案房屋未办理过户登记是否因甲自身原因

关于涉案房屋未能办理过户登记,甲主张因乙未能配合,导致一直无法过户,且涉案房屋的用途为商业办公类,2017 年 3 月 27 日北京市针对商办类房产购买政策发生了变化,甲不符合购买条件,房屋客观上也无法过户到甲名下。其一,双方签订的执行和解协议并未约定涉案房屋办理变更登记的时间;乙也仅向甲出具办理收房、办理房产证、领取房产证的授权委托书,并未向甲出具办理房屋变更登记的授权委托书;且产权变更登记需要原产权人与新产权人相互配合才能办理成功,甲虽持有涉案房屋的产权证,但无法单方办理过户手续。其二,2017 年 3 月 27 日,北京市针对商办类房屋上市交易的政策发生变化,甲不符合购买商办类房屋的个人限购条件,涉案房屋亦于2018年4月19日被法院查封,甲在客观上亦不可能办理房屋变更登记,不能认定甲消极不行使变更登记权利。

五、丁的金钱债权是否具有优先受偿权

丁并未就涉案房屋办理抵押登记,故丁对乙享有的系一般债权请求权。基于物权优先于债权获得保护的原则,甲享有的物权可优先于丁的债权受到保护。

裁判结果

综上,一审法院判决停止对涉案房屋的强制执行。宣判后,丁、乙均未上诉,判决已发生法律效力。

【裁判思路与方法】

实践中,通过房屋抵销债权的情形大量存在,对于以房抵债是否符合《执行异议和复议规定》第28条的形式要件,也历经了一个从严格的形式审查到探究抵债行为真实意思表示的过程。但较为统一的认识在于,法律规定排除强制执行保护的是善意不动产买受人,作为形式审查的执行异议程序只需考虑以房抵债的当事人是否从形式上符合法律规定之要件,并不对以房抵债性质是否构成阻却执行的条件作出认定。执行异议驳回其请求后,大量案件进入案外人执行异议之诉程序。[1]

一、问题索引:金钱债权请求权与物权期待权的博弈

单纯的以房抵债协议,不能体现双方买卖房屋的真实意思表示,只是债务人履行债务的变通方式,不必然地引起房屋权属的变动。且讼争房屋并未完成权属登记的变更手续,债权人只有债权请求权,而非物权。以房抵债协议约定的交付房产,是以消灭金钱债务为目的的债的履行方式,在完成房屋变更登记之前,以房抵债协议并不形成优于其他债权的利益,且破坏了债权平等受偿的原则。

---

〔1〕 经笔者统计,2017—2019年,北京市三级人民法院出具案外人执行异议之诉案由民事案件裁判文书共计2687篇,其中涉及以房抵债裁判文书共计290篇,占比达10.84%;全国四级人民法院出具案外人执行异议之诉案件案由民事案件裁判文书共计87 969篇,其中涉及以房抵债裁判文书共计3740篇,此数据来源于中国裁判文书网,数据截至2020年2月9日。可以看出在案外人执行异议之诉案件中,涉及以房抵债案件呈增长态势。

现有《执行异议和复议规定》第 28 条旨在保护未能办理变更登记的善意买受人在特定情形下对房屋所有权的确认，但并未明确对于因以房抵债获得房屋所有权的情形是否应当适用此规定。

以本案例为例，以房抵债系执行中达成的执行和解，并通过执行和解协议方式确认债权人与债务人的各方权利、义务。对于执行中达成的执行和解协议，其原债权债务关系经过司法确认，法院在审理案外人执行异议之诉案件时，对于原基础法律关系的审查可依据作出基础法律关系认定的民事判决书或民事调解书以及赋予强制执行效力的执行公证书，但要确认案外人对涉案房屋具有足以排除强制执行的权益时，需严格审查，因而大量案件均驳回案外人诉讼请求。[1]

二、理论探究：以房抵债的权利属性与边界

（一）以房抵债的权利属性

以房抵债从权利属性角度而言仅为一般债权，只有双方履行协议，办理变更过户手续后才能达到消灭债权债务的目的。基于债权平等保护的原则，其作为普通债权在权利顺位上而言，与作为执行依据的其他债权并无优先与劣后的区别。关于以物抵债的性质，在民法理论中以物抵债亦是代物清偿，其构成要件为：有基础性合法有效的债的关系；有用特定物清偿他种给付的合意；特定物的清偿导致原债的消灭。而清偿作为债消灭的原因，其前提是必须基于全面适当的履行，即动产的交付或不动产的登记，而本案的以房抵债因未全面适当履行以特定物清偿债的行为，原债并未消灭。以物抵债只是原债当事人之间的契约，其本身并不会直接发生抵债之物的物权变动。以物抵债协议实质内容是债务人用以物抵债的方式来履行债务，在不动产未登记时不可能仅基于此发生物权的变动。

根据上述法律规定，以房抵债协议的生效并不当然发生物权变动的效果。鉴于物权优先于债权保护的基本原则，在权利外观并未发生变动时，以房抵债的债权人不具有对抗执行依据的法律规定。但自 2015 年 5 月 5 日起施行的《执行

---

〔1〕 笔者对北京市三级法院 2017—2019 年共 290 篇涉及以房抵债的裁判文书进行统计，确认案外人具有足以排除强制执行权益的裁判文书仅为 5 篇，其中 1 篇经二审改判，而驳回案外人诉讼请求的共计 272 篇。

异议和复议规定》第28条、第29条〔1〕为善意不动产买受人可以排除强制执行提供了法律依据。故实践中,大量通过以房抵债占有使用房屋但未办理变更登记的当事人在面临房屋被查封时依据上述司法解释的相关规定选择提起执行异议。但作为普通债权的以房抵债协议,在未完成变更登记的情形下,其仅享有要求继续办理变更登记的债权请求权,并不符合《执行异议和复议规定》为善意不动产买受人提供保护所形成的物权期待权的要件。

何谓物权期待权,依据物权法定原则,此权利并未通过法律以明确规定,为何能产生排除强制执行的效力。学界有如下观点:"所谓期待权是指取得特定权利部分要件的主体所享有的,得因法律规定或当事人约定的其他要件的实现而取得特定权利的受法律保护的地位(自由)。"〔2〕"在以取得物权为目的的权利取得过程中,存在效力内容不同于债权和物权的新型权利——期待权。如所有权保留买受人之期待权,买受人在支付全部价款前虽未取得所有权,但其法律地位不仅能对抗合同相对人,还能在某种程度上对抗第三人。这种取得所有权之前就已经存在的预先效力范围居于物权与债权之间,使期待权人在权利取得的过程中具有优势地位,任何人不能再凭借单方权利阻止权利人实现期待权;而且同时又能使现有之法律状态稳定存在、内含利益现时利用。对于保留买受人的这种确定的法律地位各国均承认可以称为一种期待权。……期待权是指具备取得物权的部分要件,因受法律保护而具有预先效力和可让与性,被赋予权利性质的法律地位。"〔3〕上述权利虽无法律明确规定,但其产生系基于已有物权发生变动的预先保护效力,其作用在于维护权利外观下实际权利人的合法权益,以促进交易的安全与稳定,如已支付全部价款的无过错买受人、不动产预告登记的权利人。如前所述,以房抵债仅为一般债权请求权,但此种情形仅指单纯为消灭债务而完成的协议签订、房屋交付占有。结合本案的案例,以房抵债行为在一定条件下满足了合法要件后,亦能转化为物权期待权。

---

〔1〕 鉴于第29条多为买受人作为消费者的一手房买卖排除执行的情形,而本文探讨的以房抵债排除执行并不涉及该条的内容,在下文中对于第29条的内容审查不做展开。

〔2〕 王轶:《期待权初探》,载《法律科学·西北政法学院学报》1996年第4期。

〔3〕 王睿:《期待权概念之理论源流与界定》,载《北方法学》2017年第2期。

(二)以房抵债的边界

1. 与房屋买卖关系的区别

审判实践中,案外人常以以房抵债构成房屋买卖的意思表示为由,提起执行异议之诉。二者虽均为普通债权,其客观结果均为获得房屋的所有权,但二者主观要件及客观要件均存在较大不同。

首先,房屋买卖的目的在于通过支付对价后购买房屋,从而获得房屋所有权,房屋买受人与出卖人仅为单纯的买卖关系,双方仅形成一种债权债务;以房抵债的目的在于消灭原债权,并不因此产生新的债权债务关系,办理房屋产权变更登记仅为发生抵销债务的法律效果,但以房抵债存在代物清偿的性质,在债务人不能履行以房抵债协议完成办理房屋的变更登记手续时,债权人可在要求债务人继续办理房屋的变更登记以及要求债务人清偿原债中作出选择。

其次,构成排除强制执行房屋买受人需与出卖人签订书面的房屋买卖合同[1];而以房抵债协议并非强制的要式合同,双方当事人可以通过书面或口头方式达成,即使通过书面方式也并不需要满足规范房屋买卖合同所具备的全部内容,或者在签订房屋买卖合同的同时,另行签订一份明为房屋买卖实为以房抵债的阴阳合同。

最后,房屋买卖关系需买受人按照合同约定时间及金额支付价款,并在人民法院查封房屋前完成支付对价或者将剩余价款交付人民法院以完成给付义务;以房抵债并不存在价款的转移支付的情形,而是以房屋所有权变更抵销旧债,但本案涉及的以房抵债协议却包含了清偿银行剩余贷款的条款,故而其性质也并非单一存在的法律关系。

2. 与以房屋作让与担保的区别

《最高人民法院关于审理民间借贷案件适用法律若干问题的规定》第 23 条规定:“当事人以订立买卖合同作为民间借贷合同的担保,借款到期后借款人不

---

〔1〕 对于商品房的买卖还需具备《商品房销售管理办法》第 16 条规定的商品房买卖合同的主要内容。商品房买卖合同应当明确以下主要内容:(一)当事人名称或者姓名和住所;(二)商品房基本状况;(三)商品房的销售方式;(四)商品房价款的确定方式及总价款、付款方式、付款时间;(五)交付使用条件及日期;(六)装饰、设备标准承诺;(七)供水、供电、供热、燃气、通讯、道路、绿化等配套基础设施和公共设施的交付承诺和有关权益、责任;(八)公共配套建筑的产权归属;(九)面积差异的处理方式;(十)办理产权登记有关事宜;(十一)解决争议的方法;(十二)违约责任;(十三)双方约定的其他事项。

能还款,出借人请求履行买卖合同的,人民法院应当按照民间借贷法律关系审理。当事人根据法庭审理情况变更诉讼请求的,人民法院应当准许。按照民间借贷法律关系审理作出的判决生效后,借款人不履行生效判决确定的金钱债务,出借人可以申请拍卖买卖合同标的物,以偿还债务。就拍卖所得的价款与应偿还借款本息之间的差额,借款人或者出借人有权主张返还或者补偿。”此条内容即是关于以房屋作为担保而签订虚伪之意思表示的房屋买卖合同的确认。债权人依据此份房屋买卖合同将房屋变更到自己名下并不具有当然的物权所有权的确认效力,其性质应当构成房屋让与担保[1],与以房抵债获得房屋所有所存在本质区别。

首先,二者存在功能差异。让与担保与以房抵债从形式上看,二者具有相似之处,均为非典型的担保及债务清偿方式,二者均存在签订阴阳合同掩盖真实意图表象的可能。作为担保功能存在的商品房买卖合同仅具有担保效力,即使外观上满足物权变动的形式要件,债权人也不能因此当然获得所有权;以房抵债的房屋并不具有担保性质,而是债权人获得所有权的形式消灭其他的债权债务关系。

其次,二者实现方式迥异。房屋让与担保并不能使债权人通过直接获得所有权的方式清偿债权,需待债权清偿期限届满后,债权人当依据合同对房屋进行拍卖、变卖,折价以受偿债权本息,多余价款仍需返还债务人;以房抵债直接以变更所有权的方式消灭债权,在债务人未能配合办理变更过户时,债权人仍可要求债务人清偿原债务。

最后,二者效力产生时间不一。让与担保形式订立的合同作为一种无名合同,其自订立起即产生合同效力。但以房抵债则需防止出现“流押情形”,如果债务履行期限未届满,双方签订以房抵债协议,房屋亦尚未交付债权人,债权人

---

〔1〕 让与担保是一种非典型担保,其效力并未在现行法律条文中予以明确,但2019年《全国法院民商事审判工作会议纪要》对此种担保形式予以确认,通过让与担保形式建立的合同关系,应当归属于合同法中的无名合同。《全国法院民商事审判工作会议纪要》第71条规定:债务人或者第三人与债权人订立合同,约定将财产形式上转让至债权人名下,债务人到期清偿债务,债权人将该财产返还给债务人或第三人,债务人到期没有清偿债务,债权人可以对财产拍卖、变卖、折价偿还债权的,人民法院应当认定合同有效。合同如果约定债务人到期没有清偿债务,财产归债权人所有的,人民法院应当认定该部分约定无效,但不影响合同其他部分的效力。

不得依据以房抵债协议直接要求债务人交付房屋。[1]

3. 权利对抗的平衡

案外人执行异议之诉案件体现的是在当事人权利对抗中需求平衡。综上所述,以房抵债在一般情形下并不能达成对抗其他债权的优先效力,但如本案所言,以房抵债虽是执行和解协议的核心内容,但其亦包括了债权人想购买涉案房屋的真实意图,虽然人民法院并未通过执行中的以物抵债裁定确认房屋所有权的转移,但债权人通过抵销债务、支付银行贷款、垫付收房费用的形式完成了购买房屋支付价款的核心义务,其当然获得对抗一般债权的物权请求权。如涉案房屋已被债务人另行设定抵押,则需要考虑抵押权与物权请求权之间的对抗效力。

《民法典》第 311 条规定了善意取得制度,抵押权作为担保物权亦适用该制度。如抵押权的设立发生在以房抵债协议签订前,这债权人负有缔约时的审慎注意义务,如其对抵押权为明知,其不得对抗此权利,如未能查明缔约时的房屋权属情形,也应当自担风险。如抵押权的设立发生在以房抵债协议签订后房屋变更登记前,则需要考虑抵押权人是否存在善意的情形。鉴于案外人执行异议之诉仅审查案外人是否具有足以排除强制执行的权益,而不对执行依据是否正确考量,案外人需通过审判监督程序确认抵押权的效力。[2]

如发生房屋让与担保人作为申请执行人与以房抵债债权人权利冲突时应如何处理。申请执行人系让与担保的债权人,其具有优先受偿权应当保护,在排除强制执行的权益审查中,应当考虑案外人对于让与担保形式要件的审查来确定案外人是否存在自身过错。但让与担保债权人不能直接确认房屋的所有权并以此排除强制执行。

---

〔1〕《全国法院民商事审判工作会议纪要》第 44 条规定:当事人在债务履行期届满前达成以物抵债协议,抵债物尚未交付债权人,债权人请求债务人交付的,因此种情况不同于本纪要第 71 条规定的让与担保,人民法院应当向其释明,其应当根据原债权债务关系提起诉讼。经释明后当事人仍拒绝变更诉讼请求的,应当驳回其诉讼请求,但不影响其根据原债权债务关系另行提起诉讼。

〔2〕也有观点认为,抵押权在抵押物转让后设立的,需区分执行依据对抵押权成立与否已有结论,“若执行依据对抵押权成立与否已有结论,买受人亦应受其拘束,此时买受人并非案外人,应通过申请再审解决对抵押权成立的异议;若执行依据未涉及抵押权成立问题,仅在未能认定抵押权善意时,买受人提出对标的享有所有权的主张才可能得到支持,才有适用买受人物权期待权的空间。”转引自何姣:《买受人物权期待权认定及阻却执行的条件》,载《人民司法(案例)》2018 年第 11 期。

三、规则重构：主客观要件相符情形下的利益衡平

（一）案外人主体资格的审查

一般情况下，案外人为以物抵债法律关系的债权人，也有存在原债权人将涉案房屋进行二次转让，继受人可否直接适用案外人执行异议之诉程序解决权利归属。《执行异议和复议规定》第28条并未对买受人是否必须为直接向原产权人购买的当事人作出规定，故通过以房抵债获得房屋所有权的当事人可以将房屋进行处分，另售他人亦未被法律所禁止。通过新的买卖合同确认的买受人成为以房抵债债权人的继受人，其案外人执行异议之诉的主体资格应予保护。[1]但对于其实体权利的确认仍应当审查原以房抵债协议能否排除强制执行。

（二）原基础法律关系的认定

本文关注案例特殊之处在于，以房抵债系执行中达成的执行和解，并通过执行和解协议确认债权人与债务人各方权利、义务。对于执行中达成的执行和解协议，原债权债务关系经过司法确认，法院在审理案外人执行异议之诉案件时，对于原基础法律关系的审查可依据作出基础法律关系认定的民事判决书或民事调解书以及赋予强制执行效力的执行公证书。

如果双方的以物抵债协议并未经过司法确认，法院在审理此类案外人执行异议之诉案件时，需要严格审查以物抵债的原债权债务法律关系是否真实存在。实践中，以物抵债的原债权债务多建立在借款合同、建设工程合同之中。借款合同关系项下，需要考虑债权人的实际给付从债务的数额、债权人的实际出借情况、债务人的还款情况。建设工程合同则需要更多关注所欠工程款的数额、是否具有承包人主体地位以及是否具有法定优先受偿权的问题。

（三）主观目的的现实判断

签订协议的主观目的在案件审理时一般较难确定，如果存在当事人恶意隐瞒真实意图的情形，给法院审理制造困难。但主观目的却为认定以房抵债是否具有排除强制执行效力的关键。

首先，应当通过协议条文进行探究。法院在审查执行和解协议时，应对条款所反映出的当事人真实意愿进行甄别。以房抵债协议仅为对原债中标的的替代

---

〔1〕 相关观点可参见北京市高级人民法院民事判决书，（2019）京民终623号，戴淑蓉与北京市裕发东瑞房地产开发有限公司等案外人执行异议之二审民事判决书。

履行,而非改变原债性质。本案例中,执行和解协议的核心内容为消灭债务,撤回执行申请,但其中的条款除了抵销两笔债务外,还包括以偿还银行贷款、垫付收房费用的形式支付部分购买价款的约定,其内容呈现应当形成一种复合型法律关系,既有代物清偿消灭债务的形式,又有购买房屋的意愿。可从协议内容推定在签订执行和解协议时债权人是否构成善意,从而为以房抵债转化为物权期待权奠定基础。

其次,《执行异议和复议规定》第 28 条需考虑非因买受人自身原因未办理过户登记。该条应当认定为审查当事人是否在主观上存在未能办理过户登记的过错。主观过错的表现形式主要体现为对于已知风险的评估。已知的风险包括是否在签订协议时已明知房屋权属变更存在障碍、包括对经适房的上市交易限制〔1〕、限购政策的知悉、对涉案房屋在签署协议时抵押登记以及物权专属情况的核对。

最后,除非有充分证据证明案外人与被执行人在签署执行和解协议时存在恶意串通导致本案债权人利益损害,否则苛以案外人查明债务人其他债权并无适用之余地。在非法院强制执行阶段,债务人亦享有对其财产自行处分之权利。本案案例的执行和解协议签署时间早于执行依据的作出时间,在未有其他证证据的情形下,无法确认案外人与被执行人存在恶意串通之情形,对于案外人在签署执行和解协议时的主观状态应当推定为善意。

(四)客观要件的辅助审查

首先,需审查是否存在以物抵债裁定书。不动产物权的变动的时间除自法定变更登记办理之日起外,还能通过法律的明确规定予以变更。〔2〕 原则上执行程序中人民法院不得对具有以物抵债内容的执行和解协议出具以物抵债裁

---

〔1〕《经济适用住房管理办法》第 30 条规定:经济适用住房购房人拥有有限产权;购买经济适用住房不满 5 年,不得直接上市交易,购房人因特殊原因确需转让经济适用住房的,由政府按照原价格并考虑折旧和物价水平等因素进行回购。此外,北京市对于商办类房屋购买政策的变化较大,在 2017 年 3 月 27 日新政出台前,由于限购政策,不少购房者购买商办类房屋实际用途为居住,故不宜单从房屋属性单一角度排除购房者的居住性目的。

〔2〕《民法典》第 229 条规定:"因人民法院、仲裁委员会的法律文书或者人民政府的征收决定等,导致物权设立、变更、转让或者消灭的,自法律文书或者人民政府的征收决定等生效时发生效力"。该条文中所称导致物权设立、变更、转让或者消灭的人民法院、仲裁委员会的法律文书,是指人民法院、仲裁委员会在分割共有不动产或者动产等案件中作出并依法生效的改变原有物权关系的判决书、裁决书、调解书,以及人民法院在执行程序中作出的拍卖成交裁定书、以物抵债裁定书。

定书[1],但在例外情形下也需满足相应的要件。依据相关法律规定[2],执行中的以物抵债裁定的出具包括两种情形:涉案财产经拍卖后流拍抵债;涉案财产无法拍卖或变卖,在不损害其他债权人合法权益情形下交付申请执行人抵债。[3]

其次,争议财产在被查封之前并非静止不动,而是一直在社会交易流转过程中,若拘泥于被执行人与第三人之间必须有实际的支付行为,无法体现出执行异议之诉对申请执行人的权利和提起异议之诉的第三人权利的利益平衡,亦与该程序设立初衷相悖。对于以房抵债原债权的抵销、剩余价款的支付、对房屋的占有使用、办理过户的积极主张,以及签订以房抵债的执行和解协议时债务人其他债权的情形均应当进入裁判者审查范围。如案外人提交符合上述客观要件的证据,包括支付剩余价款的银行凭证、缴纳物业水电费用的清单,如存在租赁房屋的情形还应当提交收取租金的银行流水、向债务人要求办理过户的微信、短信或电子邮件的主张后,应当初步确认案外人举证责任的完成。

最后,还需确定案外人未能办理过户的合理期间。一般而言,如房屋不存在抵押、查封、限购等其他障碍,应当以协议中明确约定的过户时间为限,如协议并未明确约定过户时间,可以依据个案相关情形,确认债权人支付完成所有价款后的一段期间(如 3 个月)为办理变更过户的合理期间。本案中,案外人在支付价

---

〔1〕《最高人民法院关于执行和解若干问题的规定》第 6 条规定:当事人达成以物抵债执行和解协议的,人民法院不得依据该协议作出以物抵债裁定。

〔2〕以物抵债裁定书出具的法律依据为《最高人民法院关于人民法院民事执行中拍卖、变卖财产的规定》第 23 条:"拍卖成交或者以流拍的财产抵债的,人民法院应当作出裁定,并于价款或者需要补交的差价全额交付后十日内,送达买受人或者承受人。"《最高人民法院关于适用〈中华人民共和国民事诉讼法〉的解释》第 492 条规定:"被执行人的财产无法拍卖或者变卖的,经申请执行人同意,且不损害其他债权人合法权益和社会公共利益的,人民法院可以将该项财产作价后交付申请执行人抵偿债务,或者交付申请执行人管理;申请执行人拒绝接收或者管理的,退回被执行人。"

〔3〕以物抵债的裁定书出具需经过法定程序,且需具备严格的审查要件:一是被执行人除涉案财产外,无其他可变现处置的财产清偿债务;二是涉案财产需执行中经评估拍卖程序进行处置,但未能拍卖成交;三是申请执行人同意;四是在出具裁定书时,需通知其他已知债权人。如果是违反上述要件而出具的裁定书,虽作出了以物抵债的裁定内容,但并非法定的以物抵债裁定书,不具有直接发生物权变动的法律效力。可参阅北京市第二中级人民法院民事判决书,(2018)京 02 民初 188 号,北京长惠城镇化建设投资基金(有限合伙)与甄飞案外人执行异议之一审民事判决书。判决书认为,由北京市顺义区人民法院所作裁定,实际上是根据双方当事人签订的《以资抵债合同》而作出,系对该合同有效性作出的确认,不是根据以金钱给付为内容的执行依据并按相关强制执行程序而作出,并非《最高人民法院关于人民法院民事执行中拍卖、变卖财产的规定》第 23 条、《最高人民法院关于适用〈中华人民共和国民事诉讼法〉的解释》第 492 条规定的以物抵债裁定。综上所述,北京市顺义区人民法院所作裁定,非属原《物权法》第 28 条规定的能够产生物权变动效力的法律文书。

款后 3 个月内因限购政策未能办理过户登记,客观上出现新的阻却条件,影响案外人办理过户的情形,应当在审判中予以考虑,确认为非因买受人自身原因未办理过户登记。虽然在限购政策未予解除之前,房屋不可能再过户到案外人名下,但并不能因客观不能而剥夺案外人对财产的处分权利,只要原债务人配合,案外人仍可将房屋出售给符合购房资格的人并办理过户登记。

(五)限购政策的一般参考

案外人提起执行异议之诉,可一并提出对于房屋所有权的确认。限购政策虽然对于确认房屋所有权具有直接的因果关系,但对于排除强制执行与确认所有权应当属于不同法律规制的范畴,二者并不存在同一确认的属性。本案中,因北京市的限购政策,债权人已不具备将房屋过户到自身名下的条件,因而法院不能通过裁判的方式对于房屋所有权进行确认,但并不代表债权人不具有排除强制执行的情节。

(六)案外人被驳回诉讼请求后的救济

如涉案房屋已被债务人另行设定抵押,则需要考虑抵押权与物权请求权之间的对抗效力。《民法典》第 311 条[1]规定了善意取得制度,抵押权作为担保物权亦适用该制度。如抵押权的设立发生在以房抵债协议签订前,则债权人负有缔约时的审慎注意义务,如其对抵押权为明知,其不得对抗此权利,如未能查明缔约时的房屋权属情形,也应当自担风险。如抵押权的设立发生在以房抵债协议签订后,房屋变更登记前,则需要考虑抵押权人是否存在善意的情形。鉴于案外人执行异议之诉仅审查案外人是否具有足以排除强制执行的权益,而不对执行依据是否正确考量,案外人需通过审判监督程序确认抵押权的效力。[2]

对于案外人执行异议之诉的严格审查,使大量不符合条件的案外人不能排

[1] 《民法典》第 311 条规定:无处分权人将不动产或者动产转让给受让人的,所有权人有权追回;除法律另有规定外,符合下列情形的,受让人取得该不动产或者动产的所有权:(一)受让人受让该不动产或者动产时是善意;(二)以合理的价格转让;(三)转让的不动产或者动产依照法律规定应当登记的已经登记,不需要登记的已经交付给受让人。受让人依据前款规定取得不动产或者动产的所有权的,原所有权人有权向无处分权人请求损害赔偿。当事人善意取得其他物权的,参照适用前两款规定。

[2] 也有观点认为,抵押权在抵押物转让后设立的,需区分执行依据对抵押权成立与否已有结论,“若执行依据对抵押权成立与否已有结论,买受人亦应受其拘束,此时买受人并非案外人,应通过申请再审解决对抵押权成立的异议;若执行依据未涉及抵押权成立问题,仅在未能认定抵押权善意时,买受人提出对标的享有所有权的主张才可能得到支持,才有适用买受人物权期待权的空间。”转引自何姣:《买受人物权期待权认定及阻却执行的条件》,载《人民司法(案例)》2018 年第 11 期。

除强制执行，但案外人的合法权益并非没有救济的途径。以房抵债的当事人虽不能要求债务人继续办理变更登记，也不能确认房屋的所有权，但仍可要求债务人对原债务继续清偿。如果已经进入执行阶段签订执行和解协议后，未被法院确认所有权，仍可要求恢复执行，对于涉案房屋重新进行查封，亦能在执行分配中获得相应比例的债务清偿。

股权激励纠纷法律关系的认定

李彦宏*

案例摘要

该案例是劳动者与用人单位签订《股权激励及补偿协议》后，劳动者离职，要求用人单位按约定支付补偿金引发的纠纷。对于劳动关系关项下的离职经济补偿金，用人单位已经支付了劳动者，但是劳动者要求用人单位按照《股权激励及补偿协议》的约定，支付基于股权激励约定的离职补偿。用人单位则以股权激励协议约定的补偿金纠纷是基于公司法成立的协议，属于商事纠纷，不属于劳动争议纠纷为由进行抗辩。对于股权激励协议引发的纠纷，是否属于劳动争议，实践中争议较大，也造成此类案件的裁判尺度不统一，亟须明确统一的裁判思路，统一此类案件的审理方法和裁判标准。

本案例分析通过对近年来涉股权激励纠纷的案件进行梳理，发现实践中对于此类案件按合同纠纷和劳动争议处理的均有之，笔者认为，股权激励纠纷法律关系中，劳动者与用人单位的双重身份决定了同时存在两种不类型法律关系并存的现象，不能简单地将此类案件统一归属劳动争议或合同纠纷某一案由，而是需要结合案件事实、当事人的诉讼请求来确定双方发生纠纷的基础法律关系是因股东行使股东权利引发的纠纷，还是基于劳动者的劳动权益引发的纠纷来确定法律关系及适用的准据法。

---

* 李彦宏，北京市东城区人民法院员额法官。

【裁判观点】

用人单位与劳动者签订的《股权激励协议》通常具备公司法和劳动法意义上的双重属性，既以劳动关系为基础，又赋予了劳动者公司股东的身份。因此应当结合协议内容，尤其是股权激励的内容、行权条件是否与劳动关系紧密联系，是否属于劳动法律关系项下的权利义务等对协议性质加以判断。如基于劳动关系订立的股权激励协议约定的财产性收益确实属于劳动报酬的一部分，或法律规定的用人单位给付义务，且系因劳动关系的变更、解除产生纠纷，则应当在劳动争议的审理程序中加以处理。而涉及股东身份和公司经营管理的争议，一般应在公司法框架内加以解决。

【关键词】

劳动报酬　股票期权　行权方式　依附性

【类案综述】

本文以“股权激励”为关键词在中国裁判文书网进行搜索，近年来相关民事纠纷的案件数量呈上升趋势，2013 年至 2020 年分别为 4 件、29 件、50 件、173 件、367 件、549 件、1185 件和 1012 件。从纠纷涉及的行业看，主要集中在信息科技、互联网、生物医药等新兴企业。股权激励的对象均是公司的高级管理人员或专业技术人才。股权激励合同的签订形式包括单独签订、作为劳动合同附件或是劳动合同组成的部分条款。实践中，对于股票期权的行权，均附带了涉及劳动关系履行的条件，比如工作业绩考核、服务年限、保密义务、竞业限制等。对于股票期权的实现形式，有的约定股票期权当期兑现金额作为年终奖金；也有的除股票本身的合约价金外还约定按股分红收益。从案由分布来看，前述期间涉及的民事案由中排名前三的分别为公司、证券、保险、票据等有关的纠纷，合同、无因管理、不当得利纠纷，劳动争议，分别为 1341 件、1086 件和 836 件。这与股权激励协议所含劳动法律关系、公司法律关系竞合的内在逻辑相符。同时，股权激励协议也属于合同或类合同的一种，也有不少当事人、法官将其作为普通民事合同加以处理。

涉及具体案件处理时，需要首先明确的，同时也是案件争议焦点的问题，就是股权激励纠纷是否属于劳动争议。在前述案件中随机选取部分案件，从裁判结果来看,员工一方的败诉率较高,且常见的现象是,大量以合同或公司股权纠纷起诉的案件中,因股权激励协议约定的股权授予对象、行权条件等体现出用人单位与劳动者之间管理与被管理、劳动付出与报酬收入的关系,而被直接以"属于劳动争议案件,应适用劳动争议仲裁前置程序"为由驳回起诉。但当劳动者提出劳动争议仲裁时,又会被仲裁委以"不属于劳动争议裁决事项"为由不予受理,或被法院以同样理由驳回起诉,陷入两难的尴尬处境。

从裁判理由来看,股权激励纠纷是否可纳入劳动争议审理程序一般有肯定和否定两种意见。

持肯定意见一方的主要理由有三:第一,股权激励是以劳动关系为基础的,是劳动权利义务中的重要组成部分。如果订立协议时劳动者一方不符合公司员工的身份要求,则双方之间失去了适用股权激励制度的基础逻辑。第二,股权激励的行权条件一般都约定与劳动关系的存续状况相联系,如要求劳动者符合一定的服务年限要求,或与解除劳动关系的时间节点要求相关。第三,股权激励方案中的财产性收益一般属于员工劳动报酬的一部分,因此,股权激励协议属于劳动合同的一部分或补充协议,与劳动合同共同构成对劳动者权利义务约定的具体内容。[1]

持否定意见的理由则是从公司法出发,认为股东身份与劳动者身份是两类不同的法律关系主体。虽然激励对象因为其劳动者的身份享有了成为股东的可能性或必然性,但作为约束股东与公司之间权利义务的股权激励协议,劳动者与用人单位在该协议中的地位是平等的,独立于劳动关系而存在。而股权激励的财产性收益通常规定了一定的行权条件,不同于劳动者的月薪等固定收入,而是可变薪酬中的一类,需要根据劳动者的工作效率、公司经营状况,甚至劳动关系持续情况等来确定,不能简单等同于工资。

正是基于上述两种不同的裁判意见分歧,对股权激励协议的性质加以明确以区别适用法律规范,进行分类裁判,才能最大限度地保障法律的适用统一、平等保护各方当事人的合法权益。

---

〔1〕 王蓓、刘珂:《论股权激励计划中劳动者的身份转换与权益保障——以富安娜股权收益纠纷案为切入点》,载《四川大学学报》(哲学社会科学版)2015 年第 3 期。

实务典型案例

基本案情

原告甲于2013年4月1日入职被告乙，担任公司副总裁兼财务总监，负责财务工作，月薪税后10万元，自2019年4月1日起签订了无固定期限劳动合同。

2016年10月28日，被告乙(甲方)与原告甲(乙方)签订了《股权激励及补偿协议》，第1条关于激励1.1甲方承诺，如甲方未来推出员工股权激励计划，乙方将作为股权激励对象，享受激励股权份额为：公司现有总股权的0.5%，乙方有权按本合同约定的行权价格全部或部分购买激励股权份额。第3条股权激励期限及补偿标准1.若乙方在尚未实施员工股权激励计划前非主动离职的，则甲方应向乙方一次性支付现金补偿，现金补偿标准为人民币300万元。

2020年3月13日被告乙单方解除了劳动合同，并支付原告甲单方解除劳动合同赔偿金444 864元。解除劳动合同后，原告甲称根据双方签订的《股权激励及补偿协议》约定，在原告甲离职前，被告乙并未实施员工股权激励计划，因此被告乙应补偿原告甲现金300万元，并于2020年7月7日申请了劳动仲裁，劳动仲裁委以原告甲的请求不属于劳动争议受案范围出具了不予受理通知书。原告甲不服，又起诉至法院。在诉讼过程中，被告乙答辩称本案诉求建立在公司法的基础之上，不属于劳动争议受案范围，应属于股权激励合同纠纷。关于劳动争议事项在解除时被告已经全都支付完毕，故请求法院驳回原告甲的起诉。

法院观点

本案的主要争议焦点为原告甲主张的补偿金是否属于劳动争议受案范围及支付条件是否成就。首先，原告甲主张300万元补偿金的依据是《股权激励及补偿协议》，双方均认可该协议的真实性，根据协议约定职工在尚未实施员工股权激励计划前非主动离职的，被告乙应一次性支付现金补偿300万元。从文义上对该条款进行理解，被告乙支付原告甲补偿金的前提有二：一是原告甲离职时公司尚未实施员工股权激励计划；二是原告甲并非主动离职，也就是由用人单位单方解除劳动合同，而不是劳动者主动辞职，只有同时满足上述两个条件，被告乙才向原告甲支付补偿金。而从两个条件之间的逻辑关系看，补偿金是对于原告甲非主动离职的补偿,是用人单位单方解除劳动合同时给予劳动者的补偿,属于约定离职补偿金的一种。该补偿金的支付条件依附于解除劳动合同原因而成就,即对离职劳动者的补偿,应属于劳动争议的范畴。其次,按照协议,原告甲作为激励对象,如果实施股权激励计划,其享受的股权份额为总股权的0.5%。协议约定补偿的方式是对股权份额的行权,现双方均认可并未实施员工股权激励计划,因此本案不是基于股权激励计划的行权纠纷,被告乙主张本案不属于劳动法调整范围的抗辩,本院不予采信。最后,双方均认可未实施股权激励计划,也认可原告甲离职系因被告乙单方解除,因此根据协议的约定,原告甲主张被告乙支付300万元补偿金的条件已经成就。《劳动合同法》对于用人单位给予劳动者的离职补偿金,虽然有明确规定,但是并未限制用人单位与劳动者在法定的补偿标准之外,可另行约定离职补偿金,因此被告乙已经依法支付的离职补偿金,并不影响被告乙依约定给予原告甲额外的离职补偿。

裁判结果

东城区人民法院判决被告乙支付原告甲补偿金300万元。一审判决后,被告乙不服判决结果,以该案不属于劳动争议、应按合同纠纷审理为由上诉至北京市第二中级人民法院。经审理,二审判决维持原一审判决结果。

【裁判思路与方法】

股权激励纠纷可能涉及公司法与社会法的竞合,其是否属于劳动争议案件的受理范围,是司法实践中一直存在争议的问题,也是此类案件处理中需要解决的首要问题。

一、股票期权激励的性质

股权激励是指企业经营者和员工通过持有企业股权的形式来分享企业剩余价值索取权的一种激励措施。具体来说,股权激励机制则是一种通过让被激励对象获得公司股权或一定的经济权利,使其能够以股东的身份参与企业决策、分享利润、承担风险,从而勤勉尽责地为公司的长期发展服务的制度安排。[1]

---

〔1〕 卢雄鹰:《中国上市公司股权激励问题研究》,华东师范大学2013年博士学位论文,第20页。

随着我国股权激励制度的深入实践和规则完善,实施股权激励的挂牌上市公司数量逐渐增多,截至 2017 年 12 月 31 日,A 股上市公司已经推出了 1651 个股权激励计划和 807 个员工持股计划,中小板共计公告了 577 个股权激励计划,创业板也共计推出了 532 个股权激励计划[1]。2020 年,注册制改革为 A 股股权激励机制提供了更大的空间和灵活性。根据上海荣正投资咨询股份有限公司于 2021 年 1 月 18 日发布的《2020 年度 A 股上市公司股权激励实践情况统计与分析报告》显示,仅 2020 年一年,我国 A 股市场就有 440 家上市公司共发布 448 个股权激励计划,同比增长 32.94%[2]。鉴于股权激励制度在完善公司治理、提升公司业绩等方面所起的重要作用,大量非上市公司也成了股权激励积极的实践者。

(一)股权激励法律制度的完善

股权激励机制在公司经营管理中的不断实践,与股权激励相关的规则也在不断进行完善。2005 年年底,证监会发布了《上市公司股权激励管理办法(试行)》,2008 年先后发布了 1 号、2 号、3 号《股权激励有关事项备忘录》,2016 年 8 月《上市公司股权激励管理办法》正式实施,2018 年 8 月又进行了修正。该办法对于上市公司激励计划应包含的内容作出了明确规定,如激励对象,拟授出的股票或者期权的种类、来源、数量,授予价格或者价格的确定方法,激励对象获授权益、行使权益的条件等。其中第 2 条规定,股权激励就是上市公司以本公司股票为标的对其董事、监事、高级管理人员及其他员工进行的长期性激励。实践中,股权激励协议中关于行权条件的约定最常见的有三类:(1)满足一定期限的劳动关系;(2)业绩或者绩效符合考核标准;(3)负有竞业禁止义务。[3] 这也都是劳动法律关系中基础和常见的权利义务。

由此可见,在股权激励机制中,公司与员工,尤其是董事、监事、高级管理人员之外的劳动者之间存在劳动关系是实施股权激励的前提和基础,员工行权时需要满足的劳动权利义务等条件也是引发股权激励纠纷的主要原因,股权激励纠纷的基础法律关系具备了劳动法律关系的基本特征。

---

[1] 葛伟军、武司颖:《价值与激励:上市公司股权激励法律与实践》,法律出版社 2018 年版,第 3 ~ 5 页。

[2] 新华社:《再创新高! 2020 年 440 家 A 股上市公司发布 448 个股权激励计划》,载半岛网 2021 年 7 月 2 日,http://news.bandao.cn/a/456041.html。

[3] 邓峰:《普通公司法》,中国人民大学出版社 2009 年版,第 602 页。

与此同时，根据《公司法》的规定，股权是一项含身份、财产等不同权益在内的复合型权利。公司法意义上的股权包含共益权和私益权，共益权是以参与公司的经营为目的的各项权利，私益权则是从公司获得经济利益为目的的各项权利[1]。其中共益权，也即参与公司经营和管理，是《公司法》规定的基于股东身份而享有的权利。

因此，股权激励的对象与公司之间至少存在两种不同法律范畴的权利义务关系，通常情况下应当适用不同的实体法律，并对当事人产生不同的法律效果。

（二）股票期权的来源

在公司法上一般将公司分为有限责任公司和股份有限公司。对于股份有限公司，激励股权的来源一般有如下途径：(1)回购。依据《公司法》第 142 条之规定，公司可以收购本公司（不得超过已发行股份总额的 5%）的股份用于员工持股计划或者股权激励。(2)定向增发。对于发行新股，《公司法》第 133 条至第 136 条对股份公司做了规定。(3)股份转让。《公司法》第 137 条规定，股份有限公司之股东持有的股份可以依法转让。对于有限责任公司，激励股权的来源一般有如下途径：(1)定向增资。即面向被激励对象进行的增资扩股。(2)股权转让。《公司法》第 71 条规定，在经其他股东过半数同意前提下，股东可以向股东以外的人转让股权。[2]

（三）股票期权是否属于工资构成

就股票期权是否属于劳动报酬，理论上有两种不同意见：一是否定说，即股票期权激励不属于工资，依据就是国家统计局 1990 年发布的《关于工资总额组成的规定》第 11 条第 9 款规定：对于购买本企业股票债券的职工支付的股息（包括股金分红）和利息不列入工资总额范围。另外还有论者认为工资应当以货币形式按月支付给劳动者本人，股票期权是一种期待性利益，具有不确定性，并不是每月固定发放，不应计入工资范畴。二是肯定说，即股票期权激励属于工资。根据《财政部、国家税务总局关于个人股票期权所得征收个人所得税问题的通知》（财税〔2005〕35 号）的规定："员工行权时，其从企业取得股票的实际购买价（施权价）低于购买日公平市场价（指该股票当日的收盘价）的差额，是因员工在

---

〔1〕 刘晓倩、吴圣奎：《股权激励收益是否具有劳动报酬属性之法律认定——基于 149 个劳动关系相关股权激励判例的类案分析》，载《中国人力资源开发》2020 年第 37 卷。

〔2〕 黎小明：《非上市公司员工股权激励的法律制度研究》，载《法制与经济》2017 年第 8 期。

企业的表现和业绩情况而取得的与任职、受雇有关的所得,应按‘工资、薪金所得’适用的规定计算缴纳个人所得税。”该论者认为工资既包括固定部分也包括绩效、奖金、提成等不固定部分,只要股票期权在行权时能够以现金确定数额,并且员工获得行权价也是由于其工作表现突出所得一种奖励,因此类似于奖金性质,应该纳入工资所得。[1] 笔者认为上述关于股票期权的观点之争仅限于对股票期权本身的概念内涵的解读。在实践中进行区分主要应当看双方当事人在股权激励协议中对此如何约定,不同的约定方式决定了股票期权的行权条件,也决定了股票期权与劳动关系是否具有依附性,在具体案件中的认定还应尊重双方当事人意思自治。

二、公司设置“人走股留”条款,自行回购股权是否有效

实践中,公司与员工签订股权激励协议时,为了防止公司股权在行权时转移至案外人处,同时对于股权回购条件约定员工在离职时,其享有的股权不能向公司之外他人转让,需由公司自行回购员工持有的股权。那么这种以员工离职,公司自行回购股权的条件是否违反了股权转让的相关规定。根据《公司法》第 11 条之规定,设立公司必须依法制定公司章程。公司章程对公司、股东、董事、监事、高级管理人员具有约束力。公司章程由全体股东或发起人制定,并采取全体一致同意的原则,初始章程在全体股东之间达成的合意,本质上属于一种合同行为,也就是说公司章程的其他规定无论涉及公司的自治性规范还是股东个人的股权,均经过了所有股东的同意,具有合同上的约束力。因此公司在章程中设置“人走股留”的条款在不违反法律禁止性规定时,属于有效条款。虽然公司章程中约定“人走股留”的条款有效,但是股东对其所有的股权仍享有议价权和股权转让方式的决定权。

股权回购价格、股权转让方式的规定应当公平、合理,若股权转让价格、方式不合理,该条款将被视为对股东财产权的恶意侵犯,进而被认定为无效。因此,双方可约定按照上一年财务报告的股权净额回购或者转让公司指定的受让人。如果章程修正案是通过股东会决议的方式作出的,采取资本多数决原则,并非一定经过全体股东的一致同意。所以,以股东会决议方式作出的章程修正案对包

---

〔1〕 范围:《公司股票期权激励争议处理研究》,载《当代法学》2016 年第 2 期。

括反对决议或不参与决议的股东不一定具有约束力。股东会决议中强制股权转让的价格仅对投赞成票的股东有约束力。对于投不同意票、弃权票的股东，股东会决议中的股权转让价格条款和股权转让的方式对其不产生法律效力。

三、股票期权激励争议案由及法律适用

劳动争议解决的是劳动者与用人单位之间产生的纠纷，其中不同于普通民事法律关系的最大特点在于当事人的法律地位不同，劳动争议中劳资双方处于不平等的地位，劳动者一方相对弱势，应在立法价值上给予倾斜保护，因此在合同条款的审查、举证责任的分配等方面均不同于普通合同纠纷。

（一）适用程序方面的差异

1. 是否有前置程序的要求不同

劳动争议案件实行先裁后审的程序，如果劳动者主张用人单位支付股票期权收益而提起劳动争议诉讼，法院经审理后认为不属于劳动争议，而是普通的合同纠纷，应当由法院释明并变更案由进行审理。如果当事人按合同纠纷提起诉讼，但是法院经审查后认为股票期权纠纷属于劳动争议，则因该案未经过仲裁前置程序，只能裁定不予受理。部分案件中，当事人在劳动争议案件中除股票期权外，还提出包括劳动合同违法解除、经济补偿金等其他涉及劳动权利保障的诉讼请求，法院虽因涉及劳动关系而按劳动争议进行处理，但对于股票期权争议则以不属于劳动争议受案范围为由不予处理。

2. 诉讼主体不同

公司股票期权除涉及员工与公司之外，还可能涉及员工与公司其他股东之间的股票期权行权纠纷，如是否追加当事人、是否合并审理等。而劳动关系相对方是用人单位和劳动者，通常情况下均为劳动者起诉用人单位要求支付各项费用，除非用人单位注销，否则不能追加股东作为当事人参加诉讼，因此股东与员工之间或者股东与公司之间的纠纷不包含在劳动争议案件范围之内。

3. 适用的证据规则不同

劳动争议案件基于双方法律地位的不平等，在举证责任方面设置了举证责任倒置规则，法律特别规定某些事实应由用人单位承担举证责任。如果将股票期权作为劳动报酬，则用人单位应对于工资支付承担举证责任。劳动者仅需提供证据证明用人单位应支付股票期权补偿的理由，是否实际支付、如何支付等均

应由用人单位来举证。但若是按合同纠纷来处理,根据“谁主张,谁举证”的原则,员工需要就自己的主张承担证明责任,并承担举证不能的败诉风险。

(二)实体法律适用的不同

股权激励涉及股权的转让、登记、股东权益、回购、股价的确认等,对于以股权为基础的权利义务内容,劳动合同法并不涉及,因此在寻找法律依据时,需要依据公司与员工签订的股权激励协议以及民商事法律规范作出认定。而在当股票期权的行权条件与劳动关系相依附时,又需要根据劳动合同法的规定对所附条件是否成就作出判定。比如,有的用人单位将服务期约定为股票期权的行权条件,但是根据《劳动合同法》第 22 条之规定,用人单位为劳动者提供专项培训费用,对其进行专业技术培训的,可以与该劳动者订立协议,约定服务期。劳动者违反服务期约定的,应当按照约定向用人单位支付违约金。违约金的数额不得超过用人单位提供的培训费用。用人单位要求劳动者支付的违约金不得超过服务期尚未履行部分所应分摊的培训费用。也即服务期的设定需以用人单位提供专项培训为条件,如果用人单位未对劳动者进行专业培训,却约定了服务期,则劳动者未满服务期提前离职要求实现股票期权,而用人单位以未满服务期为由不同意股票行权进行抗辩时,法院对于员工是否丧失行权资格的审查,就涉及服务期条款的效力认定问题,需要依据《劳动合同法》进行审查。根据《劳动合同法》第 23 条的规定,用人单位与劳动者可以在劳动合同中约定保守用人单位的商业秘密和与知识产权相关的保密事项。对负有保密义务的劳动者,用人单位可以在劳动合同或者保密协议中与劳动者约定竞业限制条款,并约定在解除或者终止劳动合同后,在竞业限制期限内按月给予劳动者经济补偿。劳动者违反竞业限制约定的,应当按照约定向用人单位支付违约金。有的用人单位与员工在股权激励协议中约定劳动者违反保密义务,应承担违约责任,并且将丧失股票行权资格,那么关于违约金条款效力问题,仍需要依据上述条款进行审查。

因此,在涉及股票期权激励的案件中,法律适用上存在公司法与劳动合同法的交叉,不能单独适用公司法或劳动法予以解决。从现有判例来看,法院对员工要求公司履行股票期权协议的相关请求予以支持的判决占比较少,多数案件中当事人的诉讼请求因程序性原因被驳回或不予处理。且从判决主文来看,法官对于股票期权激励争议的实体问题论述较少,究其原因,还是在于劳动争议案件处理股票期权争议时,缺少劳动法律体系内的处理规则。

四、股票期权激励争议裁判路径及考量因素

(一)股票期权激励争议裁判路径

针对涉及股权激励纠纷的案件处理,股权激励协议的性质认定、是否应在劳动争议案件中进行处理,应当根据当事人之间协议的具体约定、案件争议的主要事实等进行具体分析。通过对本案所涉及的股权激励协议进行定性分析,结合类案裁判理由,笔者归纳出涉及股权激励纠纷的劳动争议案件识别定性“三步法”,以供参考:

第一步:股权激励协议的主体地位分析

劳动合同法律关系区别于普通民商事合同法律关系的重要特征之一,就在于用人单位与劳动者之间存在人身和财产关系的从属性,也因此导致了劳动者在劳动合同履行过程中受到用人单位在人身自由和经济收益方面的约束,双方之间处于相对不平等的法律地位,需要法律的适当倾斜保护。而普通民商事合同的双方当事人之间主体地位是平等的,因此,若股权激励协议约定的当事人主体地位平等,权利义务相对等,则不符合劳动关系中从属性的要求,可以直接判断该协议不具备劳动合同法律关系的要素特征,将其排除出劳动争议案件审理程序。也可以将此步骤理解为,根据劳动合同和股权激励协议的关系进行分析,二者是否均建立在劳动法律关系的基础上,股权激励协议是否可视为劳动合同的一部分或补充协议。如不甚明确,则可进行第二步分析。

第二步:股权激励协议的财产性收益属性分析

无论是以货币、实物、福利待遇还是以其他形式出现,劳动关系中劳动报酬的本质都是劳动者向用人单位提供劳动后的对价给付,其给付前提是劳动者履行了劳动合同约定的义务,即完成了用人单位交付的工作任务、达到了要求的业绩指标等。因此,若股权激励协议约定的财产性收益不属于前述劳动报酬的范畴,则该协议应当属于一般民商事合同的范畴,不应适用劳动争议程序继续处理。通常情况下,如有的股权激励协议约定将股权作为对劳动者工作业绩的奖励,按年度、分批次授予相当于股份价值的现金奖励等,则显然应属于劳动报酬;又如本案中,股权激励协议中约定用人单位将股权作为劳动者非因主动原因离职时给予的离职补偿,则其实质应当属于解除劳动合同经济补偿金,而非因投资产生的财产性收益,应当作为劳动争议案件进行处理。如还不能明确财产收益

属性，则可进一步加以分析。

第三步：股权激励协议对应的股权状态分析

根据公司法理论，股权实际上是一种综合性的权利，包括股东身份权、决策参与权、选择监督权、知情权、优先受让权、认购新股权、退出权、参与盈余分配权等。股权激励的常见方式有限制性股票、股票期权、员工持股计划、虚拟股票等，根据《上市公司股权激励管理办法》的规定，我国现阶段多采取前两种方式，而实际上被激励对象获得的可能仅是上述权利中的一部分而非全部，从而大体上形成资金股和分红股的区别。如果劳动者根据股权激励协议获得的是完整的股权，则因此产生的争议更多地属于一般民商事合同纠纷，或公司法意义上的股权纠纷，若劳动者获得的仅是分红等财产性股权收益，则可以判定该收益仍属于劳动对价中的浮动部分，仍应在劳动合同法律关系的框架内进行调整。[1]

（二）股票期权激励争议的考量因素

1. 充分尊重协议内容所体现的当事人意思表示

股票期权激励协议的签订主体为公司与高级管理人员或专业技术人才。不同于普通的劳动者，这些人员在公司处于管理层或核心地位，具有较高的影响力，因此在与公司签订股票期权激励协议时具有较高的议价能力。因此在处理此类协议时，应该充分尊重当事人意思自治的能力，优先适用合同约定条款。比如，有些协议明确约定将股票期权作为对劳动者工作业绩的一种奖励，并且按年分批次给予股份相等值的现金奖励，那显然属于因工资、奖金发生的纠纷，不应按股权合同纠纷来处理，直接在劳动争议中一并处理即可。有些用人单位将股票期权作为劳动者非因主动原因离职时给予的离职补偿，其性质实质上是离职经济补偿金，则双方系因离职补偿产生纠纷，应按劳动争议处理而不能仅因涉及股票期权就按商事合同处理。

2. 充分考虑协议约定的行权条件

如果用人单位授予员工股票期权，并且约定了明确的行权价格或者股票金额，不涉及股票的转让、回购，那么如果行权条件与劳动争议相关联时，可以在劳动争议案件中直接处理股票期权的行权问题，无须另行起诉。有的案件当事人在协议中已经明确了股票期权的授予对象、授予金额和支付主体，只是行权条件

[1] 吴义和：《股权激励合同的法律性质认定标准研究》，华东理工大学法学院2019年硕士学位论文，第35～38页。

与员工的劳动关系有关，在双方就劳动关系解除或终止发生争议时，可以一并就当事人主张的股票期权行权问题进行处理。

3. 充分重视协议关于服务期、违约金的约定

《劳动合同法》第 22 条规定："用人单位为劳动者提供专项培训费用，对其进行专业技术培训的，可以与该劳动者订立协议，约定服务期。"因此，只有在对员工进行专业技术培训的前提下，用人单位才能与员工约定服务期及违约金，而股票期权合同和计划中关于服务期、违约金的约定应该违反该条规定。根据原《合同法》第 52 条之规定，该约定因违反法律、行政法规的强制性规定而无效。但是，服务期、违约金等约定无效，并不意味着员工无须承担责任。股票期权激励合同作为附条件的赠与合同，所附条件无效的，赠与合同无效，员工因此获得的收益成为不当得利，应该予以返还。当然，在实务上应考虑劳动者实际工作的年限，按比例对返还的股权或者收益进行折算。

4. 充分考虑不同诉讼程序的功能和价值

实践中，双方在股票期权协议中，约定股票授予主体为用人单位之外的案外人，包括上级公司、控股公司等，并且对于股票行权价格也未明确约定，还存在股票利益分红，甚至还有股权的管理权等。这类股票期权激励纠纷，就不宜在劳动争议中一并处理。即使股票行权与劳动法相关，涉及服务期、违约金和劳动合同解除或终止导致员工丧失行权资格约定的有效性争议，也应该将股权协议与劳动争议相分离，分别起诉和审理。如果当事人就股票激励争议按照合同纠纷向法院提起诉讼后，当事人双方就其中服务期、违约金、解除等劳动争议部分有争议，法官应该行使释明权，告知当事人就劳动争议部分另行提起诉讼。如果股票期权纠纷需要待劳动争议部分判决结果才能作出处理，法官应该裁定中止股票期权激励争议的审理，等待劳动争议案件作出裁决后再行判决。

综上所述，股票期权激励争议涉及多个法律关系，既涉及股东与公司之间的权利义务关系，也涉及员工与用人单位之间的劳动关系，在当事人身份多重、法律关系多重的情况下，我们应该根据具体的法律关系之性质确定相应的案由及争议处理程序。对于劳动关系可吸附解决的股票期权问题，适宜在劳动争议中一并处理；对于法律关系不明确且争议较大的股票期权问题，更适合分别按照普通民事纠纷和劳动争议处理，如果二者在程序上存在判决结果的先后依存关系，可以中止在审案件的审理，等待另案作出处理结果后继续审理。

普通债权人作为第三人撤销之诉适格原告的资格认定

万红玉[*]　郭晓磊[**]

案例摘要

本案系普通债权人提起第三人撤销之诉的典型案例，关于普通债权人能否成为第三人撤销之诉的适格原告，司法实践中存在一定争议。本文通过回溯第三人撤销之诉的立法过程，从比较研究的角度将我国第三人撤销之诉与法国"第三人异议制度"及我国台湾地区的"第三人撤销诉讼制度"对比，分析认为第三人撤销之诉的设立目的之一即为防止虚假诉讼。而基于实体法上诚实信用的原则，普通债权人有权就债务人不当减损自身财产的诈害行为行使撤销权，故基于诉讼法上的诚实信用原则，亦应当赋予受虚假诉讼侵害的普通债权人"诉讼法上的撤销权"。对于普通债权人提起第三人撤销之诉的案件，人民法院在受理前应当重点审查起诉人是否存在因虚假诉讼的错误裁判结果导致其享有的债权受损等特殊情形，如果存在该情形，普通债权人便可以成为第三人撤销之诉的适格原告。

【裁判观点】

第三人撤销之诉中的第三人仅局限于《民事诉讼法》第56条规定的有独立请求权及无独立请求权的第三人，一般不包括普通债权人。但如果普通债权人

---

* 万红玉，北京市东城区人民法院员额法官。

** 郭晓磊，北京市东城区人民法院法官助理。

有证据证明裁判文书主文确定的债权内容部分或全部虚假，其有权提起第三人撤销之诉。

【关键词】

普通债权人　适格原告　第三人　虚假诉讼

【类案综述】

近三年，通过中国裁判文书网可查询到的由普通债权人提起的第三人撤销之诉逾千件，对于普通债权人是否属于第三人撤销之诉的适格原告，审判实践中存在以下两种观点：

第一种实务观点认为，普通债权人对原纠纷的诉讼标的既不具有独立请求权也不具备法律上的利害关系，并非《民事诉讼法》第56条规定的第三人，无权作为适格原告提起第三人撤销之诉。比如，最高人民法院公报案例(2017)最高法民终319号民事裁定书认为，有权提起第三人撤销之诉的主体应当严格限定在《民事诉讼法》第56条前两款规定的有独立请求权和无独立请求权两类第三人，不能将有权提起第三人撤销之诉的主体扩大至享有普通债权的案外人，原案确有错误的，可依法通过审判监督程序予以纠正；其他类案如(2020)苏0305民撤1号民事裁定书认为，有权提起第三人撤销之诉的主体在原审裁判中应当属于第三人，包括有独立请求权的第三人和无独立请求权的第三人，普通债权人作为仅存在事实上利害关系的第三人不能提起第三人撤销之诉。

第二种实务观点认为，如果普通债权人能够举证证明原纠纷存在虚假诉讼的可能性，应当认为其与原纠纷的诉讼标的具有法律上的利害关系，有权作为适格原告提起第三人撤销之诉。比如，最高人民法院指导案例(2017)最高法民终885号民事裁定书认为，一般情况下，作为普通债权人的第三人不具有提起第三人撤销之诉的事由，但如果生效裁判所确认的债务人的相关财产处分行为符合原《合同法》第74条所规定的撤销权的条件，则依法享有撤销权的债权人就与该生效裁判案件的处理结果具有法律上的利害关系，具备提起第三人撤销之诉的原告主体资格；其他类案如(2020)冀0522民撤3号民事判决书认为，第三人撤销之诉的目的在于救济第三人享有的不能归责于本人的事由未参加诉讼但因生效裁判文书内容错误受到损害的民事权益，该项民事权益一般不包括普通的金钱债权，对普通债权人提起第三人撤销之诉限于存在虚假诉讼且无法经由常规救济程序进行救济的情况。

实务典型案例

基本案情

甲对乙享有债权，其于2018年3月12日起诉乙及案外人丙等金融借款合同纠纷，辽宁省高级人民法院于2018年8月23日作出民事调解书，确认丙于2019年2月底前偿还甲贷款本金346 755 037.32元及相应利息，乙等对该债务承担连带给付责任。该案审理过程中，辽宁省高级人民法院依据甲的申请作出保全裁定，查封了乙名下丁30%的股权。2019年1月2日，甲向辽宁省高级人民法院申请强制执行调解书，目前该案仍在执行过程中。

2018年8月14日，戊向北京市东城区人民法院起诉丁、乙股东资格确认纠纷，要求确认乙名下的丁30%股权归戊所有，并要求丁进行变更登记。该案中，戊提交其与乙签订的《股权代持协议书》、出资款付款凭证及丁章程作为证据。2018年10月24日，北京市东城区人民法院做出民事判决书，判决支持戊的诉讼请求。

2019年6月10日，戊对辽宁省高级人民法院查封乙名下丁30%股权提出书面异议，7月18日，辽宁省高级人民法院做出执行裁定书，裁定异议成立，中止对乙名下丁30%股权的执行。

2019年9月5日，甲向北京市东城区人民法院提起第三人撤销之诉，请求撤销北京市东城区人民法院做出的民事判决书。

法院观点

根据《民事诉讼法》第56条之规定，提起第三人撤销之诉应当符合三个条件：一是原告需是有独立请求权的第三人或无独立请求权的第三人；二是有证据证明发生法律效力的判决、裁定、调解书部分或者全部内容错误，损害第三人的民事权益；三是第三人因不能归责于本人的事由未参加诉讼，且自知道或者应当知道其民事权益受到损害之日起6个月内，向作出生效判决、裁定、调解书的人民法院提起诉讼。

第三人撤销之诉中的第三人一般仅局限于法律规定的有独立请求权及无独立请求权的第三人,而不包括债权人。但是,设立第三人撤销之诉的目的在于救济第三人享有的因不能归责于本人的事由未参加诉讼但因生效裁判文书内容错误受到损害的民事权益,遏制、打击实践中出现的虚假诉讼,保护案外人的合法权益。因此,在债权人有证据证明裁判文书主文确定的债权内容部分或全部虚假或该债权属于法律明确给予特殊保护的债权等特定情况下,债权人可以提起第三人撤销之诉。

本案中,甲对乙享有金钱债权,并基于保全行为对涉案股权享有查封的权利。保全行为会对被申请人享有所有权之财产的占有、使用、收益及处分权能形成剥夺或限制,同时申请人对保全财产处分后所得价款的分配享有优先权。但该优先受偿权并非对被保全财产本身享有的实体上的权利,被保全财产的物权变动带来的影响不导致债权人的债权灭失,故甲对涉案股权不享有实体上的权利。并且,涉案股权确权案件的判决结果虽然会对甲的查封权益产生事实上的影响,但与其并无法律上的利害关系。因此,甲不属于涉案股权确权纠纷中的第三人。现戊已提交证据证明其系涉案 30% 股权的实际出资人,而甲未能提交充分证据证明该案系虚假诉讼,故甲无权就该案提起第三人撤销之诉,应裁定驳回其起诉。

裁判结果

依照《民事诉讼法》第 56 条、第 64 条、第 119 条第 1 项、第 154 条第 1 款第 3 项,《最高人民法院关于适用〈中华人民共和国民事诉讼法〉的解释》第 90 条、第 208 条第 3 款、第 292 条之规定,裁定如下:

驳回原告的起诉。

【裁判思路与方法】

一、第三人撤销之诉的法律规定溯源

我国近年来的民事诉讼实践中,当事人以虚构法律关系、隐瞒伪造证据等方式利用法院裁判侵害案外第三人权益的情况时有发生,我国法院在案件审理程

序上倡导调解优先的倾向也为虚假诉讼提供了一些可乘之机,影响了司法权威性。在这样的社会背景下,立法机关将遏制和防止虚假诉讼纳入民事诉讼法修改重点关注问题中。[1]

2012年8月31日,第十一届全国人大常委会第二十八次会议表决通过了关于修改民事诉讼法的决定。这次的民事诉讼法修改中增加了一项新的诉讼制度——第三人撤销之诉,旨在赋予权益受到错误裁判文书损害的第三人通过起诉推翻前诉结果的权利。修改后的《民事诉讼法》第56条规定:"对当事人双方的诉讼标的,第三人认为有独立请求权的,有权提起诉讼。对当事人双方的诉讼标的,第三人虽然没有独立请求权,但案件处理结果同他有法律上的利害关系的,可以申请参加诉讼,或者由人民法院通知他参加诉讼。人民法院判决承担民事责任的第三人,有当事人的诉讼权利义务。前两款规定的第三人,因不能归责于本人的事由未参加诉讼,但有证据证明发生法律效力的判决、裁定、调解书的部分或者全部内容错误,损害其民事权益的,可以自知道或者应当知道其民事权益受到损害之日起六个月内,向作出该判决、裁定、调解书的人民法院提起诉讼。人民法院经审理,诉讼请求成立的,应当改变或者撤销原判决、裁定、调解书;诉讼请求不成立的,驳回诉讼请求。"

上述修改条文发布前,理论界及实务界对建立第三人撤销之诉制度以实现应对虚假诉讼、保障第三人权益的目的寄予不少期望。[2] 鉴于有相当一部分虚假诉讼案件侵害的是案外债权人的权利,将债权人纳入第三人撤销之诉的原告范围似乎也是制度的应有之义。但是,在《民事诉讼法》增加第三人撤销之诉的条文发布后,该制度的诈害防止功能即受到了一些质疑,进而债权人能否作为该制度的适格原告也引起了许多争论。

---

[1] 负责拟定《民事诉讼法修正案》的全国人大法工委民法室同志还专门到虚假诉讼高发的浙江省进行调研。为了防范和打击虚假诉讼,一些地方的法院、检察院还专门发了文件。参见李浩:《虚假诉讼中恶意调解问题研究》,载《江海学刊》2012年第1期。

[2] 张伟平教授在其论文《中国第三人撤销之诉的制度构成与适用》中建议增加第三人撤销之诉,加强对第三人合法权益的救济。北京市第一中级人民法院提出要健全案外人的参诉机制;广州市中级人民法院认为应完善第三人诉讼制度;武汉市中级人民法院提及需设立第三人撤销之诉制度;沈阳市中级人民法院简易赋予案外人诉讼形成权和申请再审权。转引自夏婷婷:《第三人撤销之诉的现实困惑与程序架构——以我国2012年〈民事诉讼法〉第56条第3款为视角》,载贺荣主编:《公正司法与行政法事实问题研究:全国法院第25届学术讨论会获奖论文集》(上册),人民法院出版社2014年版。

为加强对案外第三人的保护，我国民事诉讼法已经建立了执行异议之诉及案外人申请再审等制度，这次增设的第三人撤销之诉相较于原来两种救济机制，排除了前诉是给付之诉的限制、延长了诉讼时效，为第三人提供了更为全面深入的保护，这些进步受到了法学理论界及实务界的支持。同时，由于第三人撤销之诉中对起诉条件的一些限制，有观点认为第三人撤销之诉的适格原告并不包括对前诉标的不享有物上请求权且债权没有获得法律特别保护的普通债权人，理由主要有以下几点：第一，仅从《民事诉讼法》第56条第3款的文字表述来看，无法明确体现该制度以防止虚假诉讼为目的；第二，《民事诉讼法》第56条第3款明确规定第三人撤销之诉的适格原告是有独立请求权的第三人和无独立请求权的第三人，而普通债权人并非其中任何一种；〔1〕第三，《民事诉讼法》第56条第3款规定的"民事权益"根据《侵权责任法》第2条的规定，原则上不包括普通债权；〔2〕第四，普通债权人对债务人虚构债务进行虚假诉讼的案件，对债务人与他人之间的"虚假"债权债务关系有提起代位权诉讼、起诉确认债权债务关系不存在、申请保全扣押等多种方法彻底排除前诉判决的作用，无须第三人撤销制度保护。〔3〕

基于上述观点的争议，审判实务界对普通债权人提起第三人撤销之诉案件的立案受理也是慎之又慎。经过粗略统计，自2016年至2019年上半年，普通债权人提起的第三人撤销之诉超过一半被裁定驳回起诉。通过阅读这些案件的结案文书，可以发现法官在驳回普通债权人的起诉时大多并未审查该债权是否可能受虚假诉讼侵害，或者即便发现有虚假诉讼的可能，但没有考虑普通债权在受到虚假诉讼侵害的特殊情况下有受第三人撤销之诉保护必要的特殊性，而是仅从传统概念上直接简单认定债权人不是《民事诉讼法》第56条中规定的第三人或者普通债权不属于民事权益等。〔4〕 这种做法明显有些偏离第三人撤销之诉

〔1〕 王福华：《第三人撤销之诉适用研究》，载《清华法学》2013年第4期。

〔2〕 王亚新：《第三人撤销之诉原告适格的再考查》，载《法学研究》2014年第6期。

〔3〕 参见廖浩：《第三人撤销诉讼实益研究——以判决效力主观范围为视角》，载《华东政法大学学报》2017年第1期。

〔4〕 比如，北京市高级人民法院(2016)京民终194号民事裁定书认定城建公司作为一般债权人对北京市第一中级人民法院(2014)一中民终字第2051号民事判决书中的诉讼标的无法律上的利害关系，故城建公司并非上述法律规定中的第三人；黑龙江省高级人民法院(2016)黑民终580号民事裁定书认定根据《侵权责任法》第2条之规定，民事权益并不包括普通债权，故刘一军享有的普通债权不适用第三人撤销之诉；四川省高级人民法院(2017)渝民终102号民事裁定书认为余朝军的债权可以通过另案起诉予以救济，无须第三人撤销之诉制度的救济。

的立法初衷,也忽视了大量受虚假诉讼侵害的债权人亟待有效救济的现实需求。

针对条文解释与现实需求之间的种种困境,最高人民法院于2019年发布的《全国法院民商事审判工作会议纪要》中,第120条将债权人能否提起第三人撤销之诉明确为:“第三人撤销之诉中的第三人仅局限于《民事诉讼法》第56条规定的有独立请求权及无独立请求权的第三人,而且一般不包括债权人。但是,设立第三人撤销之诉的目的在于,救济第三人享有的因不能归责于本人的事由未参加诉讼但因生效裁判文书内容错误受到损害的民事权益,因此,债权人在下列情况下可以提起第三人撤销之诉:(1)该债权是法律明确给予特殊保护的债权,如《合同法》第286条规定的建设工程价款优先受偿权,《海商法》第22条规定的船舶优先权;(2)因债务人与他人的权利义务被生效裁判文书确定,导致债权人本来可以对《合同法》第74条和《企业破产法》第31条规定的债务人的行为享有撤销权而不能行使的;(3)债权人有证据证明,裁判文书主文确定的债权内容部分或全部虚假的。债权人提起第三人撤销之诉还要符合法律和司法解释规定的其他条件。对于除此之外的其他债权,债权人原则上不得提起第三人撤销之诉。”该条规定给予了特殊情形下债权人提起第三人撤销之诉的权利。

二、第三人撤销之诉的立法目的及制度基础

(一)第三人撤销之诉的立法目的

民事诉讼法新法发布后,全国人大常委会法制工作委员会编著的相关书籍中对修改的条文有较为详尽的解释。[1] 其中对第三人撤销之诉制度的介绍比较明确地体现了其防止虚假诉讼的立法目的。但是,立法目的只有体现在具体条文中才能得以实现。那么该立法目的是否体现在我国立法条文中了呢?这可以从比较研究的角度对该问题一探究竟。

对于第三人权益救济机制,世界各国和地区主要采用的有三种形式,分别是再审、第三人撤销之诉和另诉制度。采用第三人撤销之诉的国家和地区主要是

---

〔1〕 参见全国人大常委会法制工作委员会民法室编著:《2012民事诉讼法修改决定条文解释》,中国法制出版社2012年版。

法国和我国台湾地区，分别是法国的“第三人异议制度”[1]和我国台湾地区的“第三人撤销诉讼制度”[2]。基于传统的理解，法国第三人撤销之诉较为注重维持私法秩序，既要保障“第三人为其本人的利益”，又体现对原审判决的尊重，而我国台湾地区则强调第三人非因可归责于己之事由而未参加诉讼，更注重保护第三人的程序权益。现将我国第三人撤销制度与前述两制度的部分构成要件做如下对比：

构成要件	我国大陆地区第三人撤销之诉	法国第三人取消判决异议制度	我国台湾地区第三人撤销诉讼制度
主体要件	有独立请求权第三人、无独立请求权第三人	除当事人及有委托代理人进行诉讼的人之外的于判决中有利益的任何人	有法律上利害关系之第三人
程序要件	因不能归责于本人的事由未参加诉讼	无	非因可归责于己之事由而未参加诉讼
实体要件	发生法律效力的判决、裁定、调解书的部分或者全部内容错误	为本人的利益	无
结果要件	民事权益受损	受到损失	不能提出足以影响判决结果之攻击或防御方法

通过上表的对比，可以发现，我国大陆地区第三人撤销之诉在程序与实体要件上兼采了法国与我国台湾地区的规定，将未参加原诉讼和原诉讼结果错误共同作为起诉要件，表明我国将程序权利和实体权利在该制度中作同样的保护。但是，在界定了前述条件的前提下，我国大陆地区第三人撤销之诉在规范结果要

[1] 《法国民事诉讼法》第582条规定：“第三人异议目的请求为攻击判决的第三人本人的利益取消或变更该判决。第三人异议是使受到攻击的已判决争点相对于提出异议的第三人来说重新受到争议，使之在法律上与事实上重新得到审理裁判。”第582条第1款、第2款规定：“于其中有利益的任何人，均允许对判决提出第三人异议，但以第三人在作出受到攻击的判决的程序中既不是当事人也没有委托代理人进行诉讼为条件。但是，一方当事人的债权人与其他权利继受人，对妨害其权益的判决，或者如其提出自己的理由，亦可提出第三人异议。”

[2] 我国台湾地区“民事诉讼法”第507－1条规定：“有法律上利害关系之第三人，非因可归责于己之事由而未参加诉讼，致不能提出足以影响判决结果之攻击或防御方法者，得以两造为共同被告对于确定终局判决提起撤销之诉，请求撤销对其不利部分之判决。但应循其他法定程序请求救济者，不在此限。”

件时却落脚在“损害其民事权益”这一点上，正是这一限制，使我国大陆地区第三人撤销之诉的权益保护范围出现了倾向性，体现了更近似于法国法的价值取向。

民事权益受损这一结果要件表明，我国大陆地区法律赋予第三人提起撤销之诉的权利，其所要保护的直接和主要客体不是第三人参加诉讼的程序权利，而是第三人因错误的裁判结果受到损害的无法以其他途径救济和恢复的民事权益。对第三人受损的程序权利进行事后救济仅是该制度在实施过程中附带达到的间接效果。另外，后来的民事诉讼法司法解释还进一步明确《民事诉讼法》第56条中所述的部分或者全部内容是指裁判的主文和调解书的处理结果，也更强调了前案的实体结果在第三人撤销之诉处理中有着重要的作用。[1] 因此，第三人撤销之诉撤销的对象主要是内容上有错误导致第三人实体权利受损的裁判文书和调解书。虚假诉讼是当事人虚构法律关系或证据提起的诉讼，或许在诉讼程序上没有瑕疵，但是其裁判内容无疑存在错误，且有可能导致第三人民事权益受损。从这一意义上讲，尽管我国大陆地区规定没有直接使用“虚假诉讼”等类似表述，但遏制和防止虚假诉讼这一立法目的已经隐含在条文的表述之中。

（二）普通债权人作为第三人撤销之诉适格原告的制度基础

通过上文分析，可以发现，将受到虚假诉讼侵害的普通债权人作为第三人撤销之诉的原告无疑是符合立法本意的，但是《民事诉讼法》第56条又的确将诉讼主体仅限定为“前两款规定的第三人”，并规定只有“民事权益”受到侵害才能提起诉讼，那么法院是否就可以仅凭这种概念内涵问题就否认普通债权人在第三人撤销之诉中的主体地位呢？答案显然是否定的。法律要求使用简明扼要的言辞表述社会现象，但是基于语言的局限性，表述上难以做到完全周延，条文含义根据适用者主观意志不同可产生多种理解。因此，在考虑到立法本意和司法政策的情况下，对法律应当运用恰当的解释方法，使制度达到最优的适用效果。对《民事诉讼法》第56条中规定的“第三人”和“民事权益”就应如此。

1. 普通债权可以被纳入“民事权益”的范围

按照现在普遍接受的观点，《民事诉讼法》第56条中“民事权益”的范围采

---

〔1〕《最高人民法院关于适用〈中华人民共和国民事诉讼法〉的解释》第296条规定：“民事诉讼法第五十六条第三款规定的判决、裁定、调解书的部分或者全部内容，是指判决、裁定的主文，调解书中处理当事人民事权利义务的结果。”

用原《侵权责任法》第 2 条中列举的保护对象,即仅限于生命权、财产权等绝对权,不包括作为相对权的普通债权。但是实际上,对于普通债权能否成为侵权责任法的保护对象这一问题本身在理论上都是存在争议的。[1]

主张民事权益不应当包括普通债权的观点主要依据是债权属于相对权,只存在于合同相对方之间,使合同关系外的第三人为其行为侵害到这种权利承担责任将不合理地限制人们的行为自由,不利于提高行为效率。[2] 但是,通过本文前半部分的分析可以发现,应当受到第三人撤销之诉制度保护的普通债权人并非全部普通债权人,而是受到虚假诉讼结果侵害等特殊情形下的普通债权人。这种普通债权人的特殊之处在于,尽管其享有的债权仍然属于相对权,但是对于虚假诉讼的当事人来说该债权是被知晓的。虚假诉讼中的当事人明知权利人的存在还故意串通进行了虚假诉讼,普通债权人的债权对该当事人来说具备了"社会公开性",这种情况下就不应使其对侵害行为免责。因此,普通债权在第三人撤销之诉中应当具备可救济性并不在于它是相对权还是绝对权,而在于该债权是否已经被合同关系外的第三人知晓并被故意侵害。因此,受到虚假诉讼侵害的债权应当纳入民事权益的范畴。

2. 特殊情形下的普通债权人应当被纳入"第三人"的范围

根据我国《民事诉讼法》第 56 条的规定,第三人撤销之诉的原告只能是有独立请求权的第三人和无独立请求权的第三人。法律条文对于这两种第三人的概念有着较为清晰的定义:前者是指对原被告之间的诉讼标的认为有独立请求权的第三人,后者是指对当事人双方的诉讼标的虽然没有独立请求权,但是案件处理结果同他有法律上的利害关系的第三人。尽管条文中已经有了这样的界定,但学界和实务界对这两种第三人的认定标准和第三人体系的架构一直都存在一些不同的观点。[3] 这种尚未定型的第三人制度为普通债权人成为第三人

---

〔1〕 杨立新教授所著的《侵权法论》中提出"凡是民事法律所规定的实体民事权利,都在《侵权责任法》的保护之下";朱岩教授所著的《侵权责任法通论 · 总论》中也提到"等人身、财产权益"应当包括债权。

〔2〕 郑志峰、潘俊:《论侵权责任法的保护对象——基于部分法律文本分析和理论探讨》,载《延边党校学报》2012 年第 12 期。

〔3〕 张卫平教授在《民事诉讼法(第四版)》中将"有独立请求权第三人"定义为"原告型第三人",同时无独立请求权第三人分为"辅助型第三人"和"被告型第三人"。肖建华教授在《主参加诉讼的诈害防止功能》及《论我国无独立请求权第三人制度的重构》中提出保留有独立请求权第三人并使该第三人对他人间争议的诉讼标的有独立请求权或诉的利益时便可以加入本诉中来,同时无独立请求权第三人可分为"准独立第三人"和"辅助参加的第三人"。

撤销之诉的适格原告提供了空间。

从第三人撤销之诉的原告提起诉讼的目的和形式来看,其提起诉讼的目的是撤销原案件的裁判文书,否定法院对原案件的处理结果或原案件当事人达成的调解协议。他们往往不是希望与原案件中的任何一方当事人一起抗辩或反驳对方的请求或辩论意见,或在原案件最终结果中承担义务或被赋予权利,而是针对原案件的法律关系或事实主张与原案当事人持不同的独立意见,处于与原案当事人相对立的地位。因此,普通债权人无法被划分到无独立请求权第三人的范畴之中。

那么普通债权人是否可以取得有独立请求权第三人地位呢?这可以通过重构有独立请求权的第三人所具有的"请求权"制度来实现。就我国现在的立法现状来说,整部民事诉讼法中唯一使用的"请求权"则是指第三人对于诉讼标的享有或者不享有"独立的实体权利"。〔1〕因此,从概念内涵上梳理可以发现,我国传统的民事诉讼理论和司法实践是完全依托实体法中的民事法律关系而构建起来的。〔2〕但是,民法上的请求权仅是按照权利作用划分的几种权利类型之一,它与民事实体请求权的内涵与外延并不一致。请求权在诉讼法上的含义应当比实体法上的含义要广泛得多。〔3〕对普通债权人在第三人撤销之诉中具有的诉的利益可以比照普通债权人的撤销权等实体法上的请求权进行理解。

我国《民法典》第539条规定了普通债权人的撤销权,将该制度与第三人撤销之诉相比较:从立法目的上,法律赋予普通债权人撤销权以保全其债权为意旨,防止因债务人自身的行为,尤其是诈害行为,使其责任财产受到不应有的减损,进而损害普通债权人债权的实现,也符合诚实信用原则对债务人行为的要求,这与第三人撤销之诉防止虚假诉讼的立法目的如出一辙;从构成要件上,普通债权人行使合同法上的撤销权,请求撤销的对象是债务人无偿转让财产、放弃债权或明显不合理低价转让财产的损害其债权的行为,如果普通债权人有权提起第三人撤销之诉,其请求撤销的对象也是由于原诉当事人一方或双方串通意图转移债务人财产而行使的诈害诉讼行为,二者在部分行使条件上也有相近

---

〔1〕转引自刘君博:《第三人撤销之诉原告适格问题研究——现行规范真的无法适用吗?》,载《中外法学》2014年第1期。

〔2〕张卫平:《民事诉讼法》(第四版),法律出版社2016年版,第167页。

〔3〕参见肖建华:《论我国无独立请求权第三人制度的重构》,载《政法论坛》2000年第1期。

之处。

基于实体法上诚实信用的原则,且普通债权人行使撤销权要撤销的行为或者法律关系的形成是债务人与受让人行使私法上的权利导致的,普通债权人就被赋予了实体法上的撤销权。而第三人撤销之诉中原告请求撤销的对象是原案件的判决、裁定或调解书,即在国家司法机关参与下形成或确认的法律关系,基于诉讼法上的诚实信用原则,也应当赋予普通债权人"诉讼法上的撤销权"。由此,普通债权人就获得了诉讼法上有独立请求权第三人的地位。

三、普通债权人作为第三人撤销之诉适格原告的资格审查

通过上述分析可以发现,人民法院对于普通债权人提起第三人撤销之诉的案件,在受理前应当重点审查起诉人是否属于因虚假诉讼的错误裁判结果导致其享有的债权受损等特殊情形下的债权人,防止滥诉的发生。本文对审查事项提出如下建议:

(一)审查普通债权人是否享有合法有效的债权

第三人撤销之诉的目的在于保护受到侵害的民事权益,起诉主体必须对原案件当事人或标的物享有民事权益,因此普通债权人对原案件当事人合法有效的债权是提起第三人撤销之诉的基础。需要注意的是,普通债权人起诉不需要其债权已经到期,原因在于针对债务人主动积极进行的损害债权的行为,应当及时进行撤销,如果等到债权的履行期限届满,虚假诉讼产生的不良影响有可能无法挽回,不利于对债权人权利的救济。

(二)债权人享有的债权是否是第三人依法可以行使撤销权的原裁判文书主文确定的债权

普通债权人在某些特定情形下对债务人转移财产的行为是依法享有撤销权的,如《民法典》第 539 条规定的债权或《企业破产法》第 31 条规定的债权,债权人本身就具备请求法院撤销债务人放弃到期债权、无偿转让财产以及以不合理低价转让财产等不当行为的权利,这一债权人的撤销权不应当仅仅体现在债务人自行实施这些行为的情况下,在债务人利用法院公权力实施上述行为,获取法院生效裁判文书进而导致债权人的债权无法实现时,普通债权人也应当可以通过提起第三人撤销之诉行使其撤销权。

(三)普通债权人提交的证据足以证明原案件有虚假诉讼的可能性

普通债权人需要在提起第三人撤销之诉时提交相关证据证明原案件存在虚

假诉讼的可能性，这种可能性以使原案件当事人的行为初步显现出不自然，使法官在诉讼开始时产生合理怀疑为标准。证据证明的内容可以是原案件起诉依据的事实理由不合常理、当事人约定权利义务不对等或裁判所依据的主要证据的真实性和合法性有疑等方面。在这一审查阶段，只要原告的证据有使原案件具备虚假诉讼的可能性即可，至于具体的认定，可以在案件受理后进行实体审理时予以判断。

（四）不需要虚假诉讼导致债权人的债权无法得到清偿

普通债权人提起第三人撤销之诉时，应当提交证据证明其债权因原虚假诉讼案件受到了损害。但是，这种损害不要求达到使普通债务人的财产不足以清偿债权人全部债权的程度，而只需要达到降低了债务人清偿债务可能性的程度即可，这也是基于第三人撤销之诉的打击虚假诉讼功能的考虑。

四、总结

第三人撤销之诉以打击虚假诉讼为立法目的之一，普通债权人应当被纳入该制度的适格原告范围内，这是保护债权人合法权益，维护诚实信用的交易环境之需要。人民法院在受理普通债权人提起的第三人撤销之诉时应当审查其享有的合法有效债权是否有受到虚假诉讼侵害的可能性。对于符合要求的债权，该债权人就自然具备了诉讼法上有独立请求权的第三人地位，其债权也应当作为具备可救济性的民事权益受到保护。

公司内部诉讼中诉讼代表权的认定

——甲公司诉丁公司公司决议效力确认案

王丹青*

案例摘要

公司是民事诉讼活动中最主要的主体之一，公司诉讼的代表权之争在司法实践中也越来越普遍。法定代表人代表公司参加诉讼，其委托的诉讼代理人具有代表公司参加诉讼的权利。本案例的亮点在于，当出现三个法定代表人均要求代表被告参加诉讼时，法官能辨法析理、全面深刻地为当事人和广大读者呈现其确定被告法定代表人的思路和过程，特别是法官从有利于公司利益的角度来确定公司的真实意思，让当事人和其他读者心服口服。本案例的难点在于，涉案公司决议的效力系本案最终要判决的内容，而其中一位法定代表人正是基于该份公司决议产生。法官灵活运用程序法和实体法确定公司的诉讼代表权，最终实现了程序正义和实体正义的统一。

【裁判观点】

公司内部诉讼中，诉讼代表人资格的确定主要应当依据公司决议、公司章程等能体现公司意思表示的书面文件。当出现两份以上有效的公司决议时，应当从公司的利益出发，结合权利义务对等原则、公司资本充足原则和尊重公司意思自治的角度综合确定公司的诉讼代表人。

---

* 王丹青，原北京市东城区人民法院法官助理。

【关键词】

诉讼代表人　法定代表人　公司意思　内部决议

【类案综述】

司法实践中,常常会出现多个"诉讼代表人",分别持有不同"法定代表人"签字或盖有公司公章的授权委托书,均声称自己具有代表公司进行诉讼的权利,而这些人所提出的诉讼意见往往又截然不同。据此,对于诉讼程序中如何正确确定公司诉讼代表人显得尤为重要。总结审判实务中经常会出现的公司诉讼代表权之争,主要有以下三种情形:

第一种情形是"人章争夺",即法定代表人与公章的实际控制人并非同一人,两者争夺公司诉讼代表权。在审判实务中有时会出现"原告起诉争议"[1]甚至"被告申请撤诉"的情形。公司"人章分离"即是其中一个原因,例如,公司的法定代表人与公司公章的实际控制人发生矛盾,冲突难以调和,公司实际控制人持有盖着公司公章的诉状来法院起诉法定代表人,法定代表人却持有其签字的撤诉申请书代表公司来法院申请撤诉。这里的关键问题就是如何确定公司的诉讼代表人,这不仅关系到谁能代表公司,也关系到案件的实体处理结果。

第二种情形是"人人争夺",这种情形又细分为:工商登记的法定代表人与股东会决议产生的法定代表人之间争夺、不同的股东会决议产生的不同法定代表人之间争夺。前一种情形,在股东会作出更换法定代表人决议后,原法定代表人不履行相应义务,不配合变更新法定代表人的工商登记手续,导致工商登记的法定代表人与股东会决议选任的法定代表人不一致;后一种情形,股东会先后作出两份(或多份)不同的股东会决议,决议产生了不同的法定代表人。在出现多个法定代表人要代表公司参加诉讼时,法院如何定夺?[2] 在审判实务中,法院会在区分公司内外诉讼的情形下作出判断。

第三种情形是"章章争夺",即当不同诉讼代理人持有公司不同公章要求代表公司参加诉讼时如何确定诉讼代表人。公司出现两枚或多枚公章时,有时是

〔1〕 例如,在最高人民法院(2018)最高法民申51号案件中,原告公司某股东擅自加盖公司印章向法院提起再审,法定代表人向法院提出撤回再审申请,法院准许法定代表人撤回公司的再审申请。

〔2〕 例如,在北京市海淀区人民法院(2015)海民(商)初字第17129号、北京市第一中级人民法院(2016)京01民终6079号案件中,法院认定,在公司内部诉讼中,股东会决议产生的法定代表人有权代表公司要求工商登记的法定代表人返还印章证照等公司财产。

公司的公章被某些人私刻了，有时是公司故意刻制。如果是第一种情形，法院应当根据工商备案登记的公章进行比对；如果是第二种情形，法院应当根据公章背后盖章人的权利来判断，《全国法院民商事审判工作会议纪要》第41条基本确立了"看人不看章"的原则，故法院应当结合盖章人的签字效力及其他案件中公司诉讼代表权的相关问题予以综合判断。

实务典型案例

基本案情

2016年1月6日，公司甲、自然人乙及公司丙作为股东签订目标公司丁的公司章程，约定：丁公司注册资本850万元，三股东分别认缴450万元、200万元和200万元，认缴期限均为2016年4月30日；股东应当按期足额缴纳各自所认缴的出资额，股东不按照规定缴纳出资的，不享有相应股东权利。丁公司于2016年2月6日完成设立登记，工商登记法定代表人为自然人戊。2016年3月三股东均完成第一笔出资。2016年11月17日乙再次缴纳出资160万元。2016年11月22日丁公司向甲公司发送《催告函》，要求其按照公司章程约定向公司注入欠缴的认缴出资。2016年11月27日甲公司回函称：由于此前三方股东均未按约定注入股本金，且公司经营亏损，为此，要求公司监事会先对公司自公司开办至今的经营情况、财务账目进行核查，并根据核查结果召开公司临时股东会会议，对公司的亏损原因及发展前景进行研判，再重新约定股东入股资金第二次交付的时间及金额。2016年12月2日乙向丁公司时任董事长已发出提议召开临时股东会的函。2016年12月7日已复函称：将由董事会决议后再告知各股东。同日，丁公司通过快递方式向甲公司发送关于召开临时股东大会的通知。2016年12月9日甲公司收到上述通知。2016年12月28日丁公司召开临时股东大会，乙和丙公司到会，甲公司未到会。与会股东形成了两份股东会决议。

2017年1月3日由上述股东会决议新选任的董事表决通过丁公司2017年第一次董事会决议，选举乙为公司董事长及法定代表人。

在诉讼过程中，丁公司工商登记的法定代表人戊委托律师庚作为公司的委托诉讼代理人要求参与诉讼。戊认可其已于2016年8月离职。已以丁公司

2016年8月26日形成的第三次董事会决议为依据主张自己为公司的法定代表人，亦委托律师庚要求参与诉讼。庚到庭后表示认可原告甲公司的全部诉讼请求及主张，并表示没有证据提交。乙以丁公司2017年第一次董事会决议为依据主张自己为公司的法定代表人，委托律师辛作为公司的委托诉讼代理人要求参与诉讼，并在授权委托手续上加盖了丁公司的公章。经法庭多次询问，各方均无法就丁公司的诉讼委托代理人资格达成一致意见。

法院观点

一审法院认为，公司的法定代表人是代表公司意志的机关之一，对外代表公司作出意思表示是其行使的法定职权，包括在诉讼过程中作出的意思表示。公司法定代表人变更属于公司内部事项，应遵从公司内部自治原则，只要公司内部形成了有效的变更决议，就应在公司内部产生法律效力，新选任的法定代表人可以代表公司意志。公司作为商事主体，要受到商事登记制度的规范，对法定代表人变更事项进行登记，产生对外公示的法律效果，但对内部争议而言，即使工商登记未变更，不影响公司内部变更新法定代表人意志的确定。因被告丁公司的股东均否认戊的法定代表人资格，且经审查，戊已于2016年8月离职，故应当认为戊无法作为被告丁公司的法定代表人来行使诉讼代表权并委托律师参加诉讼。

从内部决议来看，现已与乙分别持有不同时期的董事会决议以证明自己的法定代表人身份，经审查，乙所持有的董事会决议形成时间在后，现也没有关于该份董事会决议效力的诉讼，故在该份董事会决议未经实体审查被确认不具有法律效力之前，不宜直接在诉讼程序中否认其效力。法院注意到，由公司章程可见，已的法定代表人身份系原告甲公司推荐产生，其委托的诉讼代理律师到庭后对原告所提出的主张和证据全部予以认可，且庭后律师在向法院提交书面代理意见时明确表示了受原告委托，故如果在诉讼过程中采信已的观点，那么，原、被告双方将没有诉讼分歧，案件也没有诉讼的必要性。因原告未向公司按期缴足认缴出资，而已委托的代理律师到庭表示其从未代表公司向原告进行催缴，明显损害了公司利益，从有利于公司利益来确认公司真实意思的角度，也不宜将已的观点认定为公司真实意思。综上所述，在诉讼程序中，法院将乙委托的律师作为被告丁公司的委托诉讼代理人。在实体审理时，法院从权利义务对等原则、尊重公司意思自治角度、按期足额出资的诚实信用原则、经济效率角度认定涉案公司决议有效。

二审法院认为,在诉讼过程中,需要明确委托诉讼代理人后再结合当事人的诉辩意见来归纳案件的争议焦点从而作出相应裁决。在诉争的两份临时股东会决议基础上形成的董事会决议选举了乙为丁公司的法定代表人,因此,在案件尚未对诉争事项进行认定的情况下,乙是否具有丁公司的法定代表人身份以及有权代理丁公司出庭参加诉讼的委托诉讼代理人的身份需要经过案件的实体审理后作出认定。从实体上看,案件所争议的事项为股东会决议是否无效。在讨论股东会决议是否无效的情况下,首先需要讨论股东会决议是否成立,只有在股东会决议成立的基础上,才有必要对股东会决议是否无效进行认定。二审法院认为,一审法院参照前述规定,结合权利义务对等原则、尊重公司意思自治以及公司资本充足角度出发,认定不应直接否认公司股东会决议关于变更出资比例相关内容的效力,符合法律规定,故二审法院予以确认。

裁判结果

一、二审法院最终均以乙委托的律师作为本案被告丁公司的委托诉讼代理人参加诉讼。

【裁判思路与方法】

一、涉诉讼代表权争议案件在司法实践中的特点

诉讼代表权的确定是公司参与诉讼的前提条件,其始终是一个理论性和实体性都很强的问题,交织着程序性和实体性两个方面的考量。谁来代表公司,对内涉及公司的权利配置和投资人的利益实现,对外涉及善意第三人的权益保护。公司法的制度设计也一直在这三方主体之间寻求利益平衡。我国《民事诉讼法》第 48 条第 2 款规定,“法人由其法定代表人进行诉讼。其他组织由其主要负责人进行诉讼”。司法实践中,围绕着谁是公司的法定代表人并进而由谁代表公司参加诉讼的案件并不少见。这些案件呈现出以下特点:

一是案件类型多样化。诉讼代表权的确定首先属于程序性问题,任何案件都需要具有诉讼代表权的当事人参与。故在有公司参与的案件中都可能出现诉

讼代表权之争。在公司内部诉讼中,如公司证照返还纠纷、股东损害公司利益责任纠纷、公司解散纠纷等;在公司外部诉讼中,如买卖合同纠纷、借款合同纠纷、债权人代位权纠纷等。

二是公司治理出现问题。公司诉讼代表权争议是公司自治机制失灵、内部矛盾激化在诉讼过程中的体现。公司内部的股东、高级管理人员等人员之间往往存在积蓄已久的深刻矛盾,两方或多方对公司控制权争夺激烈,公司的各项机能无法有效运转,甚至面临着出现公司僵局的风险。

三是公司涉诉纠纷较多。当股东之间出现较大矛盾时,围绕着该公司或该公司股东之间的诉讼纠纷往往较多,有时呈连环诉讼模式。例如,某股东起诉某公司要求确认公司决议无效,同时或前后,该股东还起诉该公司要求解散该公司。

二、司法实践在确定公司诉讼代表权时的基本原则

法院在判断谁能代表公司时,一般会遵循以下两项基本原则:

一是内外诉讼区分原则。要区分内外不同类型的诉讼,从而选择是以维护善意第三人利益为先还是以维护公司利益为先。

在外部诉讼中,工商登记等外观显示是认定诉讼代表权归属的主要依据。我国《公司法》第 13 条规定,公司法定代表人依照公司章程的规定,由董事长、执行董事或者经理担任,并依法登记。公司法定代表人变更,应当办理变更登记。从应然角度,工商登记的法定代表人就是公司内部确认的法定代表人,而外部善意第三人只能从工商登记内容判断公司的法定代表人,并基于对公示的信赖与工商登记的法定代表人签订协议,法律要保护这种信赖利益。从实然角度,为了维护交易安全和稳定整个经济秩序,法院会优先维护善意第三人的合法权益,当工商登记的法定代表人与公司内部决议产生的法定代表人不一致时,法院会确认工商登记的法定代表人的身份及其代表公司作出的相应决策。

在内部诉讼中,公司决议是认定诉讼代表权归属的主要依据。因为工商登记仅是对抗要件而非生效要件。公司内部变更法定代表人属于公司意思自治范围内的事项,与社会公共利益和秩序一般没有直接联系,法律不应过多干预。从某种程度上说,公司决议也是一种合同,是公司股东之间的多方合同。在合同未发生不成立、不生效、无效、被撤销或终止的情形时,合同即为有效。公司决议确

定的法定代表人即代表了公司的真实意思,法院应当尊重公司的意志,以内部决议确定的法定代表人作为公司的诉讼代表人。

二是公司意思自治原则。在遵守法律规定的前提下尊重公司意思自治,以最有利于维护公司利益的角度确定诉讼代表人。

《公司法》第 13 条规定,“公司法定代表人依照公司章程的规定,由董事长、执行董事或者经理担任”。《民事诉讼法》第 48 条第 2 款规定,“法人由其法定代表人进行诉讼。其他组织由其主要负责人进行诉讼”。《民法典》第 61 条规定,“依照法律或者法人章程的规定,代表法人从事民事活动的负责人,为法人的法定代表人。法定代表人以法人名义从事的民事活动,其法律后果由法人承受。法人章程或法人权力机构对法定代表人代表权的限制,不得对抗善意相对人。”上述规定是对法定代表人产生、职权和限制的相应规定。在公司出现多个法定代表人时,法院应当首先依据上述法律规定来确定法定代表人。

随着公司自治思想的深入,我国现在的公司法定代表人制度已确定为“章程定”。公司章程是公司内部制定的对公司及其股东、法定代表人、高级管理人员等成员均具有约束力的法律文件,是公司意志和公司自治的体现。故在公司内部诉讼中,当工商登记与内部意思相冲突时,以公司章程或内部意思机关确定的法定代表人为准。当有多份体现公司内部意思的文件时,法官不仅应从时间顺序这一表面形式要件出发,更要从真正体现公司意思、能维护公司利益的角度出发确定法定代表人及其委托的诉讼代表人。

三、公司内部诉讼中确定诉讼代表人的三大要件

在公司内部诉讼中(如实务典型案例的公司决议效力确认纠纷),不涉及外部债权人利益,故在确定诉讼代表人时,工商登记的法定代表人(或其委托代理人)要让位于通过公司内部决议产生的法定代表人(或其委托诉讼代理人)。笔者结合审判实务归纳出了公司内部诉讼中确定诉讼代表人的三大要件。

(一)前提要件:内部决议的有效成立

股东会(董事会)决议产生法律效力需要具备三个条件:首先,必须依法成立,即该决议体现了与会股东的真实意思;其次,不存在决议内容违反法律、行政法规的强制性规定等无效情形;最后,不存在程序违法或违反公司章程,或内容违反公司章程的可撤销情形。

例如，在实务典型案例中，己和乙分别是 2016 年 8 月 26 日董事会和 2017 年 1 月 3 日董事会决议确定的法定代表人。一般而言，应当以时间形成在后决议内容为最终结论，相当于后一份决议变更了前一份决议的意思。实务典型案例的裁判难点在于，后一份董事会决议是基于案件诉争的两份临时股东会决议形成的。在法院未对两份临时股东会决议的效力作出实体认定前，是否可以以在此基础上形成的董事会决议来确定公司诉讼代表人？实务典型案例中，二审法院给出了明确答案：在尚未对诉争事项进行认定的情况下，乙是否具有丁公司的法定代表人身份以及有权代理丁公司出庭参加诉讼的委托诉讼代理人的身份需要经过案件实体审理后作出认定。同时，法院认为，只有在股东会决议成立的基础上，才有必要对股东会决议是否无效进行认定。庭审中，一审法院和二审法院均允许三位"法定代表人"出庭陈述各自观点，在综合认定涉案股东会决议效力的前提下采信了乙委托的律师代表丁公司所陈述的观点。这种做法值得类案借鉴。

（二）核心要件：法定代表人与公司的利益一致性

法定代表人制度理论的核心是代表人与法人的同一性。法定代表人与法人的利益具有一致性，法定代表人从事民事活动的后果由法人直接承受。因此，当两个以上自然人争当法定代表人时，公司利益标准成为确定法定代表人的核心要素。

例如，在实务典型案例中，虽然己与乙均系由公司决议产生的法定代表人，但二者在与丁公司的利益联结上却存在正反差异：其一，从维持公司的资本制度角度。原告甲公司作为丁公司的股东之一未按期向公司缴纳出资，但己委托的律师当庭表示从未向甲公司催缴过出资。而根据法院查明的事实，丁公司曾经向甲公司发出过《催告函》，要求其按照公司章程约定向公司注入欠缴的认缴出资，甲公司亦曾就此问题向丁公司及乙进行过回函。公司的注册资本是公司得以存续的必要条件。但己怠于履行催缴义务，明显损害了公司利益，且己的陈述与法院查明的事实不符。其二，从原、被告的诉讼对抗性角度。一般而言，诉讼是原、被告双方的博弈和对抗。正因为原、被告之间存在对抗性，法院才有居中裁判的必要。无对抗即无诉讼。从公司章程可知，己的法定代表人身份系原告甲公司推荐产生，其委托的诉讼代理律师到庭对原告所提出的主张和证据全部予以认可，且庭后律师在向本院提交书面代理意见时明确表示了受原告委托，如果将已认定为公司的法定代表人,被告将直接认可原告的陈述,不符合诉讼的对抗性,也对丁公司明显不利。

(三)实质要件:程序公正与实体公正的统一性

实现程序公正与实体公正的统一一直是法治社会追求的目标。一般而言,确定诉讼代表权,是法院实体审理前应当解决的程序性问题,但有时程序性问题的判断系建立在实体性问题的判断之上的。这就需要发挥法官的司法裁判艺术,使二者能完好衔接甚至达到完美统一的效果。

实务典型案例中法官的做法便起到了很好的示范效果。一审法院首先从确定丁公司法定代表人身份这一程序性要件着手,但在解决该问题时结合了实体内容予以判断,即主要从公司决议的形成时间、诉的利益(原、被告诉讼的对抗性)及有利于公司利益这三个角度,综合认定乙作为丁公司法定代表人的身份,进而采信了乙委托的律师所陈述的观点。在实体审理时,一审法院又进一步从权利义务对等原则、尊重公司意思自治角度、按期足额出资的诚实信用原则、经济效率角度认定涉案公司决议有效。该实体裁判结果与程序性认定结果前后相符。二审法院则首先亮明了确定诉讼代表人资格与本案实体审理的必然联系;然后从上诉理由出发,一一驳回了上诉人的上诉理由,认为其缺乏法律依据,不予采纳;最后,结合相应法律规定确认一审法院的实体认定结果,与诉讼代表人的资格认定遥相呼应。法官灵活运用实体规定和程序规则,结合具体案情,巧妙地解开了案件的难题,避免了机械办案。从整体上看,无论是先从程序上确定公司的诉讼代表权,还是先从实体上确认涉案股东会决议的效力,最终结论都殊途同归,充分体现了司法实践中程序公正与实体公正的统一。

四、结语

在诉讼中,诉讼代表权作为公司的一项程序性权利,是公司实现每一项实体性权利的重要前提。该普适性特征决定了涉公司诉讼代表权之争的案件类型多样,在实践中确实难以做较为全面系统的统计。笔者在总结司法实务经验的基础上结合具体案件内容对“人人争夺”中如何确定诉讼代表权这一问题做了较为全面深刻的阐述,希望能为今后司法实践中出现类似问题提供一点参考价值。